Datensicherung für Home und Office

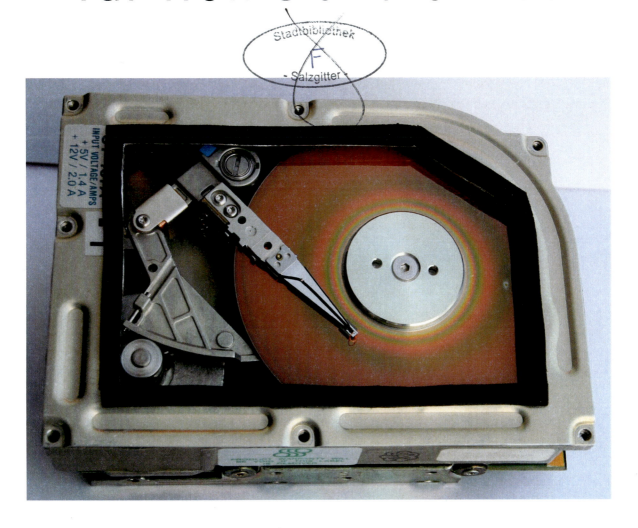

Datenverluste vermeiden
Mehr Sicherheit mit wenig Aufwand
für das Home-Office und für kleine Firmen

5. Auflage   Mai 2021

IMPRESSUM

Geänderter Titel

Die ersten vier Auflagen des Buches sind unter dem Titel „Datensicherung für Anfänger" erschienen.

Der Autor

Autor: Klaus Eifert, geb. 1949 in Sachsen;

- 1967–1973 Studium in Moskau: Dipl.-Ing. für Elektronik, Spezialrichtung Computerentwurf.
- 1973–1990 Arbeit im Forschungsinstitut der Metallurgie. Entwicklung und Einsatz von Großrechnern und spezialisierten PC. Programmierung von Robotern und Einrichten von lokalen Rechnernetzen.
- 1990–2008 eigene Firma „Schulung und Beratung" sowie Arbeit als Dozent in der Lehrlingsausbildung und Lehrerweiterbildung und im Computerservice.
- Seit 2005 als Autor tätig.

Angaben zu den lieferbaren und geplanten Büchern des Autors, Leseproben sowie Bestellmöglichkeiten können Sie auf www.eifert.net finden.

Impressum

© 2021 Klaus Eifert

Bestellungen: verlag@eifert.net, Infos: www.eifert.net

Copyright: Alle weltweiten Rechte liegen beim Autor. Kein Teil dieser Ausgabe darf digital gespeichert werden. Nachdruck, auch auszugsweise, sowie die Verbreitung durch Film, Funk, Fernsehen und Internet oder durch fotomechanische Wiedergabe, Tonträger und Datenverarbeitungssysteme jeder Art darf nur mit schriftlicher Genehmigung des Autors erfolgen.

Die Verwendung von Warenbezeichnungen oder Handelsnamen berechtigt nicht zu der Annahme, dass diese frei benutzt werden können. Es kann sich um eingetragene Warenzeichen oder sonstige geschützte Kennzeichen handeln, auch wenn sie nicht als solche markiert sind.

Haftungsausschluss: Obwohl alle Informationen nach bestem Wissen verfasst wurden, muss der Autor jede Verantwortung für eventuelle Schäden ablehnen, die bei Befolgung der Anleitungen eintreten könnten.

Im Buch sind zahlreiche Verweise auf Internetseiten enthalten. Alle Links wurden vor der Drucklegung überprüft. Doch das World Wide Web ist höchst dynamisch. Webseiten können verschwinden oder sie werden geändert. Der Autor übernimmt keine Verantwortung für den Inhalt der verlinkten Webseiten.

Die Deutsche Bibliothek verzeichnet diese Publikation in der Deutschen Nationalbibliografie; detaillierte bibliografische Daten sind im Internet über http://dnb.dbb.de abrufbar.

Bildlizenzen

Titelbild von © PhotoSerg von de.fotolia.com #33703879.
Layout für Cover von © rapidgraf.
Bilder 3.1. und 3.2. von Fotolia: http://de.fotolia.com/

Bild 6.1. von http://de.wikibooks.org/wiki/Datei:DVD-RAM_Blue_Mood.jpg, Autor Jailbird, steht unter der Lizenz „Creative Commons 2.5".

Bild 12.3: https://commons.wikimedia.org/wiki/Category:Switch_clocks#/media/File:Digitale_Zeitschaltuhr.jpg, Autor: Stahlkocher, CC 3.0

Die restlichen Abbildungen stammen vom Autor.

ISBN 978-3-9814657-1-6   Preis: 26,00 €

Über dieses Buch

Unter den Kunden meiner Firma hatte ein erschreckend großer Anteil noch nie eine Datensicherung vorgenommen. Die wenigen, die darüber wenigstens einmal nachgedacht hatten, wussten nicht wie. Deshalb hatte ich meinen Kunden gezeigt, wie man Daten auf DVD brennt. Ich hatte ihnen kleine Merkzettel mitgegeben und auf meiner ersten Webseite Anleitungen veröffentlicht. Daraus ist dann ein Buch mit dem Titel „Datensicherung für Anfänger" hervorgegangen, das in der ersten Auflage einen Umfang von 131 Seiten mit 16 Bildern hatte. Es gab weitere Auflagen:

1. Auflage 06/2013, erweitert 10/2013, überarbeitet 06/2014
2. Auflage 03/2015, überarbeitet 06/2016
3. Auflage 01/2017, überarbeitet 06/2017, 02/2018, 10/2018 und 05/2019
4. Auflage 10/2020, überarbeitet 12/2020

Die Fragen und Anregungen meiner Kunden haben zu derart umfangreichen Veränderungen geführt, dass ich dem Buch einen besseren Namen geben musste.

Einerseits habe ich daran gearbeitet, die Anleitungen ausführlicher und verständlicher zu machen. Besonders intensiv habe ich die Kapitel überarbeitet, in denen es um Kommandozeilenbefehle und Stapeldateien geht. Beides dürfte für die meisten Leser Neuland sein, aber nur damit lässt sich eine individuell angepasste Sicherung gestalten. Auf meiner Webseite `https://eifert.net/produkt/datensicherung/` habe ich fertig programmierte Lösungen bereitgestellt, die bei vielen Lesern ohne Anpassungen funktionieren sollten und die bei Bedarf leicht angepasst werden können.

Die Beschreibungen sowie die Schritt-für-Schritt-Anleitungen sollen auch für Windows-Benutzer mit geringen technischen Kenntnissen verständlich sein.

Zweitens habe ich versucht, mich in die Bedürfnisse und Möglichkeiten der vielen kleinen Unternehmen hineinzuversetzen, die nicht die Möglichkeit haben, einen Computerfachmann einzustellen: Wo der Chef oder ein Mitarbeiter im Rahmen seiner Computerkenntnisse alles am Laufen hält – neben vielen anderen Aufgaben. Mit diesem Buch möchte ich den kleinen Unternehmen helfen, mit geringem Aufwand mehr Sicherheit zu erreichen.

Auch wenn Sie Ihre Daten noch nie gesichert haben – fangen Sie jetzt damit an!

Benutzer mit Anfänger-Kenntnissen finden ausführliche Anleitungen in den folgenden Kapiteln:

1.5	„Datensicherung mit 20 Klicks"	Ausgewählte Ordner auf USB-Speicher sichern
1.6	„Datensicherung auf DVD"	Ausgewählte Ordner auf DVD brennen
5.4.4	„Image erstellen mit Acronis True Image"	Eine komplette Partition sichern
5.6	„Festplatte klonen mit Acronis True Image"	Eine Kopie der Festplatte herstellen
9.4	„Datensicherung an der Eingabeaufforderung"	Eine (fast) vollständige Sicherung einer Partition
10.1.1	„Die „Eigenen Dateien" sichern"	Desktop, Dokumente, Bilder, Musik, Videos, …
10.3.1	„Einfache Sicherung für einen einzelnen PC"	Für jeden PC eine separate Backup-Festplatte
10.5	„Datensicherung mit ausführlichem Protokoll"	Für alle PC eine gemeinsame Backup-Festplatte

Dieses Buch ist für Windows-Nutzer geschrieben. Aber in Kapitel 11 wird gezeigt, wie man mit einem Windows-PC die Daten von Windows-, Linux- und Macintosh-Computern sichern kann.

Danksagung

Besonderer Dank gebührt meinen Lektoren, die viele Fehler, Dopplungen, Auslassungen und Logikmängel gefunden und mich mit Ideen versorgt haben. Zahlreiche Leser haben mit Fragen und Anmerkungen geholfen, dieses Buch von Auflage zu Auflage besser zu machen. Einige der aktivsten möchte ich hier nennen (in alphabetischer Reihenfolge): E. Bruhm, T. Gärditz, J. Kuntze, Rebecca Sapanidou, S. Schön.

Kurze Inhaltsangabe

In den Kapiteln werden die folgenden Themen erörtert:

1. In der Einleitung werden Konzepte und Grundbegriffe erläutert. Zwei einfache Arten der Datensicherung mit „Windows-Bordmitteln" werden vorgestellt, einschließlich Schritt-für-Schritt-Anleitungen.
2. Wie kommt es zu Datenverlusten? Welche Risiken gibt es für meine Daten und wie verringere ich diese?
3. Die Festplatte – das Hauptspeichermedium. Aufbau, Schwachstellen und Vorsorgemaßnahmen.
4. Geräte für die Datensicherung vom DVD-Brenner über externe Festplatten bis Online-Backup.
5. Methoden, Strategien, Hilfsmittel und Werkzeuge. Vollsicherung und Teilsicherung. Die Nutzung des Archivbits. Drei-Generationen-Sicherung. Image-Sicherung und der Recovery-Vorgang.
6. Von kleinen Verlusten bis zu Katastrophen. Die Fast-Unmöglichkeit einer Langzeitarchivierung.
7. Was sind Partitionen und wie richtet man sie ein? Wie kann man Partitionen nutzen, um die Daten sinnvoll zu ordnen, den PC schneller und die Daten sicherer zu machen?
8. Standard-Speicherorte für Daten ändern. „Eigene Dateien" verlagern. Daten auf anderen PC kopieren.
9. Werkzeuge: Eingabeaufforderung, Kopierprogramme, andere nützliche Programme.
10. Eine vielseitige Stapeldatei für die Sicherung – ausführlich erklärt.
11. Ausführliche Anleitung, wie man eine Datensicherung über das Netzwerk einrichtet.
12. Datensicherung in Abwesenheit, zeitgesteuert, automatisiert.
13. Meine Daten sind nicht mehr lesbar! Was tun? Kann Datenrettungssoftware helfen?
14. Disaster Recovery: Vorsorgen für die schlimmsten Notfälle.
15. Ich glaubte, ich hätte ein Backup ...
16. Anhang

Meine Erfahrungen

Von 1973 bis 1984 habe ich in Wartung und Forschung/Entwicklung eines großen Rechenzentrums gearbeitet, mit dem Tätigkeitsschwerpunkt „Magnetische Datenträger" (Bänder, Disketten, Festplatten). Die Pflege der Datenträger, die Analyse von Ausfallursachen, die Erarbeitung von Empfehlungen und Wartungsanweisungen sowie die Weiterentwicklung von Hard- und Software gehörten zu meinem Job.

1984 verlagerte sich meine Haupttätigkeit auf Entwurf und Betreuung von Netzwerken verschiedener Komplexität. Ich hatte Gelegenheit zu lernen, dass man eine vertrauenswürdige Datensicherung sorgfältig konzipieren muss und dass der Kauf einer brauchbaren Backup-Software nur ein Teilaspekt ist. Ich habe genug Leute kennengelernt, die so lange glaubten, sie hätten ein Backup, bis sie es brauchten.

Im Jahr 1990 gründete ich eine Computerfirma, zu deren Spezialisierungen Datensicherung und Datenrettung gehören. In vielen Fällen konnte ich helfen, doch es gab auch aussichtslose Fälle. Ich musste mehr als genug Trauer und Tränen sehen. Ich kenne mehrere Firmen, die nach einem Datenverlust (oder nach einem Einbruch, bei dem alle Computer gestohlen wurden) Insolvenz anmelden oder die Mehrzahl der Mitarbeiter entlassen mussten.

Selbstverständlich haben auch meine privaten Computer und die Computer in meiner Firma Daten verloren. Festplatten haben versagt, und auch qualifizierte Computerfachleute klicken manchmal daneben oder machen andere Fehler. Doch immer war ein – mehr oder weniger gutes – Backup vorhanden gewesen. Und aus den weniger guten Backups konnte man die meisten Lehren ziehen – je aufwendiger die Wiederherstellung war, desto mehr Zeit hatte man, „hätte ich doch nur ..." vor sich hinzumurmeln und dabei über Verbesserungen nachzudenken. Eine meiner wichtigsten Erkenntnisse: Jeden Morgen nach dem Hochfahren des PC muss der Bericht vom letzten Backup auf dem Schirm stehen. Übersichtlich und automatisch.

Ein Teil meiner gegenwärtigen Arbeit besteht darin, individuelle Datensicherungen für sicherheitsbewusste Firmen zu konzipieren, anzupassen und zu überwachen sowie Notfallpläne zu erarbeiten und zu testen. Und meine Erfahrungen für Sie aufzuschreiben.

Inhaltsverzeichnis

1 Einführung 11
   1.1 Fachbegriffe 12
   1.2 Was sind Ihre Daten wert? 13
      1.2.1 Kosten der Wiederherstellung 13
      1.2.2 Schadenskompensation 13
   1.3 Erfahrungen und Zahlen 14
   1.4 Fazit 15
   1.5 Datensicherung mit 20 Klicks 15
   1.6 Datensicherung auf DVD 18
   1.7 Datensicherung mit Windows-Bordmitteln 19
      1.7.1 Sichern und Wiederherstellen 19
      1.7.2 Dateiversionsverlauf von Windows 10 19
   1.8 Warum sollten Sie den Rest des Buches lesen? 20
   1.9 Aktualität 20

2 Risiken 21
   2.1 Die Festplatte ist defekt 21
      2.1.1 Verlust der Daten 21
      2.1.2 Verlust des Betriebssystems 22
   2.2 Unterschied zwischen Daten- und Systemsicherung 23
      2.2.1 Systemsicherung 23
      2.2.2 Datensicherung 24
      2.2.3 Vergleich 24
   2.3 Welche Gefahren drohen Ihren Daten 25
      2.3.1 Risikofaktor Mensch 25
      2.3.2 Risikofaktor Software 25
      2.3.3 Risiken durch Umwelt- und andere äußere Einflüsse 26
      2.3.4 Risiken durch Hardwareprobleme 26
      2.3.5 Ungeahnte Risiken durch neueste Technologien 28
   2.4 Risiko-Minimierung 28
      2.4.1 Stromversorgung 28
      2.4.2 RAID 29
      2.4.3 Wo sollten die Datenträger gelagert werden? 32

3 Die Festplatte 33
   3.1 Aufbau 33
   3.2 Ausfallursachen 34
      3.2.1 Erschütterungen: der plötzliche Tod 34
      3.2.2 Überhitzung: die verkannte Gefahr 36
      3.2.3 Verschleiß: das unabwendbare Ende 37
      3.2.4 Elektronik-Probleme 38
   3.3 S.M.A.R.T. – das Überwachungsprogramm 38
   3.4 Langlebige Festplatten 39
   3.5 Besonderheiten von Notebook-Festplatten 40

4 Backup-Geräte und -Medien 41
   4.1 DVD und BD (Blu-ray Disc) 41
      4.1.1 Aufbau 41
      4.1.2 Lebensdauer 41
      4.1.3 Verwendung für Datensicherungen 41
   4.2 Externe Festplatte 42
      4.2.1 Wofür ist eine externe Festplatte ungeeignet? 42
      4.2.2 Welche soll ich kaufen? 43
      4.2.3 Gebrauchslage 44

Inhaltsverzeichnis

4.2.4 Die Sicherheit externer Festplatten 44
4.2.5 Eine einzige Festplatte ist möglicherweise nicht genug! 44
4.3 SD-Speicherkarten und USB-Speichersticks 45
4.4 Festplatte eines anderen PC 45
4.5 Netzwerkspeicher 45
4.6 E-Mail 46
4.7 Die eigene Festplatte 46
4.8 Internet 47
    4.8.1 Vorteile und Nachteile 47
    4.8.2 Datensicherheit 49
    4.8.3 Datenschutz 50
    4.8.4 Identitätsdiebstahl 51
    4.8.5 Datendiebstahl 51
    4.8.6 Verstoß gegen Nutzungsbedingungen 52
    4.8.7 Gibt es eine sichere Cloud? 52

5 Methoden und Hilfsmittel 53
5.1 Vollsicherung und Teilsicherung 53
5.2 Das Archivbit und dessen Nutzung 53
    5.2.1 Inkrementelle Sicherung 54
    5.2.2 Differenzielle Sicherung 54
    5.2.3 Inkrementell oder differenziell – was ist vorzuziehen? 55
    5.2.4 Inkrementell und differenziell gemischt verwendet 55
    5.2.5 Sicherung außer der Reihe 56
    5.2.6 Andere Verfahren 56
    5.2.7 Allgemeine Empfehlungen 56
5.3 Drei-Generationen-Sicherung 57
    5.3.1 Tägliche Sicherung 57
    5.3.2 Das Prinzip der Drei-Generationen-Sicherung 57
    5.3.3 Drei-Generationen-Sicherung mit optischen Medien 57
    5.3.4 Drei-Generationen-Sicherung mit Festplatten 58
    5.3.5 Deduplizierung 58
    5.3.6 Die Protokollierung 58
5.4 Image – Das Speicherabbild 59
    5.4.1 Ein Speicherabbild – was ist das? 59
    5.4.2 Für welche Sicherungen ist ein Image geeignet? .61
    5.4.3 Vorsicht beim Rücksichern eines Images! 61
    5.4.4 Welche Image-Programme gibt es? 62
    5.4.5 Die Grenzen von Image-Programmen 65
    5.4.6 Ein einziges defektes Bit kann Ihr Backup vernichten 66
5.5 Recovery 66
5.6 Festplatte klonen mit Acronis True Image 67

6 Welche Strategie schützt vor welchen Risiken? 69
6.1 Spektakuläre Ausfälle 69
6.2 Kleine Verluste 70
    6.2.1 Beschädigte Verwaltungstabellen 70
    6.2.2 Die größte Bedrohung befindet sich zwischen Stuhl und Bildschirm 71
    6.2.3 Irrtümer 72
6.3 Verluste bei der Langzeit-Archivierung 73
    6.3.1 Lebensdauer digitaler Daten 73
    6.3.2 Kopieren, kopieren, kopieren 73
    6.3.3 Lebensdauer von Datenträgern 74

Inhaltsverzeichnis

- 6.3.4 Langlebige Medien ... 77
- 6.3.5 Die Lebensdauer von Speichertechnologien ... 79
- 6.3.6 Die Lebensdauer von Codierungen ... 79
- 6.3.7 Empfehlungen für die Archivierung ... 80

7 Mehr Übersicht durch Partitionen ... 81
- 7.1 Partitionen ... 81
  - 7.1.1 Partitionstabelle ... 81
  - 7.1.2 Primäre Partition, Erweiterte Partition und logische Laufwerke ... 81
  - 7.1.3 Datenträgerverwaltung ... 82
- 7.2 Daten ordnen durch Partitionen ... 83
  - 7.2.1 Programme und Daten trennen ... 83
  - 7.2.2 Die Datenpartition weiter unterteilen ... 86
- 7.3 Der Microsoft Disk Manager ... 88
  - 7.3.1 Was kann man mit dem Diskmanager-Programm machen? ... 88
  - 7.3.2 Anleitung: Partition C: aufteilen in C: und E: ... 88
- 7.4 Alternative Partitions-Manager ... 89
  - 7.4.1 Warum? ... 89
  - 7.4.2 Kurzanleitung: Paragon Partition Manager ... 90
- 7.5 Vorsichtsmaßnahmen ... 90

8 Daten ordnen ... 91
- 8.1 Prioritäten setzen ... 91
  - 8.1.1 Aufräumen ... 91
  - 8.1.2 Daten nach Wichtigkeit sortieren ... 92
  - 8.1.3 Aktuelle Daten von den alten Daten trennen: Richtig archivieren ... 92
  - 8.1.4 Veränderliche Daten von den unveränderlichen Daten trennen ... 93
  - 8.1.5 Häufigkeit der Datensicherung staffeln ... 93
- 8.2 Den optimalen Platz für Datenordner finden ... 94
  - 8.2.1 Wo befinden sich Ihre Daten? ... 94
  - 8.2.2 Die „Eigenen Dateien" verlagern ... 95
  - 8.2.3 Verstreute Daten finden ... 96
  - 8.2.4 Datenspeicherort einiger Programme ... 97
  - 8.2.5 Lizenzschlüssel aller Anwendungen sichern ... 97
  - 8.2.6 Kontrolle der Vollständigkeit ... 98
- 8.3 Daten in eine neue Installation übernehmen ... 98
  - 8.3.1 Die Datenübernahme vorbereiten ... 98
  - 8.3.2 War Ihr PC möglicherweise infiziert? ... 99
  - 8.3.3 Regeln für eine sicherheitsbewusste Neuinstallation ... 99
  - 8.3.4 Daten zurückkopieren ... 100

9 Werkzeuge ... 101
- 9.1 Eingabeaufforderung ... 101
  - 9.1.1 Wo findet man die „Eingabeaufforderung"? ... 101
  - 9.1.2 Was ist das – ein Kommandozeilenbefehl? ... 101
  - 9.1.3 Hinweise für das Eintippen von Kommandozeilenbefehlen ... 102
  - 9.1.4 Einige Beispiele ... 103
- 9.2 Stapeldateien ... 103
  - 9.2.1 Stapeldateien sichtbar machen ... 103
  - 9.2.2 Eine Stapeldatei erstellen ... 104
  - 9.2.3 Eine Stapeldatei benutzen ... 104
  - 9.2.4 Einige spezielle Befehle für Batch-Dateien ... 104
  - 9.2.5 Dateien und Geräte ... 106
  - 9.2.6 Die Variable ERRORLEVEL ... 106

- 9.3 WinDirStat – Übersicht über die Festplattenbelegung 107
  - 9.3.1 Die Eigenschaften des Programms 107
  - 9.3.2 Verwendung vor einer Sicherung 108
  - 9.3.3 Verwendung nach einer Sicherung 108
- 9.4 Kopierprogramme 108
  - 9.4.1 Der Windows-Explorer 108
  - 9.4.2 XCOPY – Das mitgelieferte Kopierprogramm 109
  - 9.4.3 ROBOCOPY – Das robuste Kopierprogramm 111
  - 9.4.4 Total Commander – ideal zum Vergleichen von Ordnern 114
- 9.5 Synchronisationsprogramme 115
- 9.6 Die regelmäßige Ausführung eines Jobs planen 116
- 9.7 Einige kostenlose Backup-Programme 119
  - 9.7.1 Clonezilla 119
  - 9.7.2 Areca Backup 119
  - 9.7.3 Drivelmage XML 120
  - 9.7.4 Acronis Drive Image 120
- 10 Anleitung für lokale Sicherung 121
  - 10.1 Datensicherung mit ROBOCOPY 121
    - 10.1.1 Die „Eigenen Dateien" sichern 121
    - 10.1.2 Verbesserungen 121
    - 10.1.3 Das gesamte Systemlaufwerk sichern 123
  - 10.2 Das Wichtigste über Variablen 123
    - 10.2.1 Die Variablen DATE und TIME 124
    - 10.2.2 Zugriffsrechte 126
  - 10.3 Datensicherung (fast) ohne Protokollierung 128
    - 10.3.1 Einfachste Version für einen einzelnen PC 128
    - 10.3.2 Einfachste Version für mehrere PC 130
  - 10.4 Die Parameter des Robocopy-Befehls 133
  - 10.5 Datensicherung mit ausführlichem Protokoll 134
  - 10.6 Jahressicherung der Fotosammlung 139
- 11 Sichern über das Netzwerk 141
  - 11.1 Netzwerk-Grundlagen 141
    - 11.1.1 Die IP-Adresse – was ist das? 141
    - 11.1.2 Die lokale IP-Adresse ermitteln 142
    - 11.1.3 Die lokalen Verbindungen testen 143
    - 11.1.4 Netzwerknamen der PCs ermitteln 143
    - 11.1.5 Auf dem Ziel-PC Ordner anlegen 145
    - 11.1.6 Einen Ordner für das Netzwerk freigeben 145
    - 11.1.7 Auf beiden bzw. allen PCs identische Benutzer einrichten 146
    - 11.1.8 Kontrolle der Freigaben mit dem Windows Explorer 147
    - 11.1.9 Netzwerkprotokoll SMB Version 1 aktivieren .148
    - 11.1.10 Nutzung der Freigaben 148
  - 11.2 Über das Netzwerk auf einen anderen PC sichern 149
    - 11.2.1 Dateien versenden oder abholen? 149
    - 11.2.2 Dateien versenden und abholen! 149
  - 11.3 Ziel-PC sammelt die Daten ein 149
    - 11.3.1 Auf dem QUELLPC1 die Daten zum Lesen freigeben 150
    - 11.3.2 Netzwerkverbindung prüfen 150
    - 11.3.3 Den Kopier-Befehl testen 151
    - 11.3.4 Eine Stapeldatei erstellen 151
    - 11.3.5 Die Datensicherung testen 151

Inhaltsverzeichnis

11.4 Testen und automatisieren 152
    11.4.1 Den Dauerauftrag planen 152
    11.4.2 Regelmäßige Kontrolle 152
    11.4.3 Protokollversand in lokalen Netzwerk 153
11.5 Quell-PC sendet Daten 153
    11.5.1 Auf dem Ziel-PC einen Ordner zum Schreiben freigeben 154
    11.5.2 Netzwerkverbindung prüfen 154
    11.5.3 Den Kopier-Befehl testen 154
    11.5.4 Eine Stapeldatei erstellen 154
11.6 Dokumente täglich automatisch sichern 155
11.7 Dokumente stündlich automatisch sichern 157
11.8 Das Monitoring 158

12 In Abwesenheit sichern 159
  12.1 Warum ist das sinnvoll? 159
    12.1.1 Sicherung zum Arbeitsbeginn 159
  12.2 Den PC zeitgesteuert wecken 161
    12.2.1 Wecken durch einen anderen PC 161
    12.2.2 Automatischer Start durch das BIOS 162
    12.2.3 Starten mit Zeitschaltuhr 162
  12.3 Benutzeranmeldung überspringen 163
  12.4 Stapeldatei erstellen und testen: Beispiel 164
    12.4.1 Die Stapeldatei 164
    12.4.2 Die Protokolldatei Ablauf.txt 166
    12.4.3 Die Protokolldatei Prot1.txt 167
    12.4.4 Der Mailversand mit ProtSenden.BAT 168
  12.5 Stapeldatei automatisch ausführen 169
  12.6 Den PC nach der Datensicherung herunterfahren 169
  12.7 Remote-Shutdown 170
  12.8 Updates in der Nacht durchführen 172
  12.9 Sicherheitshinweis 172

13 Ich kann die Daten nicht mehr lesen! 173
  13.1 Windows startet nicht mehr 173
    13.1.1 Wie rette ich meine Daten? 173
    13.1.2 Woher bekomme ich eine fertige Notfall-CD? 173
    13.1.3 Eine Notfall-CD selbst erstellen 174
    13.1.4 Notfall-DVD auf einen USB-Stick kopieren 174
  13.2 Generelle Empfehlung 175
  13.3 Spezielle Datenträger 176
    13.3.1 Externe Festplatten 176
    13.3.2 USB-Speichersticks 176
    13.3.3 SD-Karten 176
    13.3.4 CD oder DVD 176
  13.4 Allmählich sterbende Festplatte 178
  13.5 Datenrettungssoftware 179
    13.5.1 Totalversagen der Festplatte 179
    13.5.2 Versehentlich gelöschte Dateien 179
  13.6 Nichts hat geholfen 180

14 Disaster Recovery 181
  14.1 Konzept 181
  14.2 Anleitung (Übersicht) 182
  14.3 Informationen sammeln 182

14.4 Materialbedarf 183
    14.4.1 Anschaffungskosten 183
    14.4.2 Bauformen 184
14.5 Für jeden PC eine Klon-Festplatte kaufen 184
    14.5.1 Welche Kapazität sollte die Klon-Festplatte haben? 184
    14.5.2 Dreht sich in Ihrem PC noch eine Magnet-Festplatte? 184
    14.5.3 Könnte man auf die Klon-Festplatte verzichten? 185
    14.5.4 Brauchen Sie für jedes neue Jahr eine neue Klon-Festplatte? 186
    14.5.5 Könnte man Images verwenden anstelle einer Klon-Festplatte? 186
14.6 Jede Festplatte zum Jahreswechsel klonen 186
14.7 Image erstellen mit Acronis True Image 187
14.8 Die tägliche Zuwachs-Sicherung 188
    14.8.1 Welche Programme sind dafür geeignet? 188
    14.8.2 Sie brauchen zwei Zuwachs-Sicherungen! 189
14.9 Modifikationen 189
    14.9.1 Klonen zum Jahreswechsel 189
    14.9.2 Die tägliche differenzielle Sicherung 189
14.10 Den Server sichern 190
    14.10.1 Welches Server-Betriebssystem können Sie nutzen? 190
    14.10.2 Datensicherung des Servers 190
    14.10.3 Ausfall mehrerer Server 191
14.11 Schutz vor den großen Katastrophen 193
14.12 Geschäftsunterlagen revisionssicher archivieren 193
15 Ich glaubte, ich hätte ein Backup 193
16 Anhang 195
    16.1 Bedienung 195
        16.1.1 Eingabeaufforderung 195
        16.1.2 Dateinamenerweiterungen sichtbar machen 196
        16.1.3 Versteckte Dateien sichtbar machen 196
        16.1.4 Disk Manager 196
    16.2 Stapeldateien 197
        16.2.1 Wichtige Befehle 197
        16.2.2 Umleitungen und Verkettungen mit sort und find 199
        16.2.3 Spezielle Befehle für Stapeldateien 201
        16.2.4 Trickreiche Befehlskombinationen 201
        16.2.5 Verzweigungen 203
        16.2.6 Testen von Stapeldateien und Fehlersuche 204
        16.2.7 Windows PowerShell 206
    16.3 Liste der Abbildungen 207
    16.4 Index 209
Verlagsprogramm 213
    Bezugsmöglichkeiten 213
    Beilagen 213
    Sonderwünsche 213
    Bestellungen von Schulen 213

1 Einführung

Haben Sie schon einmal Ihre Daten verloren? Nein, BISHER noch nicht?

Ein kurzer Stromausfall, ein Wackelkontakt oder Verschleiß durch Alterung können Ihre Daten zerstören. Eine Verwechslung beim Aufräumen der Festplatte, eine Fehlbedienung oder einfach nur ein Klick auf das falsche Symbol, schon können Ihre Daten weg sein. Ein Virus könnte Ihre Festplatte löschen oder die Daten unwiderruflich verschlüsseln. Einige der neuesten Notebook-Festplatten löschen sich selbst, wenn die Elektronik „glaubt", das Notebook wäre gestohlen worden. Es gibt so viele Risiken ... Was tun Sie dagegen?

An der Umfrage einer Computerzeitschrift hatten 6149 Leser aus 128 Ländern teilgenommen. Das Ergebnis:

- 91 % halten Datensicherung für wichtig, aber nur
- 11 % sichern Daten regelmäßig (1 % täglich, 1 % wöchentlich, 9 % monatlich).
- 45 % haben noch niemals Daten gesichert, aber
- 77 % haben schon Daten verloren (davon 55 % in den letzten beiden Jahren).

(siehe `http://www.consumerstatistics.org/global-data-backup-survey-results/`)

Nicht nur die 45 % der Datensicherungs-Abstinenzler, sondern auch ein großer Teil der langjährigen Computernutzer sind Anfänger, soweit es die Datensicherung betrifft.

Der Gedanke an einen möglichen Datenverlust wird ebenso verdrängt wie der Gedanke an einen möglichen Autounfall. Vor einem Autounfall kann man sich – zumindest teilweise – durch umsichtiges Verhalten schützen, vor dem finanziellen Schaden schützen Haftpflicht- und Kaskoversicherung. Auch beim Computer kann ein umsichtiges Verhalten und technisches Wissen die Zahl der „Unfälle" verringern, doch es gibt keine Versicherung, die Sie vor Datenverlusten schützt. Sie haben noch Garantie auf Ihren neuen PC? Wenn die Festplatte defekt ist, bekommen Sie diese vielleicht ersetzt, doch Ansprüche wegen Datenverlusten sind immer ausgeschlossen. Es gibt keinen anderen Weg, als regelmäßig selbst aktiv zu werden. Mit einfachen Mitteln eine regelmäßige Datensicherung zu organisieren, ist weder teuer noch allzu schwierig. Wie das geht, können Sie aus diesem Buch lernen.

Im geschäftlichen Umfeld wird die Datensicherung ernster genommen. Eine Umfrage des Speicherherstellers Buffalo unter Systemadministratoren vom Jahr 2013 hat ergeben, dass 9 % der Firmen stündlich oder öfter die Daten sichern, 68 % täglich und 14 % wöchentlich. Nur 9 % sichern ihre Daten unregelmäßig oder seltener als wöchentlich. Für den Fall eines Datenverlusts befürchten 78 % der Verantwortlichen erhebliche finanzielle Schäden und 69 % befürchten den Verlust von Aufträgen. Laut einer Umfrage von Acronis hatten 31 % der befragten Firmen im Jahr 2018 Ausfallzeiten wegen Datenverlust. Immerhin sichern 86 % der Firmen ihre Daten regelmäßig, davon 26 % täglich, 25 % wöchentlich und 35 % zumindest monatlich.

Dieses Umfrageergebnis betrifft Firmen, die groß genug sind, einen EDV-Fachmann beschäftigen zu können. In den vielen kleinen Betrieben, in denen sich der Chef nebenbei um die EDV kümmert, sieht es schlimmer aus. Und bei den Handwerkern und bei den Selbständigen? Was sie für eine Datensicherung halten, liegt meist viele Monate zurück. Das jedenfalls gestehen sie, wenn sie ihren kaputten PC oder ihr kaputtes Windows zur Reparatur bringen. Und öfters stellt sich heraus, dass unter den gesicherten Daten ausgerechnet die wichtigsten fehlen. Oder dass statt der Daten nur die Links zu den Daten gesichert worden sind.

Hier ist noch eine interessante Frage. Stellen Sie sich vor, Ihre Wohnung brennt, und Sie können auf der Flucht nur einen einzigen Gegenstand mitnehmen. Der Antivirenspezialist Kaspersky hat deutsche Nutzer gefragt. Immerhin 27 % der Befragten hätten ihr Notebook, Tablet-PC oder Smartphone gerettet, nachzulesen unter `http://www.kaspersky.com/de/news?id=207566626`.

Einführung

1.1 Fachbegriffe

Die englischen Begriffe „Safety" und „Security" werden beide als „**Sicherheit**" ins Deutsche übersetzt, obwohl sie sehr unterschiedliche Bedeutungen haben. In der Computer-**Security** geht es um den Schutz vor absichtlichen Störungen. Dazu gehören unter anderem Viren, Trojaner, Sabotage, Ausforschung und Datendiebstahl. Dieses Thema wird in meinem Buch „Sicherheit im Internet" behandelt. Bei „**Safety**" geht es um den Schutz vor zufälligen Schäden: Übertragungsfehler, defekte Festplatten oder DVDs, falsche Bedienung und versehentliches Löschen, Stromausfälle und Blitzschläge. Da es in diesem Buch nur um „Safety" geht, wird „Sicherheit" nur in diesem Sinne gebraucht.

Wenn man sicherheitshalber eine Kopie seiner Daten anfertigt, trägt der Vorgang des Kopierens den Namen **Datensicherung**, englisch **Backup**. Mit einer Datensicherung werden Kopien erzeugt, mit denen nach einem Datenverlust ein früherer Zustand wiederhergestellt werden kann. Umgangssprachlich wird mitunter auch der Datenträger mit den kopierten Daten als Datensicherung bezeichnet. **Sicherungskopie** oder **Sicherheitskopie** wäre die bessere Bezeichnung dafür.

Datensicherung ist der Oberbegriff für mehrere Verfahren. Die verbreitetsten sind:

- Eine Sicherung „Datei für Datei" wird im Kapitel 9.4 „Kopierprogramme" erläutert. Dafür wird der Windows-Explorer genutzt oder einer der Kommandozeilenbefehle `COPY`, `XCOPY` oder `ROBOCOPY`. Vorteil: Verloren gegangene Dateien oder Ordner sind leicht zu reparieren.
- Das Erstellen eines komprimierten Festplattenabbilds, genannt **Image**, wird in Kapitel 5.4 „Image – das Speicherabbild" vorgestellt. Vorteil: die Vollständigkeit bei trotzdem geringem Speicherbedarf.
- Wie man eine Bit für Bit identische Kopie der aktiven Festplatte auf einer zweiten Festplatte erstellt (einen **Klon**), lesen Sie in Kapitel 5.6 „Festplatte klonen mit True Image". Von einer alternden Festplatte können Sie in kurzer Zeit eine funktionierende Kopie erstellen. Allerdings brauchen Sie für jeden Klon eine separate Festplatte.

Der Vorgang der **Rücksicherung** wird englisch als **Restore** bezeichnet. Von dem zur Sicherung verwendeten Verfahren hängt es ab, wie die Rücksicherung durchzuführen ist.

Eine Datensicherung sollte regelmäßig und ausreichend häufig erfolgen. Wenn man eine neue Sicherungskopie erstellt hat, sollte man frühere Kopien nicht übereilt wegwerfen oder überschreiben. Warum? Wenn eine Datei auf der letzten Sicherung nicht mehr lesbar ist, findet man diese Datei vielleicht auf der vorletzten oder vorvorletzten Sicherungskopie. Ob CD, DVD, USB-Speicherstick oder externe Festplatte – **alle** Datenträger haben eine begrenzte, mitunter erschreckend geringe Lebensdauer. Auf eine Haltbarkeit von mehreren Jahren sollte man sich nicht verlassen. Einige Probleme der Langzeitlagerung werden im Kapitel „Lebensdauer digitaler Daten" behandelt.

Bei der **Datenarchivierung** geht es darum, ausgewählte Daten über Jahre, Jahrzehnte und vielleicht über Jahrhunderte sicher aufzubewahren. Meist wird eine Speicherung gefordert, welche nachträgliche Manipulationen unmöglich macht. Wegen der begrenzten Lebensdauer der Sicherungsmedien und der Technologien sollten die archivierten Daten alle paar Jahre überprüft und auf neue Medien umkopiert werden.

Die meisten Nutzer löschen die archivierten Daten von der internen Festplatte, um Speicherplatz frei zu machen. Doch bevor Sie das tun, sollten Sie für eine zweite Kopie auf einem weiteren Archivmedium sorgen.

Die Abgrenzung zwischen Datensicherung und Archivierung ist fließend. Die Kernfunktion von Backup-Tools ist es, Kopien von aktuellen Systemzuständen zu erstellen. Die Kernfunktion der Archivierung ist es, ausgewählte Daten für lange Zeit sicher aufzuheben.

EINFÜHRUNG

1.2 Was sind Ihre Daten wert?

Ein Nachbar hat Ihr Auto gestreift. Ein Besucher hat Ihr Notebook vom Tisch gestoßen. Können Sie Schadenersatz verlangen? Ja, selbstverständlich. Aber wie sieht es aus, wenn Ihr Mitarbeiter aus Versehen die Kundendatenbank gelöscht hat? Wenn der Computernotdienst Ihre Festplatte gelöscht hat? In welcher Höhe können Sie Schadenersatz verlangen? Das Problem ist, dass Daten nicht körperlich sind, sie haben keinen Materialwert.

Das deutsche Recht sieht zwei Arten von Schadenersatz vor. Das primäre Ziel ist die Wiederherstellung (Naturalrestitution), ersatzweise die Schadenskompensation.

1.2.1 Kosten der Wiederherstellung

Der Verursacher muss den Schaden selbst beseitigen oder den Geldbetrag zahlen, der zur Wiederherstellung des früheren Zustandes benötigt wird. In der Regel muss die Rechnung eines Datenrettungsunternehmens bezahlt werden oder der Aufwand für die Wiederherstellung von einem Backup-Speicher.

Es kommt vor, dass sich Daten nicht rekonstruieren lassen. Hochzeitsfotos, Manuskripte und Konstruktionsunterlagen können oft nicht wiederhergestellt werden, wenn kein Backup vorhanden ist. Wenn es aber ohnehin völlig unmöglich ist, die Daten wiederherzustellen, braucht der Versuch nicht erst unternommen zu werden und dem Verursacher entstehen keine Wiederherstellungskosten.

1.2.2 Schadenskompensation

Bei Unmöglichkeit der Wiederherstellung hat der Verursacher den Schaden mit Geld zu kompensieren.

- Es wird ermittelt, wie viel Vermögen der Geschädigte verloren hat.
- Die Arbeitskosten, um die Daten einigermaßen aus der Erinnerung zu rekonstruieren, sind ersatzfähig.
- Personelle und zeitliche Mehraufwendungen wegen gestörter Arbeitsabläufe, z. B. der Arbeitslohn für zeitweilige Hilfskräfte, sind ersatzfähig.
- Entgangener Gewinn ist ein ersatzfähiger Schaden.

Folgerungen

- Auch wenn der Verlust privater Daten sehr bitter sein kann – deren Verlust führt nicht zu Gewinnausfällen. Deshalb gehen Privatpersonen fast immer leer aus.
- Wenn durch die Schuld eines Mitarbeiters Firmendaten verloren gehen, kann das teuer für ihn werden. Bei grober Fahrlässigkeit kann es den Mitarbeiter fünf Jahre lang den Teil seines Einkommens kosten, der über der Pfändungsgrenze liegt. Außer: Der Chef trägt die Hauptschuld.
- Wer es als Chef versäumt, für regelmäßige Datensicherungen geschäftlich wichtiger Daten zu sorgen, hat eine Mitschuld. Unter Umständen muss er den Schaden vollständig aus seinem privaten Vermögen bezahlen, auch wenn der Schaden sehr hoch ist.
- Während der Tätigkeit eines IT-Dienstleisters kam es zu einem Serverabsturz mit totalem Datenverlust. Die Schadensersatzklage des betroffenen Unternehmens gegen den IT-Dienstleister wurde vom Oberlandesgericht Hamm (Az. 13 U 133/03) abgewiesen. Wer seine Daten nicht täglich teilweise und wöchentlich vollständig sichere, handle grob fahrlässig und „blauäugig".

Einführung

1.3 Erfahrungen und Zahlen

Aus den Erfahrungen von Datenrettungs-Unternehmen:

Es gibt nur zwei Arten von Daten:
> Daten, die gesichert wurden,
> und Daten, die noch nicht verloren gegangen sind – bis jetzt!

Backups, die nicht mindestens einmal in einem Test erfolgreich wiederhergestellt wurden, verdienen den Namen „Backup" nicht.

Backup-Lösungen und -Daten, für die niemand in der Firma direkt verantwortlich ist, sind definitiv schlechte oder unbrauchbare Sicherungen.

Aus der Computer-Folklore:

> Datensicherung ist nur etwas für Feiglinge.

Zitat aus einem Gerichtsurteil:

> Der Datenverlust durch Absturz gehört „zum allgemeinen Risiko eines EDV-Benutzers", dem durch das übliche Anfertigen von Sicherheitskopien zu begegnen sei.

Wie schlimm kann der Schaden sein?

Erkenntnis der Experten von Scotland Yard:
> Ein mittleres Unternehmen, das seine Daten komplett verliert, ist spätestens nach zwei Jahren am Ende.

Statistik des Haftpflichtverbandes der deutschen Industrie:
> 40 % aller Unternehmen, die alle ihre Daten verlieren, sind spätestens nach zwei Jahren bankrott.

Statistik der Münchner Rückversicherung:
> Etwa 40 % der Unternehmen, deren Rechenzentrum vernichtet wurde und die keinen Katastrophenplan hatten, eröffneten nicht wieder. 90 % derer, die wiedereröffneten, gaben innerhalb der nächsten zwei Jahren doch noch auf. Daraus errechnet sich eine „mittelfristige Überlebensrate" von 6 %.

Studie des Recoveringspezialisten Jon W. Toigo:
> Nach einem totalen Datenverlust erholen sich 43% der Unternehmen finanziell nie mehr, und 29% der betroffenen Firmen schließen innerhalb von zwei Jahren ihren Betrieb.

Ungefähre Preise der professionellen Datenretter:

Der Aufwand hängt von der Art des Datenträgers ab und natürlich von der zu rettenden Datenmenge. Hier ist eine grobe Abschätzung:

- SD-Karte, USB-Stick etc. – 70 bis 150 Euro
- Magnetische Festplatte bei einem logischen Schaden – 400 bis 700 Euro, bei einem mechanischem Schaden – 1000 Euro oder sehr viel mehr.
- SSD-Festplatte – die Kosten sind hoch und kaum kalkulierbar. Weil das „Wear Leveling" ständig die Daten umverteilt, um die Speicherzellen gleichmäßig abzunutzen, ist eine Datenrettung schwierig.

Kostenloser Ratschlag:

Wenn Ihnen irgend etwas verdächtig vorkommt, sofort die Weiterarbeit einstellen. Windows nicht herunterfahren, denn vielleicht startet Windows nie wieder. Rufen Sie einen Experten an und schildern Sie das Problem. Lassen Sie sich nicht von „Fachchinesisch" einlullen. Fragen Sie nach, bis Sie alles verstanden haben. Zögern Sie nicht, mehrere Meinungen einzuholen. Meiden Sie selbsternannte Experten. Bei den meisten Datenrettungen hat man nur einen Versuch – wenn er misslingt, wird die Situation wirklich schlimm.

Sind Sie jetzt verunsichert? Das ist sehr gut. Behalten Sie diesen Moment der Unsicherheit im Gedächtnis.

Einführung

1.4 Fazit

Datensicherung ist im Prinzip ganz einfach. Man muss nur die wichtigen Dateien regelmäßig auf einen anderen Datenträger kopieren, den man anschließend an einem sicheren Ort aufbewahrt. Dateien zu kopieren ist ein grundlegender, einfacher Vorgang. Außer dem Windows-Explorer gibt es zahlreiche Dateimanager und Backup-Programme.

Warum also wird es nicht gemacht? Ist es der Glaube, dass ein Datenverlust immer nur die Anderen trifft?

Daten zu sichern bedeutet, Vorsorge zu treffen für ein Ereignis, das höchstwahrscheinlich (in der nahen Zukunft) nicht eintreten wird. Daten zu sichern bedeutet letzten Endes, Zeit zu vergeuden in der schwachen Hoffnung, dass es sich vielleicht irgendwann auszahlt.

Berücksichtigt man diese psychologischen Besonderheiten, folgt daraus:

- Eine wirksame Datensicherung muss vollständig oder weitgehend automatisch funktionieren.
- Niemand sollte gezwungen sein, regelmäßig darüber nachdenken zu müssen, welche Daten gesichert werden müssen und welche nicht.

Was können bzw. müssen Sie tun?

- Sie müssen alle wichtigen Daten mindestens doppelt haben: auf der internen Festplatte und zusätzlich auf DVD oder Speicherstick, im Speicher der Kamera oder auf einer externen Festplatte.
- Verlassen Sie sich nicht auf die Langlebigkeit der Datenträger. Beispielsweise sollten Sie alle zwei bis drei Jahre von Ihren DVDs neue Kopien anfertigen. Testen Sie die neuen Medien. Werfen Sie die alten Medien nicht weg. Vielleicht sind die neuen Rohlinge von minderer Qualität und die alten Kopien überleben länger.
- Bewahren Sie die Datenträger nicht alle an einem Platz auf. Wenn die Feuerwehr in der Etage über Ihnen einen Brand löscht, werden möglicherweise der PC und gleichzeitig alle Ihre Kopien unbrauchbar.
- Verwenden Sie hochwertige Rohlinge. Lagern Sie die DVDs im Dunkeln und kühl (aber nicht im Kühlschrank, dort ist es zu feucht).
- Trauen Sie keiner Reklame, besonders nicht den Prophezeiungen der Hersteller zur Lebensdauer ihrer Medien.

Wenn Ihre Daten verloren scheinen, können Sie sich an ein Datenrettungslabor wenden, das mit hoher Wahrscheinlichkeit Ihre Daten wiederherstellen kann. Allerdings kostet das einige bis viele hundert Euro. Ihre Daten rechtzeitig zu duplizieren, kommt Sie erheblich günstiger.

1.5 Datensicherung mit 20 Klicks

Jaja, ich weiß, es gibt zahlreiche Anleitungen „Datensicherung mit drei Klicks" im Internet. Glaubt irgend jemand, dass drei Klicks tatsächlich genügen? Nun, es ist üblich geworden, in der Werbung schamlos zu lügen. Doch wenn Sie dieses Buch bis zum Ende lesen, können Sie eine individuelle Sicherung einrichten, die tatsächlich mit **einem** Doppelklick oder automatisch gestartet werden kann. Doch jetzt beginnen wir mit Ihrer ersten Datensicherung.

Kaufen Sie eine externe Festplatte (2000 GB für 60 €) oder einen USB-Speicherstick (128 GB für 20 €). Stecken Sie die externe Festplatte (oder den USB-Stick) an einen USB-3-Anschluss. Wenn Sie das erstmals machen, dauert es 10 bis 20 Sekunden, bis der PC in der rechten unteren Ecke des Bildschirms meldet „Neue Hardware gefunden, Treiber werden installiert" oder „Installieren von Gerätetreibersoftware" (Win7). Windows 10 öffnet für etwa fünf Sekunden ein Mitteilungsfenster mit dem Label des Datenträgers und der Aufforderung, „Wählen Sie eine Aktion für Wechseldatenträger aus". Klicken Sie schnell darauf.

Das war der erste Klick.

Einführung

Falls Sie eine Meldung sehen „Dieses Gerät könnte eine höhere Leistung erzielen ...", sollten Sie sich die Zeit nehmen, den Stick auszuwerfen und andere USB-Anschlüsse auszuprobieren. Ob die Daten mit 480 oder 5000 Mbit/s übertragen werden, macht einen enormen Zeitunterschied aus. Die schnelleren Anschlüsse mit USB 3.0 und höher sind 9-polig und meist blau oder rot, USB 2.0 Anschlüsse sind 4-polig und meist schwarz.

Falls Sie rechtzeitig auf „Wählen Sie eine Aktion für Wechseldatenträger aus" geklickt haben, öffnet Windows ein Fenster wie das nebenstehende. Im oberen Teil des Fensters steht der Name des Datenträgers (hier: USB_8_GB), den Sie sich merken bzw. auf den Speicher aufkleben sollten. Hier wird auch der Laufwerksbuchstabe angezeigt, der dem Datenträger zugewiesen wurde. **Nehmen wir an, es ist E:**. Hinweis: Der zugewiesene Laufwerksbuchstabe kann morgen ein anderer sein, je nachdem, welche weiteren Geräte angesteckt sind. An einem anderen PC kann der Laufwerksbuchstabe ebenfalls ein anderer sein.

Bild 1.1: Aktion auswählen

Klick 2: Klicken Sie auf „Ordner öffnen, um Dateien anzuzeigen". Der Windows Explorer zeigt Ihnen im rechten Fensterteil den Inhalt des eingesteckten Datenträgers. Bei einem neuen Datenträger ist der Ordner leer.

Klick 3 und 4: Rechtsklick in das leere Fenster, Linksklick auf „Neu" → „Ordner". Geben Sie dem „neuen Ordner" einen Namen, z. B. „2020-06-30".

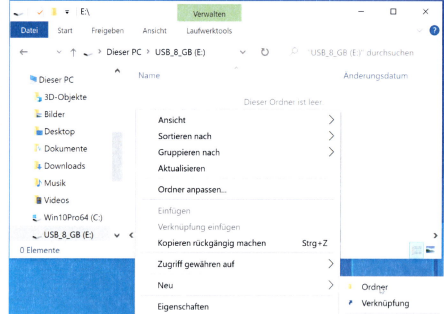

Bild 1.2: Neuen Ordner für Backup anlegen

Klick 5: Doppelklick auf den neuen Ordner. Er ist noch leer, wie im Bild 1.3.

Klick 6: Verschieben sie das Fenster in die Nähe des rechten Bildschirmrandes, damit in der linken Bildschirmhälfte Platz bleibt, um ein weiteres Explorer-Fenster für die Auswahl der Daten zu öffnen.

Bild 1.3: Der neue Backup-Ordner ist noch leer

Klick 7 und 8: Rechtsklick auf den Start-Button". Im Kontextmenü klicken Sie auf „Explorer". Es öffnet sich ein zweites Fenster mit dem Windows Explorer.

Klick 9: Klicken Sie im soeben geöffneten, linken Explorerfenster auf „Dieser PC".

In der rechten Fensterhälfte werden Ihnen die wichtigsten Datenordner angezeigt.

Einführung

Klick 10-14: Nun müssen Sie die zu sichernden Ordner markieren.

Halten Sie die Strg-Taste bis auf weiteres gedrückt und klicken Sie nacheinander auf Bilder, Desktop, Dokumente, Musik und Videos. Falls Sie 3D-Objekte haben, klicken Sie auch darauf. Lassen Sie jetzt erst die Strg-Taste los. Die fünf wichtigsten Ordner sind jetzt markiert, wie in Bild 1.4.

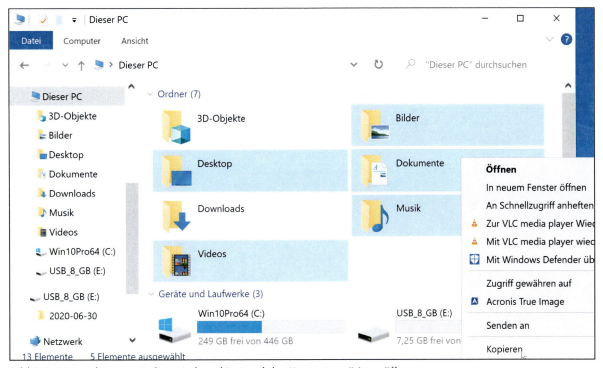

Bild 1.4: Die wichtigsten Ordner sind markiert und das Kontextmenü ist geöffnet

Klick 15: Rechtsklick auf einen beliebigen der markierten Ordner, es öffnet sich das Kontextmenü wie in Bild 1.4 rechts unten gezeigt.

Klick 16: Klicken Sie im Kontextmenü auf „Kopieren".

Klick 17: Im rechten Teil des Bildschirms ist noch das Explorerfenster zu sehen, dass den leeren Backup-Ordner zeigt. Ein Rechtsklick in das Fenster (z. B. direkt auf den Schriftzug „Dieser Ordner ist leer") öffnet das Kontext-Menü.

Klick 18: Linksklick auf „Einfügen". Das Kopieren beginnt jetzt.

Bei eventuellen Meldungen „Es befindet sich bereits eine Datei desselben Namens an diesem Ort" setzen Sie einen Haken in der linken unteren Ecke bei „Vorgang für die nächsten ... Konflikte wiederholen" und dann wählen Sie „Kopieren und ersetzen".

Warten Sie nun das Ende des Kopiervorgangs ab. Prüfen Sie stichprobenartig, ob Ihre wichtigsten Dateien erfolgreich kopiert worden sind.

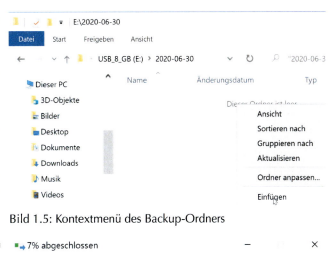

Bild 1.5: Kontextmenü des Backup-Ordners

Bild 1.6: Fortschrittsanzeige

Klick 19 und 20: Damit das Backup nicht durch Bedienfehler oder einen bösartigen Trojaner beschädigt wird, sollten Sie den USB-Backup-Speicher nicht dauerhaft am PC angeschlossen lassen.

Bild 1.7: USB-Speicher auswerfen

Klicken Sie auf das Symbol für „Hardware auswerfen" (im rechten Teil der Taskleiste, im Bild 1.7 rot markiert) und danach auf die Bezeichnung des Speichers (es könnten ja mehrere USB-Speicher angesteckt sein).

Nach der Meldung „Hardware kann jetzt entfernt werden" können Sie den USB-Speicher herausziehen.

Falls Sie den PC herunterfahren wollen, können Sie auf das „Hardware auswerfen" verzichten und den USB-Speicher nach dem Herunterfahren herausziehen.

Ergänzende Hinweise

- Markieren Sie keine versteckten Links wie z. B. „Anwendungsdaten" oder „Eigene Dateien", denn das sind nur für ältere Programme eingerichtete Weiterleitungen auf die neuen Ordnerbezeichnungen „AppData" und „Dokumente".
- Den Ordner „Downloads" brauchen Sie nicht sichern. Normalerweise befinden sich dort nur Dateien, die Sie jederzeit wieder aus dem Internet herunterladen können (meist in einer neueren Version).
- Für Videos sowie Bilder- und Musiksammlungen wird wohl auf einem USB-Speicherstick der Platz nicht ausreichen.
- Einige wenige Programme legen Daten nicht in den Benutzer-Unterordnern ab. Was tun? Siehe Kapitel „Daten ordnen".
- Falls Sie Ihre E-Mails nicht auf dem Server des Anbieters (z. B. web.de oder gmx.net) lagern, müssen Sie vielleicht Teile des unsichtbaren Ordners „Anwendungsdaten" bzw. „AppData" sichern.
- Die obige Anleitung gilt für einen PC mit vorinstalliertem Windows, bei dem es für Betriebssystem, Programme und Daten nur eine einzige Partition gibt. Falls Sie Daten in weiteren Ordnern oder Partitionen haben, müssen Sie diese ebenfalls sichern.

Hier noch ein paar Tipps, wie man mehrere Dateien markiert.

- Die Tastenkombination Strg-A markiert alle Dateien und alle Unterordner des aktuellen Ordners. Wenn Sie die Markierung aller Einträge wieder aufheben wollen, klicken Sie auf irgendeine Datei.
- Wenn Sie eine zusammenhängende Gruppe markieren wollen, klicken Sie auf den ersten Eintrag, drücken Sie auf die Umschalttaste, klicken Sie auf den letzten Eintrag und lassen Sie die Umschalttaste los.
- Mit gedrückter Strg-Taste kann man nacheinander mehrere einzelne Dateien markieren. Klickt man auf eine bereits markierte Datei, wird die Markierung aufgehoben.

1.6 Datensicherung auf DVD

Erstaunlich viele Computerbesitzer haben noch nie eine Daten-CD oder -DVD gebrannt. Zugegeben, unter Windows XP war das nicht einfach. Man musste ein Brennprogramm kaufen oder finden und installieren. Doch seit Windows Vista ist ein einfaches Brennprogramm im Betriebssystem enthalten.

Sie können auch ein kostenloses Brennprogramm installieren, z. B. den „CDBurnerXP" oder „Deep Burner Free", den es sogar als portable Version gibt. Eine Anleitung zur Benutzung finden Sie auf `eifert.net` unter „Hilfen" → „Datensicherung".

DVD-Rohlinge bekommen Sie in fast jedem Supermarkt. Bevorzugen Sie den Typ DVD-R (einmal beschreibbar) oder DVD-RW (mehrfach beschreibbar), vermeiden Sie DVD+R und DVD+RW. Sowohl DVDs mit Kauf-Software als auch DVDs in Zeitschriften werden in einem Format gepresst, das nur mit DVD-R und DVD-RW kompatibel ist und sich auf DVD+R nicht duplizieren lässt.

Einführung

Eigentlich ist es einfach: Markieren Sie die Ordner oder die Dateien, die gesichert werden sollen, z. B. wie in Bild 1.4 (zwei Seiten zurück) gezeigt und erklärt. Klicken Sie dann mit der rechten Maustaste auf einen der markierten Ordner. Es öffnet sich das Kontextmenü. Klicken Sie auf „Eigenschaften". Geben Sie Windows etwas Zeit, die Dateien zu zählen. Die „Größe auf Datenträger" darf 4,7 GB nicht überschreiten, sonst passt die Datenauswahl nicht auf eine DVD. Auf eine CD passen knapp 0,7 GB.

Wenn Sie eine geeignete Zusammenstellung von Ordnern haben, klicken Sie erneut mit der rechten Maustaste auf einen der markierten Ordner, dabei bleiben die von Ihnen vorgenommenen Markierungen erhalten. Bewegen Sie im Kontextmenü den Mauszeiger auf „Senden an" und weiter auf „DVD", den vermutlich letzten Eintrag. Falls Sie ein Brennprogramm wie „CDBurnerXP" oder „Deep Burner Free" installiert haben, können Sie die markierten Ordner auch an das Brennprogramm senden. Nun werden Sie aufgefordert, einen leeren Datenträger einzulegen.

Windows 7 und **10** fragen, wie der Datenträger verwendet werden soll. Antworten Sie „mit einem CD/DVD-Player". Hier können Sie ein Label für die CD/DVD vergeben (maximal 11 Zeichen lang). Vielleicht sehen Sie eine Meldung „Es befindet sich bereits eine Datei gleichen Namens an diesem Ort." Dabei geht es um die „desktop.ini". Jeder Ordner enthält diese normalerweise unsichtbare Datei, in der das Aussehen des Ordners gespeichert ist (große oder kleine Symbole, Sortierung nach Dateinamen oder nach Datum usw.). Diese Datei braucht nicht gesichert zu werden, wählen Sie „Nicht kopieren". Suchen Sie im oberen Teil des Explorerfensters nach „Brennen" und klicken Sie darauf.

Prüfen Sie die frisch gebrannte DVD, ob die Dateien lesbar sind. Probieren Sie, ob die DVD auch in einem anderen Laufwerk lesbar ist, z. B. am Computer von Freunden.

1.7 Datensicherung mit Windows-Bordmitteln

1.7.1 Sichern und Wiederherstellen

Windows 7

Das Backup-Programm finden Sie über „Start" → „Alle Programme" → „Wartung" → „Sichern und Wiederherstellen".

Windows 10

Das Programm von Windows 7 funktioniert auch unter Windows 10. Schreiben Sie „Systemsteuerung" in das Suchfeld („Zur Suche Text hier eingeben") und drücken Sie Enter. Stellen Sie „Anzeige" (rechts oben) auf „Kategorie". Unter „System und Sicherheit" finden Sie „Sichern und Wiederherstellen (Windows 7)".

Ab hier geht es unter Windows 7 und 10 identisch weiter

Als Erstes müssen Sie die „Sicherung einrichten". Wählen Sie das externe Laufwerk. Anschließend müssen Sie auswählen, welche Daten Sie sichern wollen. Die „Auswahl durch Windows" ist vielleicht ausreichend.

Das Programm legt einen Ordner mit dem Netzwerknamen des PCs an und darin einige Protokolldateien, Unterordner sowie komprimierte ZIP-Dateien. Die erste Sicherung ist eine Vollsicherung, alle zukünftigen Sicherungen erfassen nur veränderte Dateien. Mit dem Windows-Backup kann man relativ übersichtlich die benötigten Dateien zurückkopieren.

1.7.2 Dateiversionsverlauf von Windows 10

Sie benötigen eine externe Festplatte mit genügend freiem Speicherplatz. Bei der ersten Benutzung des Dateiversionsverlaufs wird eine Vollsicherung vom Desktop und von allen Bibliotheken erstellt. Der „Dateiversionsverlauf" legt dazu auf dem Sicherungsdatenträger einen Ordner „FileHistory" an. Beachten Sie: Selbst erstellte Ordner werden ignoriert, wenn man sie nicht zu einer Bibliothek hinzufügt.

Der Befehl, mit dem man Dateien oder Ordner wiederherstellt, heißt „filehistory.exe" und er ist an der Eingabeaufforderung einzugeben. Beachten Sie auch: Wenn Sie die entsprechende Option nicht abschalten, werden alle USB-Speichersticks und alle angeschlossenen externen Festplatten ebenfalls gesichert. Da wird die Backup-Festplatte schnell voll sein ...

In der Standardeinstellung werden die Daten jede Stunde aktualisiert. Will man die Sicherungsfestplatte nicht ständig eingeschaltet lassen (was u. a. wegen Verschleiß und Wärmeentwicklung nicht zu empfehlen ist), muss sie mindestens für eine Stunde eingeschaltet sein, damit wenigstens einmal täglich eine Aktualisierung erfolgt. Insgesamt ist das ein Verfahren, das für Power-User und Firmen-PCs zusätzlich zu einem Backup sinnvoll sein kann. Für Anwender, die ihren PC nur gelegentlich für eine meist kurze Zeit einschalten, betrachte ich eine solche Backup-Lösung schlichtweg als ungeeignet.

1.8 Warum sollten Sie den Rest des Buches lesen?

Weil die in den Abschnitten 1.5 und 1.7 beschriebenen Datensicherungen nicht berücksichtigen, welche Arten von Daten Sie haben, wird Ihre Backup-Festplatte schnell voll sein. Zum Einen, weil es sich bei einem großen Teil der gesicherten Daten um temporäre oder anderweitig überflüssige Dateien handelt. Zweitens: Wenn Sie Ihre Daten öfter sichern, werden viele Daten dabei sein, die unnötig oft gesichert werden. Wie viele immer gleiche Kopien Ihrer Fotos möchten Sie auf Ihrer externen Festplatte haben? Wenn Sie sich die Mühe machen, Ihre Datensicherung individuell anzupassen, sparen Sie langfristig eine Menge Zeit und Geld.

1.9 Aktualität

Sind Sie erstaunt, dass noch Anleitungen zu Windows 7 enthalten sind? Es gibt noch eine Menge Computer mit diesen alten Betriebssystemen, nicht nur in Industriesteuerungen und Geldautomaten. Manche ältere Programme funktionieren nicht mit Windows 10. Für ältere Notebooks und Peripheriegeräte gibt es keine Treiber mehr. Und wer mit dem PC nie ins Internet geht, könnte sogar mit Windows XP noch gut zurechtkommen. Jedenfalls ist auch ein älterer Computer bestens als Backup-PC geeignet, um die Daten aller anderen Computer einzusammeln und zu sichern.

Im Buch sind zahlreiche Verweise auf Internetseiten enthalten, und in meinen „Weblinks zum Buch Datensicherung für Anfänger" (https://eifert.net/project/dasi-links/) finden Sie noch mehr zum Thema. Alle Links wurden vor der Drucklegung überprüft. Doch das World Wide Web ist höchst dynamisch. Webseiten können verschwinden oder sie werden geändert. Der Autor übernimmt keine Verantwortung für den Inhalt der verlinkten Webseiten.

Auch die Anleitungen im Buch werden regelmäßig überprüft. Allerdings gibt es ständig Updates von den Softwareproduzenten, wobei sich manchmal auch die Bedienung ändert. Besonders intensiv wird Windows 10 mit jedem halbjährlichem Update umgestaltet. Kürzlich ist die „Eingabeaufforderung" zugunsten der „Power Shell" aus der Zubehörgruppe verschwunden, doch über die Suchfunktion mit der Eingabe von „cmd" ist die Eingabeaufforderung noch immer nutzbar.

Wenn etwas nicht wie beschrieben funktioniert, finden Sie im Buch oft ein alternatives Verfahren. Vielleicht gibt es schon eine neuere oder bessere Beschreibung auf eifert.net → „Hilfen" → „Datensicherung"?

Ich würde mich sehr freuen, wenn Sie mir Unstimmigkeiten und Verbesserungsvorschläge mitteilen würden!

2 Risiken

2.1 Die Festplatte ist defekt

Die meisten Festplatten werden nach wenigen Jahren zusammen mit dem Computer entsorgt oder gegen größere Platten ausgetauscht. Deshalb werden Festplatten von ihren Herstellern nicht für einen langjährigen Einsatz konzipiert. Je nach Benutzung (24 oder 8 Stunden täglich) hält eine Festplatte zwei bis fünf Jahre mit erträglicher Wahrscheinlichkeit durch, stromsparende „grüne" Festplatten etwas länger.

Selbst wenn Sie die Warnzeichen für einen bevorstehenden Ausfall kennen und beachten, eines Tages wird es passieren: Die Festplatte geht kaputt.

Stellen Sie sich einmal vor: Jetzt, in diesem Moment, geht Ihre Festplatte unrettbar kaputt. Wie groß wäre der Schaden? Wie wertvoll sind Ihre Daten?

2.1.1 Verlust der Daten

Beginnen wir mit den Daten, die jeder hat:

- Haben Sie alle Zugangsdaten (DSL, E-Mail, eBay, Messenger, Chat, Facebook, ...) aufgeschrieben? Auch die Daten von allen Online-Shops, in denen Sie vielleicht wieder einmal einkaufen wollen? Auf Papier oder nur in einer Datei auf der nunmehr defekten Festplatte? Oder in einem „Password-Safe", den Sie nicht mehr öffnen können?
- Wo sind Ihre E-Mails gespeichert? Auf Ihrem PC oder auf dem Server des Providers? Werden sie dort nach drei Monaten automatisch gelöscht? Vielleicht sind auch E-Mails dabei, mit denen Sie Passworte und Zugangskennungen erhalten haben. Haben Sie diese alle ausgedruckt und abgeheftet?
- Wie viele Einträge hat Ihr E-Mail-Adressbuch? Wie sieht es mit Skype- und Chatpartnern aus? Wie aufwendig wäre es, diese Adressen wiederzubeschaffen?
- Wie viele Links hat Ihre Favoritenliste? Wie lange würde es dauern, alle oder wenigstens die wichtigsten davon wiederzufinden?
- Benutzen Sie ein Lohnsteuerprogramm? Wie lange würden Sie brauchen, die Daten ein zweites Mal zu erfassen?
- Wie bitter wäre es für Sie, Fotos und Filme von den Urlaubsreisen der letzten Jahre, von der Hochzeit und anderen Familienfeiern und von den heranwachsenden Kindern zu verlieren? Selbst wenn die Originale aller Fotos auf irgendwelchen CDs oder DVDs zu finden sind (und diese noch lesbar sind): Wie lange würde es dauern, sie auf die Festplatte zu kopieren, zu ordnen, misslungene Aufnahmen zu löschen und auf der Seite liegende Aufnahmen hochkant zu drehen?

Eine geübte Schreibkraft braucht für die Neueingabe einer eng beschriebenen DIN A4-Seite etwa 15 Minuten. Auf eine Diskette (1,44 MB) passen etwa 700 Seiten, was 22 Arbeitstagen zu je 8 Stunden entspricht. Auf einen winzigen USB-Memory-Stick von 1 GB passen etwa 500 000 Seiten (60 Arbeitsjahre). Vermutlich ist ein mehr oder weniger großer Teil der alten Daten entbehrlich, aber bestimmt gibt es auch Daten, auf die Sie nicht gern verzichten würden.

Eine Sicherheitskopie für eine übliche Datenmenge zu erstellen kostet Sie weniger als einen Euro und das erste Mal weniger als eine Stunde Zeit. Bei einem wohldurchdachten Konzept dauert jede nachfolgende Sicherung nur einige Minuten.

RISIKEN

2.1.2 Verlust des Betriebssystems

Das Betriebssystem neu installieren zu müssen ist eine langwierige Arbeit. Nicht nur Windows muss installiert werden, sondern auch alle Treiber, alle Updates und alle Anwendungen. Sind Ihre Installations-CDs vollständig und in gutem Zustand? Haben Sie die Seriennummern für alle Programme, die Zugangsdaten und die Lizenzen? Vermutlich haben Sie aktuelle Treiber und zahlreiche nützliche Programme im Internet gefunden und installiert. Haben Sie deren Web-Adressen griffbereit? Falls Sie Abonnements von Antiviren- und anderen Programmen über das Internet verlängert haben, wie können Sie die Zahlung nachweisen?

Eine Schätzung: Wie aufwendig ist eine Neuinstallation?

1,5 h   Alle Daten auf DVD, externe Festplatte, USB-Speicherstick o. Ä. sichern, ohne etwas zu vergessen. Beachten Sie: Sowohl die „Datensicherung mit 20 Klicks" als auch die „Datensicherung mit Windows-Bordmitteln" sichern nur ausgewählte Dateien, nicht die gesamte Festplatte. Die wichtigsten Daten sollten Sie zweimal sichern (die DVD mit Ihrer Datensicherung könnte sich als fehlerhaft herausstellen), am allerbesten mit zwei verschiedenen Verfahren (DVD brennen plus externe Festplatte). Falls Sie keine externe Festplatte haben und deshalb beide Sicherungen nur auf DVD brennen können, sollten Sie Rohlinge verschiedener Fabrikate verwenden. Mindestens eine der gebrannten DVDs sollten Sie stichprobenartig prüfen:

- Sind Ihre wichtigsten Dateien auf der DVD vorhanden? Überprüfen Sie das Inhaltsverzeichnis!
- Klicken Sie einige Ihrer Dateien an. Lassen sie sich öffnen?

0,5 h   Alle Passwörter (T-Online, Ebay, E-Mail, Musicload, ...) heraussuchen. Wenn Sie ein Passwort nicht wissen und Sie das Programm noch mit dem im PC gespeicherten Passwort starten können, wechseln Sie vorsorglich das Passwort und notieren Sie das neue.

0,5 h   Zu jedem Programm die Installations-DVD und die Seriennummer (den „Product Key") heraussuchen.

0,5 h   Alle Treiber auf einem USB-Stick o. Ä. bereitlegen. Am wichtigsten ist der Treiber für die Netzwerkkarte, damit Sie mit dem neuen Windows ins Internet kommen, um nach weiteren Treibern suchen zu können.

1,0 h   Die Partition mit dem alten Windows löschen, Windows neu installieren und Treiber für Chipsatz, Sound, Netzwerk, Grafikkarte u. a. installieren.

0,5 h   Internet-Zugang einrichten.

1,0 h   Alle Patches und Sicherheitsupdates herunterladen und installieren, das können mehr als hundert sein. Wenn der Internetzugang über das Mobilfunknetz erfolgt, wird dabei wahrscheinlich das monatliche Download-Kontingent ausgeschöpft und der Download dauert sehr viele Stunden.

5,0 h   Aufwand für Installation, Freischaltung, Updates, benutzerdefinierte Anpassung und Einfügen der gesicherten Daten bei einer Minimalausstattung von zehn Programmen, z. B. Antivirenprogramm, Browser, E-Mail, Brenner, DVD-Player, Adobe Reader, Bildbearbeitungs- oder Bildanzeigeprogramm, Office-Paket oder Schreibprogramm, Packprogramm.

1,0 h   Aufwand für das Anlernen des Spam-Filters und der Software-Firewall, soweit vorhanden.

Das sind mindestens zwölf Stunden, und Sie haben bestimmt noch mehr als nur zehn Programme. Sie werden noch tagelang mit kleinen Nachbesserungen und individuellen Anpassungen zu tun haben. Und wenn Sie nicht ganz genau wissen, wie Sie vorgehen müssen, kann es noch sehr viel länger dauern.

Multiplizieren Sie die Stundenzahl mit dem Stundensatz Ihres Computerexperten, -händlers oder Ihrem eigenen Stundensatz, um den materiellen Schaden abzuschätzen.

2.2 Unterschied zwischen Daten- und Systemsicherung

Mit einem Backup können zwei verschiedene Ziele erreicht werden, die genau unterschieden werden müssen.

- Eine Systemsicherung bringt Ihren PC schnell wieder zum Laufen, wenn Windows beschädigt ist.
- Die Datensicherung sichert die Ergebnisse Ihrer Arbeit.

2.2.1 Systemsicherung

Eine **System**sicherung ermöglicht eine schnelle Wiederherstellung der Arbeitsfähigkeit, wenn das Betriebssystem Schaden genommen hat oder die Festplatte defekt ist. Nebenbei werden dabei wahrscheinlich einige Ihrer Daten gesichert. Das ist ein willkommener Nebeneffekt, aber eigentlich zweitrangig (das ist die Aufgabe der **Daten**sicherung). Um ein solches Backup zu erzeugen, muss ein genaues Abbild des gesamten Festplatteninhaltes (ein Disk Image) erstellt werden. Dabei sind vier Probleme zu überwinden.

1. Einige Dateien sind ständig in Benutzung, als Beispiele seien die Benutzereinstellungen, die Registry und die Auslagerungsdatei genannt. Es ist nicht ohne weiteres möglich, diese Dateien zu kopieren, und mit den Windows-Bordmitteln gelingt das schon gar nicht.
2. Auch wenn Sie gerade nichts tun – Windows ist nie untätig. Die Speicherbelegung wird optimiert (Auslagerungsdatei), der Suchindex wird aktualisiert, einige Programme suchen im Internet nach Updates und manche Anwenderprogramme speichern alle paar Minuten ihren aktuellen Zustand, um nach einem eventuellen Absturz fast verlustfrei fortsetzen zu können. Das bedeutet: Während eine Systemsicherung läuft, werden immer wieder Dateien verändert, darunter auch einige der bereits kopierten Dateien. Im Ergebnis enthält die Systemsicherung einige Bestandteile, die nicht zueinander passen.
3. Es würde nicht genügen, alle Dateien zu kopieren und sie bei Bedarf zurückzukopieren. Einige Dateien müssen sich an einer präzise definierten Stelle befinden, sonst startet das Betriebssystem nicht. Der Windows-Explorer und andere Kopierprogramme können so etwas nicht, sie kopieren die Dateien irgendwohin, wo gerade Platz frei ist.
4. Das Zurückkopieren muss natürlich auch dann möglich sein, wenn Windows nicht mehr startet.

Daraus ergeben sich drei Anforderungen an die Software:

1. Das Sichern und Zurückkopieren muss nicht Datei für Datei, sondern Spur für Spur, Sektor für Sektor erfolgen. Was ursprünglich im Sektor 1 der Festplatte war, muss nach Sektor 1 zurück.
2. Das Backup-Programm muss von CD, DVD oder USB-Stick startfähig sein. Dadurch werden die Probleme mit ständig benutzten und geänderten Dateien gelöst: Weil Windows weder für das Backup noch zum Restore gestartet werden muss, bleiben alle Dateien der Festplatte unbenutzt.
3. Aus 1. und 2. folgt: Das Backup-Programm muss mit jeder gängiger Hardware zurechtkommen, denn es kann nicht auf die Treiberunterstützung des Betriebssystems zurückgreifen. Deshalb sollte das Disk-Image-Programm nicht älter sein als Ihre Computerhardware. Es passiert nicht selten, dass eine Image-Software meldet, es wären keine Festplatten vorhanden. Vor allem bei Notebooks kommen mitunter Festplattencontroller zum Einsatz, die recht exotische Treiber benötigen.

Programme, die mit diesen Anforderungen zurechtkommen, werden als Image-Programme bezeichnet. Mehr dazu in einem späteren Kapitel.

Für die Systemsicherung wird in der Regel ein Backup-Medium mit hoher Kapazität benötigt, am besten ist eine externe Festplatte geeignet. Windows 7 und 10 plus einige installierte Anwendungen belegen etwa 20 GB und mehr. Zwar können die meisten Backup-Programme die Daten komprimieren, wodurch der Speicherbedarf um etwa 30 % sinkt, aber das ist immer noch zu viel, wenn eine Sicherung auf DVD erfolgen soll. Eine Systemsicherung, für die mehrere DVDs benötigt werden, ist deshalb relativ zeitaufwendig.

RISIKEN

2.2.2 Datensicherung

Eine **Daten**sicherung bewahrt **die Ergebnisse Ihrer Arbeit** vor Verlust: Dokumente, Fotos, Musik und Videos. Die einzelnen Dateien sind meist nicht groß: Auf einem Gigabyte Speicherplatz kann man etwa 500 Fotos, 250 MP3-Dateien oder den Inhalt eines 10 m hohen Bücherstapels unterbringen. Bei vernünftiger Planung reicht die Speicherkapazität einer CD oder DVD für ein Daten-Backup aus. USB-Speichersticks bieten hohe Kapazitäten für wenig Geld. Je öfter die Sicherung erfolgt, desto weniger Arbeit haben Sie bei der Wiederherstellung nach einem Verlust. Wenn Ihre letzte Datensicherung beispielsweise einen Monat zurückliegt, werden Sie nach einem Verlustfall die Arbeit des letzten Monats noch einmal erarbeiten müssen oder darauf verzichten müssen. Eine häufige Sicherung ist deshalb ratsam.

2.2.3 Vergleich

Eine gute Datensicherung ist noch wichtiger als die Systemsicherung. Wenn Sie kein Systembackup haben, können Sie die Computerinstallation auch ohne jedes Backup wiederherstellen, durch Wiederaufspielen aller Installationsmedien. Sie müssen Windows und alle Ihre Anwendungen von Grund auf neu installieren, Updates installieren und das System an Ihre Bedürfnisse anpassen. Das dauert einen ganzen Arbeitstag oder mehr. Aber eine Katastrophe ist das nicht. In der Regel geht nur eine großen Menge Ihrer Arbeitszeit verloren, und vielleicht müssen Sie Software ein zweites Mal kaufen, weil eine zweite Installation mit der schon einmal benutzten Seriennummer nicht möglich ist. Deshalb braucht eine Systemsicherung nur in größeren Abständen durchgeführt zu werden, vorzugsweise vor der Installation neuer Programme oder vor größeren Änderungen am Betriebssystem. Und wenn Windows nach allen Installationen und Updates einwandfrei läuft, kann man ja noch eine weitere Systemsicherung durchführen.

Wenn Sie jedoch keine **Daten**sicherung haben, ist Ihre Arbeit verloren.

Wenn das Betriebssystem beschädigt oder infiziert ist und Sie eine Systemsicherung haben, können Sie den PC schon nach einer halben Stunde wieder benutzen. Wenn Sie Daten auf der Systempartition haben, die Sie seit dem letzten Systembackup verändert haben, dauert es nur wenig länger: Sie sichern schnell noch die kürzlich veränderten Daten, stellen das Betriebssystem samt der alten Daten wieder her und kopieren dann die neuesten Daten zurück. Wie das geht, wird in Kapitel 14 erklärt.

Viele Komplettsysteme und fast alle Notebooks werden mit einer Systemsicherung ausgestattet: Mit einer „Recovery-DVD" oder einer Recovery-Partition. Bei vielen Komplettsystemen werden Sie nach der ersten Inbetriebnahme dazu aufgefordert, diese DVD selbst zu erstellen. Es handelt sich dabei um ein Image, mit dem Sie den Neuzustand des Geräts wiederherstellen können. Wobei „Neuzustand" logischerweise bedeutet, dass alle Ihre Daten rettungslos verloren sind.

Die aufwendige Sicherung des Betriebssystems nur selten durchzuführen und dafür die Daten häufiger zu sichern – das wäre optimal. Dafür ist es aber zwingend notwendig, Betriebssystem und Daten zu trennen. Das wäre mit zwei Festplatten möglich – eine für Betriebssystem und Programme, die möglichst keine Daten enthält, und eine andere Festplatte nur für Daten. Billiger ist es, eine einzige Festplatte in mindestens zwei Partitionen aufzuteilen, mehr dazu im Kapitel über Partitionen.

Für die Systemsicherung ist ein Image-Programm am besten geeignet. Doch für die Sicherung der Daten ist ein Image wenig geeignet: Selbst wenn nur eine einzelne Datei aus einem Image benötigt wird, muss man bei vielen Image-Programmen das komplette Image irgendwohin auspacken, um an einzelne Dateien heranzukommen. „Acronis True Image" ist eine löbliche Ausnahme: Damit kann man einzelne Dateien oder Ordner aus einem Archiv extrahieren, ohne das ganze Archiv auspacken zu müssen.

Doch trotzdem ist ein Image nicht die beste Lösung für die Sicherung der Daten. Die gesamte Partition sichern, auch wenn die meisten Dateien seit längerem unverändert sind, ist zeit- und speicherplatzaufwendig. Nötig ist eine Backup-Software, die nur die veränderten Dateien sichert, aber das möglichst oft: Eine „Version-Backup-Software". Es gibt keine Software, die beide Aufgaben optimal löst.

Risiken

2.3 Welche Gefahren drohen Ihren Daten

2.3.1 Risikofaktor Mensch

- Bedienfehler (versehentliches Löschen einer Datei oder einer Dateiversion),
- Fehler aus mangelndem Wissen über Computer und Software,
- falsche Anwendung von Hilfsprogrammen, vor allem von Partitionierungs-Tools,
- Nichtbeachtung von Warnhinweisen,
- Nichtbeachtung der Garantiebedingungen bzw. AGB (viele Reparaturbetriebe stellen routinemäßig den Verkaufszustand wieder her und löschen dabei Ihre Daten),
- Diebe räumen Ihre Wohnung aus,
- Sie vergessen das Notebook im Taxi oder in der Bahn,
- der Memory-Stick ist nicht mehr aufzufinden sowie
- „Schabernack" oder Vandalismus durch Kinder, Kollegen oder Gäste.

Der Mensch (als Bediener oder als Programmierer von nützlicher oder schädlicher Software) verursacht statistisch etwa 85 % aller Schäden. Es bleiben nur 15 %, die auf die technische Umwelt (z. B. Festplattenschaden) sowie Elementarschäden entfallen.

2.3.2 Risikofaktor Software

- Fehler im Betriebssystem und Sicherheitslücken,
- fehlerhafte oder unpassende Treiber,
- Datenverlust durch ein Update oder durch die Installation eines Servicepacks,
- Viren, Würmer, Trojaner, Datendiebstahl (Phishing) und Hacker-Attacken,
- inkompatible Programme und veraltete Hilfsprogramme. Wechselt man zu einem neueren Betriebssystem, können die Tools von der Vorgängerversion, wenn sie nicht upgedatet werden, ein erhebliches Risiko darstellen.

Dazu ein Beispiel. Meine Festplatte war zu klein geworden und ich hatte mir eine große 2000 GB Festplatte zugelegt. Hinter einer 200 GB Partition für das Betriebssystem hatte ich eine erweiterte Partition von 1800 GB eingerichtet und darin eine Daten- und eine Archivpartition von je 500 GB. Nachdem die Daten- und Archivpartitionen mit Daten gefüllt waren, wollte ich die restlichen 800 GB der erweiterten Partition nutzen und eine große Partition für Filme einrichten. Da teilte mir der Microsoft-Diskmanager lakonisch mit, es sei „ein Fehler aufgetreten". Die erweiterte Partition war einfach verschwunden. Ein Fehler des Diskmanagers oder ein Kompatibilitätsproblem zwischen BIOS und Festplatte?

Außer einem größerem Zeitverlust war kein Schaden entstanden, ausgenommen an meiner Laune. Die alte Festplatte war ja noch da, und außerdem hatte ich ein Backup, das nur vier Tage alt war. Die Festplatte habe ich gegen ein 1000-GB-Modell eines anderen Herstellers getauscht und mit dem Kopieren noch einmal von vorn angefangen, diesmal funktionierte alles.

Und die Moral von der Geschichte? Daten sind niemals völlig sicher, selbst fehlerfrei durchgeführte simple Routinetätigkeiten können im Desaster enden.

Ein erfahrener Techniker legte im März 2017 durch eine kleine Fehleingabe alle Amazon-Server an der Ostküste der USA lahm. 54 der 100 größten Online-Händler waren betroffen: Von Nichterreichbarkeit des Webshops bis zur Verlängerung der Seitenladezeiten um 30 bis 90 Sekunden. Die betroffenen Unternehmen sollen dadurch 150 Millionen Dollar verloren haben. Amazon installierte noch mehr Schutzbarrieren. Der Chef von **A**mazon **W**eb**S**ervices, Werner Vogels, wollte sich aus diesem Anlass ein Tattoo stechen lassen: „Everything Fails, All the Time" (Alles geht kaputt, immer).

Risiken

2.3.3 Risiken durch Umwelt- und andere äußere Einflüsse

Überspannungen

- Blitzschlag in den Blitzableiter kann elektronische Geräte im Umkreis von 50 bis 100 Metern zerstören. Auch ein Blitzschlag in die Überlandleitung kann Schäden verursachen.
- Überspannungsspitzen durch Schaltvorgänge auf Hochspannungsleitungen.
- Überspannungen auf der Telefon-/DSL-Leitung.
- Elektrostatische Aufladungen.

Flüssigkeiten

- Die Waschmaschine in der Wohnung über Ihnen läuft aus.
- Ein Sturm oder eine Windhose beschädigen das Dach und ein Wolkenbruch folgt.
- Der Albtraum: Die Feuerwehr löscht einen Brand in der Etage über Ihnen.
- Wir wissen jetzt, dass „Jahrhundert-Hochwässer" öfter als alle hundert Jahre auftreten.
- Wird der Computer, eine externe Festplatte, ein optisches oder magnetisches Speichermedium nach einem längeren Aufenthalt in der Kälte in einen warmen Raum getragen, kann sich Kondenswasser auf der Elektronikplatine bilden, was zu Kriechströmen und Kurzschlüssen führen kann.

Temperaturschwankungen

- Fast ausnahmslos bei allen Notebooks und bei vielen besonders kompakt gebauten PCs ist die Kühlung des Computers ungenügend.
- Eine erhöhte Betriebstemperatur verkürzt die Lebenserwartung der Festplatte. Die Überhitzung ist langfristig der größte Feind der Festplatte. Die meisten Desktop-Festplatten sind für eine Betriebsdauer von täglich maximal 10 bis 12 Stunden projektiert. Dauerbetrieb führt zu Überhitzung. Bei externen Festplatten und Notebook-Festplatten ist es noch kritischer. Fast alle werden schon nach sehr wenigen Stunden zu heiß.

2.3.4 Risiken durch Hardwareprobleme

Datenverluste durch physikalische Vorgänge

- Vibrationen im Betrieb oder Erschütterungen beim Transport sollten nicht unterschätzt werden.
- Das Erdmagnetfeld wirkt zwar schwach, aber ausdauernd auf die Magnetisierung ein.
- Die Bits auf einer Festplatte sind so winzig und liegen so dicht hintereinander in der Spur, dass sie sich allmählich gegenseitig ummagnetisieren. Es dürfte eine gute Idee sein, eine archivierte Festplatte jedes Jahr anzuschließen und die Daten durch Umkopieren aufzufrischen. Nebenbei werden dabei die Kondensatoren der Festplattenelektronik regeneriert.
- Das BIOS von Festplatten und optischen Laufwerken ist in ROMs gespeichert, die eine Haltbarkeit in der Größenordnung von zehn Jahren haben, bis die ersten Bits verloren gehen.
- Energiereiche kosmische Teilchen dringen gelegentlich bis zur Erdoberfläche vor. Hier können sie zu Einzelbit-Datenfehlern führen. In großer Höhe ist die Strahlung viel stärker, z. B. im Flugzeug in 12 km Höhe.
- Kontakte können durch Korrosion oder nachlassende Federkraft unsicher werden. Wenn ein Kontakt an der Festplatte für eine Millisekunde ausfällt, können tausende Bits verloren gehen.

Risiken

Chemische Einflüsse

Ein andauerndes Problem ist der bei beschreibbaren optischen Scheiben verwendete Farbstoff. Er soll sich durch die Hitze des Brenn-Laserstrahls verfärben. Je weniger Hitze dafür gebraucht wird, desto höher kann die Brenngeschwindigkeit gesteigert werden. Doch je empfindlicher der Farbstoff, umso mehr verfärbt sich der Farbstoff bereits bei Zimmertemperatur, wenn auch sehr langsam. Allgemeingültige Aussagen sind schwierig, weil die Hersteller immer neue hitzeempfindliche Farbstoffverbindungen ausprobieren. Lassen Sie Ihre DVDs keinesfalls im Sonnenschein liegen! Die Stiftung Warentest hat festgestellt, dass die meisten einmal-beschreibbaren DVD-R Rohlinge eine miserable Lichtbeständigkeit haben, während die mehrfach beschreibbaren DVD-RW-Rohlinge höchst empfindlich gegen Wärme und Kälte sind.

Da sich jahreszeitliche Temperaturschwankungen bei der Lagerung kaum vermeiden lassen, sind RW-Rohlinge für eine lange Lagerung weniger geeignet. Medien im Dunkeln aufzubewahren ist kein Problem, deshalb erreicht man mit einmal-beschreibbaren Medien die längere Haltbarkeit.

Steck- und Lötverbindungen

Wo sich Metalle lange Zeit berühren, beginnen Oberflächenatome zu diffundieren. Vermutlich kennen Sie das Problem: Sie ziehen eine Schraube mit mäßiger Kraft an, doch nach ein paar Monaten oder Jahren sitzt sie fest wie angeschweißt. Im Computer stört es kaum, wenn die Schrauben fest sitzen. Es stört ein anderes Phänomen: Wo sich unterschiedliche Metalle berühren (z. B. Kontakte aus Gold und Silber), bilden sich sogenannte „intermetallische Phasen", welche den Übergangswiderstand vergrößern.

Elektrochemische Korrosion

Steckt man eine Zink- und eine Kohleelektrode in eine leitfähige Lösung, ergibt das eine Batterie. Das klappt nicht nur mit Zink und Kohle, sondern zwischen beliebigen Metallen, zum Beispiel zwischen Kupfer, Silber, Gold und Lötzinn. Auch an Schraub- und Steckkontakten können zwei oder drei verschiedene Metalle aufeinandertreffen. Wo sich z. B. Silber und Gold berühren, entsteht eine Spannung von 0,6 Volt. Zwischen Kupfer und Zinn sind es 0,21 Volt. Zwischen einer Kupfermünze und einem Nagel, in eine Mandarine gesteckt, sind es 0,95 Volt. Sobald die Feuchtigkeit der Luft dazukommt, bildet sich ein galvanisches Element. Der Strom beginnt zu fließen, die Korrosion ist unabwendbar.

Thermisch beanspruchte Lötverbindungen

Alle Bauteile dehnen sich bei Erwärmung aus, je nach Material unterschiedlich: Kupfer 16, Aluminium 23, Zink 36, Polyethylen 100 bis 250, Porzellan 3 (Angaben in Millionstel der Länge pro °C). Nach dem Einschalten erwärmt sich der PC von 20 °C auf stellenweise bis 70 °C, die Spannungsregler im Netzteil und auf der Hauptplatine werden noch heißer. Die elektronischen Bauteile sind auf Leiterplatinen aufgelötet. Das Material der Leiterplatten (Polyethylen) dehnt sich bei Erwärmung etwa zehnmal stärker aus als das Kupfer der aufgeklebten Leiterzüge, Mikrorisse können die Folge sein.

Leider gilt seit 2005 in Europa die RoHS-Verordnung, welche die Verwendung von Blei zum Löten verbietet. Blei ist giftig. Es gibt zahlreiche alternative Lötlegierungen, doch keine reicht qualitativ an Bleilot heran. Die meisten bleifreien Lote sind schwierig zu verarbeiten und haben eine schlechte Langzeitstabilität. Ausnahme: Gold-Zinn-Lot ist langzeitstabil, hat aber einen zu hohen Schmelzpunkt, abgesehen vom Preis.

Wir müssen also langfristig mit anfälliger werdenden Lötstellen rechnen. Deshalb gibt es im Gesetz eine Ausnahmeregelung für sicherheitsrelevante Anwendungen (medizinische Geräte, Überwachungs- und Kontrollinstrumente, Autoelektronik und Militär): Hier darf weiterhin Bleilot verwendet werden. Heimelektronische Geräte mit langer Lebensdauer werden seltener werden. Die Hersteller wird es freuen, dass der Umsatz steigt.

Damit hatte niemand gerechnet

„Cirrus Logics" lieferte Festplattencontroller an Fujitsu. Um halogenfrei zu produzieren, änderte Cirrus im Jahr 2002 die Rezeptur des Flammschutzmittels im Chipgehäuse, ohne Fujitsu zu informieren. Durch die Hitze unter der Festplatte bildete sich Phosphorsäure und zerfraß die Leiterplatte.

Risiken

Fujitsu musste 4,9 Millionen Festplatten zurückrufen. Weil der Rückruf nicht schnell genug erfolgte, wurde Fujitsu von einigen Anwendern verklagt und musste jedem Kläger 1200 Dollar für die Datenrettung zahlen. Fujitsu wiederum verklagte den Zulieferer erfolgreich auf 40 Millionen Dollar Schadensersatz. Mehr dazu unter `http://www.theregister.co.uk/2002/11/05/fujitsu_admits_4_9_million/` (Englisch).

Das ist nur **ein** Beispiel für die hochkomplexen Zusammenhänge in der Hochtechnologie. Jede scheinbar kleine Änderung in der Produktion kann entfernte Auswirkungen haben, an die einfach noch niemand gedacht hat.

2.3.5 Ungeahnte Risiken durch neueste Technologien

Notebooks werden in einem beträchtlichen Ausmaß verloren oder gestohlen. Einige dokumentierte Beispiele: Von 2005 bis 2007 wurden in den deutschen Bundesbehörden 326 von 53600 Laptops gestohlen. Dem Handelsministerium der USA gingen in fünf Jahren 1137 Notebooks verloren. In Großbritannien vermisste das Verteidigungsministerium 21 Notebooks im Jahr 2005 und das Innenministerium 19 Stück.

Um einen Konkurrenten auszuspionieren, braucht man nicht mehr in die Firma einzubrechen – es ist viel weniger riskant, einem der Ingenieure nachts das Notebook aus der Wohnung zu stehlen oder es ihm auf dem Parkplatz zu entwenden. Wenn vertrauliche Forschungs- und Finanzunterlagen in die Hände der Konkurrenz gelangen, kann der Schaden gewaltig sein. Deshalb verschlüsseln einige der neuesten Notebook-Festplatten sämtliche Daten beim Schreiben und Lesen automatisch. Sofort nach dem Einschalten des Notebooks muss der Schlüssel eingegeben werden. Wer den Schlüssel nicht kennt, kommt nicht an die Daten heran. Theoretisch jedenfalls.

Allerdings verwenden die meisten Benutzer viel zu simple Passwörter, die von Profis in wenigen Minuten oder Stunden zu „knacken" sind. Die Industrie hat sich auch dagegen etwas einfallen lassen: Der Schlüssel wird bei einigen der neuesten Notebook-Festplatten automatisch gelöscht, wenn der Schlüssel mehrmals nacheinander falsch eingegeben wird. Wenn das Notebook in falsche Hände fällt oder der neugierige Sohn einige Passwörter durchprobiert, begeht die Festplatte vollautomatisch „Selbstmord" und der komplette Inhalt der Festplatte ist weg – unwiderruflich, für immer.

2.4 Risiko-Minimierung

Viele Risiken lassen sich durch Vorsicht und Umsicht verringern. Auf den folgenden Seiten geht es um weitere Möglichkeiten, Datenverluste zu vermeiden.

2.4.1 Stromversorgung

Schutz vor Spannungsschwankungen

Die Energieversorger müssen manchmal Umschaltungen vornehmen, beispielsweise um Überlandleitungen für Wartungsarbeiten stromlos zu schalten. Die meisten Umschaltungen erfolgen nachts. Jeder Schaltvorgang verursacht eine kurze Spannungsschwankung in den Leitungen. Diese Schwankung dauert meist weniger als eine Viertelsekunde und wird von der Energie ausgeglichen, die in den Pufferkondensatoren des PC-Netzteils gespeichert ist. Das Computernetzteil sollte damit problemlos klarkommen. Wenn der Strom aber eine Sekunde oder noch länger ausfällt, geht der PC aus und nicht gespeicherte Daten sind verloren.

Gefährlich ist es ebenfalls, wenn Ihr Wohngebiet von einem großräumigen, länger andauernden Stromausfall betroffen ist. In dem Moment, wenn der Strom wiederkommt, ist der Strombedarf extrem hoch. Beispielsweise laufen sämtliche Kühlschrankmotoren gleichzeitig an. Dieser Motortyp braucht im Anlaufmoment einen vielfach größeren Strom als im Dauerbetrieb. So kommt es zu mehreren Stromstößen, sogenannten „Einschwingvorgängen", die kurzzeitig mehr als 1000 Volt erreichen können. Dadurch können der PC und andere elektronische Geräte beschädigt werden.

RISIKEN

Auch eine durchgebrannte Schmelzsicherung kann zu Problemen führen. Beim Einschrauben einer neuen Sicherung oder einer Glühbirne kommt es praktisch immer zu Wackelkontakten und im Ergebnis zu mehreren Stromstößen (beobachten Sie einmal, wie oft dabei das Licht flackert).

Gewöhnen Sie sich an, am Arbeitsende PC, Bildschirm und Lautsprecher mittels schaltbarer Steckdosenleiste abzuschalten. Sie sparen etwa 30 € pro Jahr und außerdem schützen Sie Ihren PC vor nächtlichen Überspannungen. Wenn Sie eine Steckdosenleiste mit integriertem Überspannungsschutz verwenden, ist Ihr PC auch am Tage weitgehend vor Überspannungen geschützt.

Schutz vor Blitzschlägen

Durch Blitzschläge entstehen weitaus höhere Störspannungen, die eine abgeschaltete Steckdosenleiste überspringen. Nicht nur direkte Treffer in den Blitzableiter Ihres Hauses sind gefährlich, auch Blitzeinschläge in der Nachbarschaft können in Ihren Strom- und Telefonleitungen hohe Störspannungen erzeugen. Deshalb ist es eine gute Idee, bevor Sie in Urlaub fahren oder wenn ein schweres Gewitter im Anzug ist, den PC (und weitere elektronische Geräte) vom Stromnetz zu trennen (gemeint ist: Stecker herausziehen!). Die Fernsehantenne, das Telefon und den DSL-Anschluss können Sie gleich mit herausziehen.

Schutz vor Spannungsausfällen

Für wichtige PCs kann eine Notstromversorgung sinnvoll sein, vor allem in Gegenden mit häufigen Spannungsschwankungen und Stromunterbrechungen. Eine USV (**U**nterbrechungsfreie **S**trom-**V**ersorgung, englisch **U**ninterruptible **P**ower **S**upply (UPS)), erzeugt für einige Minuten eine Ersatz-Netzspannung aus der gespeicherten Energie eines Akkus. Für kommerziell genutzte Server wäre es unverzeihlicher Leichtsinn, auf eine USV zu verzichten. Rechenzentren haben zusätzlich Notstrom-Dieselaggregate für längere Stromausfälle.

Die einfacheren „Offline-USV" beginnen erst dann Strom zu erzeugen, wenn die Netzspannung ausfällt. Dadurch kommt es zu einer kurzen Umschaltpause von etwa 5 Millisekunden, die kein Problem für den PC darstellt. Solche USV kosten weniger als 100 Euro und sind für die meisten Anwendungsfälle völlig ausreichend.

Die „Online-USV" sind die Königsklasse. Die angeschlossenen PCs sind nicht mit der Netzspannung verbunden, sie werden ausschließlich mit dem Strom versorgt, der aus der Akkuladung erzeugt wird. Mit dem Netzstrom, solange er verfügbar ist, wird der Akku nachgeladen. Von Schwankungen der Netzspannung oder der Netzfrequenz bekommt die PCs nichts zu spüren. Allerdings sind diese Geräte teuer. Bei der ununterbrochenen Umwandlung von 230 Volt in die Akku-Spannung und wieder zurück in 230 Volt entsteht viel Abwärme, ohne einen deutlich hörbaren Lüfter kommt eine solche USV nicht aus.

2.4.2 RAID

Der Begriff RAID steht für eine Technologie, bei der die Daten auf mehrere Festplatten verteilt werden. Die Festplatten werden zu einer logischen Einheit zusammengeschaltet. Das bedeutet: Für das Betriebssystem erscheint der RAID-Verbund wie eine einzige Festplatte.

Je nachdem, wie die Festplatten zusammengeschaltet sind, kann dreierlei passieren:

- Weil sich die Festplattenzugriffe auf mehrere Festplatten verteilen, wird das System schneller als eine einzelne Platte.
- Wenn die Daten auf geeignete Weise dupliziert werden, kann bei Ausfall einer der Festplatten deren Inhalt aus dem Inhalt der anderen Platten automatisch rekonstruiert werden. So tritt kein Datenverlust ein, mehr noch: Die Arbeit geht unterbrechungsfrei weiter. Bei Gelegenheit wird die defekte Platte ausgewechselt.
- Eine Kombination beider Effekte ist möglich.

Die verschiedenen Verfahren werden mit Ziffern bezeichnet. Die gebräuchlichsten Verfahren sind RAID-0, 1, 5 sowie RAID-10. Die Verfahren RAID-2 und RAID-3 sind veraltet und werden nicht mehr verwendet. Die Verfahren mit Nummern oberhalb der 10 sind exzessiv teuer und für Normalanwender uninteressant.

RISIKEN

RAID-0

Bei diesem auch „Data Striping" genannten Verfahren werden zwei oder mehr Festplatten so zusammengeschaltet, dass aufeinanderfolgende Datenblöcke reihum auf alle Festplatten verteilt werden. Die resultierende Geschwindigkeit steigt. Je mehr Festplatten zusammengeschaltet werden, desto höher die Geschwindigkeit. Besonders bei Videoschnittsystemen ist der Geschwindigkeitsgewinn beträchtlich.

Allerdings hat RAID-0 einen gefährlichen Nachteil: Je mehr Festplatten benutzt werden, desto höher wird die Ausfallwahrscheinlichkeit. Wenn eine der Festplatten ausfällt, sind alle Daten verloren, auch die auf den restlichen, intakten Festplatten. Die Ausfallwahrscheinlichkeit steigt ungefähr proportional zur Anzahl der Festplatten.

RAID-1

Die technologisch einfachste RAID-Lösung ist „RAID-1", die auch unter den Bezeichnungen „Spiegelung", „Drive Mirroring" oder „Drive Duplexing" bekannt ist. Jede mit Daten gefüllte Festplatte wird um eine weitere, baugleiche Festplatte ergänzt, die mit dem Duplikat der Daten gefüllt wird. Wenn Sie z. B. zwei Festplatten mit Daten haben, würden Sie zwei zusätzliche Festplatten für deren Spiegelung brauchen. Das ist teuer.

Für das Duplizieren der Daten gibt es Hardware- und Softwarelösungen. Viele moderne Hauptplatinen haben einen integrierten RAID-Controller, der das Duplizieren der Daten übernehmen kann. Das Schreiben auf zwei Platten dauert etwa ebenso lange wie das Schreiben auf eine einzelne Platte. Beim Lesen kann RAID-1 einen leichten Geschwindigkeitsvorteil haben, weil der Controller sich aussuchen kann, auf welcher der beiden Festplatten sich die Daten näher an der aktuellen Position des Lese-/Schreibkopfes befinden.

RAID-1 als Softwarelösung wird nur von Server-Betriebssystemen beherrscht. Das Betriebssystem schreibt jeden Datenblock nacheinander auf beide Festplatten. Dadurch tritt beim Schreiben ein kleiner Verlust an Geschwindigkeit ein. Beim Lesen gibt es ebenso wie bei der Hardwarelösung einen Geschwindigkeitsgewinn, weil sich die Lesezugriffe auf beide Festplatten verteilen lassen.

RAID-5

Bei „RAID-5" wird zu zwei oder einer beliebig größeren Anzahl von Festplatten nur eine einzige zusätzliche Paritäts-Festplatte hinzugefügt. Das Verfahren ist so ähnlich wie das Hinzufügen eines Paritätsbits zu jedem Byte. Die Paritätsinformation wird vom Controller gebildet. Die Paritätsinformationen werden auf alle Festplatten des Verbandes gleichmäßig verteilt. Bei Ausfall einer beliebigen Festplatte rekonstruiert der Controller die Daten aus dem Inhalt der verbliebenen Festplatten. Dadurch gehen keine Daten verloren, mehr noch: Der PC kann ohne Unterbrechung und ohne Datenverlust weiterarbeiten.

RAID-5 ist ein hervorragender Kompromiss zwischen Kosten, Leistung und Sicherheit. Die Geschwindigkeit wächst wie bei RAID-0 mit der Anzahl der Festplatten. Das hohe Risiko eines Festplattenausfalls von RAID-0 wird durch eine einzige zusätzliche Festplatte kompensiert.

RAID-6

Für noch höhere Ansprüche gibt es „RAID-6". Dabei werden zwei Reservefestplatten verwendet, so dass selbst bei Ausfall beliebiger zweier Festplatten weitergearbeitet werden kann. Allerdings ist das Berechnen der Paritätsinformation recht aufwendig, worunter die Geschwindigkeit leidet.

RAID-10

Bei RAID-10 werden RAID-1 und RAID-0 kombiniert. Es wird eine gerade Anzahl von gleich großen Festplatten benötigt. Die Festplatten werden paarweise gespiegelt. Dann werden die RAID-1-Paare wie bei RAID-0 zu einem übergeordneten Verbund zusammengeschaltet. Der Hardware-Aufwand ist hoch, aber die Geschwindigkeit auch. RAID-10 verkraftet sogar den Ausfall mehrerer Festplatten ohne Datenverlust, solange es nicht beide Platten eines Pärchens trifft.

Risiken

Sonstige RAID-Lösungen

Es gibt zahlreiche weitere RAID-Lösungen, die sich in Ausfallsicherheit, Kosten und Geschwindigkeit unterscheiden. RAID-10 funktioniert weiter, auch wenn zwei Festplatten ausgefallen sind. Bei RAID-51 dürfen von acht Festplatten beliebige drei ausfallen, ohne dass Daten verloren gehen. Beeindruckend!

Vor- und Nachteile aller RAID-Lösungen

Nachteile

- Außer bei RAID-1 in Servern braucht man einen speziellen Festplattencontroller, der sehr teuer sein kann. Deshalb sind RAID-5-Lösungen (und höher) vor allen in Servern zu finden. Es gibt aber auf vielen hochwertigen Hauptplatinen integrierte RAID-5-Controller.

Vorteile

- Weil sich die Leseanforderungen auf mehrere Festplatten verteilen, steigt der Datendurchsatz des Systems deutlich an. Je mehr Festplatten, desto schneller.
- An einfachere Controller können bis zu 15 Festplatten angeschlossen werden, teure Modelle können 45 Platten ansteuern. Da man mehrere dieser Controllerplatinen in einen Server stecken kann, ist die Zahl der anschließbaren Festplatten sehr hoch.
- Wenn der Speicherplatz knapp wird, ergänzt man den RAID-Verband um eine oder mehrere zusätzliche Festplatten. Viele Controller können die vorhandenen Daten bei laufendem Betrieb umverteilen. Einige Stunden später steht die größere Kapazität zur Verfügung. Aber Vorsicht! Die Menüs der Controller sind in Englisch und darüber hinaus oft so unübersichtlich, dass dieses „einfache" Hinzufügen hochgradig riskant sein kann. Ich empfehle dringend, vorher eine vollständige Datensicherung durchzuführen oder – falls das möglich ist – ein Image zu erstellen!

Probleme

Ein RAID-System schützt nur vor dem Ausfall einer Festplatte und der damit zusammenhängenden Betriebsunterbrechung. Die meisten Daten gehen durch andere Ursachen verloren, weniger als 20 % aller Datenverluste werden durch einen Festplattenausfall verschuldet. Insoweit kann ein RAID-System kein Ersatz für eine Datensicherung sein. Eine regelmäßige Sicherung auf ein geeignetes Medium ist unbedingt notwendig!

Der erste von mir verkaufte RAID-Controller kostete 4500 DM. Zehn Festplatten waren angeschlossen, das System war atemberaubend schnell. Ich werde den Tag nie vergessen, an dem der Lüfter des RAID-Controllers ausfiel – ohne Warnsignal. Der Controller hatte zwar einen eigenen Lautsprecher, um Festplattenfehler lautstark zu melden, aber der Controller überwachte weder seinen eigenen Lüfter noch die Temperatur des eigenen Prozessors. Jedenfalls fiel der Lüfter aus, die CPU des Controllers wurde zu heiß und stürzte ab. Die Verwaltungstabellen der Festplatten wurden beschädigt. Alle Daten waren rettungslos verloren!

Doch zum Glück hatte ich den Kunden überzeugen können, eine regelmäßige automatische Datensicherung auf Band durchzuführen. Ohne diese Bandsicherung der letzten Nacht hätte ich mich wohl beeilen müssen, mein Testament zu schreiben, bevor der Inhaber der betroffenen Firma erschienen wäre, um erst mich und dann sich selbst zu erschießen.

Wenn eine der Festplatten eines RAID-Verbandes ausfällt, muss sie schnellstens durch eine neue ersetzt werden. In die hochwertigsten Systeme sind eine oder mehrere Reservefestplatten eingebaut, die als „Hot Spare" oder „Hot Fix" bezeichnet werden. Die Reserveplatte wird automatisch eingeschaltet und an Stelle der defekten Festplatte integriert. Dadurch wird die Redundanz auch ohne Eingreifen eines Administrators automatisch wiederhergestellt.

Bei einfacheren Controllern muss man den PC herunterfahren, um die Festplatte zu wechseln. Manchmal ist diese Betriebsunterbrechung nicht akzeptabel, z. B. bei Servern. Wenn die Festplatten in speziellen Einschüben stecken und der Controller „Hot Plugging" (das heiße Einstecken) unterstützt, können die Festplatten im laufenden Betrieb ausgetauscht werden. Der Start der Rekonfiguration muss vom Administrator ausgelöst werden.

Risiken

In großen Rechenzentren wird das „Hot Swapping" (der heiße Austausch) bevorzugt: Die Platte wird im laufenden Betrieb gewechselt, und es wird keine Fachkraft benötigt, um defekte Festplatten auszutauschen, denn der Controller integriert die neue Festplatte automatisch, ohne Eingreifen eines Administrators.

Beim Austausch einer defekten Festplatte gibt es eine wenig bekannte Gefahr. Alle Platten des Verbundes sind vermutlich im Abstand weniger Minuten vom Fließband gelaufen. Sie sind deshalb mechanisch äußerst ähnlich und haben etwa die gleiche Lebenserwartung. Während des Betriebes hatten sie immer die gleiche Belastung auszuhalten. Nach dem Ausfall der ersten Festplatte könnten die nächsten bald nachfolgen!

Die Festplatten eines RAID-Systems sind im Normalbetrieb relativ wenig beansprucht, denn die Lese- und Schreibanforderungen werden nahezu gleichmäßig auf alle Platten verteilt. Doch nach dem Einsetzen der Ersatzfestplatte ändert sich das: Der RAID-Controller wird stundenlang mit Höchstlast laufen, um die Daten umzustrukturieren und die neue Festplatte zu integrieren. Das kann durchaus 24 Stunden und länger dauern. Noch nie zuvor sind Ihre Festplatten derart beansprucht, derart heiß geworden! Das führt nicht selten zum Ausfall einer weiteren Festplatte, siehe vorherigen Hinweis. Besonders oft passieren solche Pannen bei Plattenspiegelungen von SATA-Festplatten in Heimcomputern. Die hier üblicherweise verwendeten Festplatten sind nicht für derartige lang andauernde Belastungen konzipiert. Deshalb sollten Sie zuerst eine komplette Sicherung durchführen und erst danach die Festplatte auswechseln. Doch die Datensicherung ist ebenfalls eine – wenn auch wesentlich kleinere – hohe Belastung für die Festplatten und sollte in Etappen mit Abkühlpausen durchgeführt werden.

Die Platten eines RAID-Verbandes müssen in der Regel identische Größe haben. Andernfalls wird von jeder Festplatte nur so viel an Kapazität benutzt, wie die kleinste der Festplatten hat. Will man eine ausgefallene Festplatte ersetzen, darf die Kapazität der Ersatzfestplatte auch nicht um ein einziges Byte kleiner als die Kapazität der anderen sein. Wenn die neue Festplatte erheblich größer ist, kann der „Kapazitäts-Überschuss" als gewöhnliche, nicht-redundante Partition genutzt werden.

Ein Ausfall des Controllers kann ein sehr ernstes Problem sein. Wenn man kein identisches Ersatzexemplar besorgen kann (Hardware und Firmware müssen übereinstimmen), können die ansonsten intakten Festplatten möglicherweise nicht mehr gelesen werden. Das kann bei No-Name-Controllern ein Problem sein, ebenso bei auf Hauptplatinen integrierten Controllern. Sicherheitsbewussten Anwendern muss man raten, vom Controller bzw. der Hauptplatine zwei Stück zu kaufen. Solange das Duplikat nicht benötigt wird, kann es in einem Arbeitsplatz-PC gute Dienste leisten. Andernfalls müssen Sie Ihr ganzes Vertrauen in die Datensicherung setzen.

2.4.3 Wo sollten die Datenträger gelagert werden?

Achten Sie darauf, dass einige der Sicherungsmedien räumlich weit entfernt vom PC gelagert werden. Was nützt Ihnen eine Sicherung, wenn sie zusammen mit dem PC bei einem Diebstahl mitgenommen oder durch einen Brand, Löschwasser oder Hochwasser zerstört wird?

Private Daten können Sie auf eine DVD brennen und einem guten Freund oder Verwandten zur Aufbewahrung geben. Eine DVD im Keller zu lagern (luftdicht verpackt wegen der Feuchtigkeit), kann eine brauchbare Idee sein (wenn der Keller nicht überschwemmungsgefährdet ist und nicht zu oft von Dieben besucht wird). In beiden Fällen sollten Sie über eine Verschlüsselung nachdenken.

Mein Sohn schenkt mir und seinem Bruder alljährlich zu Weihnachten eine DVD mit den Familienfotos des letzten Jahres. Den restlichen Platz auf der DVD kann er für einen verschlüsselten Container mit seinen wichtigsten Daten nutzen. Ich sehe mir die Fotos gern an, und er hat auf diese Weise zwei Sicherungskopien auswärts gelagert.

3 Die Festplatte

Magnet-Festplatten sind das Hauptspeichermedium in vielen Computern, obwohl sie immer mehr durch die viel schnelleren SSD verdrängt wird. Doch als Speichermedium für Backups sind Magnetfestplatten unersetzbar: SSD verlieren Daten bei längerer Lagerung. Bei SSD, die auf **T**riple-**L**evel-**C**ell-Technologie beruhen, können Datenverluste schon nach einem Monat beginnen. Zudem sind Magnetfestplatten deutlich günstiger als SSD, vergleicht man den Preis pro Gigabyte. Deshalb betrachten wir sie im Folgenden genauer.

Wie kann es dazu kommen, dass Festplatten versagen und dadurch Daten verloren gehen?

3.1 Aufbau

Für die dauerhafte Aufbewahrung von Daten und Programmen ist die Festplatte zuständig. Sie kann viele tausend Gigabyte dauerhaft speichern. Damit Sie sich das vorstellen können: Ein Text von 100 GByte ohne Illustrationen, gedruckt auf DIN A4, würde 25 Millionen Seiten füllen. Beidseitig gedruckt ergäbe das einen Stapel von 1200 Meter Höhe.

Eine Festplatte, englisch „HDD" (**H**ard **D**isk **D**rive), besteht meist aus ein bis zwei Scheiben, die auf einer gemeinsamen Achse, der Spindel, angeordnet sind. Die Scheiben mit Spindel bilden den **Plattenstapel**. Die Scheiben sind mit einem magnetisierbaren Material beschichtet und rotieren mit mehr als fünftausend Umdrehungen pro Minute. Über jeder Oberfläche schwebt ein aerodynamisch geformter Schreib-/Lesekopf im Tiefflug. Die Spule darin kann die Partikel der Oberfläche magnetisieren bzw. die aufgezeichnete Magnetisierung messen. Die Daten sind in **Spuren** (Kreisen) angeordnet, mehr als eine Million Spuren passen auf jede Oberfläche. Innerhalb jeder Spur sind die Daten zu Blöcken von je 4096 Byte gruppiert, den **Sektoren**. Die Köpfe können in durchschnittlich zehn Millisekunden auf jede gewünschte Spur positioniert werden. Ein Vergleich: In diesen 10 ms legt ein Auto bei einer Geschwindigkeit von 90 km/h eine Strecke von 0,25 Millimetern zurück. Doch für die **CPU** (**C**entral **P**rocessing **U**nit) ist das viel zu langsam. In eben diesen 10 ms könnte eine Drei-Gigahertz-CPU 30 000 Befehle ausführen, wenn sie nicht so schrecklich lange auf die angeforderten Daten warten müsste.

Bild 3.1: 3,5-Zoll-Festplatte von unten

Festplatten gibt es hauptsächlich in zwei Größen. 3,5-Zoll-Platten sind etwa 10 × 15 × 2 cm groß und brauchen ungefähr 8 Watt Energie. Der Plattenstapel rotiert meist mit 7200 Umdrehungen pro Minute. Die 2,5"-Festplatten, die vor allem in Notebooks zum Einsatz kommen, sind etwa 7 × 10 × 1 cm klein und drehen sich mit 4200 oder 5400 U/min. Sie sind weniger empfindlich gegenüber Erschütterungen und kommen mit etwa 3 Watt aus.

Die magnetisierbare Fläche einer 2,5"-Festplatte ist ziemlich genau halb so groß wie die einer 3,5"-Platte. Folglich passen auf die kleinen Platten bei gleicher Datendichte (Bit pro cm^2) nur halb so viel Daten.

Bild 3.2: Magnet-Festplatte von innen
Ein Plattenstapel mit 3 Scheiben, rechts ist der Schwenkarm (Aktuator), der von den Elektromagneten am rechten oberen Rand bewegt wird. Das winzige Rechteck an der Spitze des Schwenkarms ist der kombinierte Schreib-/Lesekopf.

Bei 7200 Umdrehungen pro Minute erreicht der Rand einer 3,5"-Festplatte eine Umfangsgeschwindigkeit von 130 km/h. Notebook-Festplatten haben einen kleineren Durchmesser von 2,5" und eine kleinere Drehzahl von 4200 oder 5400 U/min, deshalb erreichen sie am Rand „nur" 60 bis 70 km/h. Das bedeutet leider: In der Zeit, welche eine Notebook-Festplatte zum Lesen eines Bits braucht, kann eine normalgroße Festplatte zwei Bits lesen bzw. schreiben.

Bei der schnellen Rotation wird die Luft über den Scheiben mitgerissen. In diesem Luftstrom „segeln" die aerodynamisch geformten Magnetköpfe in einem Abstand von etwa 3 nm (Nano-

0,12 nm	Durchmesser eines Siliciumatoms
1 nm	Bitabstand auf Festplatte
3 nm	Kopfabstand auf Festplatte (2012)
20 nm	Kopfabstand auf Festplatte (2000)
50 nm	Mittler Durchmesser eines Virus
75 nm	Spurabstand auf Festplatte
320 nm	Spurabstand auf Blu-ray
740 nm	Spurabstand auf DVD
1600 nm	Spurabstand auf CD
10 000 nm	Grenze zwischen Fein- und Grobstaub
50 000 nm	Mittlerer Durchmesser eines Haares

Bild 3.3: Abmessungen von Atom- bis Haardurchmesser

Meter) über der Scheibe. Das sind drei Millionstel eines Millimeters! Zum Vergleich: Ein Haar ist 0,05 mm = 50 Mikrometer = 50 000 nm dick, also 16 000-mal dicker!

Die Flughöhe des Magnetkopfes wird durch den „Bodeneffekt" stabilisiert, den Sie von Flugreisen kennen: Zwischen Tragfläche und Boden entsteht ein Luftpolster. Je niedriger die Flughöhe ist, desto mehr wird das Luftpolster zusammengedrückt, wodurch sich der Auftrieb vergrößert. Während der Landung sinkt das Flugzeug sehr langsam herunter zur Landebahn. Neuere Festplatten haben sogar eine automatische Feinjustierung der Flughöhe und können den Abstand um ±1 nm nachregeln.

Zunehmend kommen in PCs und Notebooks neuartige **SSD-Festplatten** zum Einsatz. Sie arbeiten mit einer ähnlichen Technologie wie USB-Speichersticks und enthalten keine beweglichen Teile. Dadurch sind sie deutlich schneller als magnetische Festplatten. SSDs sind robust und stromsparend, aber noch relativ teuer. Für 100 Euro kann man wahlweise eine 4000 GB Magnetfestplatte oder eine 1000 GB SSD kaufen.

Wenn man den höheren Preis in Kauf nimmt, sind SSD-Festplatten ideal als Systemfestplatte im PC. Außerdem sind sie unempfindlich gegen Erschütterungen. Allerdings haben auch die SSD-Festplatten eine endliche Lebensdauer und fallen gelegentlich spontan aus, so dass man auf eine Datensicherung nicht verzichten darf.

Als Backup-Festplatten sind SSD ungeeignet: Liegen sie monatelang ungenutzt im Regal, gehen Daten verloren.

3.2 Ausfallursachen

3.2.1 Erschütterungen: der plötzliche Tod

Headcrash

Haben Sie nun eine Vorstellung davon, warum Erschütterungen so gefährlich für die Festplatte sind? Wenn der Kopf die Oberfläche bei 130 km/h berührt, kann man sich das wie einen mikroskopischen Flugzeugabsturz vorstellen. Kopfaufsetzer können Ihre Festplatte in Sekundenbruchteilen zerstören. Die Oberfläche der Scheiben ist mit einer hauchdünnen Schutz- und Gleitschicht aus Polymer oder diamantähnlichem Kohlenstoff („carbon overcoat") überzogen. Wenn der Kopf die Oberfläche ganz leicht berührt, verdampft die Schicht, was den Kopf anhebt. Dadurch kann die Festplatte „leichte" Kopfaufsetzer verkraften.

Wenn der Kopf bei einem stärkeren Aufsetzer die Schutzschicht durchdringt, wird die Magnetschicht beschädigt (und der Kopf vielleicht gleich mit). Wenn ein Programm diesen beschädigten Bereich nicht auf Anhieb lesen kann, unternimmt Windows dutzende Leseversuche. Oft gelingt das, doch es kostet Zeit. Sind viele benachbarte Sektoren „geschwächt", wird der PC „zur Schnecke". Manchmal sind die Daten endgültig weg. Wenn ein Programm den beschädigten Bereich nicht beschreiben kann, wird der Bereich automatisch für die weitere Benutzung gesperrt.

FESTPLATTE

Eine Scherzfrage: Wie nennt man es, wenn bei voller Drehzahl ein Kopf die Oberfläche der Scheibe berührt? Spanabhebende Datenverarbeitung! In der Fachsprache nennt man es einen „**Head Crash**". Wenn die Späne bei der nächsten Umdrehung zwischen Kopf und Plattenoberfläche geraten, gibt es noch mehr Späne. In schweren Fällen ist die Festplatte hinüber – einschließlich aller Daten.

Lageänderungen

Solange sich die Festplatte dreht, darf sie keinesfalls bewegt werden! Durch die hohe Drehzahl von meist 7200 Umdrehungen pro Minute ist die Scheibe der Festplatte bestrebt, ihre Lage im Raum beizubehalten, wie bei einem Kreiselkompass oder einem Spielkreisel. Bewegt man die Festplatte, kann es zu Kopfaufsetzern kommen. Beim Basteln also den PC nicht auf die Seite kippen, solange sich die Festplatte noch dreht.

Ihnen ist bisher noch nie etwas passiert?

Da haben Sie Glück gehabt. Bis jetzt. Die Festplatten werden jedes Jahr empfindlicher. Die Drehzahl hat sich in fünfundzwanzig Jahren von 3600 auf 7200 pro Minute verdoppelt. 1993 hatte eine typische Festplatte eine Kapazität von 20 MByte (0,02 GByte), heute das Hunderttausendfache. Die Köpfe mussten näher an die Oberfläche heranrücken, um die immer kleineren Bits unterscheiden zu können. Jede Halbierung des Kopfabstands erlaubte die vierfache Bitdichte. Deshalb hat sich seit 1993 der Abstand der Köpfe von der Plattenoberfläche von 1500 nm auf 3 nm verringert. Der Schwenkarm ist etwa 30 Millionen mal länger als der Abstand des Magnetkopfes von der Festplatte. Was glauben Sie wohl, wie stark sich dieser lange Arm bei Erschütterungen durchbiegt?

Wie vermeidet man mechanische Unfälle?

- Den PC sollte man so aufstellen, dass er nicht kippelt – auch nicht, wenn man mit dem Knie anstößt. Möglichst geschützt, so dass man gar nicht erst mit dem Knie oder dem Staubsauger anstoßen kann! Erschütterungen und Vibrationen schädigen die Lager.
- Den PC niemals bewegen, wenn er eingeschaltet ist. Nach dem Ausschalten einige Sekunden warten, bis die Festplatte stillsteht. Das gilt auch für eine externe Festplatte und für Notebooks mit Magnetplatten.
- Treten und schlagen Sie Ihren PC nicht, wenn er nicht so funktioniert, wie Sie es wollen! (Zumindest nicht, wenn er eingeschaltet ist.) Schlagen Sie auch nicht mit der Faust auf die Tischplatte, auf der Ihr PC steht (oder schalten Sie den PC vorher aus). Werfen Sie keine Aktenstapel schwungvoll auf den Tisch.
- Den PC immer in Gebrauchslage transportieren (Festplatte waagerecht), damit die Magnetköpfe nicht die Parkposition verlassen und auf der Festplatte herumkratzen. Im Auto gibt es zwei günstige Plätze für den Transport eines Minitower-PC: Stehend angeschnallt auf einem Sitz oder stehend festgeklemmt hinter dem Beifahrersitz. Im Kofferraum liegend ist schlecht.
- Vermeiden Sie Vibrationen. Hoffentlich liegt Ihr Subwoofer nicht auf dem PC oder die externe Festplatte nicht auf dem Subwoofer.

Beachten Sie: Nicht jeder Stoß und jede Überhitzung zerstört Ihre Festplatte sofort. Auch kleinste Schäden addieren sich und verringern die Lebensdauer.

3.2.2 Überhitzung: die verkannte Gefahr

Der Energiebedarf moderner 3,5"-Festplatten liegt im Leerlauf bei etwa 8 Watt, unter hoher Last und beim Anlaufen beträgt er mehr als das Doppelte. Wenn im Ruhezustand der Antriebsmotor abgeschaltet ist, sinkt der Bedarf auf ein Watt. Die kleineren 2,5"-Platten brauchen etwa halb so viel.

Die Energie wird von der Elektronik und den Antrieben in Wärme umgewandelt. Die Betriebstemperatur einer gut belüfteten Festplatte sollte bei 30 bis 40 °C liegen, kühler wird es im PC-Gehäuse kaum sein. Bei dieser Temperatur wird die maximale Lebensdauer erreicht.

Wenn die Temperatur unter 10 °C sinkt oder über 50 °C steigt, verdoppelt sich die durchschnittliche Ausfallrate. Steigt die Temperatur auf 60 Grad, verdoppelt sich die Ausfallrate noch einmal! Bei manchen Modellen ist die Festplattenelektronik imstande, Abkühlpausen zu erzwingen. Sie können das daran merken, dass der PC bei hoher Festplattenauslastung für einige Sekunden „hängt" und dann ohne Fehlermeldung weitermacht. Das kann auch mehrmals nacheinander passieren.

Die Wärme muss weg! Aber wohin mit der Wärme?

- Der Wärmeaustausch mit der umgebenden Luft spielt eine bedeutende Rolle. Die Luft sollte also die Festplatte oben und unten gut umströmen können.
- Die Wärmeleitung ist recht wirkungsvoll. Achten Sie darauf, dass die Festplatte mit vier Schrauben am Blech des Gehäuses angeschraubt ist, dadurch wirkt das Gehäuse als Kühlblech.

Empfehlungen

Sogenannte „grüne" Festplatten benötigen wenig Energie und werden deshalb nicht heiß. Andere Festplatten sollten zusätzlich gekühlt werden. Sie können selbst prüfen, ob eine Zusatzkühlung nötig ist. Fassen Sie mit dem Finger auf die Festplatte, wenn der PC nach längerem Betrieb heruntergefahren ist. Fühlt sich die Oberfläche deutlich wärmer an als Ihr Finger? Dann ist Zusatzkühlung ratsam. Zwei Arten der Zusatzkühlung haben sich bewährt: ein Lüfter vor der Festplatte (an deren Stirnseite) oder an der Unterseite der Festplatte, wo die meiste Wärme entsteht. Ein Festplatten-Zusatzlüfter kostet 10 bis 15 Euro.

Dauerbetrieb

Gönnen Sie Ihrer Festplatte Pausen! Lassen Sie die Festplatte in längeren Pausen automatisch abschalten! Unter Windows 7 können Sie über „Start" → „Systemsteuerung" → „Hardware und Sound" → „Energieoptionen" → „Energiesparplan ändern" → „Erweiterte Energieeinstellungen ändern" festlegen, nach wie vielen Minuten Nichtnutzung die Festplatte abschalten soll. Wählen Sie keine Zeit unter 15 Minuten, weil sich bei zu vielen Stopp-Start-Vorgängen der Verschleiß der Festplatte erhöht. Unter Windows 10 klicken Sie mit der rechten Maustaste auf „Start", mit links auf „Ausführen" und dann tippen Sie „control" in das Fenster ein, um zur Systemsteuerung zu gelangen. Sie können auch nach „Energiesparplan" suchen.

Kaum jemand weiß, dass die meisten handelsüblichen Festplatten nicht für den Dauerbetrieb konzipiert sind. Das Problem hierbei ist die Wärmeentwicklung. Viele Hersteller erlauben nur etwa 10 Stunden Betriebszeit pro Tag, danach sollte die Festplatte mehrere Stunden abkühlen können. Wenn diese Betriebsbedingungen eingehalten werden, erreichen viele Festplatten eine Lebensdauer von mehr als fünf Jahren. Der Zusatzlüfter sollte aber überwacht und bei Bedarf gewechselt werden.

Viele Büro-PCs sind an fünf Tagen pro Woche je neun Stunden eingeschaltet. Zum Vergleich: Würden Sie Ihr Auto 40 Stunden pro Woche mit 100 km/h fahren, hätte es pro Jahr etwa 200 000 km zurückgelegt. Alle 15 000 km wäre eine Wartung mit Ölwechsel fällig, das ergibt 13 Wartungen in einem Jahr. Wann haben Sie Ihrer Festplatte den letzten Ölwechsel gegönnt? (Das ist natürlich ein Scherz! Festplatten sind wartungsfrei und kommen ohne Ölwechsel aus. Aber verschleißfrei sind sie nicht.) Gönnen Sie Ihrem PC wenigstens eine Innenreinigung. Blasen Sie einmal im Jahr den Staub mit Pressluft heraus! Eine kleine Pressluftflasche kostet nicht einmal zehn Euro.

3.2.3 Verschleiß: das unabwendbare Ende

Was passiert, wenn man den PC ausschaltet?

Fliegen heißt Landen – eine alte Fliegerweisheit, die auch auf die Festplatte zutrifft. Wenn die Festplatte die Drehzahl verringert, verringert sich auch der Auftrieb der Köpfe, und die Magnetköpfe „landen". Wie geht das ohne Head Crash ab?

Windows schickt den Befehl „Festplatte parken" gegen Ende des Herunterfahrens. Die Köpfe werden in die Parkposition in der innersten Spur bewegt. Dort ist die „Geschwindigkeit über Grund" am kleinsten, außerdem ist die „Landebahn" dort metallisch und hochglanzpoliert. Der Spindelmotor arbeitet jetzt als Generatorbremse und bremst die Scheiben sehr schnell ab. Die Köpfe setzen auf, der Verschleiß ist dabei minimal. Manche Festplatten setzen ihre Köpfe auf einer Halterung, genannt „Landerampe", ab. Die Köpfe berühren die Oberfläche nicht und es gibt keinen Verschleiß der Köpfe.

Renommierte Hersteller geben an, dass die Köpfe 20 000 bis 40 000 Start-Stopp-Zyklen aushalten. Bei normaler Nutzung sollte das ausreichen. Kommen Sie aber bitte nicht auf die Idee, nach jeweils drei Minuten Leerlauf die Festplatte abzuschalten, um Strom zu sparen! Dann haben Sie Ihre Festplatte möglicherweise schon nach einem Jahr kaputtgespart. Und es wird dabei nicht einmal Energie gespart, weil der Anlaufstrom der Festplatte hoch ist.

Wie kündigen sich Probleme an?

Wenn die Festplatte nach dem Einschalten nicht innerhalb von etwa drei Sekunden ihre Normdrehzahl erreicht, schaltet der Antrieb sicherheitshalber wieder ab. Manchmal läuft sie nach mehreren Einschaltversuchen doch noch an. Das sollte Sie aber nicht beruhigen. Reagieren Sie umgehend – ein verschlissenes Lager repariert sich nicht von allein!

Eins der Anzeigelämpchen am Gehäuse, meist ist es rot oder gelb, zeigt die Aktivität der Festplatte an. Während der normalen Benutzung flackert die Anzeige. Wenn Windows ohne ersichtlichen Grund für einige Sekunden „stehen bleibt" und auf nichts mehr reagiert, während die Festplattenaktivitätsanzeige Dauerlicht zeigt, kommen hauptsächlich zwei Ursachen dafür in Betracht:

- Möglicherweise ist die Festplatte überhitzt und die Elektronik erzwingt gerade eine kleine Abkühlpause. Nach einigen Sekunden geht es ohne Fehlermeldung weiter, als wäre nichts geschehen. In diesem Fall sollten Sie die Lüfter kontrollieren und den PC innen reinigen.
- Die Festplatte hat Oberflächenschäden, und das Betriebssystem versucht unermüdlich herauszufinden, ob sich die Daten vielleicht doch noch lesen lassen. Wenn es gelingt, macht Windows ohne Fehlermeldung weiter. Oft sind mehrere benachbarte Sektoren betroffen.

Wenn die Festplatte die gesuchten Daten nicht findet, fahren die Köpfe mehrmals an den Plattenrand zurück und zählen die Spuren neu ab. Wenn Sie dieses rhythmische Klacken hören, steht eventuell das Lebensende der Festplatte sehr dicht bevor. Wenn das Klacken lauter wird oder sie gar ein Kreischen oder Kratzen hören, müssen Sie sich blitzschnell entscheiden:

- Falls Sie gewillt sind, 500 oder 1000 Euro für eine professionelle Datenrettung auszugeben, dann knipsen Sie den PC sofort aus! Nicht erst herunterfahren, denn in jeder Sekunde könnte der Schaden größer werden.
- Falls Sie so viel Geld keinesfalls ausgeben wollen, sollten Sie unverzüglich anfangen, die allerwichtigsten Daten auf einen Speicherstick oder eine externe Festplatte zu kopieren. Machen Sie schnell, vielleicht haben Sie nur wenige Minuten bis zum Totalausfall.

Für Festplattenausfälle gibt es fast immer Warnzeichen – achten Sie stets auf Auffälligkeiten und zögern Sie nicht, umgehend um Rat zu fragen!

Eine neue Festplatte hat in den ersten Wochen eine hohe Frühausfallrate, darauf folgen zwei bis drei Jahre mit einer geringen Ausfallwahrscheinlichkeit. Danach steigt die Ausfallwahrscheinlichkeit wieder an.

3.2.4 Elektronik-Probleme

Die Elektronikplatine unter der Festplatte und ihre Software (die Firmware) hat hochkomplexe Aufgaben zu bewältigen, wie die Optimierung und Präzisionssteuerung der Kopfbewegungen, die Korrektur von Lesefehlern und die Verwaltung des Cache-Speichers. Jede Software, auch diese, ist fehlerhaft. Hier ein Beispiel für einen der spektakuläreren Vorfälle beim Marktführer:

Im Jahr 2009 häuften sich Ausfälle bei Seagate-Festplatten, vor allem der Serie Barracuda 7200.11: Nach wochenlangem einwandfreien Betrieb booteten die Festplatten nicht mehr. Ein (kleiner) Teil der Festplatten hatte eine fehlerhafte Firmware. Alle Baureihen der Desktop-Festplatten von Seagate waren potenziell betroffen. Um zu erfahren, ob seine Festplatte zu den Risikokandidaten gehört, musste der Anwender die Modellbezeichnung, Seriennummer und Firmware-Version per E-Mail an Seagate schicken. Wenn die Festplatte zu den betroffenen gehörte, bekam der Kunde eine Live-CD mit einem Firmware-Update. Nach Einspielen des Updates funktionierten die Festplatten wieder, Daten waren durch den Fehler in der Firmware nicht verloren gegangen.

3.3 S.M.A.R.T. – DAS ÜBERWACHUNGSPROGRAMM

Das Programm „SMART" ist ein Teil der Festplattenelektronik. SMART ist die Abkürzung von „**S**elf **M**onitoring, **A**nalysis and **R**eporting **T**echnology". Dieses Statistik- und Diagnoseprogramm wacht ununterbrochen über Ihre Festplatte. Es erkennt beschädigte Blöcke, sperrt sie und ersetzt sie durch Reserveblöcke.

Es gibt Schätzungen, dass eine Festplatte 5 % bis 20 % ihrer nominellen Kapazität als „heimliche Reserve" zurückhält, um kleine Schäden ausgleichen zu können. Diese Schäden entstehen vor allem durch leichte Kopfaufsetzer. Das bedeutet ja wohl im Umkehrschluss, dass kleine Schäden recht häufig sind.

Wem nutzt es, dass SMART defekte Blöcke unauffällig durch Reserveblöcke ersetzt? Der Hersteller hat zwei Vorteile: Die Zahl der Reklamationen verringert sich, denn von kleinen Fehlern erfährt der Kunde ja nichts. Schlimmer noch: Geringfügig mangelhafte Festplatten brauchen nicht mehr verschrottet zu werden, weil SMART die Mängel versteckt. Doch wenn die Festplatte „im Sterben liegt", erfährt es der Kunde zu spät. Denn im Herstellerinteresse kommt die Warnmeldung erst, wenn die Reservesektoren vollständig oder weitgehend aufgebraucht sind. Das ist viel zu spät. Wenn ein Vorgang im Inneren der Festplatte bereits 5 % bis 20 % ihrer Kapazität zerstört hat, wird der Rest der Festplatte wohl nicht mehr lange durchhalten.

Sie sollten die S.M.A.R.T.-Funktionalität im BIOS unbedingt einschalten (was bei Auslieferung nicht immer der Fall ist). Wenn eingeschaltet, wird bei einem bevorstehenden Versagen der Festplatte möglicherweise eine Warnung erzeugt, die z. B. so aussehen kann:

```
S.M.A.R.T. Failure Predicted on Primary Master
Immediately back-up your data and replace the hard disk drive.
A failure may be imminent.
```

Übersetzung: SMART prognostiziert den Ausfall der primären Master-Festplatte.
Sichern Sie sofort Ihre Daten und ersetzen Sie die Festplatte. Ein Defekt könnte unmittelbar bevorstehen.

Anmerkung: Diese Festplatte überlebte die obige Warnmeldung um neun Tage.

Kostenlose Programme können die SMART-Werte lesen, z. B. „HD Tune", „CrystalDiskInfo" und „SiSoft Sandra". Manche Hersteller von Festplatten bieten auf ihrer Website Diagnoseprogramme an. Wenn Ihre Festplatte älter ist oder wenn Sie an ihrer Qualität zweifeln, sollten Sie die SMART-Werte ermitteln. In der Wikipedia finden Sie unter „S.M.A.R.T.", wie die Werte zu interpretieren sind.

Google hat die SMART-Werte von 100 000 Festplatten ausgewertet. Einige davon waren schon fünf Jahre im Dauereinsatz. Die Ergebnisse:

- In den 60 Tagen nach der ersten SMART-Fehlermeldung fielen Festplatten 40-mal häufiger aus als Festplatten ohne Fehlermeldungen.
- Bei 36 % der defekten Festplatten hatte SMART keine Warnung erzeugt.
- Fabrikneue Festplatten fallen in den ersten Wochen häufiger aus als später.

Das bedeutet, dass Sie die Festplatte umgehend austauschen sollten, wenn SMART ein Problem meldet. Allerdings bedeutet das Ausbleiben einer SMART-Warnung nicht, dass keine Gefahr droht. Ein Drittel der Google-Festplatten fiel aus, ohne das SMART vorher gewarnt hatte.

Manche Benutzer haben ein Programm installiert, welches den Zustand der Festplatte ständig überwacht. Falls dieses Programm meldet „Der Zustand der Festplatte hat sich geringfügig verschlechtert, doch das ist kein Grund zur Aufregung", sollten Sie an die obige Google-Statistik denken.

3.4 Langlebige Festplatten

Die Lebensdauer von Festplatten wird wie bei allen technischen Erzeugnissen begrenzt durch

- Frühausfälle, oft als Folge von Fehlern und „Nachlässigkeiten" in der Produktion),
- durch zufällige Störungen, die über die gesamte Lebensdauer mit gleicher Wahrscheinlichkeit auftreten,
- durch Alterung gegen Ende der Nutzungsdauer.

Bei intensiv genutzten Festplatten spielt wohl der Verschleiß der Lager, der Verbrauch an Schmiermittel und die Sublimation (das allmähliche Verdunsten) der Gleitschutzschicht die größte Rolle. Doch auch wenn Sie die Festplatte selten benutzen, altert sie: Das Schmiermittel verharzt, die Elektrolytkondensatoren degenerieren und das Magnetfeld der Aufzeichnungen lässt nach. Das Erdmagnetfeld schwankt ständig geringfügig, und diese Oszillationen führen zu einer allmählichen Entmagnetisierung. Bei Magnetbändern hat man viele Jahrzehnte Erfahrung gesammelt: Die Datenverluste beginnen in 10 bis 30 Jahren. Bei Festplatten dürfte es ähnlich sein. Die Daten kann man zwar auffrischen, indem man die Daten auslagert und zurückkopiert, doch wenn die vom Hersteller aufgezeichnete Firmware oder die magnetischen Spurmarkierungen nicht mehr lesbar sind, ist die Festplatte Schrott.

„Gewöhnliche" Festplatten sind vom Hersteller für eine Lebensdauer von fünf Jahren projektiert und einige Hersteller (WD, Samsung, Seagate) geben das in ihren Datenblättern an („component design life") siehe `https://www.seagate.com/files/www-content/support-content/documentation/samsung/P80_ProductDataSheet_r1.7.pdf` W. Wobei eine tägliche Nutzung von etwa acht bis elf Stunden angenommen wird. Bei den für Dauerbetrieb geeigneten 24x7 Festplatten haben die Konstrukteure den höheren Verschleiß einkalkuliert, auch sie sollten etwa fünf Jahre durchhalten. Da viele Benutzer alle zwei bis drei Jahre einen neuen PC kaufen, erleben sie das Ende ihrer Festplatte in der Regel nicht.

Die Firma „Backblaze" nutzt 41 000 Consumer-Festplatten im Dauerbetrieb. Einen Bericht über die Lebensdauer der Festplatten finden Sie unter `https://www.backblaze.com/blog/best-hard-drive`

Warum sind die Festplatten nicht langlebiger? Es gibt durchaus langlebige Festplatten für anspruchsvolle Betreiber von Rechenzentren zu einem überaus stolzen Preis. Doch für die meisten Rechenzentren ist es wirtschaftlich sinnvoller, preiswerte Festplatten in einem RAID-10-System zu betreiben. Defekte Festplatten verursachen keine Datenverluste und werden im laufenden Betrieb ausgetauscht.

Die Herstellung von langlebigen Desktop-Festplatten lohnt sich für die Hersteller nicht, weil sie für die große Masse der Käufer preislich uninteressant sind.

3.5 Besonderheiten von Notebook-Festplatten

Festplatten vertragen Erschütterungen nur schlecht. Deshalb werden für Notebooks spezielle 2,5"-Festplatten gefertigt. Sie sind 69 mm breit und 100 mm lang. Die häufigste Bauhöhe beträgt 0,375" (9,5 mm). Früher gab es Bauhöhen von 19, 17 und 12,4 mm. Seit kurzem gibt es Festplatten von 7 und 5 mm Höhe. Letztere sind zu flach für einen Standardsteckverbinder und sie passen nur in spezielle Notebooks. Für Subnotebooks und MP3-Player gab es 1,8" Festplatten (54 × 70 mm Grundfläche, Bauhöhe 5, 7, 8 oder 9,5 mm). Noch kleiner ist der „Microdrive" mit winzigen 30 × 40 × 5 mm, der in MP3-Playern und Digitalkameras zum Einsatz kam.

Der kleinere Durchmesser und eine langsamere Drehzahl (4200 bis maximal 5400 Umdrehungen pro Minute) machen die Notebook-Festplatten deutlich weniger empfindlich gegen Erschütterungen. Das Risiko von Oberflächenschäden sinkt. Selbst wenn die Köpfe die Oberfläche leicht berühren, bietet die Gleitbeschichtung einen gewissen Schutz. Leider sind Notebook-Festplatten durch ihre geringere Drehzahl erheblich langsamer als „normale" Festplatten.

Manche neuere Notebook-Festplatten haben einen „Fall-Sensor": Wenn Ihnen das Notebook vom Tisch fällt, registriert das der Sensor. Die Rotation der Magnetscheiben wird noch vor dem Aufschlag gestoppt und die Köpfe werden geparkt, wenn die Fallhöhe mindestens 50 cm beträgt. Selbst wenn das Notebook zersplittert, überleben Ihre Daten den Sturz mit hoher Wahrscheinlichkeit. Aber wenn das Gerät aus einer geringeren Höhe als 50 cm abstürzt, ist die Fallzeit zu kurz und die Festplatte schafft es nicht rechtzeitig, die Köpfe zu parken.

Es gibt auch 2,5"-Festplatten mit Erschütterungssensor. Bei einer Erschütterung klappt auf dem Bildschirm ein Fenster auf: „Die Festplatte wurde wegen Erschütterungen gestoppt". Jedesmal müssen Sie „OK" klicken, damit die Festplatte wieder losläuft. Eine sehr nützliche Schutzvorrichtung, doch sie ist meist überaus empfindlich und „nervt" möglicherweise. Falls Sie dazu neigen, das Notebook auf den Knien zu schaukeln (was ohnehin nicht gut für die Lebensdauer der Festplatte ist), sollten Sie besser zu einem anderen Notebook greifen. Während einer Bahnfahrt werden Sie mit einem solchen Gerät nicht arbeiten können.

Eine Magnetfestplatte verbraucht 10 % bis 15 % vom gesamten Strombedarf des Notebooks, auch im Leerlauf sinkt der Strombedarf kaum. Die Energie wird in Wärme verwandelt, was ein großes Problem ist. Das Plastegehäuse leitet die Wärme nicht ab. Oft sind Alibi-Lüftungsschlitze über der Festplatte und dem Arbeitsspeicher vorhanden, doch wenn kein Ventilator für Luftbewegung sorgt, staut sich die heiße Luft. Eine Luftströmung gibt es nur rund um den Prozessor. Selbst unter den hochwertigen Notebooks gibt es nur sehr wenige Konstruktionen, welche einen Teil der Prozessorkühlluft über die Festplatte strömen lassen. Luftkanäle würden das Notebook einige Millimeter dicker machen – das ist nicht erwünscht, jeder Hersteller versucht, die Geräte so flach wie möglich zu bauen.

Die überwältigende Mehrzahl der Notebookgehäuse ist, unter thermischen Gesichtspunkten betrachtet, eine klare Fehlkonstruktion, und oft drängt sich mir der Gedanke auf, eine lange Lebensdauer sei nicht gewollt. Am Luftaustritt wurden von mir häufig Temperaturen von 70 °C bis 90 °C gemessen. Wie heiß ist es dann wohl innen? Legen Sie doch einmal Ihr Notebook nach einer längeren Betriebszeit auf den Rücken (vorher natürlich ausschalten). Wo Sie die meiste Wärme fühlen, befindet sich die Festplatte. Es ist kein Wunder, dass Festplattenausfälle so häufig sind (von „Cola-Glas umgeworfen", „heruntergefallen" und „über das Kabel gestolpert" einmal abgesehen).

4 Backup-Geräte und -Medien

4.1 DVD und BD (Blu-ray Disc)

4.1.1 Aufbau

CD, DVD und Blu-ray sind optische Technologien, die sich im Wesentlichen nur im Abstand von Bit zu Bit und damit in der Kapazität unterscheiden. Auf eine CD passen 0,64 Gigabyte, auf viele Rohlinge auch 0,7 oder 0,8 GB. Für eine Datensicherung ist das im Allgemeinen zu wenig, zumal DVD-Rohlinge mit etwa sechsfacher Kapazität kaum teurer als CD-Rohlinge sind.

Auf eine DVD passen 4,7 GB. Das reicht für einen Spielfilm, 2 000 Fotos oder 100 000 Dokumente. Werden zwei Schichten auf einer Seite übereinander angeordnet (**Dual Layer**), steigt die Kapazität auf 8,5 GB. In der industriellen Produktion werden auch DVDs gepresst, die Daten auf Ober- und Unterseite haben. Solche DVDs gibt es nicht als Rohling, denn Brenner können solche DVDs nicht beschreiben.

Die gegenwärtig höchste Kapazität haben Blu-ray-Discs. In der Single-Layer-Ausführung haben sie 25 GB Kapazität. Mit mehreren übereinander liegenden Schichten (Dual Layer und mehr) kann die Kapazität 50 bis 100 GB erreichen.

4.1.2 Lebensdauer

Mit Ihren Kauf-CDs oder -DVDs hatten Sie noch nie Qualitätsprobleme, auch nach vielen Jahren nicht? Das liegt am industriellen Herstellungsverfahren. Ebenso wie früher bei der Herstellung von Schallplatten wird eine Muster-Gussform gefertigt und unter hohem Druck mit Polycarbonat ausgegossen. Man erhält eine Scheibe mit kleinen Vertiefungen (Pits). Dann wird eine metallische Reflexionsschicht aufgebracht. Zum Lesen wird die Oberfläche mit einem Laser abgetastet. Die glatte Oberfläche reflektiert das Licht, an den Vertiefungen wird der Laserstrahl zerstreut. Durch die mechanische Pressung ist die Haltbarkeit sehr hoch.

Beschreibbare Rohlinge sind viel weniger robust. Sie enthalten einen organischen Farbstoff, der sich beim punktweisen Erhitzen mit dem Laserstrahl (beim „Brennen") dunkel färbt. Allerdings dunkelt der Farbstoff auch durch Sonnenlicht, bei Zimmerbeleuchtung und durch die Wärme im Zimmer, wenn auch sehr viel langsamer. Sogar wenn man die selbstgebrannten Scheiben dunkel aufbewahrt, gehen nach zwei bis fünf Jahren die ersten Dateien verloren. Man sollte deshalb von wichtigen Daten alle paar Jahre „frische" Kopien anfertigen.

4.1.3 Verwendung für Datensicherungen

Ein Brenner gehört in vielen PCs zur Ausstattung, und Rohlinge sind billig. Problematisch ist der hohe Arbeitszeitaufwand: Das Brennprogramm starten, Rohling einlegen, zu sichernde Dateien auswählen, Brennvorgang starten und überwachen. Später das Programm beenden, die DVD beschriften und einlagern. Die Hersteller der Brennprogramme bieten keine praktikable Möglichkeit an, das Brennen von Routinesicherungen zu automatisieren. Allerdings ist das kein Grund, auf jegliche Datensicherung zu verzichten. Suchen Sie von Zeit zu Zeit im Ordner „Users" bzw. „Benutzer" den eigenen Nutzerordner auf. Sortieren Sie den Inhalt der Ordner Desktop, Dokumente, Bilder usw. nach dem Datum und ziehen Sie die jeweils neuesten Dateien in das Fenster des vorher geöffneten Brennprogramms. Klicken Sie einige mal auf „Weiter", um die Zusammenstellung zu brennen. Das dauert etwa zwei Minuten. Bei 8-facher Schreibgeschwindigkeit sollte man etwa 12 Minuten für 4,7 GB einplanen. Damit sind die „Eigenen Dateien" und der Desktop gesichert. Das ist zwar nicht alles, aber ein großer Teil Ihrer Daten.

GERÄTE

Ein weiterer Nachteil der DVD ist die Speicherkapazität, die im Vergleich zur Festplatte gering ist. Auf eine DVD passen etwa 1000 Musikdateien oder 2000 Fotos. Manch einer bringt mehrere tausend Fotos von einer einzigen Urlaubsreise mit. Realistisch betrachtet, wird kein vernünftiger Mensch regelmäßig Daten sichern, wenn er dafür jedesmal zehn DVDs braucht. Es ist zu teuer und vor allem dauert es zu lange.

Blu-ray hat zwar eine erheblich größere Kapazität, aber für heute übliche Datenmengen ist die Kapazität einer Scheibe immer noch nicht groß genug. Zudem gehört ein Blu-ray-Brenner nicht zur Grundausstattung eines PC, und als Zubehör kostet er mehr als eine externe Festplatte.

Doch trotz des möglicherweise hohen Zeitaufwands und anderer Nachteile hat die Sicherung auf DVD oder BD einen gewaltigen Vorteil: Die Daten können nach dem Brennen nicht mehr verfälscht werden. Selbst wenn ein Trojaner auf der Festplatte wütet und Ihre Daten löscht oder verschlüsselt – den gebrannten Daten kann er nichts mehr anhaben.

4.2 Externe Festplatte

Eine externe Festplatte ist ein Peripheriegerät, welches mit dem PC verbunden werden kann, ohne dass der PC aufgeschraubt werden muss. Auch das Abstöpseln ist im laufendem Betrieb möglich, wenn die Festplatte vorher abgemeldet wird. Da externe Festplatten leicht transportiert werden können, werden sie auch als mobile Festplatten bezeichnet.

Kein anderes Medium sichert die Daten schneller. Übliche Festplatten bieten jede Menge Speicherplatz. Eine Sicherung dauert nicht lange: Der Zeitaufwand zum Anstecken und Starten der Sicherung beträgt etwa drei Minuten. Weitere drei Minuten werden nach Abschluss der Sicherung benötigt, um die Festplatte „sicher zu entfernen", auszuschalten und wegzuräumen. Die eigentliche Sicherung kann länger dauern, doch man muss ja dabei nicht anwesend sein.

Allerdings sind externe Festplatten weniger sicher als allgemein angenommen. Es besteht die Gefahr, während des Betriebes aus Versehen an die Festplatte anzustoßen. Erschütterungen beim Umhertragen sind nachteilig. Wenn Sie die Festplatte irgendwohin mitnehmen, sollte sie weich verpackt sein.

Externe Festplatten sind GRUNDSÄTZLICH nicht für längeren Betrieb konzipiert! Sie werden zu heiß. Deshalb sollte die Festplatte nur bei Bedarf angesteckt und nach Gebrauch ausgeschaltet werden. Das erhöht außerdem die Sicherheit: Die Daten auf einer ausgeschalteten Festplatte sind nicht in Gefahr, durch eine Fehlbedienung oder einen Virus vernichtet zu werden. Wenn Sie die Datensicherung auf das Arbeitsende verschieben, sollten Sie bis zum Ende der Datensicherung warten, um erst danach den PC und die externe Platte auszuschalten. Alternativ können Sie den PC mit dem shutdown-Befehl automatisch zeitgesteuert herunterfahren. Wenn Sie eine externe 2,5"-Festplatte benutzen, die kein eigenes Netzteil braucht, wird diese zusammen mit dem PC ausgeschaltet.

Auch wenn die Festplatte intakt bleibt, können Daten durch Unachtsamkeit verloren gehen. Denken Sie ausnahmslos immer daran, die Festplatte abzumelden, bevor Sie den USB-Stecker herausziehen? Ein Wackelkontakt, während Windows das Inhaltsverzeichnis der Festplatte aktualisiert, kann alle Daten in Bruchteilen einer Sekunde vernichten.

4.2.1 Wofür ist eine externe Festplatte ungeeignet?

Eine zu klein gewordene interne Festplatte mit einer ständig eingeschalteten externen USB-Festplatte zu ergänzen, ist keine gute Idee: Eine Magnetfestplatte wird in mehrstündigem Betrieb zu heiß. Eine SSD-Platte würde zwar nicht heiß werden, wäre aber als Zusatz-Festplatte vom Preis/Leistungsverhältnis eine unsinnige Verschwendung. Außerdem braucht man unbedingt eine USB 3.0-Schnittstelle, denn USB 2.0 mit etwa 40 MByte/s ist viel zu langsam. Eine Magnetfestplatte erreicht an den internen Anschlüssen 100 MByte/s. Doch auch bei einer schnellen Schnittstelle bleibt das preisliche Argument: Der Einbau einer größeren Festplatte in das PC-Gehäuse erspart den Kauf eines Gehäuses für eine externe Festplatte.

4.2.2 Welche soll ich kaufen?

Baugrößen

Es gibt externe Festplatten in 2,5 Zoll und 3,5 Zoll. Welche Größe ist die richtige?

- 2,5"-Festplatten vertragen kleine Erschütterungen besser als 3,5"-Festplatten.
- 2,5"-Festplatten haben etwa die halbe Fläche pro Scheibe wie 3,5"-Festplatten und können daher bei gleicher Datendichte pro Quadratzentimeter nur halb so viel Daten unterbringen.
- Bei gegebener Datendichte hängt die Lesegeschwindigkeit von der Umfangsgeschwindigkeit ab, also dem Produkt von Durchmesser mal Drehzahl. Deshalb haben kleine Festplatten eine wesentlich geringere Datenübertragungsrate als die großen Platten.
- Die großen 3,5"-Festplatten sind auf maximale Geschwindigkeit optimiert, (fast) ohne Rücksicht auf den Energiebedarf. Die schnellen Beschleunigungs- und Bremsvorgänge beim Positionieren der Magnetköpfe sind sehr energieintensiv, und die hohe Drehzahl ist es ebenfalls. 3,5"-Platten brauchen daher eine eigene Stromversorgung, fast immer als Steckernetzteil. Ausnahme: Festplatten mit einem der seltenen USB 3.1 Typ C-Anschlüsse können bis zu fünf Ampere von einem geeigneten PC beziehen, so dass ein externes Netzteil nicht mehr benötigt wird.
- Die 2,5"-Platten wurden für Notebooks entwickelt. Weil beim Beschleunigen und Bremsen der Köpfe mit Akku-Energie gespart werden muss, sind die Positionierzeiten deutlich länger.

Sie haben also die Wahl zwischen einer 2,5"-Festplatte mit geringer Geschwindigkeit und geringerer Kapazität, die relativ unempfindlich und leicht zu handhaben ist und in die Hosentasche passt, oder einer großen 3,5"-Festplatte, die zwar schnell und preiswert, aber auch hochempfindlich, klobig und wegen des Zusatznetzteils etwas umständlich in der Handhabung ist.

Wenn die Festplatte ständig neben dem PC liegt, schützt sie Ihre Daten nicht vor Diebstahl, Feuer und Wasser. Wenn man die Festplatte häufig zwischen dem PC und einem sicheren Ort hin- und herträgt, ist eine 2,5"-Festplatte handlicher und auch weniger empfindlich gegen Erschütterungen.

Wenn Sie zum Feierabend die Daten sichern und anschließend nach Hause mitnehmen, muss die Festplatte viele kleine Erschütterungen aushalten. Ein Tipp: Der Hersteller „LaCie" bietet eine „Rugged USB-C" Outdoor-HDD an. Die 2,5"-Platte übersteht Stürze aus 1,5 Meter auf Beton und das Überrollen durch ein Auto. Für 2 TB zahlen Sie 90 Euro. Sollten doch Daten verloren gehen, ist für zwei Jahre eine Datenrettung und eine neue Festplatte im Preis inbegriffen.

Auch eine SSD-Festplatte im 2,5" Gehäuse könnte trotz des hohen Preises interessant sein. Erstens brauchen Sie weniger lange auf das Ende des Backups zu warten. Zweitens sind SSDs mechanisch unempfindlich und überstehen problemlos Erschütterungen und Stöße beim Transport. Aber beachten Sie: SSDs müssen regelmäßig benutzt werden. Ungenutzt im Regal liegend gehen nach einigen Monaten Daten verloren.

Kapazität

Wählen Sie die Kapazität nicht zu klein. Die Komplettsicherung der letzten Woche, des vorhergehenden Monats und vom Jahresende sollten mindestens darauf passen.

Wenn Sie weder Filme noch umfangreiche Foto- und Musiksammlungen sichern oder transportieren müssen, können Sie vielleicht anstelle einer externen Festplatte einen USB-Speicherstick verwenden. Auf einen 128-GB-Stick, der etwa 15 Euro kostet, passen etwa 60 000 Fotos oder etwa 30 000 Minuten Musik im MP3-Format, das ist Musik für etwa 500 Stunden.

Sonstiges

- Ein Einschalter an der externen Festplatte ist vorteilhaft, doch er befreit Sie nicht von der Notwendigkeit, die Festplatte vor deren Ausschalten vom System abzumelden.

- Netzteile mit den verschiedensten Spannungen verwenden oft dieselbe Steckerbauform. Falls die Festplatte ein Netzteil braucht, verwechseln Sie es nicht mit den Netzteilen von Smartphone oder Notebook! Die 19 Volt eines Notebook-Netzteils zerstören eine externe Festplatte augenblicklich.

4.2.3 Gebrauchslage

Einigen externen Festplatten wird eine Halterung beigelegt, um sie hochkant aufstellen zu können. Ich ziehe es vor, die Festplatte flach hinzulegen. Wenn man eine Festplatte versehentlich schubst, ist die Gefahr eines Kopfaufsetzers bei einer liegenden Festplatte kleiner. Und es gibt Hinweise von Datenrettern, dass die Schmierung der Lager einer stehenden Festplatte schlechter sei.

4.2.4 Die Sicherheit externer Festplatten

Die Festplattenhersteller geben in ihren Datenblättern fast immer Werte von 55 °C oder 60 °C als die maximal zulässige Festplattentemperatur an. Ein repräsentatives Sortiment externer Festplatten wurde im Klimalabor von `http://www.tecchannel.de` getestet.

- Externe 3,5 Zoll-Festplatten im Plastegehäuse hatten bereits bei 20 °C Raumtemperatur eine – gerade noch unbedenkliche – Festplattentemperatur von 50 °C bis fast 60 °C.
- Im Sommer ist eine Raumtemperatur von 30 °C keine Seltenheit. Bei diesen Temperaturen erreichten die Festplatten bereits kritische Werte von 55 bis 66 °C.
- Bei 35 °C (Zimmer mit Fenstern in Südrichtung) erreichten die Festplatten, obwohl sie im Schatten lagen, Temperaturen von 59 bis 74 °C. Das ist deutlich außerhalb der Spezifikation!

4.2.5 Eine einzige Festplatte ist möglicherweise nicht genug!

Wenn Sie eine einzige Festplatte als alleiniges Backup-Gerät einsetzen, reicht das möglicherweise nicht aus. Nehmen wir an, Sie haben am Montag ein Backup gemacht. Im Laufe des Dienstags beschädigen Sie unbemerkt eine Datei oder Sie löschen einen Ordner durch einen falschen Klick. Das ist nicht schlimm, die Sicherung vom Montag ist ja noch in Ordnung. Doch wenn Sie den Fehler bis zum Termin der nächsten Datensicherung nicht bemerken und die Sicherung immer in den gleichen Ordner der Festplatte speichern, werden Sie das letzte intakte Backup überschreiben und die Daten sind endgültig weg. Deshalb sollten Sie, solange der Speicherplatz reicht, jedes Backup in einen neuen Ordner schreiben, damit die Daten des Vortags erhalten bleiben.

Auch damit sind Sie noch immer nicht auf der sicheren Seite. Was passiert bei einer Virusinfektion? Auf eine externe Festplatte kann der Virus überspringen und auch ein Softwarefehler kann das Ende aller Daten bedeuten. Bei Benutzung von Bändern oder DVDs besteht diese Gefahr nicht, denn sie werden nach dem Beschreiben herausgenommen.

Unter anderem deshalb hat sich das Großvater-Vater-Sohn-Prinzip bewährt (siehe Unterkapitel 5.3: „Drei-Generationen-Sicherung"). Mit Festplatten kann man das gleiche Niveau an Sicherheit erreichen, wenn man mehrere davon verwendet, die nach einem durchdachten Plan reihum verwendet werden. Vielleicht zwei im täglichen oder wöchentlichen Wechsel und die dritte nur für die Monats- oder Quartalssicherungen? Vielleicht können Sie die wichtigsten Daten regelmäßig auf eine ältere, kleine Platte sichern und die umfangreicheren Monatssicherungen auf eine neue, größere Platte?

Wenn Sie mit nur einer Festplatte auskommen müssen, sollten Sie hin und wieder eine Sicherung auf DVD oder auf einen USB-Stick einschieben.

Geräte

4.3 SD-Speicherkarten und USB-Speichersticks

Die Kapazität und der Anschaffungspreis sind geringer als bei einer externen Festplatte. Eine große Musik- oder Videosammlung passt nicht darauf, aber für wichtige Dokumente und einige tausend Fotos könnte es reichen. Ein USB-Stick mit 64 GB Kapazität kostet etwa 15 Euro und würde für eine kleine tägliche Sicherung reichen.

In den meisten Notebooks ist ein Kartenleser eingebaut. Vielleicht haben Sie noch eine ältere Speicherkarte herumliegen, die Sie kaum noch verwenden? Für eine kleine Sicherung genügt sie möglicherweise.

Will man sein Backup außer Haus aufbewahren, ist die Unempfindlichkeit gegen Erschütterungen und die Kleinheit dieser Datenträger ein großer Vorteil.

4.4 Festplatte eines anderen PC

Wenn Sie zwei oder mehr über ein Netzwerk verbundene PCs haben, ist eine erstklassige Datensicherung ohne irgendeine Investition möglich. Kopieren Sie einfach die zu sichernden Daten auf den jeweils anderen PC! Dieses Verfahren basiert auf der Erkenntnis, dass die Festplatten der meisten PC zu weniger als einem Drittel belegt sind. Folglich ist ein genügend großer Bereich frei, um die Datensicherung eines anderen PC unterzubringen. Dazu müssen die Festplatten geeignet partitioniert sein. Richten Sie auf dem ersten PC eine Partition für die Sicherung des zweiten PC ein und umgekehrt. Geben Sie diese Partitionen für den gegenseitigen Netzwerkzugriff frei und kopieren Sie die Daten mit einem geeigneten Programm hin und her. Für ein gelegentliches Backup ist ROBOCOPY geeignet, vielleicht reicht der Windows-Explorer. Für ein regelmäßiges Backup brauchen Sie ein Programm oder Sie schreiben selbst ein Sicherungsprogramm. Wie das geht, können Sie in den Kapiteln 10 „Lokale Sicherung" und 11 „Netzwerk" dieses Buches lernen.

Es ist von Vorteil, wenn sich die „gepaarten" PCs in weiter voneinander entfernten Räumen befinden. Das verringert die Gefahr, dass durch Feuer, Wasser oder Diebstahl beide PCs gleichzeitig verloren gehen.

4.5 Netzwerkspeicher

Network **A**ttached **S**torage, abgekürzt NAS, ist ein Netzwerkspeicher für die gemeinsame Nutzung durch mehrere PCs. In den einfacheren Geräten steckt nur eine Festplatte, und sie sind nicht viel größer als ein dickes Buch. Ein NAS ist ein kleiner Fileserver, oft mit dem Betriebssystem Linux. Weil NAS keine Ein- und Ausgabegeräte haben, werden sie über den Webbrowser eines der angeschlossenen PCs konfiguriert. NAS haben außer einem Einschalter keine Bedienelemente.

NAS sind optimal geeignet, wenn mehrere PCs unabhängig voneinander auf gemeinsame Daten zugreifen sollen, z. B. Fotos, Musik oder Videos. Der Benutzer kann seine Dateien in Ordnern oder Partitionen ablegen. Außer bei sehr wenigen Einstiegsgeräten gibt es eine Benutzerverwaltung mit der Möglichkeit, Zugriffsrechte zu vergeben. Oft können die Daten verschlüsselt werden. Manche Geräte unterstützen Streaming Media (Web-Radio und Web-TV). Manchmal ist ein USB-Anschluss für einen gemeinsamen Drucker oder für den Anschluss einer externen Festplatte vorhanden. Gespeicherte Videos und Fotos können auf einem iPhone oder auf neueren Fernsehern wiedergegeben werden.

NAS für den Heimgebrauch sind auf geringen Stromverbrauch und günstigen Preis optimiert. Die meisten Geräte haben einen Gigabit-Netzwerkanschluss, der theoretisch 100 MByte/s transportieren könnte. Realistisch erreicht ein Gigabit-Netzwerk nur 40 MByte/s. Doch weil in preiswerten NAS leistungsschwache Prozessoren verbaut werden, schaffen einige NAS nur einen Durchsatz um die 10 MByte/s. Um Musik oder Filme abzuspielen, reicht das aus. Wenn mehrere PCs gleichzeitig auf die Daten zugreifen, kann der Datendurchsatz eines NAS deutlich sinken.

Zum Vergleich: Eine externe Festplatte mit USB-2.0-Interface kann theoretisch maximal 60 MByte/s übertragen, eine interne SATA-Festplatte erreicht reichlich 100 MByte/s, eine interne SSD-Festplatte 600 MByte/s.

Eine interessante Idee ist es, ein NAS-Leergehäuse zu kaufen. Dann können Sie Festplatten selbst aussuchen und wenn sie in einigen Jahren zu klein werden, diese gegen größere auswechseln. Kaufen Sie leise, energiesparende Festplatten mit 5400 U/min! Diese erreichen beim Lesen etwa 100 MByte/s. Das Netzwerkinterface der meisten NAS transportiert nur 30 bis 50 MB/s, nur wenige NAS überschreiten zeitweise diese 100 MB/s. Schnellere Festplatten wären Verschwendung von Geld und Elektroenergie.

Gibt es Alternativen zu NAS?

- Ist Ihre interne Festplatte zu klein? Eine externe Festplatte am eSATA-Anschluss erreicht 100 MB/s, eine interne Festplatte ist noch schneller. Eine zu klein gewordene interne Festplatte mit einem NAS zu ergänzen ist nur dann sinnvoll, wenn das NAS nur für Daten und nicht für Programme genutzt wird.
- Gemeinsam genutzte Daten könnte man auch auf der Festplatte eines der PCs im Netzwerk ablegen. Dieser PC müsste allerdings ständig eingeschaltet sein, was energie- und lärmintensiv wäre. Eine Energierechnung über 200 Euro wäre nicht ungewöhnlich. Kleine NAS brauchen etwa 10 Watt (20 Euro pro Jahr) und man kann sie in eine Ecke stellen, wo ihr geringes Betriebsgeräusch nicht stört.
- Eine Alternative zu einem NAS wäre ein „richtiger" Fileserver. Die Hard- und Software dafür kostet 2000 Euro, die Installation ist kompliziert und die Stromrechnung ist hoch.

Einige professionellere NAS-Geräte haben mehrere Festplatten, die meist als RAID-1-Verbund oder höher geschaltet sind, so dass selbst beim Ausfall einer der Festplatten in der Regel keine Daten verloren gehen. Doch die Werbung verspricht eine oftmals trügerische Sicherheit. Datenretter und Fachhändler berichten, dass überproportional häufig der Speichercontroller ausfällt. Selbst wenn die NAS-Elektronik im Todeskampf die Daten nicht ruiniert hat, sind die Daten vielleicht nicht mehr erreichbar. Nach Ablauf der Garantie ist es unrealistisch, ein baugleiches Ersatzgerät auftreiben zu können.

Die Festplatten ausbauen und direkt an einen PC anstecken? Das ist nicht immer erfolgreich. Wenn Sie Glück haben, hat der Hersteller ein Linux-Dateisystem verwendet und Sie kommen mit einer Linux-Live-Boot-CD an Ihre Daten heran. Wenn Sie Pech haben, hat der Hersteller ein spezielles Dateisystem entwickelt, um ein paar Prozent mehr Geschwindigkeit herauszuholen. Kaufen Sie also besser nur so ein NAS-System, das mit einem Standard-Dateisystem arbeitet!

4.6 E-Mail

Sie haben nur sehr wenige Dateien zu sichern, z. B. eine Abschlussarbeit? Sie arbeiten regelmäßig an der Datei und würden Sie gern häufig sichern? Klicken Sie mit der rechten Maustaste auf die Datei, wählen Sie „Senden an" und dann „E-Mail-Adresse". Nun ist Ihre Datei der Anhang einer E-Mail. Sie brauchen nur noch Ihre eigene Adresse oder die eines Freundes eintragen und auf „Senden" klicken. Das geht viel schneller, als einen USB-Speicherstick einzustecken, Daten auf den Stick zu kopieren und den Stick wieder abzumelden. Sie müssen lediglich auf dem PC ein E-Mail-Programm einrichten und einstellen, dass alle E-Mails auf dem Server gespeichert bleiben sollen. Das Kontingent an Speicherkapazität ist auf den Servern der E-Mail-Provider meist reichlich bemessen.

4.7 Die eigene Festplatte

Auf den ersten Blick klingt es verblüffend, die eigene Festplatte für eine Datensicherung benutzen zu wollen. Was ist, wenn die Festplatte kaputt geht? Dagegen hilft natürlich nur eine Datensicherung auf ein externes Medium. Weil aber kleine Datenunfälle weitaus häufiger sind als ein totaler Ausfall der Festplatte, gibt es zwei wichtige Anwendungen für die interne Festplatte:

- Wenn man sicherheitshalber ein Image seines Betriebssystems (eine Systemsicherung) auf einer zweiten Partition seiner Festplatte aufbewahrt, kann man mit einem geringem Aufwand eine unbeschädigte Version seines Betriebssystems wiederherstellen. Das Erstellen eines Images erfordert nur wenige Minuten Arbeit und eine halbe Stunde Wartezeit, erspart aber viele Stunden, wenn nach einem Virenbefall oder einem anderen Crash eine Neuinstallation notwendig werden sollte.

- Die eigene Festplatte kann man verwenden, um den Zustand wichtiger Dokumente für einige zurückliegende Tage aufzubewahren. Damit kann man eine versehentlich gelöschte Datei oder die frühere Version eines Dokuments zurückholen. Die Erstellung einer Historie kann man automatisieren, oder man macht vor größeren Aktionen vorsorglich eine Kopie. Windows 7 bis 10 (jeweils nur in der Variante Professional oder Ultimate) merken sich frühere Dateiversionen automatisch. Jedesmal wenn ein Wiederherstellungspunkt angelegt wird, erzeugt Windows eine sogenannte „Schattenkopie". Wenn Sie mit der rechten Maustaste auf ein Dokument klicken, können Sie über „frühere Versionen" unter 32 vorhergehenden Versionen wählen, welche Sie zurück haben wollen. Ob Sie Schattenkopien erlauben wollen oder nicht und wie viel Festplattenkapazität Sie dafür reservieren wollen, können Sie über „System" → „Computerschutz" festlegen. Für das Laufwerk C: wird die Schattenkopie bereits bei der Installation aktiviert. Hat man weitere Partitionen angelegt, muss man sich selbst darum kümmern, die Schattenkopiefunktion zu aktivieren und Speicherplatz dafür zu reservieren. Allerdings: Gelöschte Dateien kann man mit dem Schattenkopie-Konzept nicht zurückholen.

4.8 Internet

Eine „Cloud" (sprich „Klaud") ist ein digitaler Speicher, auf den Sie über das Internet zugreifen können. Wie praktisch, wenn man überall auf der Welt Zugriff auf seine Daten, Fotos und Musik hat! „Cloud" wird mit „Wolke" übersetzt. Wie in einer undurchsichtigen Wolke ist nicht zu sehen, wo sich Ihre Daten befinden – in welchem Rechenzentrum und auf welchem Kontinent. Sie haben keine Kontrolle mehr über Ihre Daten. Doch der Speicherplatz in der Wolke ist kostenlos oder billig und erspart Ihnen vielleicht die Anschaffung einer externen Festplatte.

4.8.1 Vorteile und Nachteile

Bei einem sogenannten „Online-Backup" oder „Web-Backup" können Sie Ihre Daten im Internet hinterlegen. Auf `http://de.wikipedia.org/wiki/Online-Datensicherung#Anbieter` finden Sie einige Provider. Bei manchen davon kostet es nicht einmal etwas, eine Kopie seiner privaten Daten im Internet zu speichern, allerdings werden Sie im Gegenzug wahrscheinlich mit Werbung belästigt. Je nach Anbieter sind 5 GB bis 50 GB Speicherplatz für private Verwendung kostenlos. Wer mehr Platz braucht, muss zahlen. Wenn Sie eine externe Festplatte oder ein Antivirenprogramm kaufen, hat der Hersteller manchmal ein kostenloses Angebot für Online-Backup beigelegt.

Achten Sie auf die Merkmale der Backup-Software, wenn Sie nicht nur gelegentlich Daten sichern wollen. Die Sicherung sollte nach Zeitplan erfolgen können und ein Protokoll erzeugen.

Weitere Probleme.

- Ein Problem ist die geringe Datenübertragungsrate. In der Upstream-Richtung (vom Computer zum Internet) ist die Datenübertragung erheblich langsamer als beim Download. Die preiswertesten DSL-Verträge mit 16 Mbit/s Downstream bieten in der Upstream-Richtung „bis zu" 1 Mbit/s. Das sind theoretisch 450 MByte pro Stunde, weniger als 4 GByte in einer langen Nacht. Es wird auch DSL mit 16 Mbit/s Download und bis zu 2,4 Mbit/s Upload angeboten. Erst bei VDSL-50 erreicht die Upload-Geschwindigkeit von typisch 10 Mbit/s eine brauchbare Größe, damit könnte man pro Stunde bis zu 4,4 GByte sichern. Doch das sind theoretische Werte, die realen Übertragungsraten sind niedriger und sie schwanken stark. Außerdem hängt die Übertragungsgeschwindigkeit von der Dateigröße ab. Wenn die zu sichernden Dateien relativ klein sind, läuft die Übertragung langsam, bei großen Dateien geht der Upload schneller. Bei kostenlosen Angeboten fällt die Übertragungsrate in Spitzenzeiten stark ab oder sie wird ständig gedrosselt, weil die zahlenden Kunden bevorzugt werden.
- Trotz der geringen Upload-Rate eines DSL-Anschlusses können sich im Verlauf von Monaten größere Datenmengen auf dem Server des Providers ansammeln. Bei einem Experiment mit DSL 6000 (6 Mbit/s Download, 0,5 Mbit/s Upload) dauerte es 30 Nächte zu je 6 Stunden, 35 GB über das Internet zu sichern. Wie lange würde es im Schadensfall dauern, den gesamten Datenbestand zurückzukopieren?

GERÄTE

Für die Rücksicherung steht zwar die höhere Downloadrate zur Verfügung, trotzdem hätte die Rücksicherung selbst im 24-Stunden-Betrieb mehrere Tage gedauert. Können Sie sich im Notfall derart lange Wartezeiten leisten? Deshalb sollten Sie einen lokalen Anbieter bevorzugen, bei dem Sie Ihre Daten notfalls mit einer externen Festplatte abholen können.

- Die Telekom trennt jede Nacht die DSL-Verbindung für einige Sekunden, und auch bei anderen Anbietern können kurze Unterbrechungen auftreten. Wenn Sie keine Spezialsoftware haben, welche die Verbindung automatisch wiederherstellt, war's das für diese Nacht.
- Was geschieht mit Ihren Daten, wenn der Provider finanzielle Probleme hat? Werden Ihre Daten gewinnbringend verhökert? Was wird, wenn die Firma ihr Geschäftsmodell ändert, von der Konkurrenz übernommen wird oder pleite geht? In keiner anderen Branche werden Firmen schneller gegründet, umbenannt, aufgespalten, geschluckt, verkauft oder umgestaltet.
- Die Backup-Software darf tagsüber nur einen kleinen Teil der verfügbaren DSL-Bandbreite nutzen, um die normale Arbeit nicht zu sehr zu behindern. Wenn Sie das Programm `netlimiter 4` von `www.netlimiter.com` installieren (engl.), können Sie die Bandbreite des Sicherungs-PC begrenzen. Wenn Sie größere Datenmengen sichern müssen, geht das nicht während der Hauptarbeitszeit, Sie müssen den PC nach Arbeitsschluss eingeschaltet lassen. Beachten Sie, dass nur wenige Festplatten einen Dauerbetrieb zulassen. Eigentlich sollte die Festplatte über Nacht abkühlen können. Eine gute Software fährt den PC nach Abschluss des Backups herunter. Sie können auch das Herunterfahren mit „shutdown" selbst programmieren für einen Zeitpunkt, ab dem die Datensicherung erfahrungsgemäß längst beendet ist.
- Möglicherweise sind einige Dateien so groß, dass sie sich nicht in einer Nacht übertragen lassen. Dann müssen Sie ein Backup-Programm benutzen, welches den sogenannten „Restartable Mode" beherrscht: Nach einem Abbruch muss das Kopieren der „angefangenen" Datei in der nächsten Nacht an der unterbrochenen Stelle fortgesetzt werden können.

In welchen Fällen ist die Sicherung über das Internet sinnvoll? Die geringe Datenmenge, die sich in einer Nacht übertragen lässt, passt locker auf einen USB-Stick. Bei Bedarf eine (mehrfach beschreibbare) DVD zu brennen, geht schneller. Eine externe Festplatte ist bequemer zu benutzen. Den PC am Abend bzw. die ganze Nacht eingeschaltet zu lassen, kostet Sie eine Menge Energie, und der Verschleiß des Computers steigt. Die Festplatte bekommt nie Zeit zum Abkühlen.

Natürlich hat die Internet-Datensicherung auch Vorteile:

- Bei einigen Anbietern können Sie Ihre Daten mit Freunden teilen oder gemeinsam daran arbeiten.
- Sie können auch auf Reisen auf Ihre Daten zugreifen.
- Sie stehen nach einem Einbruch oder Feuer nicht ohne Daten da.
- Sie brauchen nicht daran zu denken, die letzte Datensicherung der Firma nach Hause mitzunehmen. Sie brauchen niemanden zu belästigen, wenn Sie eine Kopie Ihrer privaten Daten außerhalb Ihrer Wohnung deponieren wollen.

Am sinnvollsten scheint die Internetsicherung zu sein,

- wenn eine Sicherheitskopie der wichtigsten Daten außer Haus gelagert werden soll und sich niemand die Mühe machen will, täglich einen Datenträger nach Hause mitzunehmen oder in den Keller bzw. den Safe zu schaffen,
- wenn die Sicherung erst in der Nacht erfolgen darf, weil einzelne Mitarbeiter länger arbeiten als der Datensicherungsbeauftragte,
- wenn eine Energieersparnis nicht eintritt, weil der PC ohnehin nie abgeschaltet wird,
- wenn es nicht wünschenswert ist, dass jeden Abend der letzte Mitarbeiter einen Datenträger mitnehmen muss, denn
    - der Datenträger könnte auf dem Weg verloren gehen und in falsche Hände geraten,
    - der jeweils letzte Mitarbeiter soll vertrauliche Daten nicht in die Hände bekommen.

4.8.2 Datensicherheit

In den Rechenzentren der großen Anbieter werden hochwertige RAID-Systeme eingesetzt, so dass auch bei Ausfall mehrerer Festplatten keine Daten verloren gehen. Gespiegelte Server werden eingesetzt oder ein räumlich entferntes Zweitrechenzentrum, so dass auch bei Ausfall eines Servers oder des ganzen Rechenzentrums Ihre Daten verfügbar bleiben. Außerdem werden regelmäßig Backups durchgeführt. Ihre Daten sind also sehr sicher. So steht es jedenfalls in der Reklame.

Allerdings sind Zweifel angebracht. Wie oft wird ein Backup durchgeführt? Auch die ausgereifteste Infrastruktur kann nicht vor allen menschlichen und technischen Fehlern schützen. Nehmen wir Microsoft, Gentoo und Amazon als Beispiel.

Als Normalverbraucher nimmt man an, dass es Microsoft weder an Geld fehlt noch an Know-how, um ein Rechenzentrum sicher zu betreiben. Im Jahr 2009 startete T-Mobile den Verkauf eines Smartphones namens „Sidekick" in den USA. Es hatte eine attraktive Besonderheit: Kontakte, Termine und Daten wurden nicht auf dem Gerät, sondern im Rechenzentrum eines Tochterunternehmens von Microsoft gespeichert. Das Rechenzentrum funktionierte wie eine riesige Speichererweiterung für das Smartphone. Auf 10 GB kostenlosem Speicherplatz konnte man eine Menge Daten unterbringen und einfach mit dem PC und weiteren Geräten synchronisieren – oder auf einem neuen Smartphone wiederherstellen, wenn das Smartphone verloren oder kaputt gegangen ist. Doch plötzlich konnten eine Million Käufer des „Sidekick" zeitweilig nicht mehr auf ihre Daten zugreifen, und ein Teil der Daten war endgültig verloren.

Das Projekt „gentoo linux" hatte seine Wiki-Datenbank bei einem preiswerten Anbieter gehostet. Als dieser seine Energierechnung nicht mehr bezahlen konnte, wurde der Strom abgedreht – für immer. Leider hatten die Admins des Gentoo-Projekts sich nicht die Mühe gemacht, ein Backup zu erstellen, weil sie an die Professionalität und die Zusicherungen des Providers geglaubt hatten. Zum Glück fand sich ein Anwender, der vom deutschen Teil der Datenbank ein älteres Backup hatte. Die Daten in den anderen Sprachen mussten neu erstellt werden.

Amazon ist ein bedeutender Anbieter von Online-Speicherplatz und Computerkapazitäten. Manche Firmen verzichten auf ein eigenes Rechenzentrum und mieten Computerkapazität bei Internet-Anbietern. Es ist deutlich preiswerter, Rechner- und Speicherkapazität zu mieten, als ein eigenes Rechenzentrum aufzubauen und zu unterhalten. Im April 2011 verloren zahlreiche Kunden ihre auf den Amazon-Servern gespeicherten Daten. Der Analyst Henry Blodget meint dazu, *dass Amazon (so wie andere Cloud-Anbieter auch) seine Kunden mit dem Versprechen regelmässiger Backups in falscher Sicherheit wiege. Oft würden die zu sichernden Dateien bei genauerem Hinsehen nur irgendwo auf dem gleichen Server oder im gleichen Server-Raum kopiert – mit einer echten Disaster-Recovery-Strategie habe das wenig gemein.* Siehe:

`www.computerworld.ch/news/it-services/artikel/amazon-datenverlust-durch-ec2-crash-56420/`

Doch Amazon traf es am 7. August 2011 erneut. Der Strom fiel aus und die Notstromgeneratoren konnten wegen eines Fehlers in ihrer Steuerungssoftware nicht anspringen. Die Sicherheitskopien waren teilweise unbrauchbar, weil sich auch die Backup-Software als fehlerhaft erwies. Nach 68 Stunden hatten 85 % der Kunden ihre Daten zurück, am vierten Tag 98 %. Kunden, die ihre Daten mehrere Tage nicht benutzen konnten, durften den Amazon-Service 10 Tage lang gratis nutzen. 30 Tage Gutschrift erhielten die Kunden, deren Daten nicht wiederhergestellt werden konnten. Welch unglaubliche Großzügigkeit! Wie hoch waren wohl die Verluste für die betroffenen Firmen, die tagelang nicht arbeiten konnten oder gar ihre Daten neu eingeben mussten?

Es ist vorbildlich, dass Amazon einen Bericht über den Vorfall im Internet veröffentlicht hat, damit die Branche daraus lernen kann. *„The human checks in this process failed to detect the error. ... We learned a number of lessons from this event."* (Deutsch, sinngemäß: „Die Qualitätskontrolle hat dabei versagt, den Fehler zu finden. Aus diesem Vorfall haben wir einige Lektionen gelernt.")

Siehe `http://aws.amazon.com/de/message/2329B7/`

Es soll hier **auf gar keinen Fall** der Eindruck erweckt werden, Amazon hätte schlimmere Probleme als der Rest der Branche. Wer zehntausende Server zusammenschaltet, betritt technologisches Neuland und muss mit unerwarteten Problemen rechnen.

Früher einmal baute man „gespiegelte Rechenzentren": Zwei identische Rechenzentren an weit voneinander entfernten Orten bearbeiteten alle Programme und Daten gleichzeitig. Wenn eins der Rechenzentren durch Erdbeben oder andere Probleme ausfiel, war ja noch das zweite da. Das ist ein über Jahrzehnte ausgereiftes, aber teures Konzept. Um Kosten zu sparen, muss heute oft ein einziges Rechenzentrum als Reserve für mehrere Zentren ausreichen, ähnlich wie bei einem RAID-5-Festplattensystem. Es ist ein überaus komplexes Zusammenwirken von Hard- und Software notwendig, um die Verteilung und Duplizierung der Daten und Prozesse zwischen den Rechenzentren zu organisieren. Bei der benötigten Hardware handelt es sich oft um Prototypen, und die Sicherheitssoftware enthält Fehler wie jede andere Software auch. Wenn es zu einem Problem kommt, ist dieses meist so komplex, dass es zu mehrtägigen Ausfällen kommt.

Ganz gefährlich wird es, wenn Sie das Internet nicht nur für Backups nutzen, sondern Ihre Originaldaten im Internet speichern. Selbst wenn Sie Ihre Daten nicht verlieren: Wie schlimm wäre es, wenn die Internetverbindung ausfällt? DSL-Verträge für Privatnutzer sichern im Kleingedruckten 99,9 % Verfügbarkeit zu. 0,1 % Ausfallzeit (8 Stunden pro Jahr) sind nicht viel, doch hatte ich bedrückend viele Kunden, bei denen es Wochen dauerte, bis das Internet wieder funktionierte. Ihren DSL-Anbieter deswegen zu verklagen ist keinem von ihnen eingefallen. Meine Computerwerkstatt musste einmal drei Wochen ohne Internet auskommen! Die Umsatzausfälle hat mir die Telekom nicht erstattet. Sie sollten also besser alle Daten auf dem eigenen PC lassen und den Internet-Speicherplatz nur für eine Datensicherung verwenden. Wenn das Internet ausfällt, können Sie einige Tage keine Backups durchführen. Das ist nicht schlimm – solange nicht Ihre lokale Festplatte zeitgleich ausfällt.

4.8.3 Datenschutz

- Sie wissen nicht, in welchem Land die Server mit Ihren Daten stehen und welche Datenschutzgesetze dort anwendbar sind. Und was die Provider mit Ihren Daten machen, erfahren Sie nicht.
- In den USA behalten sich einige Anbieter vor, Ihre Daten zu sichten, um Raubkopien oder „anstößige" Daten zu entfernen.
- In vielen Ländern haben Geheimdienste und Polizei Zugriff.
- Google durchsucht E-Mails, Dokumente und Tabellen, z. B. um passende Werbung einblenden zu können.

Das deutsche Datenschutzgesetz verpflichtet Firmen,

- personenbezogene Daten nur innerhalb der EU zu speichern,
- ihren Kunden jederzeit Auskunft geben zu können, wo ihre Daten gespeichert sind.

Gegenmaßnahmen:

- Wichtige Daten sollten bereits vor der Übertragung verschlüsselt werden, denn es ist bedenklich, wichtige, vertrauliche Daten einer unbekannten Firma anzuvertrauen. Es sollte eine exzellente Verschlüsselung mit einem sicheren Passwort sein, denn der Empfänger Ihrer Daten (oder deren Dieb) hat alle Zeit der Welt, den Code zu entschlüsseln.
- Kontodaten und jegliche Passwörter sollte man nicht im PC speichern, und irgendwohin übertragen sollte man sie schon gar nicht!
- Die Daten sollten über eine sichere, verschlüsselte Verbindung (über ein VPN = **V**irtuelles **P**rivates **N**etzwerk) übertragen werden, damit niemand die Verbindung abhören kann.

Es gibt auch positive Ausnahmen.

- Die beiden Rechenzentren von Strato stehen in Deutschland und unterliegen den strengen deutschen Datenschutzgesetzen. Strato sichert zu, die Daten niemals weiterzugeben. Die Rechenzentren sind auf klassische Art gespiegelt und vermutlich sicherer als bei Konkurrenten mit unüberschaubarer Serverlandschaft.
- Weitere Anbieter haben den Bedarf nach Speicherkapazität erkannt, die den deutschen Datenschutzbestimmungen unterliegt. Für 1,99 € kann man bei mobilcom-debitel 25 GB Kapazität in der Cloud dazubuchen.

4.8.4 Identitätsdiebstahl

Haben Sie „Das Netz" mit Sandra Bullock gesehen? Dem US-Journalisten Mat Honan erging es ähnlich, wenn auch nicht ganz so schlimm. Angreifer hatten sich beim Apple-Support erfolgreich als Mat Honan ausgegeben und Zugriff auf sein iCloud-Konto erhalten. Sie meldeten das MacBook als gestohlen und lösten eine Fernlöschung der Festplatte und aller angesteckten Speicher ein. Das E-Mail-Konto wurde missbraucht und 415 000 Twitter-Follower wurden mit anstößigen Inhalten eingedeckt.

Die Zeitschrift ChannelPartner 3/2011 berichtete, dass der Chef von Interpol Opfer eines Identitätsdiebstahls geworden sei. Hohen Beamten war es verboten, einen Facebook-Account zu haben. Kriminelle richteten auf Facebook einen Account unter seinem Namen ein, mit korrekten Angaben zur Person. Einige Kollegen und Freunde des Polizeichefs fielen auf die Facebook-Freundschaftsangebote herein und gaben teilweise berufliche Informationen preis. So gelangten die Kriminellen an interne Daten über Fahndungen nach Schwerverbrechern.

Stellen Sie sich vor, jemand versendet mit Ihrem Absender beleidigende E-Mails an alle Ihre Bekannten! Und hört erst auf, nachdem Sie ein „Schutzgeld" gezahlt haben!

4.8.5 Datendiebstahl

Die Server der großen Firmen und der Internetprovider sind bevorzugtes Angriffsziel von Hackern. Der Einbruch in ein Rechenzentrum hebt das Prestige eines Hackers unter seinen Kumpeln, außerdem ist es finanziell sehr lukrativ, die gefundenen Daten zu verwerten. Im April 2020 wurden beispielsweise hunderttausende Zugangsdaten des Videokonferenzdienstes Zoom gestohlen und 20 Millionen Zugangsdaten zum Android-Webshop „Aptoide". Hacker erbeuteten 160 000 Nutzerdaten und nutzten die hinterlegte Zahlungsmethode zum Einkaufen.

Selbst die Sicherheitsspezialisten sind nicht sicher.

- Die US-Sicherheitsfirma Barracuda Networks wurde im April 2011 gehackt:

  ```
  http://www.heise.de/security/meldung/Datendiebstahl-bei-Netzwerk-Sicher-
  heitsfirma-1226365.html
  ```

- Im Juni 2011 wurde die Firma RSA gehackt. RSA ist die bedeutendste und vermeintlich sicherste Internet-Sicherheitsfirma. Sie verwaltet die elektronischen Sicherheitsschlüssel von Regierungen, Rüstungsfirmen, Geheimdiensten und Großkonzernen. Die gestohlenen Schlüssel wurden u. a. benutzt, um der Rüstungsfirma Lockheed Martin Konstruktionsunterlagen für Waffen-Prototypen zu stehlen. Für wie viele Milliarden Dollar mögen diese Unterlagen verkauft worden sein? RSA musste ihren etwa 40 Millionen Kunden empfehlen, ihre Passwörter zu wechseln:

  ```
  http://article.wn.com/view/2011/06/07/Millionenfacher_Austausch_von_Pass-
  wortSchl_sseln/
  ```

Schauen Sie doch einmal auf `www.datenleck.net` nach, wie häufig Datenpannen vorkommen. Noch eindrucksvoller ist die Liste auf `www.zdnet.de/themen/datendiebstahl/` mit hunderten Vorfällen. Wenn Sie eine Suchmaschine nach „Datendiebstahl" fragen, finden Sie aktuelle Beispiele.

`https://pages.riskbasedsecurity.com/2019-midyear-data-breach-quickview-report` berichtet, dass die Zahl der entdeckten Datendiebstähle von 2300 im ersten Halbjahr 2018 auf 3813 im ersten Halbjahr 2019 angestiegen ist. Im ganzen Jahr 2019 waren es 7098 Datendiebstähle.

Aber das ist nur die Spitze eines riesigen Eisberges. Fragen Sie sich einmal:

- Wie viele Firmen haben nicht gemerkt, dass Daten gestohlen wurden?
- Wie viele Firmen haben es zwar gemerkt, aber geben es aus Angst vor Imageschaden nicht zu (bzw. geben es erst zu, wenn die Beweise unübersehbar sind)?

Es vergeht kein Monat, ohne dass einige namhafte Firmen gezwungen sind zuzugeben, dass Daten gestohlen wurden.

4.8.6 Verstoß gegen Nutzungsbedingungen

In den Nutzungsbedingungen der Microsoft-Cloud steht unter anderem, dass Sie sich verpflichten, kein pornografisches oder terroristisches Material einzustellen. Andernfalls wird das Konto gekündigt. Auch andere US-Datendienste prüfen die Daten ihrer Kunden, ob es Hinweise auf Terrorismus gibt oder ob das Material zu freizügig ist, gemessen an den relativ prüden Maßstäben der USA.

Ein professioneller Fotograf hielt es für eine gute Idee, seine Fotos in der MS-Cloud zu lagern. Darunter waren auch einige Aktaufnahmen. Microsoft sah darin eine Vertragsverletzung und löschte das Konto, einschließlich aller Fotos, Kundenadressen und anderer Daten. Auch die E-Mail-Adresse wurde gesperrt.

Die beanstandeten Fotos befanden sich im privaten Bereich der Cloud, sie waren also für niemanden außer den Fotografen sichtbar. Wieso fühlt sich Microsoft berechtigt, die Privatsphäre ihrer Kunden zu überwachen?

Dass der Fotograf die bestellten Fotos nicht ausliefern konnte, war das kleinere Problem. Der Fotograf hatte jahrelang Visitenkarten und Prospekte verteilt, und nun war die darauf angegebene E-Mail-Adresse für immer ungültig. Wie viele Aufträge mögen deshalb nicht zustande gekommen sein?

Eine kurze Recherche zeigte: Ein Einzelfall ist das nicht.

- Einem niederländischen Journalisten mit dem Nicknamen „WingsOfFury" passierte etwa das Gleiche. In seinem Blog fragt er, wie viele Quadratzentimeter Stoff ein Bikini mindestens haben muss, damit er in den USA nicht als anstößig gilt.
- Dem deutschen Fotojournalisten Dirk Salm wurde der Zugang gesperrt: Vier Fotos hätten gegen die Nutzungsbedingungen verstoßen – wegen „Nacktheit".

Es trifft natürlich nicht nur Journalisten, aber im Unterschied zu „Normalos" wissen die, wie und wo man sich öffentlichkeitswirksam äußern kann.

4.8.7 Gibt es eine sichere Cloud?

Selbst wenn Ihre Daten verschlüsselt sind – der Dieb hat alle Zeit der Welt, die Verschlüsselung zu „knacken". 60 Milliarden Kombinationen können erfahrene Hacker inzwischen pro Sekunde durchprobieren. Mit einem Passwort aus acht Zeichen (26 Großbuchstaben, ebenso viele Kleinbuchstaben und 10 Ziffern) gibt es $(26+26+10)^8 = 62^8 = 218\,340\,105\,584\,896$ Kombinationsmöglichkeiten. Geteilt durch 60 Milliarden sind das 3639 Sekunden. In einer reichlichen Stunde könnte ein Hacker alle Kombinationen durchprobieren! Sie brauchen also ein längeres Passwort. Jedes Zeichen mehr erhöht den Zeitbedarf um das 62-fache. Mit einem Passwort aus zehn Zeichen würde es ein halbes Jahr dauern, alle Kombinationen durchzuprobieren. Wenn die Hacker die Arbeit auf mehrere PCs verteilen, dauert es nur zehn Tage. Ich würde Passwörter von mindestens 12 Zeichen empfehlen, die nicht aus Worten bestehen und Sonderzeichen enthalten.

Zudem hat selbst das allersicherste Übertragungsverfahren noch mindestens zwei Schwachstellen: Auf dem sendenden und dem empfangenden PC liegen alle Dokumente vor der Verschlüsselung bzw. nach der Entschlüsselung im Klartext vor. Es genügt ein Trojaner oder eine Hintertür auf einem der beiden PCs, und nichts ist mehr geheim.

5 Methoden und Hilfsmittel

5.1 Vollsicherung und Teilsicherung

Mit dem Begriff „Vollsicherung" ist gemeint, dass von der gesamten Festplatte oder einem ausgewählten Teil der Festplatte (Partition oder Ordner mit Unterordnern) ausnahmslos alle Dateien kopiert werden, wobei weder in ältere und neue Dateien unterschieden wird noch in früher bereits gesicherte und noch nie gesicherte Dateien, ohne irgendwelche Ausnahmen. Auch ein Sicherungsauftrag „**alle** Dateien im Ordner Briefe" oder „**alle** Textdateien vom Dateityp *.doc*" wäre eine Vollsicherung.

- Vorteil bei der Sicherung: Es wird keine Datei vergessen.
- Vorteil bei der Wiederherstellung: Alle Dateien liegen komplett vor und können leicht gefunden werden. Es ist die schnellste der Wiederherstellungsmethoden.
- Nachteil bei der Sicherung: Der Bedarf an Sicherungsmedien und der Zeitaufwand für die Sicherung sind am größten. Wer immer nur Vollsicherungen erstellt, wird seine Backups aus Speicherplatzmangel oft überschreiben müssen, oder er kann seine Daten nur selten sichern. Beides ist schlecht.

Wenn die Daten nicht komplett auf ein einziges Medium passen, wird eine Vollsicherung derart aufwendig, dass sie viel zu selten durchgeführt wird. Eigentlich ist es ja Unsinn, Dateien erneut zu sichern, von denen es bereits eine Kopie gibt. Führt man die Datensicherung täglich durch, beträgt der Unterschied zweier aufeinander folgender Datensicherungen nur wenige Prozent. Vergleicht man zwei Sicherungen, die 30 Tage auseinanderliegen, steigt die Anzahl der veränderten und neu hinzugekommenen Dateien nicht auf das dreißigfache, denn manche Dateien werden im Laufe des Monats mehrmals verändert. Wenn man nur die Daten sichert, die seit der letzten Vollsicherung hinzugekommen oder geändert worden sind, ist das eine **Teilsicherung**, und zwar eine „Zuwachssicherung", auch „Inkrementelle Sicherung" genannt.

Hier stellt sich die Frage: Welche Möglichkeiten gibt es, die veränderten unter der Masse der unveränderten Dateien herauszusuchen? Wenn man nur wenige Dateien zu sichern hat, geht das „von Hand": Man kann mit einigen Mausklicks auswählen, was gesichert werden soll. Doch wenn man zehntausende Dateien hat, ist es viel zu aufwendig und fehlerträchtig, die veränderten Dateien manuell herauszusuchen. Zum Glück haben die Schöpfer des Dateisystems rechtzeitig daran gedacht und das „Archivbit" vorgesehen, um das „Heraussuchen" der veränderten Dateien automatisieren zu können.

5.2 Das Archivbit und dessen Nutzung

Jede Datei hat zahlreiche Eigenschaften: Name, Typ, Länge, Datum und Uhrzeit. Zusätzlich verfügt jede Datei über einige Attribute, von denen das „Read Only" („Nur Lesen") das bekannteste ist. Zwei weitere Attribute sind das „Archivattribut" und „Versteckt" (engl. „Hidden"). Klicken Sie mit der rechten Maustaste auf eine beliebige Datei und dann mit der linken Maustaste auf „Einstellungen". Im unteren Bereich des Fensters finden Sie die Dateiattribute „Schreibgeschützt" und „Versteckt", unter „Erweitert" ist das Attribut „Archiv" zu finden, wo standardmäßig ein Haken zu sehen ist. Das Betriebssystem setzt den Haken jedesmal automatisch („Datei kann archiviert werden"), wenn eine Datei neu erstellt, verändert, umbenannt oder in einen anderen Ordner verschoben wird. Dieses Archiv-Kennzeichen zeigt den Datensicherungsprogrammen, dass es von der Datei keine aktuelle Sicherung gibt.

Jedes Datensicherungsprogramm kann dieses Bit auswerten und je nach Voreinstellungen das Bit zurücksetzen (den Haken entfernen) oder unverändert belassen. Als Beispiel seien hier die Befehle `XCOPY` und `ROBOCOPY` genannt, die an der Eingabeaufforderung verwendet werden können (mehr dazu im Unterkapitel 9.4). Ist der Parameter `/m` angegeben, wird das Archivbit nach dem Kopieren gelöscht. Mit dem Parameter `/a` wird das Archivbit nach dem Kopieren nicht verändert.

METHODEN

5.2.1 Inkrementelle Sicherung

Der ersten inkrementellen Sicherung muss eine Vollsicherung vorangehen, bei der alle kopierten Dateien als gesichert gekennzeichnet worden sind, indem das „Archiv"-Attribut zurückgesetzt (gelöscht) wird. Kommen neue Dateien dazu oder werden Dateien geändert, setzt Windows deren Archivbit. Bei den nachfolgenden „inkrementellen" Sicherungen wird das Archivbit ausgewertet und es werden nur diejenigen Dateien gesichert, die seit der vorhergehenden inkrementellen Sicherung erstellt oder geändert worden sind. Sobald eine Datei gesichert (kopiert) ist, wird deren Archivbit deaktiviert (gelöscht).

Wenn beispielsweise an jedem Montag eine Vollsicherung durchgeführt wird, werden am Dienstag die seit Montag geänderten Dateien gesichert und nun ebenfalls als „gesichert" gekennzeichnet. Am Mittwoch werden die seit der dienstäglichen Sicherung geänderten Dateien gesichert usw. Der Zeit- und Platzbedarf für die Sicherung ist gering. Allerdings ist der Aufwand bei einer Wiederherstellung hoch, denn im Katastrophenfall muss zuerst die letzte Vollsicherung (vom Montag) zurückkopiert werden, anschließend müssen alle folgenden inkrementellen Sicherungen in chronologischer Reihenfolge zurückkopiert werden. Der Bedarf an Datenträgern ist ebenfalls hoch.

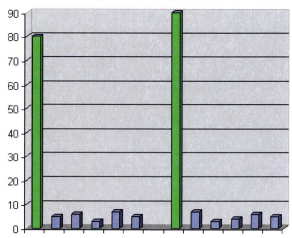

Bild 5.1: Datenmenge bei Inkrementeller Sicherung
Grün: Vollsicherung, blau: Änderungen seit dem Vortag

5.2.2 Differenzielle Sicherung

Vor der ersten differenziellen Sicherung wird eine Vollsicherung durchgeführt, bei der alle gesicherten Dateien als „archiviert" gekennzeichnet werden (das „Archiv"-Attribut wird dazu zurückgesetzt). In den folgenden Tagen werden alle Dateien kopiert, die seit der letzten Vollsicherung erstellt bzw. geändert wurden. Das Archiv-Attribut wird dabei nicht geändert.

Wenn beispielsweise am Montag eine Vollsicherung erfolgte, werden am Dienstag die Veränderungen seit der Montagssicherung gesichert, am Mittwoch die Änderungen von Montag bis Mittwoch usw.

- Vorteil: Für eine Wiederherstellung werden nur zwei Datenträger benötigt: die letzte Vollsicherung und die letzte Differentialsicherung. Die Wiederherstellung der Daten erfolgt deutlich schneller als bei einer inkrementellen Sicherung.

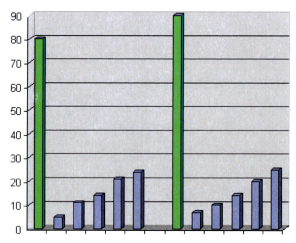

Bild 5.2: Datenmenge bei Differenzieller Sicherung
Grün: Vollsicherung, blau: Änderungen seit Vollsicherung

- Nachteil: Der Zeit- und Platzbedarf für die Sicherung wächst jeden Tag. Je nach Umfang der täglichen Änderungen wird es immer wieder einmal notwendig sein, eine Vollsicherung einzuschieben.

Als Beispiel die Befehle für die Eingabeaufforderung (die in 9.4.2 „XCOPY" ausführlich erläutert werden):

`xcopy  c:\*.*   z:\incr\*.*   /s /m`

kopiert nur Dateien mit Archivbit, setzt danach das Archivbit zurück (inkrementelle Sicherung).

`xcopy  c:\*.*   z:\diff\*.*   /s /a`

kopiert nur Dateien mit Archivbit, ändert dabei das Archivbit nicht (differenzielle Sicherung).

`c:\` ist das zu sichernde Laufwerk, `z:\` ist das Ziellaufwerk, `/s` heißt: Alle Unterordner kopieren.

METHODEN

5.2.3 Inkrementell oder differenziell – was ist vorzuziehen?

Das ist ganz klar die differenzielle Sicherung.

- Bei einer Wiederherstellung nach Totalverlust ist der Aufwand an Zeit und Nerven geringer.
- Wenn man eine einzelne verlorene Datei sucht, muss man nur auf zwei Medien nachsehen: Auf der Vollsicherung und der letzten Differenzsicherung.
- Man kann mit weniger Medien auskommen. Zwei abwechselnd verwendete DVD-RWs genügen. Wenn die Wiederherstellung älterer Revisionen von Dateien wichtig ist, nimmt man drei DVDs oder geht zur Drei-Generationen-Sicherung über (Erläuterung folgt).

Unter welchen Bedingungen ist eine inkrementelle Sicherung sinnvoll?

- Wenn die Änderungen seit der Vollsicherung nicht mehr auf einem einzelnen Medium untergebracht werden können.
- Jede differenzielle Sicherung dauert länger als die vorhergehende. Der Zeitaufwand für die Sicherung könnte allmählich unzumutbar werden.

Unter welchen Bedingungen ist die inkrementelle Sicherung von Anfang an besser?

- Wenn man viele Revisionen der Dateien gespeichert haben möchte.
- Wenn wenig Zeit für die Sicherung bleibt, z. B. weil das Computersystem möglichst schnell wieder einsatzbereit sein soll.

5.2.4 Inkrementell und differenziell gemischt verwendet

Falls Sie es schaffen, dabei die Übersicht zu behalten, ist folgendes Vorgehen sinnvoll:

- Differenzielle Sicherung durchführen, solange die Änderungen auf ein einzelnes Medium passen.
- Eine inkrementelle Sicherung einschieben. Sicherheitshalber sollten Sie diese Zwischenstand-Sicherung zweimal durchführen, um bei zufälligen Schäden am Datenträger nicht ohne Daten dazustehen.
- Ab dem Datum der inkrementellen Sicherung wird, ausgehend vom erreichten Stand, wieder differenziell gesichert.
- Von Zeit zu Zeit eine Vollsicherung, z. B. zum Jahresende.

Beispiel für private Nutzung

- Am Jahresende führen Sie eine Vollsicherung durch. Vermutlich hat nur eine externe Festplatte die dafür nötige Kapazität. Weil Datenträger durch lange Lagerung kaputt gehen können, sollten Sie jedes Jahr einen anderen Datenträger verwenden, aber mindestens zwei (oder drei) im Wechsel. Auf einer Festplatte sichern Sie die geraden Jahre, auf der anderen die ungeraden. Besser: die jährliche Vollsicherung auf beide Platten kopieren.
- Täglich, wöchentlich oder in anderen Abständen sichern Sie differenziell. Ein USB-Speicherstick ist wahrscheinlich optimal dafür geeignet. Nutzen Sie nicht die „Jahresfestplatten" – ständige Benutzung ist auf Dauer nicht ohne Risiko.
- Am Monats- oder Quartalsende eine inkrementelle Sicherung, vielleicht auf DVD **und** sicherheitshalber ein Duplikat auf eine der Jahres-Festplatten? Weil dabei das Archivbit gelöscht wird, wird für die nachfolgenden differenziellen Sicherungen nur wenig Speicherplatz benötigt.

Planen Sie stets mit ein, dass sich im Katastrophenfall vielleicht eins der Backups nicht mehr lesen lässt. Ein defektes Jahres-Backup beispielsweise könnte man aus dem Vorjahres-Backup und dem Hinzufügen von zwölf Monats-Backups rekonstruieren.

5.2.5 Sicherung außer der Reihe

Wenn eine außerplanmäßige Vollsicherung gemacht werden soll, z. B. wegen einer geplanten Installation, kann man die Daten auf eine externe Festplatte kopieren. Das geht wesentlich schneller als eine Sicherung auf DVD. Dabei darf aber das Archivbit nicht verändert werden, sonst gerät die nächste reguläre Datensicherung durcheinander.

5.2.6 Andere Verfahren

Auf `https://www.oliver-fischer-it.de/reverse-incremental-backup/` wird ein Verfahren „Reverse Incremental Backup" beschrieben. Die Grundidee: Der Datenträger mit der letzten Vollsicherung wird täglich aktualisiert. Die älteren Dateien werden auf einen inkrementellen Tagesdatenträger ausgelagert, bevor sie mit dem neuesten Stand überschrieben werden. Dadurch braucht man im Katastrophenfall nur einen Datenträger mit der ständig aktualisierten Vollsicherung zurückzuspeichern und hat außerdem alle früheren Dateiversionen.

Mir gefällt diese Idee nicht. Erstens wird das wertvollste aller Medien (das mit der Vollsicherung) täglich allerlei Gefahren ausgesetzt (Beschädigung, Erpressungstrojaner, Verwechslung, …), statt an sicherer Stelle gut verwahrt zu bleiben. Zweitens dauert das Backup länger: Jede geänderte Datei wird zweimal geschrieben (die aktuelle Datei wird auf die Vollsicherung kopiert und deren Vorgängerversion auf das inkrementelle Medium). Und es müssen zwei Datenträger eingelegt werden. Also täglicher doppelter Aufwand, um bei dem (hoffentlich) extrem seltenen Ereignis einer Rücksicherung etwas Zeit zu sparen?

Für Verfahren wie z. B. `https://www.datto.com/de/technologies/`**`inverse-chain-technology`** braucht man eine spezielle Software, die wegen ihres Preises wohl nur für große Firmen sinnvoll sein könnte.

5.2.7 Allgemeine Empfehlungen

- Notieren Sie, welche Sicherungen welcher Art wann auf welchen Datenträger gespeichert worden sind. Der sicherste Platz für diese Notizen ist auf Papier. Wenn Sie diese Notizen in eine Datei schreiben, sollten Sie dafür sorgen, dass diese Datei auf keiner Sicherheitskopie fehlt.
- Kontrollieren Sie von Zeit zu Zeit, ob immer noch alle wichtigen Daten gesichert werden. Passen Sie Ihre Datensicherung an neue Programme und andere Veränderungen an. Haben Sie neue Programme installiert? Haben Sie Ihre Daten anders geordnet?
- Testen Sie zumindest auszugsweise, ob die Daten auf dem Sicherungsmedium tatsächlich fehlerfrei lesbar sind.
- Vertrauen Sie Ihrer Datensicherung nie zu 100 %. Der freie Speicher auf dem Speichermedium könnte aufgebraucht sein, ohne dass Sie es bemerken. Die externe Festplatte könnte kaputt gehen, DVDs können sich als nicht lesbar herausstellen.

Viele Backup-Programme bieten die Möglichkeit, das Backup zu verschlüsseln. Überlegen Sie gut, ob eine Verschlüsselung wirklich notwendig ist. Wenn an einer unverschlüsselten Datei ein paar Bits defekt sind, kann die Datei meist noch genutzt und oft auch repariert werden. Ist eine Datei verschlüsselt, sind Rettungsversuche aussichtslos.

Es gibt keine allgemeingültigen Empfehlungen, wie häufig und wie umfangreich eine Datensicherung sein sollte. Es ist wie bei der Kasko-Versicherung vom Auto: Möglicherweise zahlen Sie viele Jahre ein, ohne etwas herauszubekommen. Vielleicht fallen aber morgen hühnereigroße Hagelkörner vom Himmel …

Letztlich kann man eine Datensicherung wie eine Versicherung betrachten: Sie investieren jahrelang Zeit und Geld in die Datensicherung und hoffen dabei, dass der Schaden nie eintritt. Bisher hatten Sie Glück, vielleicht bleibt es eine lange Zeit so, aber gewiss nicht für immer. Vergleichen Sie den Aufwand zwischen den Kosten (materiellen und ideellen) des seltenen Ereignisses „Datenverlust" und dem regelmäßigen vorbeugenden Aufwand und entscheiden Sie dann über Umfang und Häufigkeit.

METHODEN

5.3 Drei-Generationen-Sicherung

5.3.1 Tägliche Sicherung

Gegen Festplattenausfälle hilft eine regelmäßige, ausreichend häufige Datensicherung. Wenn man jedesmal ein anderes Sicherungsmedium nimmt und die Medien anschließend möglichst lange aufbewahrt, hat man sich auch gegen die unauffälligen, „schleichenden" Schäden geschützt. In vielen Firmen ist es üblich, an jedem Arbeitstag ein Backup zu erstellen, von denen einige zehn Jahre lang aufbewahrt werden, um gesetzliche Vorgaben zu erfüllen.

Es wäre ein nahezu ideales Verfahren der Datensicherung, jeden Tag den gesamten Festplatteninhalt zu sichern und jedes Sicherungsmedium (mindestens) zehn Jahre lang aufzubewahren. Das würde allerdings 365 Datenträger pro Jahr erfordern. Das ist natürlich nicht praktikabel, der Zeit- und Geldaufwand wäre irrsinnig. Wie kann man die Zahl der benötigten Datenträger reduzieren, ohne die Sicherheit wesentlich zu verringern?

5.3.2 Das Prinzip der Drei-Generationen-Sicherung

Ein jahrzehntelang bewährtes Verfahren beruht auf dem „Drei-Generationen-Prinzip", das oft auch als „Großvater-Vater-Sohn-Prinzip" bezeichnet wird. Seit Jahrzehnten werden die Daten in den Rechenzentren der Welt nach diesem Prinzip auf Magnetbänder gesichert. Auch wenn heute die Bänder teilweise durch Festplatten ersetzt werden, bleibt das Prinzip erhalten. Jede Sicherung ist eine Vollsicherung.

- Für die erste Generation verwenden Sie so viele Bänder, wie die Woche Arbeitstage hat. Beschriften Sie diese mit „Montag", „Dienstag" usw. In jeder neuen Woche kommen diese Bänder am entsprechenden Tag erneut zum Einsatz.
- Der Freitag ist eine Ausnahme. Sie brauchen fünf Freitagsbänder (denn manche Monate haben fünf Freitage). Beschriften Sie diese mit „Freitag 1. Woche" usw. und heben Sie diese einen Monat lang bis zum jeweils nächsten Freitag auf. Diese Bänder bilden die zweite Generation. Achten Sie darauf, dass am Freitag eine vollständige Sicherung erfolgt, an den anderen Wochentagen darf es auch eine inkrementelle oder differenzielle Sicherung sein.
- Von jedem Monatsanfang wird eine Sicherung drei Monate lang oder – besser noch – für ein Jahr aufbewahrt. Dafür brauchen Sie drei oder zwölf Bänder. Dies ist die dritte Generation.
- Vernünftigerweise bewahrt man das Jahresabschlussband zehn Jahre auf, das wäre die vierte Generation.

Insgesamt benötigen Sie 21 Bänder für das erste Jahr und eins für jedes Folgejahr, und hin und wieder müssen die verschlissenen Tagesbänder ersetzt werden.

5.3.3 Drei-Generationen-Sicherung mit optischen Medien

Privat kann man Bänder durch DVDs ersetzen und wahrscheinlich die tägliche Sicherung weglassen. Für die wöchentliche Sicherung verwenden Sie zweckmäßigerweise mehrfach beschreibbare DVDs oder USB-Sticks. Jedes Brennprogramm bietet einen Dateivergleich nach dem Brennen an. Nutzen Sie diese Funktion wenigstens hin und wieder, um unzuverlässige DVDs rechtzeitig aussondern zu können.

Für die Jahressicherungen sind hochwertige DVD-R mit UV-Schutz empfehlenswert. Wenn Ihr Brenner damit umgehen kann, sollten Sie zu DVD-RAM greifen. DVD-RAM haben die besten Fehlerkorrekturmechanismen und sind darüber hinaus die einzigen optischen Scheiben, für die in der Spezifikation eine Mindesthaltbarkeit gefordert ist: Sie müssen mindestens 30 Jahre haltbar sein. Noch besser, wenn auch etwas teurer, sind die M-Disk, siehe Kapitel 6.3.4 über langlebige Medien.

Für die Monats-DVDs sollten Sie nicht zu den billigsten Scheiben greifen. Immerhin müssen diese Datenträger ein Jahr lang aufgehoben werden. Einmalbeschreibbare Scheiben sind vorzuziehen. Stellen Sie die geringen Preise für DVD-R (etwa 25 Cent) ins Verhältnis zum Aufwand, eine DVD-RW vor jedem Gebrauch löschen zu müssen. Für die Sicherheit und die Langzeitlagerung ist es ohnehin besser, alle jemals erstellten Monatssicherungen mehrere Jahre aufzubewahren. Die Jahressicherungen können dann entfallen.

Es ist ratsam, DVDs von verschiedenen DVD-Herstellern im Wechsel zu verwenden. So sind Sie selbst dann noch auf der sicheren Seite, wenn eine Charge einen versteckten Fehler hat und sämtliche Rohlinge einer Spindel nach einigen Monaten nicht mehr lesbar sind.

Wenn Sie mehr als einen DVD-Brenner haben, sollten Sie hin und wieder den anderen Brenner verwenden. Vielleicht ist Ihr Lieblings-Brenner nicht mehr präzise justiert? Vielleicht produziert er seit Monaten DVDs, die außer von Ihrem Brenner von keinem anderen Gerät gelesen werden können? Sie sollten von Zeit zu Zeit mit einer Ihrer Sicherungs-DVDs ausprobieren, ob sie sich im Laufwerk eines anderen PC lesen lässt.

Ja, ja, ich weiß, das ist paranoid. Aber besser paranoid als ruiniert. Wenn es um die Sicherheit geht, sollte man wenigstens zeitweise ein wenig paranoid sein.

5.3.4 Drei-Generationen-Sicherung mit Festplatten

Ein großes Plus der Drei-Generationen-Sicherung ist die Möglichkeit, auf tage-, wochen- und monatealte Versionen einer Datei zurückgreifen zu können. Wenn Sie eine externe Festplatte anstelle der Magnetbänder verwenden, ist vermutlich Platz für viele Sicherungen. Wenn Sie Ihre Dateien jeden Tag in einen anderen, neu angelegten Ordner sichern, können Sie bald auf viele frühere Dateiversionen zurückgreifen.

Allerdings müssen Sie

- jeden Tag einen neuen Zielordner anlegen,
- jeden Tag den Namen des neuen Zielordners in den Befehl eintragen, mit dem die Datensicherung erfolgt.

Diese tägliche Änderung manuell durchzuführen ist natürlich völlig unakzeptabel. Wie die Änderungen automatisiert werden können, wird in den Kapiteln 10 „Anleitung für lokale Sicherung" sowie 11.6 „Dokumente täglich automatisch sichern" gezeigt.

5.3.5 Deduplizierung

Durch tägliche Vollsicherungen wird bald der Speicherplatz knapp. Für Firmen kann es sinnvoll sein, eine hohe dreistellige Summe für eine Deduplizierungssoftware wie z. B. „Acronis Deduplication" auszugeben. Diese Software durchsucht das Backup nach identischen Dateien. Wenn beispielsweise der Chef ein Rundschreiben an alle Mitarbeiter schickt, wird es im Postfach jedes Mitarbeiters gespeichert. Solche und andere mehrfach vorhandene Dokumente werden durch Verweise auf das erste Vorkommen ersetzt und die Duplikate gelöscht. Es kann sogar nach identischen Teilen von Dokumenten gesucht werden. Der Briefkopf einer Firma beispielsweise kommt in vielen Dokumenten vor. Wenn das Programm die Sicherungen unterschiedlicher Tage vergleicht, findet es noch mehr Duplikate, weil sich aufeinanderfolgende Sicherungen meist nur in wenigen Dateien unterscheiden. Der Speicherbedarf für die Backups sinkt durch Deduplikation typischerweise auf fünf bis zehn Prozent. In „Windows Server" ab der Version 2012 ist die Funktion der Deduplizierung bereits integriert.

5.3.6 Die Protokollierung

Jede durchgeführte Datensicherung sollte protokolliert werden. Das Protokoll sollte enthalten:

- Datum, evtl. Uhrzeit
- Bezeichnung des Datenträgers, sofern nicht offensichtlich

- Art der Sicherung: voll, differenziell oder inkrementell
- Eventuelle Auffälligkeiten
- Irgendeine Angabe, die einen schnellen Vergleich mit früheren Tagen ermöglicht, z. B. die Anzahl der gesicherten Dateien, die benötigte Zeit oder der benötigte Speicherplatz. Wenn die Datensicherung funktioniert, sollten diese Zahlen allmählich wachsen. Wenn nicht, suchen Sie nach der Ursache. Vielleicht hat jemand „groß aufgeräumt"? Oder die Daten in einen Bereich verschoben, der (bisher noch) nicht gesichert wird?

Welchen Sinn hat die Protokollierung?

- Sie hilft dabei, Unregelmäßigkeiten zu entdecken.
- Sie hilft Ihnen zu bestimmen, welche Dateiversionen auf welchem Datenträger sind. Das ist ganz besonders wichtig, wenn Sie die Datensicherung nicht täglich vornehmen.
- Sie hilft, die zu einer inkrementellen Sicherung zugehörige vorangehende Vollsicherung zu ermitteln.
- Sie führt Ihnen selbst (und eventuell Ihrem Chef) vor Augen, wie zuverlässig Sie die Sicherungen vornehmen.

5.4 Image – Das Speicherabbild

5.4.1 Ein Speicherabbild – was ist das?

Ein Speicherabbild (engl. „Image") ist eine 1:1 Kopie einer oder mehrerer Partitionen der Festplatte. Ein Image enthält Informationen über das Dateisystem und die Struktur des Datenträgers, einschließlich Master Boot Record. Betriebssystem, Programme und Daten werden einschließlich ihrer Position auf der Festplatte gesichert. Kopiert man das Image auf eine Festplatte zurück, entsteht ein exaktes Abbild, Bit für Bit identisch mit dem Original. Welche Vorteile hat ein Image?

Bei der klassischen Datensicherung wird Datei für Datei gesichert. Wenn die Festplatte 10 000 Dateien in 555 Ordnern enthält, so hat auch die Kopie 10 000 Dateien in 555 Ordnern. Einer der Vorteile dieser klassischen Datensicherung ist, dass man eine verlorene Datei ganz leicht wiederfinden kann, da die Namen der Ordner und Dateien auf Original und Kopie übereinstimmen. Das Verfahren hat aber auch Nachteile:

- Das komplette Betriebssystem kann auf diese klassische Weise weder gesichert noch wiederhergestellt werden. Das hat mehrere Ursachen:
    - Einige Dateien des Betriebssystems sind ständig in Benutzung, wie z. B. die Dateien der Registry. In Benutzung befindliche Dateien lassen sich nicht kopieren, außer mit Spezialprogrammen.
    - Einige Dateien müssen sich an einer genau definierten Stelle der Festplatte befinden, wie z. B. einige Startdateien und die Auslagerungsdatei. Mit einem Kopierbefehl ist es aber nicht möglich, eine Datei an eine bestimmte Position der Festplatte zu kopieren.
- Nach dem Kopieren jeder einzelnen Datei müssen die Verwaltungstabellen (Inhaltsverzeichnisse und Belegungstabellen) auf dem Ziellaufwerk geändert werden. Wenn viele kleine Dateien zu sichern sind, werden diese Verwaltungstabellen sehr umfangreich. Wenn die Verwaltungstabellen nicht mehr in den Arbeitsspeicher passen, müssen sie immer wieder auf Festplatte ausgelagert und erneut eingelesen werden. Der Zeitbedarf für das Kopieren geht drastisch in die Höhe, auf das Zehnfache oder mehr. Eventuell steht so viel Zeit nicht zur Verfügung.

Wie wird das Problem der ständig in Benutzung befindlichen Dateien gelöst? Es gibt zwei Möglichkeiten:

1. Windows wird heruntergefahren, dann wird das Image-Programm direkt von CD oder von einem USB-Speicherstick gestartet. Das Image-Programm braucht also nicht installiert zu werden. Dadurch ist eine Sicherung selbst dann noch möglich, wenn das Betriebssystem defekt ist und nicht mehr hochfährt.

Methoden

2. In manchen Fällen kann oder darf der PC nicht heruntergefahren werden. Ein Image bei laufendem Betrieb beherrschen nur wenige Programme. Es wird ein „Schattenkopie" genanntes Verfahren genutzt, das nur mit den Professional-Versionen von Windows möglich ist. Mit Datenbanken funktioniert das mitunter nicht ohne Zukauf von Spezialmodulen. Bei der Entscheidung für ein Backup-Programm sollte man dessen Leistungsumfang sehr genau prüfen.

Für den Privatanwender kommt üblicherweise nur das erste Verfahren in Frage. Soll ein Image automatisch in regelmäßigen Abständen erstellt werden, bleibt nur das zweite Verfahren.

Zum Kopieren werden schnelle Hardwarefunktionen verwendet, dadurch geht das Erstellen (und das Rücksichern) meist viel schneller als das Kopieren vieler Einzeldateien. Der größte Vorteil aber ist die Möglichkeit, ein funktionsfähiges Betriebssystem zu sichern, welches nach einer Rücksicherung sofort starten kann. Ohne ein solches Image müsste man zuerst das Betriebssystem samt Treibern installieren, dann das Backup-Programm, und nun erst könnte man die Daten wiederherstellen. Anschließend müssten noch Sicherheitsupdates und Anwendungen installiert werden. Das würde viele Stunden dauern, oft mehr als einen Tag.

Nach einem Datenverlust oder wenn man seine alte Festplatte gegen eine größere wechseln möchte, ist es sehr praktisch, vorher ein Image erstellt zu haben. Das Image wird auf die neue Festplatte ausgepackt, was typischerweise 15 bis 30 Minuten dauert. Anschließend ist das Betriebssystem einsatzfähig, ohne das irgendwelche Anpassungen vorgenommen werden müssen.

In der Standardeinstellung komprimiert das Image-Programm die Daten. In zwei Fällen kann es sinnvoll sein, die Komprimierung abzuschalten: wenn wegen einer leistungsschwachen CPU die Komprimierung zu lange dauert oder wenn die Daten bereits komprimiert sind. Bilder (.jpg), Audios (.mp3) und Videos (.avi, .mpeg u. a.) sind bereits hoch komprimiert und der Versuch, sie noch weiter zu komprimieren, dauert sehr lange und bringt häufig einen „Gewinn" von weniger als einem Prozent. Eine „typische" Systempartition schrumpft durch die Komprimierung etwa auf drei Viertel.

Ein Image-Programm sichert normalerweise nur die belegten Sektoren der Partition, doch es besteht die Möglichkeit eines „forensischen Backups", bei dem auch die „leeren" Bereiche der Partition gesichert werden. Wann ist das sinnvoll?

Ein Trojaner oder ein Saboteur könnte Dateien löschen, um seine Spuren zu verwischen. Wenn eine Datei gelöscht wird, markiert Windows deren Sektoren als ungenutzt und streicht den Dateinamen aus dem Dateiverzeichnis. Doch tatsächlich bleiben die Daten in den nunmehr freigegebenen Sektoren erhalten, bis sie vielleicht irgendwann von einer anderen Datei überschrieben werden. Diese Dateireste können mit Datenrettungsprogrammen wiederhergestellt werden. In Spezialfällen (z. B. zu Beweiszwecken oder vor einem Datenrettungsversuch) können die vermeintlich „gelöschten" Sektoren in die Sicherung eingeschlossen werden. Die Image-Datei wird dadurch sehr groß, auch wenn beim Erstellen des Images die Komprimierung eingeschaltet ist.

Beim Erstellen eines Images können die Daten in Portionen gewünschter Größe aufgeteilt werden, zum Beispiel in Portionen von der Größe einer DVD (4,7 GB). Das Image wird auf der Backup-Festplatte erstellt und von dort können die einzelnen Dateien bei Bedarf auf DVD kopiert werden.

Das Archiv kann mit einem Passwort geschützt werden.

Auf den meisten Notebooks und Komplettsystemen hat der Hersteller ein Image bereitgestellt. Es wird auf der Festplatte in einem versteckten Bereich bereitgehalten. Manchmal wird der Benutzer in den ersten Tagen nach dem Kauf aufgefordert, eine Imagedatei selbst zu erstellen und auf DVD zu brennen.

Das dazu benötigte Image-Programm wird entweder auf einer sogenannten „Recovery-CD" mitgeliefert oder es ist im BIOS oder auf einer versteckten Partition enthalten und kann mit einer Tastenkombination gestartet werden. Achtung! Wenn Sie den Recovery-Vorgang starten, werden wahrscheinlich Ihre Daten gelöscht!

5.4.2 Für welche Sicherungen ist ein Image geeignet?

Bei der Sicherung kompletter Festplatten sind Geschwindigkeit, Komprimierung, Verschlüsselung und die Unabhängigkeit vom Zustand des Betriebssystems die großen Vorteile eines Image-Programms. Ihre größte Stärke spielen Image-Programme bei der Sicherung des Betriebssystems aus.

Je nach Ihrer Arbeitsweise kann ein monatliches Image des Betriebssystems sinnvoll sein, oder einmal pro Quartal. Wenn Sie größere Änderungen am Betriebssystem planen, ist davor und eventuell zusätzlich nach den Änderungen der günstigste Zeitpunkt. Ein Image bringt Ihnen die folgenden Vorteile:

- Wenn die Installation fehlschlägt, können Sie einfach zum unbeschädigten Windows zurückkehren.
- Wenn Ihr System durch Schadsoftware oder eine Fehlbedienung beschädigt ist, kann es leicht auf eine frühere lauffähige Version zurückgesetzt werden.
- Sie haben eine Sicherung derjenigen Dateien, die von anderen Sicherungen möglicherweise nicht erfasst werden (Datenbanken oder ständig in Benutzung befindliche Dateien).

Allerdings sollte ein Image niemals Ihre einzige Datensicherung sein. Ein einziges defektes Bit kann das gesamte Archiv unbrauchbar machen. Auch wenn das Archiv auf einer eigentlich zuverlässigen Festplatte abgelegt ist, passiert es mitunter, dass sich eine Archivdatei nicht öffnen lässt. Das Internet ist voll von solchen Leidensberichten, selbst bei Software von Testsiegern. Geradezu haarsträubend riskant ist es, ein Archiv auf mehrere DVDs zu verteilen. Wenn nur eine der DVDs einen Lesefehler hat, sind auch die restlichen DVDs wertlos. Wenn man jedoch die Festplatte auf klassische Weise Datei für Datei kopiert hat, verliert man bei einem zufälligen Fehler nur eine Datei, die man mit etwas Glück in einer etwas älteren Sicherung wiederfinden kann.

Für eine langfristige Archivierung Ihrer Daten ist ein Image aus einem weiteren Grund denkbar ungeeignet. Jeder Software-Hersteller speichert die Sicherung in einem eigenen, „proprietären" Dateiformat. Wer weiß, ob Ihr Image-Programm unter der Windows-Version von 2020 noch lauffähig ist? Vielleicht gibt es bald keine Updates mehr, weil der Hersteller von der Konkurrenz aufgekauft wird? Die Festplattenhersteller haben die Datenstrukturen umgestellt. Neue Festplatten haben eine Sektorgröße von 4096 statt 512 Byte. Statt der uralten MBR-Partitionstabelle kommt weitgehend die neuere **G**UID **P**artition **T**able (GPT) zum Einsatz. Ob sich wohl ein älteres Image auf die neu strukturierten Festplatten zurücksichern lässt?

5.4.3 Vorsicht beim Rücksichern eines Images!

Windows startet nicht mehr oder ist von hartnäckigen Trojanern befallen? Sie wollen die Systempartition auf einen älteren, funktionierenden Zustand zurücksetzen? Beim Rücksichern müssen Sie sehr aufmerksam sein, um keinen Schaden anzurichten.

Beim Rücksichern einer Partition werden die aktuellen Daten der Partition **zuverlässig und endgültig** mit den alten Daten überschrieben. „Endgültig" bedeutet, dass nicht mal die professionellen Datenretter helfen könnten. Haben Sie alle Ihre Dateien gesichert, die seit dem Tag der Erstellung des letzten Images geändert worden sind? Wenn Sie diesbezüglich nicht sicher sind oder nicht wissen, wo Ihre Daten sind, sollten Sie ein Backup oder ein Image des beschädigten Betriebssystems erstellen, bevor Sie das fehlerfreie ältere Image zurücksichern. Im Image des beschädigten Betriebssystems können Sie später alle Dateien finden, die Sie vielleicht noch brauchen.

Das Image-Programm ordnet den Partitionen mitunter andere Laufwerksbuchstaben zu als das Betriebssystem. Beispielsweise könnte Ihre Datenpartition, die Sie immer unter Laufwerk D: gefunden haben, nun unter Laufwerk C: zu finden sein, stattdessen hat das Betriebssystem den Buchstaben D: bekommen. Falls Sie nun eine solche Änderung übersehen und das Image des Betriebssystems nach C: zurücksichern, stellt es sich im Nachhinein heraus, dass Sie damit Ihre Daten vernichtet haben. Machen Sie sich deshalb die kleine Mühe und geben Sie jeder Partition schon bei ihrer Erstellung einen sinnvollen Namen. Verschaffen Sie sich vor dem Start des Image-Programms einen Überblick über Größe und Namen aller Partitionen mit einem Partitionsmanager oder mit dem Windows Explorer.

METHODEN

Eine Sicherung teilweise zurückholen

Ein Image-Programm kann aus einem Image einzelne Dateien oder Ordner zurückzuholen. Sie können wählen, ob Sie diese an den ursprünglichen Speicherort zurückkopieren wollen oder Sie können einen anderen Zielordner wählen. Kopieren Sie möglichst nicht in den ursprünglichen Ordner zurück! Wenn dabei etwas schiefgeht, wissen Sie nicht nur, dass Ihr Backup nichts getaugt hat, Sie haben auch eventuell vorhandene, noch intakte Dateien überschrieben.

5.4.4 Welche Image-Programme gibt es?

Etwa ein Dutzend Image-Programme haben eine nennenswerte Verbreitung. Acronis True Image, Paragon Drive Backup und Norton Ghost kosten jeweils 30 bis 50 Euro. Sie sind relativ übersichtlich und haben eine deutsche Bedienoberfläche. DriveImage XML, Partimage, Clonezilla, Partclone, Aomei Data Backupper und DiscWizard von Seagate sind kostenlos. Manchmal findet man zeitlich begrenzte Versionen der Bezahl-Programme im Internet und in Fachzeitschriften. Für die Sicherung bei laufendem Betrieb kann man Symantec Active System Recovery verwenden, das allerdings etwa 500 Euro kostet.

Beispiel: Acronis True Image

Eins der besten Image-Programme ist Acronis True Image. Es gibt diverse Mietversionen für 50 Euro und mehr pro Jahr. Uns genügt eine „Dauerlizenz", die für einen PC einmalig 30 Euro kostet, für drei PCs 50 Euro. Auf www.acronis.de können Sie eine 30-Tage-Testversion kostenlos herunterladen. Es lassen sich Partitionen, ganze Festplatten oder ausgewählte Ordner sichern, auch inkrementell. Aus einem Backup der Festplatte oder Partition kann man komplette einzelne Ordner oder Dateien zurückzusichern. Sie können Sicherungen automatisch nach einem Zeitplan durchführen lassen. Von Jahr zu Jahr fügt Acronis neue Funktionen hinzu. In der Premium-Edition (jährlich 125 Euro) sind 1TB Speicher in der Acronis Cloud inbegriffen.

Sofern Sie True Image nur zum Erstellen von Images und zum Klonen nutzen wollen, sollten Sie das Programm von DVD booten. Eine Installation von True Image brauchen Sie nur, wenn Sie die Backup-Funktion nutzen wollen. Dann können Sie die Bedienersprache auf Deutsch umstellen, und Sie können aus einem Image einzelne Dateien und Ordner extrahieren, ohne das ganze Image auspacken zu müssen.

Beachten Sie: Die nachfolgenden und weiteren Anleitungen können Sie ausführlicher und aktueller auf https://www.eifert.net unter „Hilfen" → „Datensicherung" finden.

Anleitung: Image erstellen mit Acronis True Image

Booten Sie von der Acronis-DVD. In einem Auswahlmenü können Sie wählen:

- 1: Acronis True Image
- 2: Acronis System Report
- c: Continue booting

Je nachdem ob Sie im UEFI- oder im Legacy-Modus gebootet haben, müssen Sie die „1" drücken oder auf den ersten Menüpunkt klicken, um ins Hauptmenü („Home") zu kommen.

What would you like to do? (Was wollen Sie tun)? Im Abschnitt „Back Up" stehen „My Disks" oder „Files & Folders" zur Wahl.

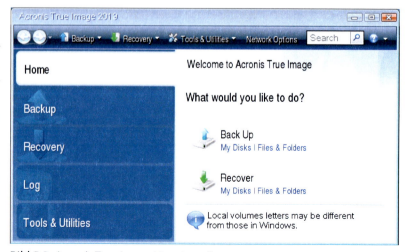

Bild 5.3: Acronis True Image Hauptmenü

METHODEN

Mit letzterem können Sie einzelne Ordner und Dateien sichern – das würde mit dem Explorer oder mit ROBOCOPY besser gehen. Wählen Sie „My Disks", um komplette Partitionen zu sichern.

Nachdem Sie „My Disks" gewählt haben, werden in der rechten Fensterhälfte die Partitionen der Festplatten gezeigt (Bild 5.4). Wenn mehrere Festplatten im PC stecken, muss vermutlich „Festplatte 1" als die zu sichernde Festplatte ausgewählt werden. Beachten Sie die Warnung „Local volume letters may be different from those in Windows" (Die Laufwerksbuchstaben können andere sein als unter Windows) in Bild 5.3. Orientieren Sie sich keinesfalls an den Laufwerksbuchstaben, sondern an Größe und Bezeichnung (Label) der Partitionen. Wählen Sie die zu sichernden Partitionen aus. Setzen Sie einen Haken vor Partition C:. Sie muss mit „Primär" gekennzeichnet sein. Wenn eine kleine Startpartition von etwa 100 MB dabei ist, die als „Primär, Active" oder „System-reserviert" gekennzeichnet ist, enthält diese den Bootmanager. Diese kleine Partition sollte auf jeden Fall ein Teil von jeder Sicherung werden. „Size to back up" nennt den für die ausgewählten Partitionen maximal notwendigen (unkomprimierten) Speicherplatz.

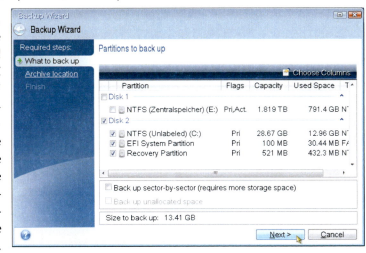

Bild 5.4: Image: Auswahl Quelle

Bei „Back up sector-by-sector (requires more storage space)" sowie „Back up unallocated space" keinen Haken setzen. Jeden Sektor (einschließlich die vom Betriebssystem gelöschten und die nie benutzten Sektoren) zu speichern ist nicht nötig, außer bei forensischen Untersuchungen und vor dem Versuch einer Datenrettung. Klicken Sie auf „Next".

Im Fenster „Target backup archive" (Bild 5.5) ist „Create new backup archive" (neues Backup erstellen) vorgewählt. Sie könnten auch „Add to existing backup archive" (ein vorhandenes Archiv auf den neuesten Stand bringen) wählen. Das kann sinnvoll sein, wenn Sie auf dem Sicherungsmedium nicht genug Platz haben für ein neues komplettes Image.

Klicken Sie auf „Browse" (Durchsuchen), um ein Laufwerk und einen Ordner auszuwählen, wohin das Backup gespeichert werden soll.

Bild 5.5: Neues Backup oder vorhandenes Image updaten

Im Bild 5.6 wählen Sie ein Laufwerk mit einer Partition mit genügend freiem Platz. Sie können auch die externe Festplatte oder den DVD-Brenner auswählen.

Legen Sie dann den „Filename" fest: Entweder Sie klicken auf „Generate name" und bekommen den Namen „MeinBackup" vorgeschlagen, oder Sie tippen einen frei gewählten Dateinamen in das Feld. Die Dateierweiterung .tib wird automatisch erstellt.

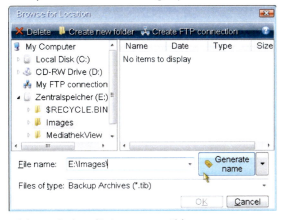

Bild 5.6: Ordner für Image auswählen

Methoden

Empfehlung: Beginnen Sie den Namen mit „Datum-Computername", z. B. `2020-09-28-Notebook` oder mit „Computername-Datum". Beim Datum ist die Reihenfolge `jjjj-mm-tt` zu empfehlen, weil dann die Sicherungen auf dem Backup-Medium chronologisch sortiert angezeigt werden. Dann „OK".

Nach „Next" wird eine Zusammenfassung (Summary) wie in Bild 5.8 angezeigt. Klicken Sie nach einer sorgfältigen Überprüfung auf „Proceed" (Ausführen).

Bild 5.7: Image: Neu oder nur Update eines älteren Images

Im Fenster „Operating Progress" (Bild 5.9) wird der Fortschritt und die geschätzte Restzeit („Time left") angezeigt. In der ersten Minute ist die geschätzte Zeit sehr hoch, danach wird die Schätzung einigermaßen realistisch (mit einer optimistischen Tendenz). Die Sicherung dauert meist 10 bis 30 Minuten, selten mehr als eine Stunde. Auf jeden Fall sollten Sie die Restzeit-Prognose im Auge behalten.

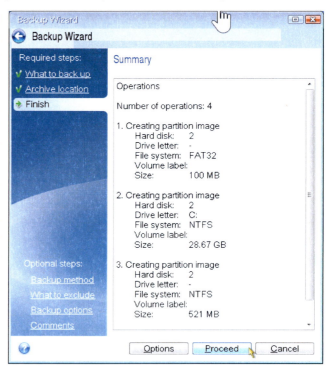

Tipp: Beobachten Sie den Verlauf. Wenn sich die prognostizierte Restdauer plötzlich verdoppelt, ist Acronis auf einen Bereich der Festplatte gestoßen, wo für zahlreiche Sektoren vielfache Leseversuche nötig waren. Acronis nimmt nun an, dass auch der Rest der Festplatte so problematisch ist. Wenn nicht, geht die Zeitprognose langsam wieder nach unten – bis zum nächsten geschwächten Bereich.

Ein kleiner Teil der Schwankungen hängt davon ab, ob gerade große oder viele kleine Dateien kopiert werden. Bei einer älteren Festplatte, besonders bei Notebooks, sind kleinere Schwankungen normal. Wenn Acronis gerade große Dateien kopiert, werden mehr Byte pro Sekunde kopiert als bei vielen kleinen Dateien. Doch wenn sich Prognosezeiten verdreifachen, vielleicht gar mehrmals, sollten Sie über den Kauf einer neuen Festplatte oder zumindest über eine regelmäßigere Datensicherung nachdenken.

Bild 5.8: Zusammenfassung der Planung

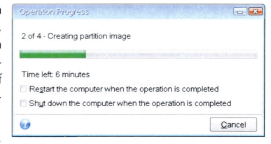

Wundern Sie sich nicht, wenn gegen Ende des Kopiervorganges die Restzeitschätzung ständig zu kurz ist. Das hängt

Bild 5.9: Fortschrittsanzeige und Zeitprognose

mit den mechanischen Eigenschaften der Festplatte zusammen: Je weiter der Magnetkopf nach innen wandert, desto kleiner wird die Länge der Spuren und damit die Datenmenge pro Spur und desto weniger Daten werden pro Umdrehung gelesen bzw. geschrieben.

METHODEN

Auf meiner Webseite `https://eifert.net` unter „Hilfen" → „Datensicherung" ist die Beschreibung noch ausführlicher.

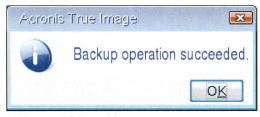

Bild 5.10: Erfolgsmeldung

Festplatte duplizieren

Ein Hinweis: Unter dem Menüpunkt „Tools & Utilities" finden Sie „Clone Disk". Damit können Sie eine komplette Festplatte auf eine neue, größere Festplatte kopieren und dabei neue Partitionsgrößen festlegen. Am Ende dieses Kapitels (5.6 Festplatte klonen mit Acronis True Image") ist das genauer beschrieben.

5.4.5 Die Grenzen von Image-Programmen

Sie haben einen neuen PC gekauft. Sie haben das Image vom alten PC auf den neuen PC zurückgesichert bzw. die Festplatte geklont, doch auf dem neuen PC startet Windows nicht. Warum?

Während der Neuinstallation von Windows verwendet das Betriebssystem eigene, universelle Treiber, die mit jedem Chipsatz zurechtkommen. Allerdings nutzen diese Treiber die Leistungsfähigkeit moderner Chipsätze nur zu einem geringen Teil. Deshalb werden bei einer Treiberinstallation die Festplatten-Universaltreiber durch Treiber ersetzt, die für den verwendeten Chipsatz optimiert sind und mit jedem anderen Chipsatz (dem von der neuen Hauptplatine) nicht funktionieren.

Wenn die Hauptplatine des neuen PC einen anderen Chipsatz als der alte PC hat (was zu 99 % sicher ist), sehen Sie beim Hochfahren eine Fehlermeldung (meist einen Blue Screen). Das gleiche Problem haben Sie, wenn die Hauptplatine defekt ist und gegen eine neuere ausgewechselt werden musste. Sie müssten also die alten Festplattentreiber gegen die zur neuen Hauptplatine passenden auswechseln. Zur Treiberinstallation müsste sich Windows aber starten lassen. Wenn aber Windows abstürzt, noch bevor Sie auf die Festplatte zugreifen konnten? Dann haben Sie ein Problem.

Es gibt drei Möglichkeiten in dieser Situation:

- Erstellen Sie eine „Acronis Universal Restore" DVD und nehmen Sie damit die Rücksicherung auf eine andere Hardware vor. Der Erfolg hängt davon ab, wie stark sich die neue Hardware von der alten unterscheidet. Nach meinen Erfahrungen klappt das etwa bei zwei Drittel der Hardware-Paarungen.
- Wenn Ihr alter PC noch funktioniert, können Sie versuchen, den Festplattentreiber zu entfernen und durch den Windows-Standardtreiber zu ersetzen. Das ist nicht einfach und eventuell verlieren Sie dadurch den Zugriff auf Ihre Festplatte. Wenn es gelingt, können Sie ein neues Image erstellen und es auf dem neuen PC ausprobieren.
- Wenn Ihr alter PC noch funktioniert, stellen Sie fest, ob beide PCs einen PCI- oder PCI-Express-Steckplatz gemeinsam haben. Besorgen Sie eine PCI- bzw. PCIe-Karte mit Festplattenanschluss.
  - Bauen Sie diese Erweiterungskarte in den alten PC ein und installieren Sie die zugehörigen Treiber.
  - Schließen Sie nun die Festplatte mit dem Betriebssystem des alten PC an diese Karte an und testen Sie, ob der PC ganz normal hochfährt.
  - Bestücken Sie nun die neue Hauptplatine bzw. den neuen PC mit der zusätzlichen Steckkarte.
  - Stecken Sie die Festplatte vom alten PC zunächst an den Anschluss der zusätzlichen Karte.
  - Starten Sie Windows. Da die Treiber der Erweiterungskarte bereits installiert sind, sollte es keine Probleme geben.
  - Installieren Sie nun die Treiber für den Chipsatz der neuen Hauptplatine / des neuen PC.
  - Nun können Sie die Festplatte von der zusätzlichen Steckkarte an den Anschluss der Hauptplatine umstecken. Die Zusatzkarte wird nicht mehr benötigt und kann ausgebaut werden.
  - Bei Bedarf können Sie noch die Festplatte auf eine größere kopieren.

Beachten Sie die ausführlichere Anleitung im Buch „Computerhardware für Fortgeschrittene" und auf `eifert.net` unter „Hilfen" → „Hardware" → „Hauptplatine auswechseln".

Wenn all das nicht geht, bleibt Ihnen nur noch, die Betriebssystempartition zu löschen und Windows neu zu installieren. Anschließend installieren Sie alle Treiber und alle Ihre Anwendungen erneut. Kopieren Sie die Daten vom Backup zurück und verknüpfen Sie diese mit den Anwendungen.

5.4.6 Ein einziges defektes Bit kann Ihr Backup vernichten

Bei allen Vorteilen ist ein Image eine riskante Art der Datensicherung. In einer einzigen großen Datei werden tausende kleine Dateien zusammengefasst. Wenn ein Teil der Datei nicht mehr oder nicht richtig gelesen werden kann, bekommen Sie die Meldung „Die Image-Datei ist beschädigt" und es ist sehr wahrscheinlich, dass auch professionelle Datenretter scheitern werden.

Auf jeder Festplatte gibt es einige Stellen, die ein geschwächtes Lesesignal liefern. Bei der Herstellung gibt es Unterschiede in der Beschichtung mit dem Magnetmaterial. Dazu kommt die Abnutzung, z. B. durch leichte Kopfaufsetzer. Selbst bei fabrikneuen Festplatten wird eins von tausend Bits falsch gelesen. Die interne Fehlerkorrektur kann fast alle Fehler korrigieren. Hersteller Seagate gibt für Standardfestplatten eine verbleibende Fehlerhäufigkeit von 1 Bit pro 10^{14} an. Das entspricht einem Fehler in 24 Stunden, wenn die Festplatte ununterbrochen Daten liest. Die meisten Fehler sind zwar temporär, doch einige sind hartnäckig. Wenn von den zehntausenden einzelnen Dateien einer Windows-Partition eine nicht lesbar ist, ist das meist nicht schlimm: Falls Windows diese Datei vermisst, kann sie meist durch den **S**ystem**F**ile**C**heck repariert werden (mit `sfc /scannow` an der Eingabeaufforderung). Doch sobald das Image-Programm einen nicht lesbaren Sektor in der Image-Datei findet, bricht es ab und damit sind alle im Image gespeicherten Dateien gleichzeitig unbrauchbar.

Das gleiche Problem haben alle Programme, mit denen viele Dateien zu einer Datei zusammengefasst werden: Winzip und ähnliche, TrueCrypt und VeraCrypt. Generell steigt das Risiko, wenn Dateien komprimiert werden. Der Vorteil der Speicherplatzeinsparung wird durch höheres Risiko erkauft.

Das Risiko von Datenverlusten können Sie mit jeder Art von Verschlüsselung noch weiter steigern.

5.5 Recovery

Liegt Ihrem PC eine Systemwiederherstellungs-DVD, engl. Recovery-DVD oder Recovery-Disc bei? Mit einer funktionierenden Recovery-CD sind Sie alle Sorgen los – und Ihre Daten möglicherweise auch.

Der Hersteller hat den Auslieferungszustand des PC in einer komprimierten Datei, einem „Image", auf der Recovery-DVD und / oder in einer versteckten Partition auf der Festplatte gespeichert. Damit lässt sich der Zustand des PC beim Kauf wiederherstellen – allerdings ohne Ihre Daten. Einige Recovery-Programme warnen Sie vor dem bevorstehenden Datenverlust, manche bieten Ihnen sogar die Auswahl, ob Sie Ihre Daten behalten wollen oder nicht. Aber auch bei der Auswahl „Daten behalten" werden meist nur die Daten in den Ordnern „Eigene Dateien" geschützt. Ordner an anderen Orten werden möglicherweise gelöscht. Manche Hersteller legen Ihre Daten in einer komprimierten Datei ab und Sie müssen erst die Anleitung suchen, wie Sie nach der Neuinstallation Ihre Daten auspacken können.

Es ist sogar bei einzelnen Notebook-Modellen passiert, dass alle Partitionen der Festplatte gelöscht wurden, um die ursprüngliche Partitionierung wiederherzustellen. So wie gekauft – ohne Kompromisse.

Es ist also auf jeden Fall ratsam, alle bzw. wenigstens die wichtigsten Daten auf ein externes Medium zu sichern. Wenn Ihre Festplatte geteilt ist, werden möglicherweise auch die Daten auf D: und weiteren Partitionen gelöscht.

Nachdem Sie Ihre Daten gesichert haben, können Sie die Wiederherstellung starten.

Methoden

Windows 8 und 10

Wenn Sie zu Beginn des Startvorgangs die Taste F8 drücken, finden Sie unter „Computerreparaturoptionen" das **Win**dows **R**ecovery **E**nvironment (WinRE). Falls Windows nicht mehr startet, kann man alternativ von der Windows Installations-DVD starten. Nachdem Sie die Installationssprache bestätigt haben, finden Sie im nächsten Fenster die „Computerreparaturoptionen" mit den Recovery-Optionen.

Das Recovery Environment bietet zwei Möglichkeiten:

- Beim „Originaleinstellung wiederherstellen" kann man wählen, ob nur die Systempartition oder alle Partitionen gelöscht werden sollen. Anschließend hat man ein neu installiertes Windows.
- Beim „PC auffrischen" erfolgt keine Neuinstallation. Es werden „nur" die Systemdateien ersetzt, wobei die installierten Apps und Ihre Daten erhalten bleiben. Sie benötigen dafür einen Windows-Installationsdatenträger sowie das Passwort eines Benutzers mit Administratorrechten.

Nur noch wenige Notebooks und PCs werden mit einer Installations-DVD oder Recovery-DVD ausgeliefert. Doch mit Windows 8 und 10 kann man einen Minimal-Ersatz selbst erstellen. Geben Sie an der Eingabeaufforderung den Befehl „recoverydrive.exe" ein. Stecken Sie einen 8 GB großen USB-Speicherstick ein (Achtung! Wird gelöscht!). Mit diesem Stick können Sie später, wenn es notwendig wird, Windows reparieren oder den Neuzustand wiederherstellen. Mehr finden Sie auf `eifert.net` unter Hilfen → Datensicherung.

5.6 Festplatte klonen mit Acronis True Image

Booten Sie von der Acronis-DVD. Im Hauptmenü (Bild 5.3) wählen Sie „Tools & Utilities" (Extras und Werkzeuge) → „Clone Disk" (Laufwerk klonen), siehe Bild 5.12.

Nach einer Wartezeit müssen Sie zwischen automatischem oder manuellem Modus wählen. Weil ich keinem Programm blind vertraue, bevorzuge ich den manuellen Modus: Wenn sich die Automatik irrt, könnte der „Inhalt" der leeren Festplatte auf die volle Platte kopiert werden. Lieber wähle ich Quell- und Ziellaufwerk selbst aus.

Bild 5.13 zeigt das Auswahlfenster für das Quelllaufwerk (source hard disk).

Damit Ihnen kein Fehler unterläuft, haben Sie zwei Hilfen: Am unteren Rand wird die aktuelle Belegung der ausgewählten Festplatte angezeigt. Und wenn Sie mit der rechten Maustaste auf ein Laufwerk klicken und dann auf „Disk properties", sehen Sie genaue Angaben zum Laufwerk, bis zur Kopf- und Zylinderanzahl.

Bild 5.12: Menü Klonen

Nach „Next" und einer Wartezeit, die einige Minuten betragen kann, wählen Sie das Ziellaufwerk (target hard disk), siehe Bild 5.14. Die aktuelle Belegung des Ziels wird auch hier angezeigt.

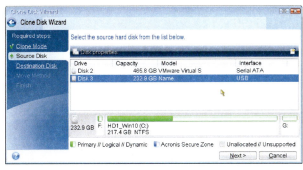

Bild 5.13: Klonen: Auswahl Quelle

Methoden

Nach „Next" wird Ihnen möglicherweise eine Warnung wie in Bild 5.15 angezeigt: Immer dann, wenn es auf der Ziel-Festplatte bereits Partitionen gibt. Bestätigen Sie mit „OK".

Als nächstes (Bild 5.16) können Sie wählen:

- „As is" (identisch kopieren) bedeutet, dass die Partitionsgröße beim Kopieren nicht verändert wird. Auf der neuen, größeren Platte bleibt der Teil ungenutzt, der die Kapazität der alten Festplatte übersteigt.

Bild 5.14: Klonen: Auswahl Ziel

- „proportional anpassen" ist meist die bessere Option. Alle Partitionen werden um den gleichen Faktor vergrößert, damit die Kapazität der Festplatte voll genutzt wird.

- „manuell" ist etwas aufwendig, aber erlaubt Ihnen, für jede Partition die optimale neue Größe einzustellen.

Bild 5.15: Klonen: Warnung

Auf Bild 5.17 wird zur Kontrolle die Belegung der Ziel-Festplatte vor und nach dem Kopieren gezeigt. Wenn alles richtig ist, klicken Sie auf „Proceed" (Ausführen).

Wenn die Quell-Festplatte eine MBR-Partitionstabelle hat und die Ziel-Festplatte größer als 2047 GB ist, wird Acronis das Partitionsschema in GPT (**G**UID **P**artition **T**able) umwandeln. Bei kleineren Ziel-Festplatten bleiben die MBR-Partitionen erhalten („`disk´s layout will remain MBR`") oder auch nicht – ich konnte noch keine Gesetzmäßigkeit finden, wann eine Umwandlung erfolgt und wann nicht.

Bild 5.16: Anpassung der Partitionsgrößen

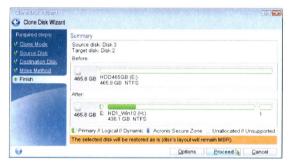

Beachten Sie, dass der PC ein UEFI-BIOS haben muss, um große Festplatten verwalten zu können. Mehr dazu siehe Kapitel 7.

Bild 5.18 zeigt den Fortschritt und die Restzeitprognose. Wenn Ihr Computer weniger als 5000 Euro gekostet hat, sollten Sie die geschätzte Restzeit vervierfachen, um eine realistische Wartezeit zu erhalten.

Bild 5.17: Vorschau der Planung

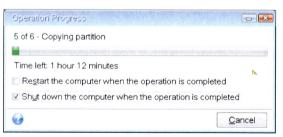

Sie können wählen, ob der Computer zum Abschluss heruntergefahren (shut down) oder neu gestartet werden soll. Ich empfehle, den Computer erst dann neu zu starten, wenn eine der beiden Festplatten entfernt ist. Wenn Windows beim Start zusätzliche Partitionen findet und die alten Partitionen unter anderen Laufwerksbuchstaben einsortiert werden, könnte Windows beschädigt werden.

Bild 5.18: Fortschrittsabzeige

Wenn Acronis in Bild 5.13 die neue Festplatte nicht findet, muss sie möglicherweise „initialisiert" werden. Falls das nicht automatisch geschieht, gehen Sie im Acronis-Hauptmenü auf „Tools & Utilities" (Extras und Werkzeuge) → „Add new drive" (Neues Laufwerk hinzufügen). Markieren Sie die neue Festplatte, „Weiter".

Eine wesentlich ausführlichere Anleitung finden Sie auf `eifert.net` unter Hilfen → Datensicherung.

STRATEGIEN

6 Welche Strategie schützt vor welchen Risiken?

Die Risiken kann man in drei Gruppen einteilen, die jeweils ganz verschiedene Strategien der Datensicherung erfordern.

- Spektakuläre Ausfälle, die mit Sicherheit sofort bemerkt werden: Der PC riecht verbrannt, die Festplatte klackert, das Notebook wurde gestohlen. Der Schaden ist meist verheerend.
- Kleine Verluste: Sie haben danebengeklickt und die Datei ist weg. Oder Sie haben beim Aufräumen ein wenig die Übersicht verloren und versehentlich zu viel gelöscht. Der Schaden ist meist überschaubar, kann aber trotzdem eine Menge Ärger verursachen.
- Schleichende Verluste bei der Langzeit-Archivierung.

6.1 Spektakuläre Ausfälle

Dass der Computer hinüber ist, wenn ein Blitz in die Stromleitung einschlägt, wird niemanden verwundern. Dass ein Stromausfall zum Datenverlust führen kann, ist ebenfalls vorstellbar. Es gibt unzählige weitere, unerwartete Möglichkeiten, alle seine Daten auf einen Schlag zu verlieren. Das Schicksal ist erfinderisch, in vielen Berufsjahren habe ich so manches erlebt. Ein kleiner Querschnitt, von gewöhnlichen zu extravaganten Vorfällen geordnet:

- Alle Computer der Firma wurden in der Nacht gestohlen.
- Ein Virus löschte die Festplatte.
- Ein Trojaner verschlüsselte alle Dokumente und Bilder. Den Code zum Entschlüsseln konnte man im Internet kaufen. Der Code hat 100 € gekostet, funktioniert hat er nicht.
- Die Benutzung eines ungeeigneten Hilfsprogramms oder die fehlerhafte Bedienung eines geeigneten Programms.
- Totalverlust durch falsche Benutzung von Partitionierungssoftware kommt häufig vor.
- Während der Reorganisation der Festplatte fiel kurz der Strom aus, die Daten waren verloren. Weitere Stromausfall-Varianten: Das falsche Stromkabel herausgezogen, den falschen Schalter betätigt, über das Kabel gestolpert, Notebook herunterfallen lassen.
- Reset-Taster, Netzschalter oder der Schalter der Steckdosenleiste wurden versehentlich betätigt. Außer mit dem Finger passierte es auch mit dem Knie, dem Fuß oder durch Anstoßen mit der Handtasche.
- Durch das Anstecken einer externen USB-Festplatte oder eines Speichersticks änderten sich die den Partitionen zugewiesenen Laufwerksbuchstaben. Das führte zu Verwechslungen. Statt der externen Festplatte wurde irrtümlich die interne Festplatte gelöscht.
- Ein Kunde kopierte ein Video. Als die Festplatte voll war, wurde wegen eines Programmierfehlers im Microsoft-Dateisystem am Anfang der Festplatte weitergeschrieben. Die Verwaltungstabellen waren verloren und damit der ganze Inhalt der Festplatte.
- Vor einer geplanten Neuinstallation hatte der Kunde sorgfältig seine Daten gesichert und dann den Fahrer beauftragt, den PC zum Händler zu bringen. Der Händler löschte wie abgesprochen die Festplatte und installierte das Betriebssystem neu. Leider hatte der Fahrer einen falschen PC in die Werkstatt gebracht.
- Die neue, schnelle Festplatte wurde in ein zu kleines Computergehäuse eingebaut und dieses Gehäuse wurde in ein enges Fach unter der Kasse verstaut. Durch den Wärmestau war es im PC ständig zu heiß, schon nach sechs Wochen war die neue Festplatte defekt.
- Ein Kurzschluss in der Hausstromversorgung zerstörte das Netzteil, welches im Todeskampf die gesamte Elektronik zerstörte. Nur der CPU-Lüfter und das Blech vom Gehäuse hatten überlebt.
- Der eingeschaltete PC stand unbeaufsichtigt unter dem geöffneten Fenster und wurde während eines heftigen Gewitters nass.

STRATEGIEN

- Durch einen Rohrbruch im Heizungsrohr wurde der eingeschaltete, unbeaufsichtigte PC besprüht.
- Ein Netzwerkkabel zwischen den Etagen verlief im Abstand von 10 Metern parallel zum Blitzableiter. Ein Blitzeinschlag induzierte eine Überspannung im Netzwerkkabel und verwandelte alle direkt angeschlossenen Netzwerkgeräte in rauchenden Schrott.

Ergänzend noch einige Vorfälle in Firmen:

- Im Serverraum fiel die Klimaanlage aus. Der Temperaturanstieg zerstörte mehrere Festplatten.
- Der Behälter für das Kondenswasser der Klimaanlage wurde nicht rechtzeitig geleert. Das Wasser lief über und tropfte in den darunter stehenden Server.
- Eine harmlos scheinende Installation eines Druckertreibers führte zu einem Serverabsturz. Dabei gingen die Daten des RAID-Systems unrettbar verloren.
- Vor der Neuinstallation eines PC sollte die Festplatte formatiert werden. Vorher wurden die Daten auf eine externe Festplatte kopiert, welche üblicherweise für die nächtliche Datensicherung des Servers verwendet wird. Die Neuinstallation wurde bis zum Feierabend nicht fertig. Ein Warnhinweis auf der Festplatte unterblieb. Ein uneingeweihter Kollege steckte abends die Festplatte routinemäßig an den Server an, und in der Nacht wurden die Daten des PC mit dem Server-Backup überschrieben.
- Die Putzfrau zog wahllos irgendeinen Stecker heraus, um den Staubsauger anschließen zu können. Leider war es der Stecker des Hauptservers, der keine Notstromversorgung hatte. Ähnliches passierte einem Hausmeister, als er eine Steckdose für die Bohrmaschine brauchte.
- Der Elektriker drehte die falsche Sicherung heraus.

Wenn Sie weitere Horrorgeschichten hören wollen, fragen Sie einen Computerhändler oder Ihre Versicherung. Oder schauen Sie einmal in die gruselig-amüsante „Hall of Fame" des Datenretters Ontrack:
https://www.krollontrack.de/unternehmen/pressemitteilung/best-of-datendesaster-2013/
http://www.searchstorage.de/sonderbeitrag/Kroll-Ontrack-Top-10-skurriler-Datenverluste

Gegen derartige „sofort bemerkbare Schäden" hilft eine tägliche oder ausreichend häufige Datensicherung, verbunden mit einer auswärtigen Lagerung der Sicherungsmedien.

In die Kategorie der Totalverluste gehören auch Nachlässigkeit bei Reparaturen. Viele (vorwiegend junge) Leute benutzen ihren PC nur zum Spielen, Chatten und Surfen. Daten haben sie nicht, außer vielleicht dem letzten Spielstand. Sie sind es gewohnt, bei Problemen einfach mal die Festplatte zu formatieren und Windows neu zu installieren. Wenn Sie einen netten Neffen oder Nachbarn um Hilfe bitten, machen Sie ihm deutlich, dass Sie an Ihren Daten hängen!

Erstaunlicherweise gibt es auch Existenzgründer in der Computerbranche, die aus Gedankenlosigkeit oder purer Unfähigkeit die Daten ihrer Kunden löschen. Eine typische Ausrede: „Ich konnte doch nicht wissen, dass auf dem PC Daten sind! Das hätten Sie mir sagen müssen!"

Sichern Sie also vor jeder Reparatur Ihre Daten. Wenn das nicht mehr möglich ist, versehen Sie den PC mit einem **gut klebenden** Warnhinweis. Ein mündlicher Hinweis auf die Existenz wichtiger Daten reicht manchmal nicht aus. Überreden Sie den Servicetechniker, Ihre Daten sofort, in Ihrem Beisein zu sichern (weil Sie die Daten brauchen, um an einem anderen PC weiterzuarbeiten)!

6.2 Kleine Verluste

Verluste, die erst nach Stunden, Tagen oder Monaten entdeckt werden, sind ein großes, meist unterschätztes Problem. Wie kann es dazu kommen?

6.2.1 Beschädigte Verwaltungstabellen

Durch einen Windows-Absturz kann es zu Problemen in der Verwaltung des Dateisystems kommen. Wenn es eine Datei betrifft, die gerade in Benutzung war, merkt man das meist nach dem nächsten Start. Manchmal erwischt es zufällige Dateien. Vielleicht merken Sie es am nächsten Tag oder ein halbes Jahr später, dass die Datenbank Ihres Lohnsteuerprogramms kaputt ist.

Noch schlimmer ist es, wenn die Verwaltungstabellen der Festplatte beschädigt werden. Das passiert häufiger, als man denkt. Wie kann so etwas passieren?

Am Beginn der Festplatte befindet die **F**ile **A**llocation **T**able (FAT). Das ist eine Liste, wo genau sich jedes Stück jeder Datei befindet. Nach jedem Schreibvorgang müssen diese Tabellen entsprechend geändert werden. Die Magnetköpfe müssen dazu jedesmal zeitaufwendig an den Anfang der Festplatte bewegt werden. Im Interesse einer höheren Geschwindigkeit sammelt Windows alle Schreibaufträge im Arbeitsspeicher in einem sogenannten Schreibcache. Mehrere aufeinanderfolgende Schreibaufträge für den gleichen Bereich der Festplatte finden zunächst nur im Cache statt, wodurch der Inhalt der Festplatte immer mehr „veraltet". Wenn sich genügend Schreibaufträge angesammelt haben oder wenn die Festplatte gerade nichts zu tun hat, werden die Daten zur Festplatte geschickt. Bei einem Absturz kann Windows die Festplatte nicht auf den neuesten Stand bringen. Dadurch gehen Daten verloren, wobei Schäden in den Verwaltungstabellen der Festplatte häufig schwerwiegend sind.

Auch die Festplatte hat einen Pufferspeicher, den „Cache". Wenn Windows die Daten zur Festplatte geschickt hat, landen sie zunächst in deren Cache-RAM. Wenn die Festplatte in kurzem Abstand mehrere Schreibaufträge erhält, kann die Festplattenelektronik die Reihenfolge der Aufträge ändern, um die zeitaufwendigen Bewegungen der Magnetköpfe zu optimieren. Doch wenn der Strom ausfällt, sind auch diese gepufferten Daten weg.

Mitunter hilft es, den PC im abgesicherten Modus (nur Eingabeaufforderung) oder von einer geeigneten Live-CD zu booten und mit dem Befehl `chkdsk c: /f` eine Reparatur des Dateisystems zu versuchen.

6.2.2 Die größte Bedrohung befindet sich zwischen Stuhl und Bildschirm

Es gibt aber noch zahlreiche weitere Möglichkeiten, Daten zu verlieren. Einige Beispiele:

- Sie haben beim Aufräumen die Übersicht verloren und löschen versehentlich wichtige Daten.
- Sie tragen irrtümlich falsche Werte in eine Kalkulationstabelle ein. Wenn Sie es bemerken, ist der Zettel mit den korrekten Werten schon geschreddert.
- Sie löschen versehentlich eine Datei oder Sie verändern versehentlich ein Dokument. Sie merken das erst nach Tagen oder Monaten, wenn Sie die Datei das nächste Mal brauchen.
- Sie haben eine Datei gelöscht, von der Sie sicher waren, sie würde nicht mehr benötigt. Doch plötzlich wird sie vom Chef oder von der Steuerprüfung benötigt.
- Sie haben Dateien auf eine mehrtägige Dienstreise mitgenommen, um daran zu arbeiten. Die in der Firma verbliebene Datei ist zwischenzeitlich von einer Kollegin auf den neuesten Stand gebracht worden. Zurück von der Reise, kopieren Sie die Datei mit Ihren Änderungen zurück auf den Firmen-PC. Ohne es zu bemerken, überschreiben Sie dabei die Arbeit Ihrer Kollegin.
- Eine Woche lang haben Sie an einem Dokument herumgeändert und entscheiden schließlich, dass eine frühere Version die bessere war.
- Windows hat ein Update ausgeführt und kündigt einen Neustart in 15 Minuten an. Wenn Sie am Platz gewesen wären, hätten Sie den Neustart auf später verschieben können. Doch das haben Sie verpasst. Windows führt den Neustart durch, wobei nicht gesicherte Dateien verloren gehen können.

Solche Verluste treten recht häufig auf. Oft ist der Zeitpunkt des Verlustes nicht feststellbar, er kann lange zurückliegen. Der Schaden kann im Einzelfall gering sein, ist aber trotzdem ärgerlich. Gegen derartige „schleichende" Schäden hilft eine häufige, regelmäßige Sicherung, verbunden mit einer **möglichst langen Aufbewahrung** der Sicherungsmedien. Idealerweise sollte eine Firma täglich alle Daten sichern und ausgewählte Sicherungsmedien längere Zeit außer Haus aufbewahren. Privat genügt vermutlich eine wöchentliche oder monatliche Sicherung.

6.2.3 Irrtümer

Auch erfahrene Nutzer haben schon versehentlich Daten gelöscht.

Viele Nutzer glauben, dass der Windows-Papierkorb alle Ordner oder Dateien sichert. Doch das ist ein Irrtum.

- Der Papierkorb hat eine beschränkte Größe, je nach Windows-Version 5 % oder 10 % der Partitionsgröße (mit einem Rechtsklick auf den Papierkorb und anschließendem Linksklick auf „Eigenschaften" können Sie die Größe verändern). Wenn der Papierkorb voll ist, wird das „zuunterst" Liegende endgültig entsorgt.
- Große Dateien gelangen nicht in den Papierkorb. Ab einer bestimmten Dateigröße erscheint ein Fenster, das die endgültige Löschung ankündigt.
- USB-Sticks und Speicherkarten werden vom Papierkorb nicht geschützt.
- Von Zeit zu Zeit löscht die „Datenträgerbereinigung" vermeintlich unnötige Dateien. Wenn man die Voreinstellungen nicht ändert, wird der Papierkorb dabei routinemäßig gelöscht.

Die Verfügbarkeit von kostenlosen und preiswerten Datenrettungsprogrammen nebst zugehöriger Werbung bringt viele unerfahrene Nutzer auf die Idee, es wäre ganz einfach, gelöschte Dateien wiederherzustellen. Und dann macht der „normale" Nutzer einen Fehler nach dem anderen:

1. Eine Datenrettungssoftware wird im Internet gesucht und heruntergeladen, dabei entsteht eine große temporäre Datei.
2. Die heruntergeladene Software wird installiert, weitere neue Dateien belegen Festplattenplatz.
3. Nach der Installation wird Windows neu gestartet, dabei werden weitere temporäre Dateien und Protokolldateien erstellt. Wenn Sie schon einmal gesehen haben, wie viele Einträge Windows beim Herunterfahren und Neustarten im Ereignisprotokoll `eventvwr.msc` erstellt, dann wissen Sie, was ich meine.
4. Ein Ordner für gerettete Dateien wird erstellt und anschließend mit Dateifragmenten gefüllt.

Worin bestehen hier die Fehler?

Wenn Sie eine Datei löschen, ersetzt Windows den ersten Buchstaben des Dateinamens im Directory durch ein spezielles Kennzeichen und markiert die von der Datei belegten Cluster (Verwaltungseinheiten) als freigegeben. Noch ist der frühere Dateiinhalt vorhanden. Um die Datei wiederherzustellen, braucht man „nur" den Eintrag im Directory zu reparieren. In diesem Eintrag ist auch die Nummer des ersten Clusters angegeben, die von der Datei benutzt worden ist. Falls die Datei mehrere Cluster belegt hatte, sind deren Nummern nicht wiederherstellbar. Manchmal hat man Glück, dass die Datei in aufeinanderfolgenden Clustern gespeichert ist. Eine Verwaltungseinheit ist je nach Partitionsgröße meist 4096 Byte groß. Ein Foto oder eine .mp3-Datei sind typisch tausend Mal größer. Was meinen Sie, wie oft es Windows gelingt, beim Speichern eines Fotos tausend unmittelbar aufeinanderfolgende freie Cluster zu finden?

Sobald Windows Speicherplatz für eine Datei braucht, wird die erste freie Stelle seit dem Beginn der Partition gesucht und benutzt. Vorhandene frühere Inhalte werden dabei überschrieben. Die Wahrscheinlichkeit ist hoch, dass freigewordene Bereiche der Festplatte durch den Download einer Datenrettungssoftware und die anschließende Installation sehr bald überschrieben werden. Darum ist eine Grundregel für die Datenrettung: Auf die Festplatte mit den zu rettenden Daten darf **nichts** geschrieben werden! Sie sollte als zweite Platte an einen anderen PC angesteckt werden, auf dem die gewünschten Datenrettungsprogramme bereits installiert sind. Oder man startet den PC von einer vorsorglich erstellten Rettungs-DVD und benutzt ein vorsorglich bereitgehaltenes portables Datenrettungsprogramm.

6.3 Verluste bei der Langzeit-Archivierung

6.3.1 Lebensdauer digitaler Daten

Sie möchten im Alter die Musik hören können, nach der Sie in der Jugend getanzt haben? Ihr Hochzeitsfoto und den Film, als Ihr Kind die ersten Schritte machte, möchten Sie ein halbes Jahrhundert später Ihren Enkeln und Urenkeln zeigen können?

Sie haben ein Problem. Ein sehr großes Problem.

- Sie holen eine fünfzehn Jahre alte Foto-CD aus dem Schrank und müssen feststellen, dass sich die Schicht abgelöst hat.
- Ihr alter Brenner war nicht mehr im Bestzustand und Sie haben es nicht rechtzeitig gemerkt. Sie haben nun einen neuen PC oder einen neuen Brenner, doch der kann die mit dem alten Brenner gebrannten Scheiben nicht lesen.
- Ihre neue Software kann die alten Dateien nicht öffnen. Die alte Software hätte die Daten lesen können, aber sie lässt sich auf Ihrem neuen Computer nicht installieren.

Nicht nur Sie haben ein Problem. Es trifft auch große Firmen mit wichtigen Daten. 10 % bis 20 % der NASA-Datenbänder von der 1976er Viking-Mission zum Mars haben signifikante Fehler. Was glauben Sie, wie viele Milliarden Dollar diese Mission gekostet hat?

Die digitale Welt wird vermutlich noch lange eine Welt der flüchtigen Informationen bleiben. Die beliebten Datenträger CD und DVD werden innerhalb weniger Jahre unbrauchbar. Selbst bei optimaler Einlagerung verlieren Festplatten und Magnetbänder die Magnetisierung. Externe Festplatten haben eine erschreckend hohe Ausfallrate. Die Haltbarkeit der Daten auf USB-Sticks ist nicht groß, Datenverluste sind häufig. Schon ein einziges falsches Bit kann eine Datei für normale Nutzung unbrauchbar machen. In fünfzig Jahren wird der Großteil der heutigen Daten verloren sein.

Ein klassisches Schwarz-Weiß-Foto auf gutem Fotopapier hat eine Haltbarkeit von mehr als 100 Jahren, auch Farbfotos auf hochwertigem Material haben eine brauchbare Haltbarkeit. Bedingung ist aber, dass sie im Dunkeln und nicht zu warm gelagert werden. Aber selbst wenn zahlreiche kleine Beschädigungen auftreten, bleibt ein Text, Bild oder Musikstück noch verwendbar.

In der ersten Hälfte des 20. Jahrhunderts waren viele Papiersorten säurehaltig und sind daher nur sehr begrenzt haltbar. Heutige Papiere sind weitgehend säurefrei. Für die Archivierung sollte man gezielt nach hochwertigen Materialien suchen. Hochwertiges Papier, mit einem Laserdrucker bedruckt, hat eine sehr gute Chance auf Langlebigkeit. Einige Hersteller von Tintendruckern machen Langzeittests mit ihrer Tinte und ihren Spezialpapieren und erreichen ebenfalls eine recht hohe Haltbarkeit.

Eins haben Fotos, Papier, Magnetbänder und optische Datenträger gemeinsam: Wärme und Licht verkürzen die Haltbarkeit drastisch, eine direkte Sonneneinstrahlung wirkt geradezu verheerend. Die Verwendung billiger Materialien reduziert ebenfalls die Haltbarkeit.

6.3.2 Kopieren, kopieren, kopieren ...

Es gibt zwei bewährte Verfahren, um Informationen dauerhaft haltbar zu machen.

Die erste Methode wurde bereits von den Pharaonen verwendet. Sauber in Stein gemeißelt und vor Umwelteinflüssen gut geschützt (z. B. im Inneren einer Pyramide), bleibt die Information nahezu ewig erhalten, zumindest sind einige tausend Jahre kein Problem.

Die zweite bewährte Methode wurde jahrhundertelang von Priestern und Mönchen benutzt und ist im Computer-Zeitalter aktueller denn je: Ganze Bibliotheken wurden wieder und wieder und wieder präzise abgeschrieben. Die Bibel abzuschreiben dauerte etwa drei Arbeitsjahre. Die Kopien wurden weiträumig an europäische Klosterbibliotheken verteilt.

So haben einige von der ungeheuren Anzahl dieser Kopien alle Kriege, Feuersbrünste, Naturkatastrophen sowie den „Zahn der Zeit" überlebt. Diese Methode ist noch immer aktuell. In einigen der großen digitalen Bibliotheken sind Roboter damit beschäftigt, Datenträger automatisch zu duplizieren. Wenn der Roboter das Ende des Bestandes erreicht hat, fängt er von vorn an.

In Ermangelung an Granit und Zeit und weil Stellplätze für Pyramiden hierzulande schwer zu finden sind, bleibt für den Alltagsgebrauch nur die zweite Methode:

- Alle paar Jahre neue Kopien anfertigen, aber die früheren Medien nicht wegwerfen.
- Die Datenträger nicht alle an einem Platz aufbewahren.

Nur kopierte Daten sind sichere Daten.

6.3.3 Lebensdauer von Datenträgern

Magnetische Festplatten

Interne Festplatten haben eine Lebensdauer von drei bis acht Jahren, falls sie nicht mehr als etwa 40 Stunden pro Woche genutzt werden und falls das Gehäuse geeignet ist, die Festplatte auf niedriger Temperatur zu halten. Die Lebensdauer von Notebook-Festplatten ist deutlich geringer, weil sie in den kompakten Gehäusen recht heiß werden, außerdem sind Erschütterungsschäden nicht selten. Externe Festplatten leiden unter Erschütterungen und neigen in den kleinen Gehäusen zur Überhitzung, besonders wenn das Gehäuse aus Plaste ist. Ihre Lebensdauer ist meist kürzer als die von internen Festplatten.

Wie lange überleben die Daten auf einer externen Festplatte, die ausgeschaltet an einem sicheren Ort aufbewahrt wird? Verschleiß, Hitze und Erschütterungen entfallen. Doch es gibt weitere Risiken: mechanische, chemische und magnetische.

Wird eine Festplatte sehr lange nicht benutzt, können die Schmierstoffe verharzen oder sich entmischen (ausbluten). Die Lager werden schwergängig und der Motor schafft es nicht mehr, die Scheiben zu drehen. Dieser Effekt wird „Sticky Disk" genannt (Sticky bedeutet „verklebt" oder „schwergängig").

Jede elektronische Schaltung benötigt Kondensatoren zur Energiespeicherung. Sie sorgen dafür, dass trotz ständig schnell wechselnden Energiebedarfs die Versorgungsspannungen konstant bleiben. Meist werden **El**ektrolyt**ko**ndensatoren, kurz „Elko", verbaut. Elkos dürfen nicht beliebig lange unbenutzt bleiben. In einem eingeschalteten PC fließt durch einen Elko ständig ein kleiner Verluststrom, „Reststrom" genannt. Wenn Elkos längere Zeit spannungsfrei sind, finden im Inneren chemische Prozesse statt. Beim nächsten Einschalten fließt deshalb zunächst ein größerer Reststrom. Normalerweise stört das nicht. Der Elko regeneriert sich innerhalb einiger Minuten oder Stunden. Je länger die stromlose Lagerung gedauert hat, desto höher ist der Reststrom. Werden Elkos nach mehrmonatiger Lagerung unter Spannung gesetzt, fließt ein hoher Anfangsstrom, der fast an einem Kurzschluss heranreichen kann. Der Elko erwärmt sich stark, das Elektrolyt verdunstet schneller und der Elko ist seinem Lebensende ein großes Stück nähergerückt. Der kritische Zeitraum bei hochwertigen Elkos liegt bei zwei Jahren, aber handelsübliche externe Festplatten sind nicht mit hochwertigen Elkos bestückt. Gehen Sie davon aus, dass sechs Monate ohne Spannung gerade noch ungefährlich sind. Schließen Sie deshalb mehrmals pro Jahr die Festplatte an einen PC an.

Ein weiteres Problem: Die Bits auf einer Festplatte sind so winzig und liegen so dicht hintereinander in der Spur, dass sie sich allmählich gegenseitig schwächen. Dazu kommt noch das Erdmagnetfeld, das schwach, aber ausdauernd auf die Bits einwirkt. Sie kennen das Problem: Schraubendreher und andere Magnete verlieren im Laufe der Jahre ihre Kraft. Je kleiner der Magnet, desto schneller geht die Magnetisierung verloren.

Was kann man tun, um die Magnetisierung aufzufrischen? Kopieren Sie etwa alle drei Jahre die Daten auf eine andere Festplatte oder Partition, formatieren Sie die nunmehr „freigeräumte" Festplatte oder Partition und kopieren Sie die Daten zurück. Wenn Sie keine andere Festplatte geeigneter Kapazität haben, legen Sie auf der externen Festplatte einen neuen Ordner an und kopieren Sie die Daten in den neuen Ordner.

Nach Kontrolle der Vollständigkeit (Rechtsklick auf beide Ordner, Linksklick auf „Eigenschaften") löschen Sie den alten Ordner. Achtung! Die Daten nicht „verschieben", weil Windows beim Verschieben nicht die Daten bewegt, sondern nur die Ordner aktualisiert. Vorsicht! Bei größeren Datenmengen sollten Sie nicht alles auf einmal kopieren und Pausen einlegen, damit die Festplatte sich nicht zu stark erhitzt.

„DiskFresh" von `http://www.puransoftware.com/DiskFresh.html` scheint die optimale Lösung zu sein. Die Software liest jeden Sektor einer Partition oder Festplatte und schreibt ihn auf die gleiche Stelle zurück. Es gibt auch einen Nur-Lese-Modus, mit dem die Festplatte überprüft werden kann.

USB-Speichersticks, Speicherkarten und SSD-Festplatten

Zur Informationsspeicherung werden winzige Kondensatoren benutzt, die mit einer dünnen Isolierschicht, dem „Gate", abgeschlossen sind. Je dicker das Gate, desto besser die Isolierung und desto weniger Ladung geht im Laufe der Jahre verloren. Andererseits – je dünner das Gate, desto schneller kann der Speicher beschrieben werden. Es muss ein Kompromiss gefunden werden. Wie der wohl aussieht? Eine hohe Schreibgeschwindigkeit ist wichtig für die Werbung. Mit der vermuteten Lebensdauer werben die Hersteller nicht.

Auf die Frage, wie lange Informationen auf einer stromlosen SSD erhalten bleiben, antwortete Samsung: *„SSDs sind ... für die **tägliche** Nutzung ... konzipiert. Konkrete Aussagen, wie lange Daten auf einer stromlosen, nicht genutzten SSD gehalten werden können, sind daher nicht möglich. Einflussfaktoren sind hier die Kapazität, Nutzungsintensität ... sowie die Lagerungsbedingungen, insbesondere die Raumtemperatur."*
Siehe: http://www.channelpartner.de/a/haendler-fragen-die-ssd-experten-von-samsung-antworten-teil-1,3041954?tap=0708e9ccc96632278b21010225f2980d&r=463652022246228&lid=320228&pm_ln=101

Wenn auf eine SSD regelmäßig Daten geschrieben werden, sorgt der Speichercontroller dank des „Wear Leveling" dafür, dass alle Blöcke aufgefrischt werden. Dazu müssen pro Jahr mindestens so viele Daten auf die SSD geschrieben werden wie die Gesamtspeicherkapazität der SSD beträgt. Die Controller von USB-Speichersticks und Speicherkarten verfügen nicht über Wear Leveling, deshalb sollten Sie einmal jährlich die Daten sichern, den Speicher formatieren und die Daten zurückkopieren.

Optische Datenträger

CDs und DVDs verlieren nach zwei bis fünf Jahren die ersten oder auch alle Daten, vielleicht auch schon nach einem Jahr. Schon ein einziges kaputtes Bit kann eine Datei unbrauchbar machen. Ein einziges kaputtes Bit in den Verwaltungstabellen kann Sie den gesamten Inhalt des Datenträgers kosten. Wenn Sie nichts unternehmen, wird in zwanzig Jahren der Großteil Ihrer Daten verloren sein.

Bei Dokumenten von besonderer Wichtigkeit sollte man über eine zusätzliche nicht-digitale Kopie nachdenken. Papier und Fotos sind relativ lange haltbar und überstehen ein halbes oder ganzes Jahrhundert in brauchbarer Qualität. Ein Text oder ein Bild ist selbst mit Knicken, Flecken und verblassten Farben immer noch verwendbar und erkennbar.

Möglicherweise haben Sie hier eine Statistik erwartet, wie lange durchschnittlich eine CD, eine DVD oder ein USB-Stick lesbar bleiben. Doch so eine Statistik habe ich nicht. Eine mehrtägige Suche im Internet hat keine vertrauenswürdigen Zahlen ergeben. Wahrscheinlich wird es so eine Statistik nie geben. Warum?

Die Hersteller testen die Lebensdauer ihrer Medien unter Prüfbedingungen, von denen sie glauben bzw. spekulieren, dass eine einmonatige Lagerung bei erhöhter Temperatur einer Alterung von 10 Jahren unter Normalbedingungen entspricht. Es gibt aber nicht allzu viele zehn Jahre alte Exemplare, an denen man überprüfen könnte, ob die zehn Jahre früher gemachten Spekulationen über deren Haltbarkeit zutreffen. Selbst wenn ein Hersteller nach zehn Jahren eine Statistik erstellt, wie viele seiner Datenträger überlebt haben – was würde es ihm oder Ihnen nützen? Die Fertigungstechnologie ist inzwischen mehrmals umgestellt worden, die alten Erkenntnisse sind auf die gegenwärtige Produktion kaum anwendbar.

Fachzeitschriften testen die Medien ebenfalls. Diese Tests sind recht gründlich und die Ergebnisse sind nicht durch Herstellerinteressen verfälscht. Wenn einer der Hersteller in der Fachzeitschrift eine mehrseitige Anzeige schaltet, wird das Testergebnis davon selbstverständlich nicht beeinflusst. Oder?

Langzeitarchivierung

Aber auch die Fachzeitschriften arbeiten mit Vermutungen, wie man aus einige Tage andauernden Tests Rückschlüsse auf mehrere Jahre ableiten kann.

Eine glaubwürdige Statistik würde voraussetzen, dass die Medien zehn Jahre lang unter reproduzierbaren, typischen Bedingungen benutzt und aufbewahrt worden sind. Was sind aber typische Bedingungen? Eine Aussage des Herstellers, dass die Lagerung bei 10 °C und maximal 20 % Luftfeuchte eine zehnjährige Haltbarkeit sichert, nützt Ihnen gar nichts – oder kennen Sie jemanden, der sich eine Klimakammer zugelegt hat, um die DVDs entsprechend den Herstellerempfehlungen lagern zu können? (Im Kühlschrank ist es zu kalt und zu feucht.)

Wenn es zuverlässige Daten über mittlere Haltbarkeit gäbe – was würden sie Ihnen nützen? Selbst wenn Sie einem Werbeversprechen „mehr als 95 % der DVDs halten mindestens drei Jahre" glauben, wissen Sie nicht, ob Sie eine Packung von den 5 % oder eine von den 95 % gekauft haben. Wenn Sie Pech haben, ist die DVD schon am nächsten Tag kaputt. Wenn ein Hersteller seine DVDs mit der Aufschrift „Drei Jahre garantierte Haltbarkeit" bedrucken würde – was würde es Ihnen nutzen, wenn Sie im Garantiefall nach dem Ausfüllen und Einschicken einer Schadensmeldung kostenlos einen neuen Rohling bekämen? Die Briefmarke für das Einschicken des defekten Rohlings ist teurer als ein Rohling, und auf den Kosten einer Datenrettung bleiben Sie ohnehin sitzen.

Sie haben die Vergleichstests studiert und die Rohlinge vom Testsieger gekauft. Sind Sie nun auf der sicheren Seite? Leider nein. Die großen Hersteller betreiben mehrere Werke. Getestet wurden vielleicht die Rohlinge aus Malaysia, und Sie haben eine Woche später Rohlinge gekauft, die in Bangladesch produziert wurden. Vielleicht ist das dortige Werk schon älter und die Fließbänder etwas verschlissen? Immerhin können Sie davon ausgehen, dass Markenhersteller ihre Fließbänder stoppen, wenn die Qualität zu weit absinkt. Die verschlissene Produktionsanlage wird dann von einem No-Name-Hersteller billig aufgekauft und weiter betrieben, bis sie endgültig auseinanderfällt.

Die Lebensdauer der Daten hängt ganz entscheidend von der richtigen Lagerung ab. Lagern Sie alle Ihre DVDs stehend, im Dunkeln, bei einer Temperatur unter 25 °C und einer Luftfeuchtigkeit von maximal 80 %? Eine DVD im Hochsommer auf dem Tisch am Fenster eine Woche lang in der Sonne liegen gelassen – das kann's schon gewesen sein.

Der Zufall ist nicht zu unterschätzen. Von der gesamten Kapazität einer Daten-CD entfallen 47 % auf die Daten und 53 % auf Zusatzinformationen für Fehlerkorrektur, Codierung und Synchronisation. Eine Scheibe kann daher eine Unmenge kleiner Kratzer verkraften. Allerdings kann unter unglücklichen Umständen ein einziger Kratzer die CD unlesbar machen. DVDs verwenden ein besseres Fehlerkorrekturverfahren als CDs. Andererseits sind die Strukturen einer DVD viel feiner.

Jedoch in zwei Punkten stimmen alle Tests überein: Wärme ist schädlich. Und die Verwendung von Markenware im Vergleich zu No-Name-Material erhöht die Lebensdauer drastisch (ich spekuliere einmal: auf das Zwei- bis Dreifache). Von meinen Markendisketten aus den Jahren ab 1983 waren zwei Drittel im Jahr 2005 noch problemlos und vollständig lesbar, von den Billigdisketten war nur jede zehnte noch lesbar. Allerdings kann auch einem Markenhersteller eine Charge misslingen.

Es gilt „Murphys Gesetz": Je wertvoller die Daten, desto wahrscheinlicher gehen sie verloren.

Es gibt ein Verfahren, die Lebensdauer der Aufzeichnung deutlich zu erhöhen. Brennern der Firma LG liegt ein Programm „SecurDisk" bei. Wer ein Brennermodell einer anderen Firma hat, kann das ähnliche Programm DVDISASTER von http://dvdisaster.net/de/index.html kostenlos herunterladen. Diese Programme nutzen einen Teil der Kapazität des Rohlings, um zusätzliche Fehlerkorrekturdaten zu speichern. Mit deren Hilfe sind Daten auch dann noch mit einer hohen Wahrscheinlichkeit wiederherstellbar, wenn der Datenträger bereits Lesefehler verursacht. Die Sicherheitsstufe der Fehlerkorrektur ist einstellbar, mindestens 15 Prozent der Kapazität des Rohlings werden benötigt. Allerdings ist eine solcherart erzeugte DVD auf einem PC ohne das verwendete Verschlüsselungsprogramm nicht lesbar. Deshalb sollten Sie rechtzeitig vom Programm dvdisaster eine Kopie bereitlegen, falls das Programm in zwei Jahren nicht mehr im Internet zu finden ist.

6.3.4 Langlebige Medien

DVD-RAM

Eine sehr interessante, aber leider wenig bekannte Scheibe ist die DVD-RAM. Auf der Oberfläche erkennt man kleine Rechtecke: die Sektormarkierungen. Durch diese Markierungen kann jeder Sektor zielgenau erreicht, geschrieben und gelesen werden. Jeder Sektor kann einzeln gelöscht und einzeln geschrieben werden.

Jeder Sektor wird unmittelbar nach dem Beschreiben von der Laufwerkselektronik kontrollgelesen und verglichen. Problematische Sektoren werden als defekt markiert und zukünftig nicht mehr verwendet. Es gibt daher keine unbemerkten Schreibfehler, wie sie bei DVD–RW und DVD+RW auftreten können. Die Hersteller geben eine Haltbarkeit von mindestens 30 Jahren an.

Bild 6.1: Sektormarkierungen auf einer DVD-RAM

Kann Ihr Brenner DVD-RAM beschreiben? Das ist höchst wahrscheinlich. Etwa seit 2004 werden fast ausnahmslos Multifunktionsbrenner verkauft, die sowohl jeden CD-Typ als auch jeden Typ DVD schreiben und lesen können.

Magneto-Optische Laufwerke („MO")

Ähnlich wie bei Festplatte und Diskettenlaufwerk werden Informationen gespeichert, indem eine Magnetschicht in der benötigten Polarität magnetisiert wird.

Die Magnetschicht besteht aus einem magnetisch sehr „harten" Material, das heißt: Man benötigt ein extrem starkes Feld zum Ummagnetisieren. Extrem stark bedeutet einerseits, dass solche Feldstärken nur in wissenschaftlichen Speziallabors erzeugt werden können. Andererseits sind derart aufgezeichnete Informationen sicher vor Zerstörungen, weil alle im täglichen Leben vorkommenden Magnetfelder wesentlich schwächer sind. Doch wie beschreibt man ein magnetisch so „hartnäckiges" Material ohne ein Speziallabor? Indem ein Laser die Fläche, die dem zu beschreibenden Bit entspricht, bis fast auf die „Curie-Temperatur" erhitzt (je nach Material 160 bis 200 Grad Celsius). Bei dieser Temperatur genügt ein schwaches Magnetfeld, um das Bit in der benötigten Polarität zu magnetisieren.

Ein großer Vorteil dieser Technologie ist, dass der Magnetkopf beim Schreiben und auch beim Lesen einen relativ großen Abstand von der Platte halten kann. Die bei Festplatten gefürchteten Kopfaufsetzer kommen bei MO-Discs nicht vor. Zwar umfasst das Magnetfeld durch den großen Abstand mehrere Bits, aber das stört nicht: Nur wo der Laserstrahl das Material erhitzt, kann es ummagnetisiert werden. Die Genauigkeit der Positionierung wird durch den Laser sichergestellt.

Weil MO-Laufwerke und die passenden Medien extrem teuer sind, werden sie kaum noch hergestellt.

Seagate hat die MO-Technologie zur „**H**eat **A**ssistant **M**agnetic **R**ecording" Technologie weiterentwickelt, die Magnet- und Lasertechnik kombiniert, ähnlich wie MO, aber schnell und mit Kapazitäten von vielen Terabyte. Seagate will Ende 2018 erste HAMR-Festplatten an Pilotkunden ausliefern, die Marktreife soll 2020 erreicht werden.

GlassMasterDisc

Die Firma Syylex graviert Daten in DVDs aus unzerbrechlichem Glas. Das Glas ist eine Spezialmischung, das für die Lagerung aggressivster Chemikalien in der Chemieindustrie verwendet wird. Das Ergebnis ist eine „praktisch ewig" haltbare Scheibe. Die Disk ist in jedem DVD-Laufwerk lesbar. Allerdings ist das Verfahren nicht billig. Pro DVD zahlen Sie 150 €. Doch für Firmen kann das rentabel sein. Die Alternative ist, alle paar Jahre einen Stapel Archiv-DVDs auf neue Rohlinge umzukopieren. Das verursacht einen beträchtlichen Arbeitszeitaufwand.

M-Disk – 1000 Jahre haltbar?

Ende 2011 hat eine revolutionäre Neuentwicklung die Praxisreife erreicht: die M-Disk. Die umweltempfindliche organische Schicht, die in den herkömmlichen CDs und DVDs die Daten speichert, wird bei der „M-Disk" durch eine anorganische, metallhaltige Schicht ersetzt. Dieses „gesteinsähnliche" Material ist gegen Sauerstoff, Stickstoff und Wasser beständig. Auf der Website `http://millenniata.com/` wird gezeigt, dass die M-Disk flüssigen Stickstoff und kochendes Wasser übersteht.

Tests nach der Branchennorm ISO/IEC 10995 ergaben eine „Lebenserwartung" von 1332 Jahren. Es gibt eine gewisse Streuung, doch mindestens 95 % der Datenträger halten 667 Jahre ohne Datenverlust durch. Geworben wird mit „mindestens 1000 Jahre Haltbarkeit". Unabhängige Institutionen, darunter das US-Militär und die USGS (die US-Geologen, die Fachleute für Gestein), haben die M-Disk geprüft und der 1000-Jahr-Prognose des Herstellers nicht widersprochen. Nun, vielleicht werden die 1000 Jahre nicht ganz erreicht und auch kaum benötigt, doch eine kleine Sicherheitsreserve ist beruhigend. Allerdings – die Oberfläche ist zwar mechanisch recht widerstandsfähig, doch unzerkratzbar ist sie nicht.

Zum Beschreiben wird ein Brenner mit extrem starkem Laser benötigt, der bei 500 °C Mikrolöcher in die Oberfläche brennt. Das ist gewissermaßen die moderne Methode, Informationen in Stein zu meißeln. Anfangs war LG die einzige Firma, die geeignete Brenner herstellte. Alle neuen Brenner von LG können die M-Disk beschreiben, und viele ältere Brenner von LG können es nach einem Firmware-Update. Inzwischen haben weitere Firmen diese Technologie lizensiert. Auf `http://www.mdisc.com/m-ready/` finden Sie eine Liste der kompatiblen Laufwerke. Die gebrannte M-Disk kann in DVD-Laufwerken jedes Herstellers gelesen werden.

Die DVD-Rohlinge werden hauptsächlich von der Firma „Milleniata" hergestellt. Sie kosten im Zehnerpack etwa 25 Euro und haben wie die DVD eine Kapazität von 4,7 GB. Im Fachhandel gibt es sie selten, man kann sie bei Conrad, Amazon und eBay bestellen. Seit März 2014 verkaufen mehrere Hersteller die M-Disk mit der Blu-ray-Kapazität von 25 GB. Zehn BD-Rohlinge kosten etwa 50 Euro.

Mehr dazu: `http://www.computerbase.de/news/2011-08/m-disc-verspricht-1.000-jahre-datenbestaendigkeit/`

Sandisk Memory Vault

Die Firma Sandisk hat im September 2011 einen Speicherstick „Sandisk Memory Vault mit Chronolock-Technologie" herausgebracht, *„der die kostbarsten Erinnerungen in Originalqualität **bis zu** 100 Jahre speichern **kann**"* (siehe `http://sandisk.de/misc/preserve`). „Kann", wohlgemerkt. „bis zu", wohlgemerkt. Das ist nur Werbe-Blabla. Nur eins ist ganz sicher: Wenn in 20 Jahren meine Daten weg sind, ist die Garantie abgelaufen.

Viel interessanter als der (längst veraltete) Speicherstick ist die Methode, wie die Lebensdauer ermittelt wurde. Bei nichtmetallischen Stoffen rechnet man mit der Faustformel, dass eine Temperaturerhöhung pro 10 °C die Lebensdauer halbiert. Deshalb werden die Versuchsobjekte bei einer drastisch erhöhten Temperatur getestet. Das ist genau beschrieben auf

`http://forums.sandisk.com/t5/Memory-Vault/Technology-amp-Life-Testing/td-p/245746`

Es wurden 30 Sticks 336 Stunden (das sind 14 Tage) bei 125 °C getestet. Daraus wurde mit der „Arrhenius-Gleichung" eine Lebensdauer von 104 Jahren errechnet. Nach meinem Verständnis gibt es viele Ursachen, die zu einem Ausfall führen können (Elektromigration, Kontaktmigration, Dehnungskräfte durch Temperaturwechsel, elektrochemische Korrosion, Degeneration der Abdichtungen des Gehäuses, Auskristallisation des Lötzinns u. a.). Irgendwie will es mir nicht einleuchten, dass sich die vielfältigen potenziellen Ausfallursachen mit einer einzigen Formel berücksichtigen lassen. Dass man nur 30 Sticks nur 14 Tage lang getestet hat, verstärkt mein Vertrauen auch nicht.

Wahrscheinlich werde ich keinen „langlebigen" Stick kaufen. Ich benutze lieber die M-Disk, denn mit deren vorhergesagter Haltbarkeit von 1000 Jahren fühle ich mich sicherer als mit einer Haltbarkeit von 100 Jahren, wenn man das Zustandekommen solcher Prognosen bedenkt. Was mich aber auf das Äußerste beunruhigt: Es ist anzunehmen, dass alle Hersteller diese Gleichung benutzen, um die Lebensdauer von Festplatten, DVDs und anderen Datenträgern zu prognostizieren.

6.3.5 Die Lebensdauer von Speichertechnologien

Mit einem langlebigen Datenträger ist nur ein Teil des Problems gelöst. Zu einer Speichertechnologie gehören Datenträger, Laufwerk, PC und Software. Die Speichertechnologien wechseln schnell. 1981 hatten die ersten Diskettenlaufwerke für den PC eine Kapazität von 160 kByte, dann stiegen die Kapazitäten auf 180, 320, 360, 720, 1200, 1440 und 2880 kByte. Mittlerweile sind Disketten ungebräuchlich geworden, neue PC werden ohne Diskettenlaufwerk ausgeliefert. Die alten 5,25"-Diskettenlaufwerke werden vom BIOS schon seit Jahren nicht mehr unterstützt, und 3,5"-Diskettenlaufwerke gibt es nur noch extern mit USB-Anschluss. Haben Sie schon alle Ihre Disketten auf DVD umkopiert und die altertümlichen Disketten weggeworfen?

Mit den Festplatten sieht es nicht besser aus. Seit 1981 wechselte das Aufzeichnungsverfahren der Festplatten von FW, MFM zu RLL. Die ST506-Festplattencontroller wurden durch IDE, eIDE, P-ATA und S-ATA abgelöst, wobei es auch noch SCSI, SAS und FC-Controller gibt. Ein ähnliches Änderungstempo liegt auch bei anderen Speichertechnologien vor. Die CD-ROM kam 1982 auf den Markt, die DVD 1996 und Blu-ray gibt es seit 2006. Anfang 2010 hatten erst etwa 10 % aller PCs ein Blu-ray-Laufwerk, während der Chef von Samsung im Jahr 2011 meinte, dass Blu-ray schon in fünf bis zehn Jahren vom Markt verschwunden sein wird.

Videos wurden früher mit den Verfahren PAL, SECAM, NTSC auf Bänder geschrieben. Es gibt noch VCR, Video 2000, Betamax, SVR, S-VHS, Betacam und mehr. VHS überlebte am längsten, doch 2016 hat der letzte Hersteller von VHS-Recordern die Produktion eingestellt. Wer seine Videos von Urlaub und Kindern noch einmal sehen will, bevor er sie mangels Abspielgerät wegwerfen muss: Noch gibt es Firmen, die Videos auf DVD kopieren. Und in zwanzig Jahren wird der letzte Hersteller die Produktion von DVD-Laufwerken einstellen ...

Es reicht also nicht aus, alle paar Jahre neue Kopien von den Archivmedien herzustellen. Informieren Sie sich, ob die bisher verwendeten Speichermedien vielleicht technologisch veraltet sind. Wenn ja, sollten Sie Ihre Daten sichten und sie auf modernere Speichermedien übertragen, damit sie – hoffentlich – ein weiteres Jahrzehnt überleben können. Zum Glück sinkt der Preis pro Gigabyte mit jeder Speichergeneration, so dass Ihre größer werdenden Datenmengen nicht zu wachsenden Archivierungskosten führen.

6.3.6 Die Lebensdauer von Codierungen

Hieroglyphen und Keilschrift sind nur schwer zu entziffern. Mit digitalen Codierungen steht es viel, viel, viel schlimmer. Buchstaben werden im Computer mit Zahlen codiert. In einer „ASCII-Tabelle" ist jedem Zeichen des englischen Alphabets eine Zahl zwischen 1 und 127 zugeordnet. Für die Codierung der speziellen Buchstaben anderer Sprachen (z. B. der griechischen, kyrillischen und arabischen) und der deutschen Umlaute reichten die verfügbaren Zahlen von 128 bis 255 nicht aus. Jeder Entwickler, so schien es, ordnete den Umlauten andere Codes zu. Im Resultat konnten Texte, die mit einem Programm geschrieben waren, mit einem anderen Programm nicht oder nur verstümmelt angezeigt werden.

1982 war ein geniales Textprogramm namens „WordStar" allgegenwärtig. 1991 wurde dessen Weiterentwicklung eingestellt, weil das Programm „Word Perfect" klar überlegen war. Bald danach war auch „Word Perfect" vergessen. Beginnend 1996 konnte das damals aktuelle WinWord das WordStar-Textformat nicht mehr lesen. Wollte man alte mit WordStar geschriebene Texte heute lesen, bliebe nur, WordStar zu installieren. Das ist fast unmöglich. Wer hat noch lesbare Installationsdisketten? Und wer hat noch einen PC mit 5,25"-Diskettenlaufwerk? Selbst wenn Sie Laufwerk und Installationsdisketten haben: Verträgt sich WordStar mit dem Windows-Betriebssystem? Auch mit den neuen 64-Bit-Systemen?

Das ist unwahrscheinlich (WordStar ist ein DOS-Programm). Und die alten Betriebssysteme wie DOS und Windows 3.1 lassen sich auf heutigen PCs nicht installieren. Letztlich bleibt nur die Konvertierung in „Handarbeit". Leider ist die Konvertierung eines WordStar-Textes fast so langwierig wie ihn neu zu tippen.

Wenn Microsoft irgendwann die Weiterentwicklung von Word einstellt (weil die Konkurrenz zu stark wird), wird man bald kein Betriebssystem mehr finden können, auf dem sich die letzte MS-Word-Version noch installieren lässt. Wer wird dann ein Programm schreiben, das Word-Texte mit eingebetteten Bildern und Grafiken öffnen kann? Man bedenke: Die vollständige OOXML-Dokumentation (in welcher der innere Aufbau von Word-Dokumenten beschrieben ist) umfasst 3000 Seiten!

Es gibt eine kaum überschaubare Zahl von Codierungen für Videos (die sogenannten Codecs), Musik und Fotos. Ständig werden neue, bessere entwickelt. Wie viele von ihnen werden überleben? Wird sich ein Programmierer die Mühe machen, auch noch das älteste, inzwischen total ungebräuchliche Format in seinen neuen Player zu integrieren? Wohl kaum. Das gleiche Problem gibt es mit den zahllosen Programmen zur Datenkompression. Es werden nur wenige überleben.

6.3.7 Empfehlungen für die Archivierung

- Größten Einfluss auf die Haltbarkeit haben schonender Umgang und sachgemäße Lagerung.
- Kaufen Sie hochwertige Datenträger und Geräte.
- DVD-RAM lassen sich sektorweise beschreiben und löschen, ebenso bequem wie Festplatten. Im Unterschied zu anderen optischen Medien gibt es eine Spezifikation, die eine mindest dreißigjährige Haltbarkeit fordert. Allerdings ist mir kein unabhängiges Labor bekannt, das diese Lebensdauer jemals getestet hätte.
- M-Disk sollten trotz ihres gegenwärtig noch hohen Preises für wichtige Daten zum Einsatz kommen.
- Einmalbeschreibbare, im Dunkeln gelagerte optische Datenträger sind etwas langlebiger als mehrfachbeschreibbare.
- Benutzen Sie Medien verschiedener Hersteller, um bei einem Chargenfehler nicht alle Kopien gleichzeitig zu verlieren.
- Benutzen Sie nur die gebräuchlichsten Dateiformate. Konvertieren Sie gegebenenfalls veraltende Dateiformate rechtzeitig in aktuellere. Es gibt ein pdf-Format „PDF-A", das speziell für die Langzeitarchivierung geschaffen wurde.
- Jedes Brennprogramm bietet die Möglichkeit, die soeben gebrannte DVD mit den Originaldaten zu vergleichen. Nutzen Sie diese Möglichkeit!
- Kopieren Sie die erstellte DVD probeweise in einen temporären Ordner der Festplatte und überprüfen Sie stichprobenmäßig, ob die zurückkopierten Dateien sich öffnen lassen.
- Führen Sie einen Katalog oder ein Verzeichnis, welche Daten sich auf welchen Medien befinden.
- Mustern Sie uninteressant gewordene Daten aus. Wenn man fünf gute Fotos hat, wozu weitere zwanzig weniger gute aufbewahren? Vermutlich werden Sie auch im Rentenalter weder Zeit noch Lust haben, zehntausend Fotos zu betrachten. Ihre Enkel werden vermutlich noch weniger Lust dazu haben.
- Ein einzelner Bitfehler kann eine Datei unbrauchbar machen. Wenn Sie viele Dateien zu einer Archivdatei zusammenfassen und komprimieren, gehen durch einen einzigen Bitfehler möglicherweise alle darin enthaltenen Dateien verloren. **Komprimieren Sie deshalb die Daten nicht.** Das bedeutet auch, dass Images nicht für eine längere Archivierung geeignet sind. Ein einziges defektes Bit macht das gesamte Image unbrauchbar.

Trockene Kälte bremst Alterungsprozesse. Die Norwegische Nationalbibliothek benutzt ein unterirdisches, atombombensicheres Archiv in Mo i Rana am Polarkreis. Das spart die Kosten für die Kühlung, doch nutzungsfreundlich ist das nicht: Die Anreise ist für die Besucher sehr aufwendig.

7 Mehr Übersicht durch Partitionen

7.1 Partitionen

Festplatten sind Datenspeicher mit einem gewaltigen Fassungsvermögen. Die heutigen Festplatten fassen mehrere hundert DVDs. Um derartige Datenmengen ordnen zu können, werden Daten auf Ordner und Unterordner verteilt. Es gibt eine weitere Ordnungsmöglichkeit: Die Festplatte kann in Bereiche, sogenannte Partitionen, unterteilt werden. Diese Möglichkeit wird allerdings nicht von vielen PCs genutzt.

Die Unterteilung der Festplatte heißt Partitionierung, die Bereiche der Festplatte werden Partitionen genannt.

7.1.1 Partitionstabelle

Der erste Sektor der Festplatte trägt den Namen „Master Boot Record", abgekürzt MBR. In diesem MBR befindet sich eine Liste mit der aktuellen Aufteilung der Festplatte. Diese Liste heißt „Partitionstabelle". Darin könnte beispielsweise stehen, dass die erste Partition von Spur 1 bis 10 reicht, daran schließt sich von Spur 11 bis 80 000 die zweite Partition an und eine dritte Partition reicht von Spur 80 001 bis zum Ende der Festplatte.

Wie viele Partitionen es auf einer Festplatte gibt, hängt von den Anforderungen des Betriebssystems ab und von den Wünschen des Benutzers. Windows 7 bis 10 benötigen am Anfang der Festplatte eine winzige Partition von etwa 100 MB Kapazität für das Startprogramm und den Bootmanager. Dahinter folgt auf einer zweiten, großen Partition das Betriebssystem. Wer möchte, kann diese Partition verkleinern, um Platz für eine dritte oder vierte Partition zu gewinnen, die für Daten oder ein weiteres Betriebssystem genutzt werden kann. Viele Notebooks und Komplettsysteme haben am Ende der Festplatte eine weitere versteckte Partition mit einer komprimierten Kopie des Betriebssystems (einem Image), um nach einem katastrophalen Schaden am Betriebssystem mit einem „Recovery"-Vorgang den „Werkszustand" (den Zustand wie beim Kauf) wiederherstellen zu können (wobei alle Ihre Daten verloren gehen).

Um die Partitionen bequemer nutzen zu können, werden den Partitionen „Laufwerksbuchstaben" zugeteilt. Die Partition mit dem Betriebssystem heißt „C:". Mit „D:" wird das DVD-Laufwerk bezeichnet. Die nächsten Buchstaben des Alphabets werden weiteren Partitionen und anderen Massenspeichern (USB-Speichersticks, SD-Karten, externe Festplatten) zugewiesen.

Damit das BIOS weiß, welche der Partitionen das Startprogramm enthält, ist genau eine der Partitionen in der Partitionstabelle als „aktiv" gekennzeichnet (wie die 100 MB Partition „System-reserviert" in Bild 7.1 auf der nächsten Seite).

Wenn man keine Unterteilung der Festplatte wünscht, braucht man sich bei der Installation des Betriebssystems nicht darum zu kümmern. Wenn es auf einer ladenneuen Festplatte noch keine Partitionstabelle gibt, wird sie vom Betriebssystem während der Installation automatisch erstellt. Wenn bereits eine Partitionstabelle vorhanden ist, wird sie vom Betriebssystem weiter benutzt. Wenn Sie weitere Partitionen anlegen wollen, ist das Programm „Datenträgerverwaltung" dafür zuständig.

7.1.2 Primäre Partition, Erweiterte Partition und logische Laufwerke

Als IBM im Jahr 1956 die erste Festplatte der Welt vorstellte, hatten die IBM-Ingenieure die maximale Anzahl der Partitionen auf vier begrenzt. Damals schien das viel zu sein, für heutige Anforderungen und Festplattengrößen ist das manchmal zu wenig. Darum hat man eine Hilfskonstruktion namens „Erweiterte Partition" erfunden. Eine erweiterte Partition dient als „Behältnis" für eins oder mehrere logische Laufwerke. Von diesen logischen Laufwerken kann man so viele einrichten, wie es sinnvoll ist – aber maximal 23, weil das Alphabet nur 26 Buchstaben hat und weil die Buchstaben A: und B: für Diskettenlaufwerke und C: für die Betriebssystempartition fest reserviert sind.

PARTITIONEN

Für jedes der logischen Laufwerke wird in deren erstem Sektor eine zusätzliche Partitionstabelle angelegt, welche den Verweis auf die nächste logische Partition enthält. In der „Haupt-Partitionstabelle" im ersten Sektor der Festplatte belegt der Verweis auf eine erweiterte Partition nur einen von vier möglichen Einträgen. So kann die historische Beschränkung auf vier Einträge umgangen werden.

Um sie von der „erweiterten" Partition zu unterscheiden, werden die „normalen" Partitionen der Festplatte als „Primäre Partitionen" bezeichnet. Betriebssysteme von Microsoft benötigen zwingend eine primäre Partition. Einige andere Betriebssysteme lassen sich auch in logische Laufwerke installieren, z. B. Linux.

Im Unterschied zu den „logischen" Laufwerken nennt man die Festplatten „Physikalische Laufwerke".

7.1.3 Datenträgerverwaltung

Der Dateimanager zeigt Ihnen die Laufwerke C:, D: und E: an? Sind das drei Festplatten oder eine Festplatte mit drei Partitionen? Wie viele Festplatten Sie tatsächlich haben und wie Ihre Festplatte unterteilt ist, sagt Ihnen ein Programm, dass je nach Hersteller als Partitionsmanager, Diskmanager oder (bei Microsoft) „Datenträgerverwaltung" bezeichnet wird. Mit solch einem Programm erfahren Sie, wie viele Festplatten der PC hat, welche Laufwerksbuchstaben dem DVD-Laufwerk, dem USB-Speicherstick und der externen Festplatte zugeteilt sind, und Sie können die Zuordnung der Laufwerksbuchstaben ändern.

Die Datenträgerverwaltung starten Sie folgendermaßen:

Windows Vista und Windows 7: Klicken Sie auf Start. Direkt über dem Start-Button erscheint ein Feld mit der blassen Inschrift „Programme/Dateien durchsuchen" mit einem blinkendem Cursor. Tippen Sie `diskmgmt.msc` in das Feld und drücken Sie Enter.

Jedes Windows: Halten Sie die Tasten „Strg" und „Alt" gedrückt und drücken Sie auf „Entf". Wählen Sie im Menü den „Task-Manager". Im Task-Manager „Datei", „Neue Aufgabe ausführen" bzw. „Neuen Task ausführen". Tippen Sie `diskmgmt.msc` ein und klicken Sie auf „OK".

Windows 10: Start → Windows-Aufgabenverwaltung → Datenträgerverwaltung.

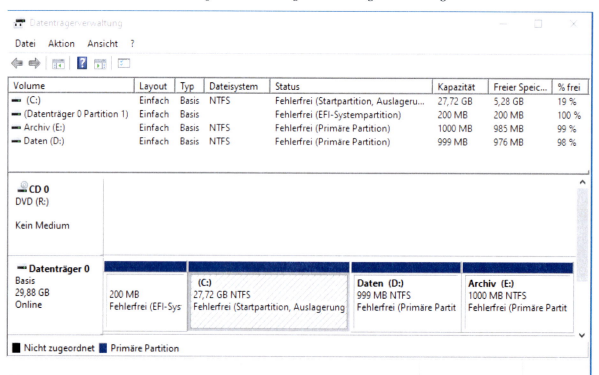

Bild 7.1: Festplattenmanager DISKMGMT.MSC
Die 30 GB Festplatte hat vier Partitionen. Die erste winzige Partition wird automatisch angelegt und enthält nur den Bootmanager. Dahinter folgen die 28 GB Windows-Partition, eine 1 GB Daten-Partition und eine 1 GB Archiv-Partition.

PARTITIONEN

Neue Festplatten werden als sogenannte „Basisdatenträger" eingerichtet. Wenn der PC mehrere Festplatten hat, könnte man diese Platten in „Dynamische Datenträger" umwandeln. Anschließend können mehrere dynamische Festplatten zu einer Einheit zusammengefasst werden, so dass mehrere Festplatten wie eine einzige Festplatte erscheinen.

Wofür ist das nützlich? Wenn der Platz auf der Festplatte knapp wird, kann man eine neue Festplatte hinzufügen, ohne dass sie einen neuen Laufwerksbuchstaben bekommt. Sie brauchen weder Daten noch Anwendungen verschieben und an den Einstellungen der Anwendungen ändert sich nichts.

Der Nachteil ist der gleiche wie bei RAID-0: Wenn eine der dynamisch verbundenen Festplatten ausfällt, sind die Daten auf allen verbundenen Festplatten ebenfalls verloren.

Dynamische Datenträger mögen für die Nachrüstung von Servern sinnvoll sein, wenn die Speicherkapazität knapp wird. Das höhere Verlustrisiko für die Daten kann dadurch kompensiert werden, dass die Daten auf Servern üblicherweise in jeder Nacht gesichert werden. Auf einem PC ist es besser, mit mehreren Partitionen zu arbeiten.

Die „klassische" Partitionstabelle (im Master Boot Record) ist nur auf Festplatten bis 2200 GB möglich. Für größere Festplatten braucht man ein UEFI-BIOS mit der Nachfolgetechnologie **G**UID **P**artition **T**able (GPT). Mit einer GPT können maximal 128 Partitionen verwaltet werden, wobei die Festplatten eine Kapazität bis 8 Milliarden Terabyte haben dürfen.

7.2 DATEN ORDNEN DURCH PARTITIONEN

7.2.1 Programme und Daten trennen

Wenn man die Festplatte in mindestens zwei Partitionen teilt – die erste Partition für das Betriebssystem und alle Programme, der Rest für die Daten – und die Daten, vor allem die großen Dateien, konsequent auf die zweite Partition verlagert, kann man Übersichtlichkeit, Geschwindigkeit und Sicherheit gewinnen. Außerdem wird die Datensicherung erleichtert. Betrachten wir, wieso.

Mehr Übersicht

Dazu gibt es nicht viel zu sagen. Wer steckt schon Schriftstücke (= Dokumente) zwischen die Bücher (= Programme) seines Bücherregals. Normalerweise bewahrt man Bücher und Dokumente getrennt auf. Es wäre auch recht schwer, unter 20 000 Ordnern mit Programmen die wenigen Dokumentenordner zu finden.

Mehr Geschwindigkeit durch Partitionierung

Für jedes Lesen oder Schreiben einer Datei müssen die Magnetköpfe der Festplatte positioniert werden. Wenn die benötigten Daten eng beieinanderliegen, brauchen die Köpfe nur wenig bewegt zu werden, was nur 2 bis 3 Millisekunden dauert. Ein Spurwechsel von ganz außen, wo das Betriebssystem beginnt, quer über die gesamte Festplatte bis nach ganz innen dauert 20–25 ms, zehnmal länger! Es wäre also sinnvoll, alle zu einem Programm gehörenden Dateien in enger Nachbarschaft zu speichern. Darum kümmert sich Windows aber nicht. Wenn Windows freien Platz für irgendeine Datei benötigt, wird die Festplatte, am Anfang beginnend, nach der ersten freien Lücke durchsucht. Wenn die Datei nicht vollständig in die Lücke passt, wird der Rest der Datei auf die nächsten Lücken verteilt. Die Zerstückelung von Dateien wird als „Fragmentierung" bezeichnet. Durch das Löschen von Dateien entstehen neue Lücken, die von weiteren Dateien bzw. deren Stücken belegt werden. Im Laufe der Zeit werden Programme und Daten vermischt und weiträumig über den gesamten belegten Bereich der Festplatte verteilt. Diejenigen Dateien des Betriebssystems, die immer nur gelesen werden, bleiben wo sie sind: Am Anfang der Festplatte.

Nun kennen Sie einen der Gründe, warum Windows im Laufe der Monate immer langsamer wird: Immer mehr Dateien sind zerstückelt und die Magnetköpfe müssen mehr und größer werdende Bewegungen machen, um die benötigten Dateien bzw. deren Teile zusammenzusuchen.

PARTITIONEN

Wenn man nun beispielsweise von einer 1000-GB-Festplatte die ersten 100 GB für die Systempartition mit Windows und für alle weitere Software reserviert, bleibt ein großer Rest von 900 GB für Daten. Gleichgültig wie voll die Datenpartition einmal wird, bleiben alle Programme, Protokolle und sonstige Dateien des Betriebssystems auf den ersten 100 GB eng benachbart.

Nun muss man wissen, dass weniger als 10 % der Festplattenaktivitäten auf das Lesen und Schreiben Ihrer Daten entfallen. Weit über 90 % aller Festplattenzugriffe betreffen das Schreiben von Protokolldateien, das Lesen von Dateien des Betriebssystems und der installierten Programme sowie Datenaustausch zwischen Arbeitsspeicher und Auslagerungsdatei. Beobachten Sie es selbst: Wenn Sie eine Word-Textdatei anklicken, braucht der PC mehrere Sekunden, bis Word geöffnet ist. Maximal 100 ms davon hat der PC für das Lesen der Word-Datei gebraucht, die restlichen Sekunden dienen zum Lesen der benötigten Programmdateien. Sie können das mit einem einfachen Test überprüfen. Wie lange dauert es, eine größere Zahl (mindestens 100) Word-, Excel- und andere kleine Dateien in einen temporären Ordner Ihrer Festplatte zu kopieren? Teilen Sie die gestoppte Zeit durch die Anzahl der Dateien. Etwa ein Drittel dieser Zeit entfällt auf das Lesen der Datei, zwei Drittel entfallen auf das Schreiben der Kopie (Schreiben ist aufwendiger, weil für jede Datei ein freier Platz gesucht werden muss). Vergleichen Sie das Ergebnis mit der Zeit, die Word zum Öffnen einer Datei braucht!

Durch die Partitionierung der Festplatte entfallen also 90 % der Zugriffe auf einen kompakten Bereich von weniger als 10 % der Festplattenfläche. In diesem kleinen Teil der Festplatte dauert keine Positionierung mehr als 3 ms. Nur die restlichen 10 % Zugriffe dauern länger. Dabei gilt: Je voller die Festplatte wird, desto größer ist der Geschwindigkeitsvorteil durch die Trennung von Daten und Programmen.

Zugegeben, es gibt nur einen geringen Vorteil, solange die Festplatte fast leer ist, aber sie wird ja nicht immer leer bleiben. Je voller die Festplatte, desto deutlicher wird der Vorteil durch die Partitionierung. Bei einer halb vollen Datenpartition wird die Festplatte durch Partitionierung im statistischen Mittel um 20 % bis 30 % schneller.

Werden durch eine Unterteilung möglicherweise Daten langsamer gelesen? Möglicherweise, aber das spielt keine Rolle. Selbst der langsamste Computer kann die Daten um Größenordnungen schneller liefern, als Sie diese anhören oder betrachten können. Wartezeiten entstehen nur dadurch, dass Windows die zum Betrachten der Daten benötigten Programme laden und konfigurieren muss. Genau das wird durch eine sinnvolle Partitionierung beschleunigt.

Haben Sie eine der neuen SSD-Festplatten? Diese Festplatten kommen ohne mechanisch bewegte Teile aus, sie haben einen rein elektronischen Speicher. Alle Speicherzugriffe sind gleich schnell, gleichgültig auf welchem Teil der SSD-Festplatte sich die Daten befinden. Daher trifft „Mehr Geschwindigkeit durch Partitionierung" bei SSD-Festplatten nicht zu, doch die anderen Argumente (Übersicht, Sicherheit, schnellere Datensicherung) bleiben gültig.

Mehr Sicherheit

Der Schreibvorgang einer Datei besteht aus mindestens fünf Etappen: Das Inhaltsverzeichnis wird überprüft, ob Platz für einen weiteren Eintrag vorhanden ist. Die Belegungstabelle wird durchsucht, um freien Speicherplatz für die Datei zu finden. Die Datei wird auf den freien Platz geschrieben, das Inhaltsverzeichnis wird aktualisiert und die Belegungstabelle der Festplatte wird ergänzt. Wenn Windows wegen einer Störung den Vorgang nicht abschließen kann, bleibt manchmal eine Datei oder ein Ordner beschädigt zurück. Manchmal bemerkt Windows, dass etwas nicht stimmt, und versucht beim nächsten Start des PC eine automatische Reparatur, die mit der folgenden Meldung angekündigt wird:

```
Eine Datenträgerüberprüfung ist geplant, Festplatten müssen überprüft werden.
```

Manchmal gelingt die Reparatur nicht oder nur teilweise. Eventuell entstehen Dateitrümmer, die in Ordnern mit den Namen „C:\DIR0001", „C:\DIR0002" usw. abgelegt werden. Bei größeren Schäden an den Verwaltungstabellen des Dateisystems können ganze Ordner spurlos verschwinden, im schlimmsten Fall ist die Partition kaputt und alle darauf befindlichen Daten sind verloren.

Partitionen

Zu Störungen und Abstürzen kann es durch Inkompatibilitäten, Programmfehler, Updates und Bedienungsfehler kommen. Auch die Installation oder Deinstallation eines Treibers oder Programms kann Windows beschädigen. Kleine Verbesserungen, Reparaturen oder die Beseitigung von Schadsoftware können zu Problemen führen. Das Betriebssystem legt zwar von Zeit zu Zeit Wiederherstellungspunkte an, um nach einem Fehler zu einem früheren, fehlerfreien Zustand zurückkehren zu können, aber diese Rückkehr klappt nicht immer.

Wenn die Festplatte jedoch in Betriebssystem- und Datenpartition unterteilt ist, geht fast ausnahmslos nur die Partition mit dem Betriebssystem kaputt, während die Daten auf den restlichen Partitionen unbeschädigt bleiben. Dadurch werden Veränderungen am Betriebssystem weniger riskant. Schlimmstenfalls muss man „nur" Windows neu installieren, wenn man kein Image hat.

Grundsätzlich ist es ratsam, vor Installationen und nichttrivialen Reparaturen vorsorglich eine Sicherheitskopie (ein Image) des Betriebssystems anzufertigen. Bei einer unterteilten Festplatte ist die Betriebssystem-Partition klein und kann mit geringem Aufwand gesichert werden. Das Image der Systempartition kann auf der Datenpartition oder einer externen Festplatte abgelegt werden.

Wenn die Festplatte nicht unterteilt ist, sind die Dateien des Betriebssystems mit Ihren Daten vermischt. Es bleibt kein anderer Weg, als den gesamten Inhalt der Festplatte zu sichern. Wie viel wäre das bei Ihnen? Auf DVDs zu sichern, ist unsinnig, denn mit weniger als einem halben Dutzend DVDs kommen Sie nicht aus. Sie brauchen also eine externe Festplatte und etwa eine Stunde Zeit. Das Zurückkopieren (wenn der erste Reparaturversuch fehlschlägt) dauert genau so lange.

Datensicherung mit weniger Aufwand

Bei den meisten PCs belegen Windows plus Programme weniger als 30 GByte. Erstellt man ein Image, so reichen dank Komprimierung drei bis vier DVDs aus. Andererseits schafft es kaum ein Privatanwender, mit seiner Hände Arbeit mehr Dateien zu erstellen, als auf eine einzige DVD passen. Nehmen wir einmal an, Ihr Betriebssystem passt auf zwei DVDs und alle wichtigen Daten auf eine weitere DVD. Wenn die Festplatte nicht unterteilt ist, hat ein Normalanwender zwei Möglichkeiten, seine Daten zu sichern:

- Er sucht die auf der Festplatte verteilten Ordner mehr oder weniger zeitaufwendig zusammen und brennt sie auf eine DVD oder
- Er sichert die gesamte Festplatte. Dafür werden mehrere DVDs benötigt und es dauert sehr lange.

Wenn es Ihnen gelingt, alle Daten auf die Datenpartition zu verlagern, bleiben auf C: keine Daten mehr zurück. Folglich ist es nicht zwingend nötig, die Betriebssystempartition regelmäßig zu sichern. Sollte die Festplatte versagen, baut man eben eine neue ein und installiert das Betriebssystem und die Anwendungen von Grund auf neu.

Man kann sich und andere relativ leicht zu einer Datensicherung überreden, wenn es nur einen Rohling und zwei Minuten Zeit kostet. Einige Klicks und eine Kaffeepause, und man ist fertig. Doch wenn mehrere DVDs zu brennen sind, steigt nicht nur der Materialaufwand, sondern vor allem der Zeitbedarf. Jede Viertelstunde einen weiteren DVD-Rohling einlegen und den PC eine Stunde oder länger nicht nutzen zu können, ist frustrierend.

7.2.2 Die Datenpartition weiter unterteilen

Sie haben gelesen, dass die Zweiteilung der Festplatte in System- und Datenpartition mehr Sicherheit, Übersichtlichkeit und Geschwindigkeit bringt. Außerdem werden Reparaturen am Betriebssystem und die Datensicherung erleichtert.

Aus dem Blickwinkel der Datensicherung ist jedoch eine weitere Unterteilung der Daten sinnvoll. Der Grund dafür ist, dass es unterschiedliche Datentypen gibt und für jeden Typ eine andere Sicherungsstrategie optimal ist. Manche Daten sollten häufig gesichert werden, bei anderen darf es seltener sein. Betrachten wir die Unterschiede:

- Die größte Sicherungshäufigkeit sollten Textdateien und andere selbst erstellte, oft veränderte, besonders wichtige Daten haben. Sinnvoll ist sowohl eine häufige, vielleicht sogar tägliche Sicherung als auch die Möglichkeit, auf Sicherungen von Vortagen zurückgreifen zu können.
- Fotos und andere selbst erstellte nicht kleine Daten. Wenn Sie die Fotos nicht bearbeiten, gibt es ohnehin keine früheren Versionen, die man sichern könnte. Eine Sicherung der Fotos ist besonders nach wichtigen Ereignissen (Urlaub) sinnvoll. Was tun, wenn die Datenmenge nicht mehr auf eine DVD passt? Fotos lassen sich chronologisch sinnvoll ordnen. Kopieren Sie die länger zurückliegenden Jahre auf eine DVD, die Sie archivieren, und in Zukunft brauchen Sie nur die neueren Jahre zu sichern.
- Sammlungen nicht selbsterstellter Daten, die wiederbeschaffbar sind oder auf die man notfalls verzichten kann, z. B. MP3-Musikdateien. Solange die Datenmenge auf eine DVD passt, ist deren Sicherung kein Problem. Wird der Umfang größer, gibt es mehrere Möglichkeiten:
    - Die Sicherung nur selten vornehmen und akzeptieren, dass Sie im Schadensfall einen möglicherweise großen Teil der Daten verlieren.
    - Das Archivbit ausnutzen, um nach einer Vollsicherung zukünftig auf inkrementelle Sicherungen umstellen zu können.
    - Dateien trennen nach schwer und leicht wiederbeschaffbaren Dateien und zukünftig nur die schwer beschaffbaren Dateien sichern.
    - Nur noch die kleinen Dateien sichern, die großen weglassen. Im Verlustfall ist es weniger aufwendig, eine große statt zehn kleiner Dateien wiederfinden zu müssen.
- Kauf-DVDs und -CDs werden manchmal aus Komfortgründen auf die Festplatte kopiert. Das bläht spätere Datensicherungen unnötig auf. Es ist besser, eine 1:1 Kopie vom Original auf DVD zu kopieren oder eine spezielle Archivpartition für derartige Kopien einzurichten, die nicht gesichert werden muss.

Um die Datenarten zu trennen, gibt es zwei Möglichkeiten:

- getrennte Partitionen
- Unterordner

Wieviel Speicherplatz sollte man pro Partition einplanen?

- Systempartition C: mit 100 bis 200 GByte. Dort ist Platz für Windows und alle Programme.
- 5 bis 30 GB reichen vermutlich für wichtige, veränderliche, selbst erstellte Daten.
- Archivpartition für wichtige Daten, die nie oder nur sehr selten verändert werden.
- Kopien-Partition für Daten, die wiederbeschaffbar sind.
- Fotos oder MP3-Dateien werden möglicherweise den meisten Platz benötigen.
- Planen Sie Speicherplatz für zwei bis drei Images der Systempartition ein.

Möglicherweise ist es am besten, eine Grobeinteilung in Partitionen vorzunehmen und eine vielleicht später notwendige feinere Unterteilung mit Unterordnern vorzunehmen.

PARTITIONEN

Ganz bestimmt ist es sinnvoll, eine Archiv-Partition einzurichten. Dort hinein kommen Daten, die nicht mehr verändert werden und früher bereits gesichert worden sind. Alles, was man notfalls wiederbeschaffen oder erneut aus dem Internet herunterladen kann, kommt in eine Kopien-Partition oder in das Archiv. Dadurch wird die Datenpartition relativ klein und man kann sie mit einem geringen Zeitaufwand regelmäßig auf CD oder DVD brennen. Die Archivpartition braucht nur selten gesichert zu werden, wenn überhaupt.

Wie viele Partitionen Sie auch einrichten – jede Einteilung ist besser als gar keine Unterteilung. Ohne die Aufteilung muss man bei jeder Datensicherung jeden einzelnen Ordner mit unersetzlichen Daten finden und zum Brennauftrag hinzufügen. Die Gefahr ist groß, etwas zu vergessen, und der Aufwand ist typischerweise so hoch, dass die meisten Leute viel zu selten oder nie ihre Daten sichern. Welche Unterteilung für Ihre Festplatte sinnvoll ist, hängt von sehr vielen Bedingungen und Einschränkungen ab. Lassen Sie sich beraten!

Bringt das Aufsplitten Ihrer Daten auch Nachteile mit sich?

- Nein, denn die Datensicherung wird übersichtlicher.
- Ja, denn man muss sich Gedanken über seine Daten machen und die Daten sinnvoll aufteilen.
- Ja, denn man muss möglicherweise hin und wieder die Größe der Partitionen anpassen, wenn man das Wachstum der Datenmengen falsch eingeschätzt hat.

Falls Sie nun beschlossen haben, Ihre Daten auf mehrere Partitionen aufzuteilen – wie geht das? Am einfachsten ist es natürlich, während der Erstinstallation von Windows die Partitionen in der gewünschten Größe anzulegen. Andernfalls müssen vorhandene Partitionen verändert werden. Betrachten wir nun, wie Partitionen angelegt und verändert werden.

Wie trenne ich System- und Datenpartition?

Benutzen Sie einen Partitionsmanager, z. B. den „Microsoft Disk Manager", der auf der nächsten Seite näher vorgestellt wird, um die Systempartition zu verkleinern. Auf dem freigewordenen Speicherplatz können Sie – ebenfalls mit einem Partitionsmanager – eine oder mehrere Datenpartitionen einrichten.

Microsoft hat mit „MS DiskPart" noch einen zweiten Partitionsmanager, der zwei Besonderheiten hat: Er verzichtet auf eine grafische Bedienoberfläche und kann deshalb auch dann noch ausgeführt werden, wenn Windows defekt ist. Wenn man den PC von einer Windows-Installations-DVD startet, kann man DiskPart.exe an der Eingabeaufforderung benutzen. Zweite Besonderheit: DiskPart kann auch Partitionen löschen, an denen andere Partitionierer versagen.

Wie man die Daten auf die neue Partition kopiert und wie man Windows informiert, wo die Dateien nun sind, ist im Abschnitt 8.2.2 „Die eigenen Dateien verlagern" beschrieben.

Partitionen

7.3 Der Microsoft Disk Manager

Um Partitionen zu erstellen und zu verändern, gehört das Programm „Disk Manager" zum Betriebssystem. Das Programm bezeichnet die Partitionen als „Volume".

Es gibt mehrere Möglichkeiten, den Diskmanager zu starten. Am einfachsten geben Sie im Fenster der Eingabeaufforderung „`diskmgmt.msc`" ein. Weitere Möglichkeiten im Anhang.

7.3.1 Was kann man mit dem Diskmanager-Programm machen?

- Die von Windows automatisch vorgenommene Zuweisung der Laufwerksbuchstaben zu den Partitionen können Sie ändern. Klicken Sie mit der rechten Taste auf die Partition oder das optische Laufwerk, dann Linksklick auf „Laufwerksbuchstaben und -pfad ändern". Im folgenden Fenster auf „Ändern" klicken. Sie können jeden Buchstaben auswählen, der noch frei ist.
  - Empfehlung: Die Zuordnung von C: zum Betriebssystem sollten Sie keinesfalls ändern. Wenn Sie bei einer der anderen Partitionen eine Änderung wünschen, sollten Sie nach Möglichkeit die Änderung vornehmen, bevor Sie Daten auf die Partition kopieren, sonst kann es in seltenen Fällen zu Problemen kommen.
  - Empfehlung: Das bzw. die DVD-Laufwerke rangieren stets an letzter Stelle, wenn das Betriebssystem die Laufwerksbuchstaben verteilt. Wenn Sie mehrere PCs besitzen, wird dem DVD-Laufwerk, aber auch USB-Speichersticks und externen Festplatten an jedem PC ein anderer Laufwerksbuchstabe zugewiesen. Das ist unpraktisch. Am besten ist es, wenn Sie dem DVD-Laufwerk und anderen Datenträgern baldmöglichst auf jedem PC den gleichen, einprägsamen Buchstaben zuweisen, z. B. „R:" wie **R**OM, „S:" wie **S**tick und „X:" für e**X**terne Festplatte.
- Eine Partition löschen: Klicken Sie mit der rechten Maustaste auf die zu löschende Partition und mit der linken Taste auf „Volume löschen". Nach einer Sicherheitsabfrage ist die Partition für immer weg und alle Daten mit ihr! In Benutzung befindliche Partitionen, so auch die ständig benutzte Partition mit dem Betriebssystem, lassen sich mit dem Disk Manager nicht löschen.
- Eine Partition erstellen: Klicken Sie mit der rechten Maustaste auf einen freien Bereich und wählen Sie mit der linken Taste „Neues einfaches Volume". Wählen Sie eine geeignete Größe für die Partition. Die neue Partition bekommt automatisch den ersten freien Laufwerksbuchstaben zugewiesen. Als Dateisystem ist NTFS zu empfehlen. Kreuzen Sie „Schnellformatierung" an. Denken Sie sich unbedingt eine treffende Volume-Bezeichnung aus, das verbessert die Übersicht.

7.3.2 Anleitung: Partition C: aufteilen in C: und E:

Eine Warnung vorab: Sollte der Strom während der Umgestaltung der Festplatte ausfallen, sind Ihre Daten verloren! Vergessen Sie bei einem Notebook nicht, das Netzteil anzuschließen.

Sichern Sie vorsichtshalber Ihre Daten. Wahrscheinlich brauchen Sie nur den Ordner „`C:\Users`" bzw. „`C:\Benutzer`" oder „`C:\Dokumente und Einstellungen`" zu sichern. Am schnellsten geht das auf eine externe Festplatte. Vielleicht passen die Daten auf einen USB-Speicherstick mit größerer Kapazität oder auf eine oder wenige DVDs. Kreuzen Sie beim Brennen an „Dateien nach dem Brennen vergleichen". Machen Sie mit jeder DVD den Minimaltest, ob sich wenigstens eine der auf DVD gebrannten Dateien öffnen lässt. Vergessen Sie nicht, die DVD zu beschriften.

PARTITIONEN

Windows Vista und Windows 7, 8 und 10

Mit dem Diskmanager können Sie ohne Datenverlust die Partition C: verkleinern.

- Klicken Sie mit der rechten Maustaste auf die zu verkleinernde Partition und wählen Sie „Volume verkleinern".
- Geben Sie in das Feld „Zu verkleinernder Speicherplatz in MB" ein, um welchen Betrag die Partition verkleinert werden soll. Klicken Sie dann auf „Verkleinern".

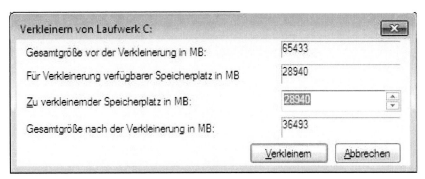

Bild 7.2: Festplattenmanager ab Windows 7, Menü „Volume verkleinern"
C: soll von 65,433 GB um 28,940 GB auf die Größe 36,493 GB verkleinert werden

Leider kann von einer Partition nur der obere Teil (der näher zum Ende der Festplatte gelegene) verändert werden, und das Verschieben von Partitionen geht auch nicht. Hat man eine der Partitionen am Beginn der Festplatte zu klein gewählt und dahinter eine weitere Partition angelegt, kann man die Partition am Beginn nachträglich nicht vergrößern. Sie benötigen dafür einen leistungsfähigeren Partitionsmanager als den von Microsoft.

Klicken Sie nun mit der rechten Maustaste auf den „nicht zugeordneten" Speicherplatz und wählen Sie „Neues einfaches Volume". Als „Größe des einfachen Volumens in MB" wird der gesamte freie Speicherplatz vorgeschlagen. Wenn Sie den Platz auf mehrere Partitionen aufteilen wollen, verringern Sie den Wert. Klicken Sie dann auf „Weiter".

Im nächsten Fenster können Sie im Feld „Volumebezeichnung" einen sinnvollen Namen vergeben. Vor „Schnellformatierung" sollten Sie einen Haken setzen, bevor Sie auf „Weiter" klicken.

Die neue Partition bekommt vermutlich den Laufwerksbuchstaben E: zugewiesen, weil D: meist an das DVD-Laufwerk vergeben ist. Wenn Ihnen das nicht gefällt, weisen Sie dem DVD-Laufwerk einen anderen Buchstaben zu, wie auf der vorherigen Seite beschrieben, bevor Sie weitere Partitionen einrichten.

7.4 ALTERNATIVE PARTITIONS-MANAGER

7.4.1 Warum?

Die Partitions-Manager von Microsoft können zwar Partitionen verkleinern oder vergrößern, aber nicht verschieben. Dafür braucht man eine Alternative. Zu den renommiertesten gehören der **Paragon Partition Manager**, der **Acronis Disk Director**, **GParted** und der **EaseUS Partition Master**. Bei Problemen (wenn sich eine Partition nicht löschen lässt oder der Windows-Start nur bis zur Eingabeaufforderung möglich ist) hilft **DiskPart**. Die kostenlosen Versionen sind teils mit englischer Bedienoberfläche. Anleitungen für mehrere Partitionsmanager finden Sie auf `eifert.net` unter Hilfen → Software.

Bei allen Partitionsmanagern müssen Sie mit der rechten Maustaste auf eine Partition klicken und im Kontextmenü auswählen, was Sie tun wollen. Sie können mehrere aufeinanderfolgende Änderungen planen. Mit „Undo" können Sie eine geplante Änderung zurücknehmen. Bevor Sie auf „Apply" (Ausführung) geklickt haben, ist alles nur ein Plan. Erst wenn Sie auf „Apply" klicken, beginnt die langwierige Ausführung aller geplanten Änderungen. Wenn Sie Veränderungen an der aktuell benutzten Partition (der Windows-Partition) geplant haben, werden Sie zu einem Neustart aufgefordert.

7.4.2 Kurzanleitung: Paragon Partition Manager

Beim kostenlosen Paragon Partition Manager sind die ausgegrauten Funktionen nicht verfügbar. Aber eigentlich brauchen Sie nur die markierte Funktion, den Rest können Sie mit dem MS-Festplattenmanager erledigen.

Bild 7.3: Paragon Partition Manager, Menü „Partition verschieben".
Eine Anleitung finden Sie auf http://eifert.net → „Hilfen" → „Software"

7.5 Vorsichtsmassnahmen

Es gibt im Handel zahlreiche „Partitionsmanager" zu kaufen, und einige sind auch kostenlos im Internet zu finden. Alle sind angeblich „ganz leicht" zu bedienen, aber diese Behauptung ist nicht viel wert. Kein Hersteller würde sein Produkt als „schwierig zu bedienen" und „gefährlich" anpreisen.

Es sollte Ihnen zu denken geben, dass Sie in jeder Anleitung aufgefordert werden, vor der Partitionierung Ihre Daten zu sichern. Durch diesen Hinweis trifft den Hersteller keine juristische Verantwortung, wenn beim Partitionieren etwas schief geht. Nehmen Sie die Datensicherung ernst. Kaufen oder leihen Sie sich eine externe Festplatte oder einen großen USB-Speicherstick. Alternativ können Sie Ihre Daten auf einige DVDs brennen. Erschreckend viele Leute, die sich auszukennen glaubten, haben bei Partitionierungsversuchen ihre Daten verloren.

`Nochmals: Selbst bei einer fehlerfreien Verwendung dieser Programme kann es bei Änderungen an den Partitionen IMMER zu einem VOLLSTÄNDIGEN DATENVERLUST kommen! Eine kurze Stromunterbrechung genügt, und schon sind Ihre Daten weg!`

Eine Warnung vorab: Sollte der Strom während der Umgestaltung der Festplatte ausfallen, sind Ihre Daten verloren! Vergessen Sie bei einem Notebook nicht, das Netzteil anzuschließen.

Und auch wenn die Reorganisation sehr viel länger dauert, als Sie Zeit haben: Kommen Sie nicht auf die Idee, das Programm abzubrechen! Danach könnten nicht einmal die Profis Ihre Daten retten. Sichern Sie vorsichtshalber Ihre Daten. Wahrscheinlich brauchen Sie nur den Ordner `C:\Users` bzw. `C:\Benutzer` auf einen USB-Stick, eine externe Festplatte oder eine DVD zu sichern.

8 Daten ordnen

8.1 Prioritäten setzen

Ein regelmäßiges vollständiges Backup kann sich kaum jemand leisten – und es wird auch kaum gebraucht. Mit „Prioritäten setzen" ist ein Sortieren der Daten gemeint – mit der Zielsetzung, die kleine Menge der wichtigen Daten zu finden und nur diese zu sichern, dafür aber umso öfter. Es geht darum, durch Ordnen der Daten den Zeit- und Speicherplatzaufwand für die Sicherung nachhaltig zu senken. Dazu betrachten wir nacheinander diese Methoden:

- **Aufräumen**, um die interne Festplatte und den Backup-Massenspeicher zu entlasten.
- **Daten nach Wichtigkeit sortieren**, um die wichtigsten Daten häufiger sichern zu können.
- Aktuelle Daten von den alten Daten trennen (Archivieren)
- Veränderliche Daten von den unveränderlichen Daten trennen
- Die Häufigkeit der Datensicherung staffeln

8.1.1 Aufräumen

Es kann so schwer sein, ein Dokument zu finden, von dem man genau weiß, das man es hat – nur wo? Wenn mit „Aufräumen" gemeint ist, die Daten übersichtlicher zu ordnen, findet das meinen vollen Beifall.

Zum Aufräumen im Sinne von „Löschen überflüssiger Dateien" habe ich eine zwiespältige Einstellung. Der Zeitaufwand steht oft in keinem sinnvollen Verhältnis zum Ergebnis. Ich ordne meine Fotos nach dem Motto „Wenn ich zehn gute Fotos habe, wozu dann weitere fünfzig mittelmäßige Fotos aufbewahren?" Eine Festplatte mit 4 TB Kapazität kostete Anfang 2021 etwa 80 Euro. Wenn ich 500 Fotos lösche, die je 2 MB groß sind, habe ich 1 GB Speicherplatz gewonnen – Speicherplatz im Wert von nur zwei Cent. Meine Office-Dokumente sind im Schnitt 0,01 MB groß, wenn sie keine Illustrationen enthalten. Ich müsste also hunderttausend Dokumente löschen, um Speicherplatz im Wert von zwei Cent freizumachen. Wenn ich für jedes Dokument sechs Sekunden für die Entscheidung einplane, es zu löschen oder zu behalten, dauert das Aufräumen etwa 160 Stunden.

Aufräumen, um Ordnung und Übersicht zu verbessern – ja. Dokumente zu löschen, um Speicherplatz zu gewinnen, ist Unfug. Allerdings ist es möglicherweise sinnvoll, mit einem Werkzeug wie WinDirStat (siehe im Kapitel 9 „Werkzeuge") die größten Dateien der Festplatte zu überprüfen, ob darunter Dateien sind, die gelöscht werden könnten.

Wie steht es um temporäre Dateien? Lohnt es, temporäre Dateien zu löschen? Die meist winzigen Dateien belegen nur einen vergleichsweise kleinen Teil der Festplatte, die Anzahl der Dateien kann jedoch in die hunderttausende gehen. Der Aufwand, diese vielen Dateien zu verwalten, kann den Zeitaufwand für eine Datensicherung merklich vergrößern.

Wie oft sollte man temporäre Dateien entfernen? Etwa einmal im Quartal oder pro Monat. Etwas öfter sollte es tun, wer häufig Programme installiert und deinstalliert. Das geht bei Windows 7 über „Start" → „Alle Programme" → „Zubehör" → „Systemprogramme" → „Datenträgerbereinigung".

Unter Windows 10 gehen Sie nach Rechtsklick auf „Start" zu „System". Unter „Speicher" finden Sie „Jetzt Speicherplatz freigeben".

Alternativ können Sie die Windows-Taste mit „r" drücken und „control" eingeben, um zur „Systemsteuerung" zu gelangen. Wenn die Anzeige „Kleine Symbole" eingestellt ist: „Verwaltung" → „Datenträgerbereinigung". Wenn die „Kategorieansicht" eingestellt ist: „System und Sicherheit" → „Verwaltung" → „Datenträgerbereinigung". Dort können Sie das Laufwerk auswählen, das bereinigt werden soll. Tipp: Klicken Sie zuerst auf „Systemdateien bereinigen" und wählen Sie erneut das Laufwerk aus. Jetzt bekommen Sie mehr Aufräum-Möglichkeiten angeboten.

8.1.2 Daten nach Wichtigkeit sortieren

Die wichtigsten Daten sollte man häufig sichern, während weniger wichtige selten oder gar nicht gesichert werden brauchen. Die Wichtigkeit von Daten kann man nach verschiedenen Kriterien beurteilen:

- Wie viel Arbeit wurde für die Erstellung der Daten aufgewendet?
- Ist es überhaupt möglich, die Daten wiederherzustellen?
- Falls es möglich ist: Wie schwierig wäre es, die Daten wiederherzustellen?

In selbst erstellten Texten und anderen Office-Dokumenten steckt meist viel Arbeit. Die wichtigsten Dokumente sollten Sie ausdrucken und abheften. Papier ist langlebiger als eine Datei. Nach einem Datenverlust könnten Sie notfalls die Daten neu eingeben.

Verloren gegangene Fotos können in der Regel nicht ersetzt werden. Sie sollten zumindest von den wichtigsten Fotos Kopien haben. Stellen Sie sich einmal vor, Ihre gesamte fotografische Familiengeschichte ist verloren! Leider erlebe ich das öfter. Oder Ihr Studentenleben ist weg – alle Fotos ebenso wie alle Vorlesungsmitschriften, einschließlich der fast fertigen Abschlussarbeit.

Downloads zu sichern, ist in der Regel nicht sinnvoll. Sie können meist mit einem geringen Aufwand erneut heruntergeladen werden. Dabei findet man oft eine aktuellere Version.

Die DVDs mit dem Betriebssystem, mit den installierten Programmen und den Gerätetreibern sollten vorrätig oder leicht beschaffbar sein. Eine Neuinstallation kann zwar aufwendig sein, ist aber nicht allzu schwierig.

8.1.3 Aktuelle Daten von den alten Daten trennen: Richtig archivieren

Die Zahl der auf Ihrer Festplatte gespeicherten Dokumente wächst von Jahr zu Jahr. Entsprechend wachsen der Zeitaufwand für eine komplette Datensicherung sowie der Speicherplatzbedarf. Andererseits können Sie pro Tag nur eine begrenzte Menge an Dokumenten bearbeiten. Ein immer größer werdender Teil der gespeicherten Dokumente ist schon „seit Ewigkeiten" nicht mehr verändert worden.

Die Aufteilung der Daten in aktuelle, die häufiger gesichert werden müssen, und Daten, die vermutlich nie wieder geändert werden, ist zentral für eine gute Datensicherungs-Strategie. Denn nur das, was sich ständig verändert, brauchen wir regelmäßig zu sichern. Für die alten, archivierten Daten ist kein Datensicherungsaufwand mehr nötig.

Archivierung bedeutet, aus dem Datenbestand all das auszulagern, was sich nicht mehr verändern wird. Oder wo zumindest zu vermuten ist, dass man nicht mehr dran arbeiten wird. Das funktioniert nie zu 100 Prozent, weil man seine Ordnerstrukturen nicht auseinanderreißen möchte. Doch vieles lässt sich einmal jährlich auslagern.

Wohin mit den Archivdaten? Es gibt vor allem zwei Möglichkeiten.

- Der Archivbereich kann eine separate Partition sein. Auf diesen hat man zwar weiterhin permanent Zugriff, man verändert dort aber **niemals** irgendwelche Daten. Hier lassen sich dann abgeschlossene Vorgänge, Musik, Fotos und alte Mails auslagern.
Ein zweites Exemplar des Archivbereichs brennt man auf DVD oder kopiert die Archivdaten auf eine externe Festplatte, denn man sollte stets alle Daten in doppelter Ausführung haben.
- Wenn der Platz auf der internen Festplatte knapp ist, kopiert man ein Exemplar des Archivs auf eine externe Festplatte und ein zweites auf DVD. Dann löscht man die nunmehr doppelt gesicherten Archivdaten von der internen Festplatte.

Und wenn an archivierten Daten nochmal gearbeitet werden muss? Keinesfalls bearbeitet man die Daten im Archiv, sondern man kopiert das Projekt aus dem Archivbereich wieder in den aktuellen Datenbestand. Hier kann man dann nach Belieben erneut daran arbeiten. Irgendwann, wenn man seinen aktuellen Datenbestand entschlackt, verschiebt man es wieder in den Archivbereich.

Daten halbautomatisch sortieren

XCOPY, ROBOCOPY und andere Dienstprogramme können Dateien abhängig von ihrem Alter kopieren. Beispielsweise kann man alle Dateien, die älter als drei Jahre sind, an einen anderen Speicherort verlagern (verschieben). Beim Kopieren entsteht am neuen Speicherort die gleiche Ordnerstruktur wie am alten Ort. Diese Methode ist nicht allzu schwierig und erfordert kaum Zeitaufwand. Sie hat aber schwere Mängel:

- Dateien, die thematisch zusammengehören, werden möglicherweise auseinandergerissen. Findet man eine Datei im bisherigen Ordner nicht mehr, muss man sie aufwendig suchen.
- In der täglichen Arbeit werden Dateien und Ordner umbenannt, verschoben und anders geordnet. Im Laufe der Jahre ändert sich die Ordnerstruktur und wird der früheren Struktur immer unähnlicher. Das Wiederfinden alter Dateien wird dadurch zunehmend schwieriger. Ein Tipp: Wenn Sie einen zu umfangreich gewordenen Ordner aufteilen müssen, sollten Sie im ursprünglichen Ordner einen Link zum neuen Ordner hinterlassen.

Daten manuell sortieren

Besser, wenn auch aufwendiger, ist die manuelle Methode. Abgeschlossene Vorgänge, alte Rechnungen und Steuererklärungen, Kündigungen und Bestellungen, abgeschlossenen Briefwechsel und Ähnliches kann man von Zeit zu Zeit auf eine andere Partition oder in einen Archivordner verschieben, die weniger oft gesichert werden. Am früheren Speicherort hinterlässt man eine Verknüpfung zum Archivordner, damit die ausgelagerten Daten jederzeit leicht wiedergefunden werden können.

8.1.4 Veränderliche Daten von den unveränderlichen Daten trennen

Manche Daten werden nach dem erstmaligen Speichern nicht verändert. Dazu gehören z. B. Videos oder Musikdateien, E-Mails, PDF-Dokumente, ZIP-Archive und Downloads. Fotos werden in die richtige Lage gedreht und beschnitten und danach ebenfalls nicht mehr verändert. Es ist sinnvoll, diese Dateien von Anfang an in separaten Ordnern bzw. Partitionen anzuordnen. Von dieser Art von Daten braucht man keine früheren Versionen.

8.1.5 Häufigkeit der Datensicherung staffeln

Manche Datenarten werden nur selten verändert. Ein typisches Beispiel sind Fotos. Fotos werden in der Regel nicht mehrmals bearbeitet. Neue Fotos werden nicht jeden Tag hinzugefügt, sondern in größeren Abständen. Es genügt vollauf, Fotos an den Tagen nach Veränderungen zu sichern bzw. sie in der Kamera noch nicht zu löschen.

Häufige Sicherungen schützen vor kleinen Unfällen

Die von Ihnen häufig bearbeiteten Dateien sollten Sie vor den kleinen Alltagspannen schützen, indem Sie diese beispielsweise täglich sichern, und zwar jedes Mal in einen anderen Tagesordner. Weil dabei nur wenige Dateiarten gesichert zu werden brauchen, sind der Zeitaufwand und der Speicherbedarf gering. Es ist nicht einmal eine externe Festplatte notwendig, für diese Art der Sicherung genügen eine separate Partition, ein Ordner auf der internen Festplatte oder ein USB-Speicherstick. Beispiele für eine tägliche oder stündliche Sicherung finden Sie in den Unterkapiteln 11.6 und 11.7.

Wichtig ist dabei, dass diese Sicherung automatisch oder mit einem einzigen Klick gestartet werden kann, ohne dass weitere Eingaben gefordert sind. An dieser Hürde scheitern manche Datensicherungsprogramme. Die Sicherung wird immer öfter weggelassen, wenn sie dem Benutzer zu zeitaufwendig scheint. Schon nach einem Vierteljahr wird kaum noch daran gedacht, die Daten zu sichern.

Gelegentliche Sicherungen zum Schutz vor Katastrophen

Hier geht es vor allem darum, nach einem Defekt der Festplatte oder ähnlichen Katastrophen nicht ohne Daten dazustehen. Die Daten müssen unbedingt auf eine andere Festplatte (eine externe oder die eines anderen PCs), auf einen Speicherstick oder auf einen (optischen) Datenträger gesichert werden.

8.2 Den optimalen Platz für Datenordner finden

8.2.1 Wo befinden sich Ihre Daten?

Vorausgesetzt, Sie haben keine separate Datenpartition angelegt, wie in Kapitel 7 empfohlen, dann befinden sich alle Ihre Daten auf der Systempartition, die fast immer den Laufwerksbuchstaben `C:` hat.

Windows legt für jeden Benutzer einige Ordner für Dokumente, Bilder, Videos und Musik an. Fast alle Anwendungen legen ihre Daten automatisch in den passenden Ordnern ab. Wenn man sich um diese vier Ordner kümmert, hat man das Wichtigste gesichert. Wo sich diese Ordner befinden, zeigt Bild 1.4. Schauen Sie mit dem Windows-Explorer nach!

Bei den Windows-Versionen ab Vista klicken Sie auf das Dreieck vor „Computer", damit die Laufwerke gezeigt werden. Auf Laufwerk `C:` im Ordner „Benutzer" finden Sie mindestens zwei Unterordner. Für jeden Benutzer des PC gibt es einen persönlichen Ordner mit dessen Anmeldenamen. Darin wieder hat jeder einige Unterordner, z. B. „Bilder", „Dokumente" usw. Zusätzlich gibt es einen Ordner „Öffentlich", auf den alle Benutzer zugreifen dürfen.

Welchen Sinn hat der Ordner „Öffentlich", englisch „Public"? Dort kann jeder Nutzer alle diejenigen Dokumente, Bilder, Videos usw. speichern, die von jedem Mitbenutzer des Computers verwendet werden dürfen. Die nicht-öffentlichen Dateien speichert jeder in seinen eigenen Unterordnern.

Wenn man beispielsweise auf der Suche nach einem bestimmten Bild ist, muss man zwei Speicherorte überprüfen: den eigenen und den öffentlichen Ordner. Um die Suche zu erleichtern, hat Microsoft die „Bibliotheken" eingeführt. Schauen Sie im linken Fenster des Windows Explorers auf die Rubrik „Bibliotheken". Klicken Sie mit der rechten Taste auf „Bilder" und dann mit der linken auf „Eigenschaften", dann sehen Sie, woraus die Bibliothek besteht: Aus dem gemeinsamen Ordner `C:\Benutzer\Öffentlich\Bilder` sowie aus dem persönlichen Ordner `C:\Benutzer\<user>\Bilder`. Das `<user>` steht hier für den Benutzernamen, mit dem Sie sich angemeldet haben. Falls Sie weitere Ordner mit Bildern haben, z. B. auf einer anderen Partition, können Sie diese Bilderordner zur Bibliothek hinzufügen. Wobei „Hinzufügen" nur die Ansicht betrifft, tatsächlich bleibt jeder Ordner, wo er ist.

Standardmäßig zeigt der Explorer vier Bibliotheken: „Bilder", „Dokumente", „Musik" und „Videos". Wer möchte, kann weitere Bibliotheken einrichten, z. B. „Hörspiele".

Windows 10, 8, 7 und Vista verwenden englische Ordnernamen, die vom Explorer in die jeweilige Landessprache übersetzt werden. Wenn man unter „Computer" das Laufwerk `C:` betrachtet, werden auch hier die englischen Ordnernamen übersetzt in „`C:\Benutzer\<user>\Dokumente`" usw.

Wenn man die Datensicherung automatisieren will, muss man die originalen englischen Ordnerbezeichnungen kennen. Die folgenden vier Ordner werden im Weiteren als „Eigene Dateien" bezeichnet:

- `C:\Users\<user>\Documents`
- `C:\Users\<user>\Music`
- `C:\Users\<user>\Pictures`
- `C:\Users\<user>\Videos`

Die öffentlichen Ordner sind

- `C:\Users\Public\Documents`
- `C:\Users\Public\Music`
- `C:\Users\Public\Pictures`
- `C:\Users\Public\Videos`

8.2.2 Die „Eigenen Dateien" verlagern

Sie haben eine separate Partition für die Daten angelegt? Um die Daten vom Betriebssystem zu trennen, müssen vor allem die „Eigenen Dateien" auf die Datenpartition verlagert werden. Es gibt zwei Methoden dafür.

Verlagern unter Vista und Windows 7 bis 10

Unter Vista und Windows 7 bis 10 verlegt man den Ordner „Dokumente" wie folgt:

- Legen Sie einen neuen Ordner für die Dokumente an, z. B. in „`D:\<user>\Documents`". Wenn Sie der einzige Benutzer des Computers sind, brauchen Sie keine Unterteilung nach Benutzern und Sie können Sie den Ordnernamen auf „`D:\Documents`" verkürzen.
- Verschieben Sie Ihre Dokumente an den neuen Ort.
- Klicken Sie im Abschnitt „Bibliotheken" des Explorers mit der rechten Taste auf „Dokumente" und dann auf „Eigenschaften", wie im Bild 8.1.
- Im Fenster „Eigenschaften von Dokumente (Bild 8.2) klicken Sie auf „Hinzufügen" und navigieren Sie zum neu eingerichteten Speicherort „`D:\<user>\Documents`". Klicken Sie auf „Ordner aufnehmen", dann auf „Übernehmen". Nun gehört der neue Ordner zu Ihrer virtuellen Bibliothek, siehe Bild 8.3.
- Solange Sie zwei Ordner in Ihrer Bibliothek haben, ist einer davon als „Speicherort" und der andere als „Öffentlicher Speicherort" markiert. Wenn zwei oder mehr Ordner zu Ihrer Bibliothek gehören, können Sie mit einem Klick auf „Speicherort" festlegen, welcher der Ordner bevorzugt zum Speichern verwenden werden soll. Alle Programme werden im Menüpunkt „Speichern unter ..." diesen Speicherort bevorzugt anbieten. Im Bild 8.3 wurde der Ordner `D:\Klaus\Dokumente` als Standardspeicherort festgelegt.
- Zugunsten der Übersichtlichkeit könnten Sie nun den alten Ordner aus der Bibliothek „Entfernen" (falls Sie ihn vorher geleert haben). Hinweis: Das Entfernen eines Ordners aus einer Bibliothek löscht nicht den Ordner selbst.

Analog können Sie mit den Bibliotheken „Bilder", „Musik" und „Videos" verfahren.

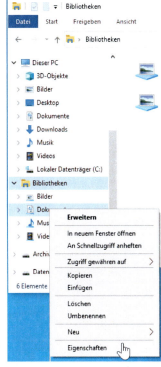

Bild 8.1: Eigenschaften der Bibliothek „Dokumente"

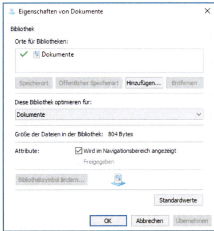

Bild 8.2: Ordner „hinzufügen"

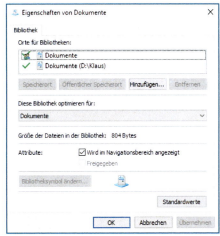

Bild 8.3: Neuer Ordner D:\Klaus\Dokumente

Verlagern unter Windows 10

In neueren Versionen von Windows 10 gibt es eine schnellere Lösung. Gehen Sie zu „Einstellungen" → „System" → „Speicher" → „Speicherort für neuen Inhalt ändern" und Sie gelangen zu Bild 8.4.

Mit einem Klick in eins der Auswahlkästchen (roter Ring) werden Ihnen alle verfügbaren Laufwerke angezeigt, wie in Bild 8.5. Die Ordnerstruktur wird auf dem neu festgelegtem Laufwerk identisch zu den Ordnern auf dem bisherigen Laufwerk angelegt, also `D:\Klaus\Dokumente`. Anderslautende Ordnernamen, z. B. `D:\Dokumente` oder `D:\Texte` sind nicht möglich.

Die am alten Speicherort befindlichen Dokumente bleiben dort. Sie müssen diese selbst an den neuen Ort verschieben.

Wenn Sie zukünftig in einer Anwendung „Speichern unter ..." benutzen, dann denken Sie daran, dass sich der Speicherort nicht mehr auf `C:` befindet.

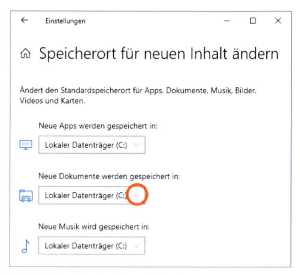

Bild 8.4: Standardspeicherorte ändern

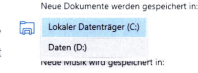

Bild 8.5: Standardspeicherorte ändern

8.2.3 Verstreute Daten finden

Worin besteht das Problem?

Während fast jeder Installation werden Sie gefragt, in welchem Ordner die Programmdateien gespeichert werden sollen. Doch wo die Daten gespeichert werden sollen, wird nur von sehr wenigen Programmen abgefragt. Vielleicht, weil viele Anwender durch eine Frage nach dem Speicherort verunsichert würden? Wählen Sie die benutzerdefinierte Installation, wenn Sie das nächste Mal eine Software installieren. Eventuell werden Sie vom Setup-Programm nach dem Speicherort für die Daten gefragt.

Nicht alle Ihre Daten werden unter den „Eigenen Dateien" einsortiert. Die Microsoft-Betriebssysteme verstecken zahlreiche weitere Daten an schwer auffindbaren Stellen. MS Word beispielsweise speichert

- Dokumente wie oben genannt in `C:\Users\<user>\Documents`
- Vorlagen in `C:\Users\<user>\AppData\Local\Microsoft\Vorlagen\normal.dot`
- Benutzerwörterbücher in `C:\Program Files\Microsoft Office\Office`
  (das ist einer der wenigen Fälle, wo Daten im Programmordner versteckt werden).

Weiterhin sind E-Mails, das E-Mail-Adressbuch, Filterregeln, Favoriten u. a. ein Problem. Selbst die erfahrenen Computernutzer haben Probleme, alle diese Dateien zu finden und zu sichern. Andererseits ist es kaum möglich, ständig Vollsicherungen durchzuführen, der Speicherbedarf wäre zu hoch.

Es gibt zwei Möglichkeiten, dieses Problem zu lösen:

- Sie listen alle diese Dateien und Ordner in Ihrem Datensicherungsprogramm auf.
- Sie verlagern sämtliche Daten von der Systempartition in eine Datenpartition.

Die zweite Lösung ist die bessere. Wenn man das schafft, enthält Laufwerk `C:` nur noch Programme, keine Daten. Dann braucht man `C:` nicht mehr zu sichern, abgesehen von gelegentlich einem Image, um sich bei Störungen eine Neuinstallation des Betriebssystems zu ersparen.

Daten ordnen

8.2.4 Datenspeicherort einiger Programme

Nachfolgend ist für einige Programme aufgeführt, wo diese ihre Daten ablegen. Bei manchen Programmen kann man die Voreinstellungen für den Speicherort ändern.

- MS Word: „Extras" → „Optionen" → „Speicherort für Dateien"; anschließend vorhandene Dateien verschieben.
- MS Excel: „Extras" → „Optionen" → „Dateien"; dann vorhandene Dateien verschieben
- Thunderbird: Unter „Extras" → „Konteneinstellungen" → „Lokale Ordner" wird der folgend Ordner angezeigt:
  `C:\Users\<user>\AppData\Local\Thunderbird\Profiles\<Code>\Mail\Local Folders`. Diesen Ordner bzw. den Ordner `C:\Users\<user>\AppData\Local\Thunderbird\Profiles\` sollten Sie regelmäßig sichern, denn dort befinden sich Ihre gespeicherten E-Mails. Wenn Sie den Speicherort ändern, anschließend Thunderbird beenden und die Daten von `C:\Users\<user>\AppData\Local\Thunderbird\Profiles\<Code>\Mail\Local Folders` an den neuen Ort verschieben.
  Das Adressbuch von Thunderbird finden Sie unter „Extras". Im Adressbuch können Sie über „Extras" → „Exportieren" das Adressverzeichnis als „Komma-getrennt" in eine Datei sichern.
- MS Outlook: Windows 10, 8, 7 und Vista speichern die E-Mails im Ordner `C:\Users\<user>\AppData\Local\Microsoft\Outlook`.
  Sie können auch die Partition `C:` nach Dateien mit der Erweiterung `.pst` durchsuchen, um den Speicherort zu ermitteln.
- Google Earth: „Places", die mit Stecknadeln markierten Orte, finden Sie unter `C:\Users\<user>\Lokale Einstellungen\Anwendungsdaten\Google\Google Earth\`
- Mozilla Firefox: Wo die Lesezeichen sind, hängt von der Programmversion ab, oft unter `C:\Programme (x86)\Mozilla Firefox\<Zufallszahl>\bookmarks.html`. Am besten durchsuchen Sie den PC mit `dir c:\bookmarks.html /s /p` oder `C:\Users\<user>\AppData\Local\Firefox\Profiles\Zufallszahl.default\` dann den Inhalt des alten Ordners in den neuen Ordner kopieren.
- Skype: Die Kontakte werden in der Microsoft-Cloud gespeichert.

8.2.5 Lizenzschlüssel aller Anwendungen sichern

Windows und viele andere Programme benötigen zur Aktivierung einen Lizenzschlüssel, den „Product Key". Der war vermutlich auf der DVD oder deren Verpackung aufgedruckt, aber diese können Sie nicht mehr finden? Dann kann Ihnen der „License Crawler" helfen. Das Tool durchsucht die Registry von Windows nach Seriennummern der installierten Programme und druckt sie in einer Übersicht aus.

Unter http://www.klinzmann.name/licensecrawler_download_de.htm stellt der Autor sein Programm zum Download bereit. Packen Sie die Datei „LicenseCrawler.exe" in einem beliebigen Ordner aus, z. B. auf einen USB-Stick. Das Programm braucht nicht installiert zu werden. Starten Sie das Tool mit einem Doppelklick. In der kostenlosen Version werden Sie mit dem Hinweis „Please press button Nr. x to start the program" aufgefordert, eine Zahl entsprechend der Angabe anzuklicken. Wählen Sie dann die Sprache aus. Im Menü „Computer" wählen Sie die Option „Localhost" für das eigene System. Wenn Sie mehrere vernetzte PCs haben, können Sie auch die auf anderen PCs gespeicherten Lizenzschlüssel ermitteln. Stellen Sie nun ein, wo in der Windows-Registry gesucht werden soll. Unter der Voreinstellung „HKEY_LOCAL_MACHINE" werden die meisten Lizenzschlüssel gefunden.

Klicken Sie unten auf „Start Search". Der Suchvorgang dauert etwa eine Minute. Finden Sie den Lizenzschlüssel eines bestimmten Programms nicht unter dem voreingestellten Registry-Pfad, so ist der Schlüssel wahrscheinlich in einem anderen Zweig der Registry gespeichert. Ändern Sie in diesem Fall unterhalb von „localhost" den Registry-Zweig auf „HKEY_ALL" und starten Sie den Suchvorgang erneut mit „Start Search". Das Tool untersucht nun alle Registry-Zweige, was etliche Minuten dauern kann.

8.2.6 Kontrolle der Vollständigkeit

Sie glauben, alle Datenordner auf eine andere Partition verlagert zu haben. Wie können Sie überprüfen, ob es noch Programme gibt, welche ihre Daten auf `C:` ablegen?

Arbeiten Sie mit allen bzw. den diesbezüglich „verdächtigen" Programmen wie gewöhnlich, erstellen und bearbeiten Sie Ihre Dateien. Öffnen Sie anschließend die Eingabeaufforderung, geben Sie den folgenden Befehl ein und drücken Sie zum Abschluss Enter:

```
robocopy c:\ a:\ /s /xa:sh /r:0 /maxage:3 /log:%USERPROFILE%\Desktop\bericht.txt /l
```

Ausführlich wird ROBOCOPY unter 9.4.3 im Unterkapitel „Kopierprogramme" vorgestellt. Das Betriebssystem ersetzt `%USERPROFILE%` durch `C:\Users\<Ihr Benutzername>`. Wegen des abschließenden Parameters `/L` wird nichts kopiert, `ROBOCOPY` tut nur so „als ob". Nach Ausführung des Befehls finden Sie auf Ihrem Desktop eine Datei `bericht.txt`. In diesem Bericht sind alle Dateien aufgelistet, die auf Laufwerk `C:` in den letzten 3 Tagen (`maxage:3`) geändert worden sind. Sie sollten keine Dateien in dieser Liste finden, die Ihnen wichtig sind. Wiederholen Sie den Befehl gegebenenfalls mit einer anderen Anzahl von Tagen.

Alternativ können Sie auch von `https://last-changed-files.de.uptodown.com/windows` das Programm „`lastchangedfiles`" herunterladen und installieren. Es listet alle Dateien der Festplatte in der Reihenfolge der Erstellung oder letzten Änderung auf, die zuletzt geänderte Datei zuerst. Dieses Programm erlaubt das Anlegen einer Ausschlussliste, welche Dateien und Ordner nicht angezeigt werden sollen. So kann man Dateien im Windows-Ordner und temporäre Dateien ausblenden. Wenn man häufiger nach den zuletzt geänderten Dateien suchen muss, ist das von Vorteil.

8.3 Daten in eine neue Installation übernehmen

8.3.1 Die Datenübernahme vorbereiten

Sie haben eine größere interne Festplatte gekauft und wollen die Daten von der alten Festplatte übernehmen? Am einfachsten wäre es, die alte Festplatte auf die neue zu kopieren (zu clonen). Doch in vielen Fällen ist es langfristig besser, das Betriebssystem neu zu installieren und danach die Daten umzukopieren.

Falls auf Ihrem alten PC das Betriebssystem noch funktioniert, selbst wenn es nur im abgesicherten Modus ist, sollten Sie Vorbereitungen für die reibungslose Datenübernahme treffen.

Datenbankanwendungen erzeugen mehrere Dateien, die miteinander verflochten und schwer zu rekonstruieren sind. Falls Sie in Ihrem Datenbankprogramm einen Menüpunkt „Backup", „Export" oder „Datensicherung" finden, führen Sie ihn aus! Mit den damit erzeugten Dateien ist die Datenübernahme in die neu installierte Anwendung wahrscheinlich kein Problem.

Sie sparen viel Mühe, wenn Sie alle Treiber sichern, bevor Sie Windows löschen! Legen Sie dazu einen Ordner an, z. B. auf einem USB-Stick. Ordner für die Treiber soll `E:\Alle_Treiber` sein. Führen Sie einen Rechtsklick auf den Start-Button aus und einen Linksklick auf „Windows Power Shell (Administrator)". Nach der Sicherheitsabfrage tippen Sie den Befehl `pnputil -export-driver * E:\Alle_Treiber` ein. Die PowerShell kopiert alle Treiber in diesen Ordner.

Wenn Windows während der Neuinstallation die Treiber benötigt, stecken Sie den USB-Stick ein und geben Sie den Ordner als Quelle an.

Es gibt noch weitere Gründe, Windows neu zu installieren und anschließend die Daten zu übernehmen. Wenn die Festplatte virenverseucht ist, wenn Sie zu einem moderneren Betriebssystem wechseln wollen oder wenn Sie einen neuen PC gekauft haben, scheidet das Clonen ohnehin aus. Und dann ist noch der Fall, das Windows nicht mehr startet und eine Reparatur nicht möglich ist.

In all diesen Fällen sollten Sie zuerst Windows neu installieren einschließlich Antivirenprogramm, bevor Sie die alte Festplatte bzw. die Festplatte mit dem letzten Backup als externe Festplatte anstecken und die Daten umkopieren.

8.3.2 War Ihr PC möglicherweise infiziert?

Könnte es sein, dass Ihr PC infiziert war? Schütteln Sie nicht allzu heftig mit dem Kopf. 30 bis 40 % aller PCs in Deutschland sind Teil eines Botnetzes, ohne dass die Benutzer davon etwas wissen. Deshalb ist es sinnvoll davon auszugehen, dass auf Ihrer alten Festplatte oder im Backup ein gewisser Anteil Malware enthalten ist, und vielleicht auch Spyware und Adware.

Was Sie wissen müssen: Schadsoftware kann sich nur verbreiten und Schaden anrichten, wenn sie ausgeführt wird. Auch wenn es sich merkwürdig liest: Eine verseuchte Festplatte ist ungefährlich, solange Sie keine auf dieser Festplatte gespeicherten Programme starten und keine Dateien öffnen. Das Betrachten der Ordner mit dem Windows Explorer oder einem anderen Dateimanager ist ungefährlich, das Sortieren, Kopieren oder Löschen von Dateien auch.

Welche Dateien sind potenziell gefährlich? Ausführbare Dateien `.exe` und `.com` sowie `.dll`, seltener `.hta`, `.pif`, `.scr`, `.scf`.

Daraus folgen die ersten Vorsichtsmaßnahmen:

- Kopieren Sie keine Programmordner und auch nicht den Ordner Windows und seine Unterordner, von der alten auf die neu eingerichtete Festplatte. Kopierte Programme funktionieren ohnehin nicht, Sie müssen auf dem neuen System jedes benötigte Programm von Grund auf neu installieren.
- Kopieren Sie keine Systemdateien und keine versteckten Dateien. Falls Sie ROBOCOPY zum Kopieren benutzen, verwenden Sie dem Parameter `/xa:s` um das Kopieren von Systemdateien zu vermeiden.
- Kopieren Sie nur Dateitypen, von denen Sie wissen, dass es sich um Daten handelt, vorzugsweise um Ihre selbst erstellten Daten.

Verhindern Sie, dass ein Virus aktiv ist, während Sie Daten kopieren! Ausführbarer Programmcode kann auch im Master Boot Record der Festplatte oder im Startprogramm eines USB-Sticks stecken. Deshalb sollten Sie ein Betriebssystem von einer Live-CD starten oder die möglicherweise verseuchte Backup-Festplatte an einen „sauberen" PC mit einem aktuellen Antivirenprogramm anstecken. Aber verhindern Sie, dass der saubere PC versehentlich von der möglicherweise infizierten Festplatte startet! Überprüfen Sie die Boot-Reihenfolge im BIOS!

Malware kann auch in PDF-, Grafik- und Officedateien versteckt sein, besonders in Office-Macros. Doch wenn Sie alle Updates für Windows und Office ausgeführt haben und die neueste Version des PDF-Readers installiert ist, sollte von solchen Dateien keine Gefahr mehr ausgehen.

8.3.3 Regeln für eine sicherheitsbewusste Neuinstallation

- Die Festplatte sollten Sie partitionieren. Es ist sehr empfehlenswert, unterschiedliche Partitionen für Betriebssystem und Daten vorzusehen. Dann braucht man beim nächsten Störfall nur Laufwerk C: mit dem Betriebssystem neu zu installieren oder von einem Image wiederherzustellen, während die Daten auf D: erhalten bleiben.
- Installieren Sie Windows in einer leeren Partition bzw. löschen Sie die Partition zu Beginn der Windows-Installation. Niemals über ein vorhandenes System darüberinstallieren, weil sonst einige Gigabyte Dateimüll zurückbleiben, darunter möglicherweise auch verseuchte Dateien.
- Zunächst nur die unverzichtbaren Treiber installieren, auch wenn es nicht die neuesten sind. Die zum Computer gehörende Treiber-CD reicht aus. Das Suchen im Internet nach den allerneuesten Treibern wäre zu diesem Zeitpunkt verfrüht: Ohne Schutz durch ein Antivirenprogramm ist das zu riskant.

Daten ordnen

Sie sind gerade fertig geworden, Windows neu zu installieren? Beginnen Sie nicht damit, Ihre Daten auf den neu eingerichteten PC zu kopieren – es könnten infizierte Dateien darunter sein. Zuerst sollten Sie die Sicherheitslücken des neu eingerichteten Betriebssystem schließen, indem Sie alle angebotenen Updates ausführen. Dann sollten Sie ein Antivirenprogramm installieren und ebenfalls auf den neuesten Stand bringen. Erst jetzt können Sie die benötigten Anwendungsprogramme installieren und zunächst nur die allerwichtigsten Daten zurückkopieren. Also:

- Aktuelle Sicherheitsupdates installieren, einschließlich neuestes Service Pack.
- Restliche Treiber wie Grafikkarte, Sound, Maus, Drucker usw. von einem virenfreien Speichermedium installieren (natürlich als Administrator).
- Virenscanner (möglichst von CD) installieren und einrichten.
- Den Virenscanner die neuesten Signaturen/Updates herunterladen lassen.
- Treiber und Programme updaten, sofern dringend notwendig.
- Ein eingeschränktes Benutzerkonto einrichten und zukünftig mit diesem Konto anmelden.
- Erst jetzt die alte Festplatte oder das Backup-Medium anstecken und mit dem Kopieren Ihrer Daten beginnen.

8.3.4 Daten zurückkopieren

Wenn Sie für das Zurückkopieren einen Dateimanager verwenden wollen bzw. müssen, genügt es vermutlich, Ihre Ordner „Desktop", „Eigene Bilder", „Eigene Dokumente", „Eigene Musik", „Eigene Videos" und „Favoriten" zu kopieren. Achten Sie darauf – besonders beim Desktop-Ordner – keine ausführbaren Dateien mitzukopieren, die möglicherweise verseucht sein könnten. Sie können die ausführbaren Dateien auf der alten Festplatte vor dem Kopieren mit einem Kommandozeilenbefehl sehr effektiv löschen.

- Ermitteln Sie den Laufwerksbuchstaben, den die Systempartition Ihrer alten Festplatte bekommen hat, z. B. mit dem Explorer oder dem Diskmanager. Nehmen wir an, es ist Q:.
- Öffnen Sie die „Eingabeaufforderung" mit Administratorrechten. Wie das geht, steht im Anhang unter 16.1.1.
- Tippen Sie `dir Q:\*.exe /s /q /p` in das Fenster ein und bestätigen Sie mit der Enter-Taste. Dadurch zeigt Ihnen Windows, welche Dateien im nächsten Schritt gelöscht werden würden. Ersetzen Sie `Q:` durch den Laufwerksbuchstaben, den Ihre alte Festplatte bekommen hat.
- Tippen Sie `del Q:\*.exe /s /q` in das Fenster ein und bestätigen Sie mit der Enter-Taste.

Wiederholen Sie den Befehl, wobei anstelle `*.exe` nacheinander `*.dll` und `*.com` eingesetzt werden, eventuell können noch weitere Dateitypen gelöscht werden, z. B. `*.tmp`.

Bei manchen neu installierten Programmen kann es notwendig sein, das Programm einmal zu starten, damit alle benötigten Ordner und Dateien angelegt bzw. initialisiert werden. Dann können Sie die (leeren) Dateien durch die gleichnamigen Dateien von der alten Festplatte ersetzen.

Kopieren Sie zunächst nur die allerwichtigsten Dateien. Warum?

Beachten Sie, dass in den Daten noch Schädlinge enthalten sein können. Daher sollten die Daten nicht sofort nach der Neuinstallation komplett zurückkopiert werden, sondern (falls Sie so lange warten können) erst eine Woche später. Wenn das Antivirenprogrammen Signaturen hat, die eine Woche neuer sind als die möglichen Schädlinge, steigt die Erkennungsrate bei eine Woche alten Dateien auf 100 %, hat der Test einer Computerzeitschrift ergeben.

9 Werkzeuge

9.1 Eingabeaufforderung

9.1.1 Wo findet man die „Eingabeaufforderung"?

Unter Windows 10 lassen Sie die Suchfunktion („Zur Suche Text hier eingeben") nach „cmd" suchen. Drücken Sie „Enter" oder klicken Sie auf die gefundene Desktop-App „Eingabeaufforderung" mit der rechten Maustaste, um sich „Als Administrator anmelden" zu können.

Unter Windows 7 klicken Sie auf „Start" → „Suche starten", „cmd" als das auszuführende Programm eingeben und auf OK klicken. Andere Möglichkeit: Unter „Start" → „Alle Programme" → „Zubehör" gibt es das Programm „Eingabeaufforderung".

Es öffnet sich ein schwarzes Fenster mit einem blinkenden Kursor, der auf das Eingeben eines Kommandozeilenbefehls wartet. Nun können Sie die Kommandozeilenbefehle in das schwarze Fenster eingeben.

9.1.2 Was ist das – ein Kommandozeilenbefehl?

Microsoft-DOS war das erste Betriebssystem für den PC. DOS, das **D**isk **O**perating **S**ystem, musste ohne Maus, ohne Farbe und ohne grafische Oberfläche auskommen. Was der PC tun sollte, musste eingetippt werden. Zu den wichtigsten DOS-Befehlen gehörte „`DIR`" (Directory) zum Anzeigen aller Dateien eines Verzeichnisses (in der Windows-Terminologie werden Verzeichnisse als „Ordner" bezeichnet), „`MD`" (Make Directory) zum Anlegen eines neuen Verzeichnisses, „`CD`" (Change Directory) zum Wechseln zwischen den Verzeichnissen und „`COPY`" zum Kopieren von Dateien.

Mit Windows zu arbeiten, ist viel übersichtlicher. Windows bietet eine anschauliche, einfach zu erlernende Bedienoberfläche. Jedoch sind im „Untergrund" jedes Windows-Betriebssystems die klassischen DOS-Befehle verblieben und um zahlreiche neue Befehle ergänzt worden. Mit jeder weiteren Windows-Version kommen neue Befehle hinzu. Inzwischen gibt es knapp 100 Befehle. Die Befehle – sowohl die klassischen DOS-Befehle als auch die neu dazugekommenen – werden jetzt gemeinsam als „Kommandozeilenbefehle" bezeichnet.

Warum sind die teilweise 40 Jahre alten Befehle noch nicht abgeschafft worden? Die meisten alltäglichen Aufgaben lassen sich effizient mit einigen Mausklicks auf der grafischen Oberfläche erledigen. Es gibt aber etliche Fälle, bei denen die Verwendung von Kommandozeilenbefehlen vorteilhaft oder sogar unentbehrlich ist.

- Im Jahr 1987 habe ich die Befehle von DOS 3.3 erlernt. Diese Befehle funktionieren schon seit Jahrzehnten in immer der gleichen Weise und werden auch mit den Nachfolgern von Windows 10 noch funktionieren.
- Sie sind in manchen Fällen effektiver als eine grafische Oberfläche. Die eigene IP-Adresse kann man beispielsweise mit dem Befehl `ipconfig` ganz leicht ermitteln.
- Sie funktionieren auch dann noch, wenn Windows nicht mehr startet. Beispielsweise arbeitet die Windows-Reparaturkonsole nur mit Kommandozeilenbefehlen.
- Sie lassen sich durch sogenannte Schalter auf vielfältige Weise modifizieren (diejenigen Parameter hinter dem Befehl, die mit einem Schrägstrich beginnen, werden als Schalter bezeichnet).
- Sie sind für die Automatisierung wiederkehrender Aufgaben geeignet. Deshalb sind sie unentbehrlich, wenn man das Backup automatisieren will.

Ein Beispiel dafür: Ein einziger Befehl

```
ROBOCOPY C:\ F:\JUNI\ /S /MAXAGE:20141224 /XF *.DLL *.EXE *.COM /XA:S
```

legt auf Laufwerk `F:\` einen Ordner `JUNI` an und durchsucht die gesamte Partition `C:` einschließlich Unterordner (`/S`) nach allen Dateien, die seit dem 24.12.2014 (`MAXAGE`) erstellt oder verändert worden sind. Alle diese Dateien werden nach `F:\JUNI\` kopiert. Alle Dateien vom Typ `.DLL`, `.EXE` und `.COM` sowie alle Systemdateien (`/XA:S`) werden ausgelassen. Wie wollen Sie einen derartigen Datensicherungsauftrag mit der Maus erledigen, geschweige denn automatisieren? Deshalb benutzen Profis diese Befehle nach wie vor.

9.1.3 Hinweise für das Eintippen von Kommandozeilenbefehlen

- Nach dem Eingeben eines Befehls drückt man Enter, damit der Befehl ausgeführt wird.
- Am Anfang der Zeile dürfen Leerzeichen stehen. Falls mitten in der Zeile ein einzelnes Leerzeichen erlaubt ist, dürfen an dieser Stelle auch mehrere stehen.
- Man kann alle Befehle nach Belieben mit großen oder kleinen Buchstaben schreiben. Ausnahme: Bei Namen, Passwörtern sowie Zeichenfolgen, die als Muster für einen Vergleich dienen und deshalb in Anführungszeichen eingeschlossen werden, wird Groß- und Kleinschreibung unterschieden.
- Will man einen Befehl eingeben, der dem vorhergehenden Befehl ähnelt, kann man ihn mit Funktionstaste „F3" bzw. „F1" ganz bzw. teilweise wiederholen.
- Eine längere, über den Bildschirm rasende Ausgabe kann man mit der Taste Pause oder mit Strg-Num anhalten. Fortsetzen ist mit beliebiger Taste möglich. Mit Strg-C oder Strg-Pause (in der obersten Reihe der Tastatur ganz rechts) kann die Ausführung eines Befehls abgebrochen werden. Eine alternative Möglichkeit: Klicken Sie mit der rechten Maustaste auf die Kopfzeile des Fensters der Eingabeaufforderung und dann auf „Eigenschaften" → Register „Layout". Wenn Sie die „Höhe" der Fensterpuffergröße auf z. B. 1000 erhöhen, können Sie durch die letzten 1000 Zeilen blättern.
- Blättern Sie mit den Taste Pfeil-aufwärts und Pfeil-abwärts durch die Liste der bisher benutzten Befehle oder lassen Sie sich die Liste der benutzten Befehle mit der Funktionstaste F7 anzeigen.
- Eine längere, über den Bildschirm rasende Ausgabe kann man mit der Taste PAUSE oder mit der Tastenkombination Strg-Num anhalten. Fortsetzen ist mit beliebiger Taste möglich.
- Schreibt man hinter dem Namen eines Befehls „ /?" oder „ /help" (z. B. „`dir /?`"), erhält man eine Kurzanleitung zu diesem Befehl.
- Kopieren mit Strg-C funktioniert möglicherweise nicht (je nach Konfiguration), doch es gibt einen Umweg. Klicken Sie mit der rechten Maustaste auf die Kopfzeile des Eingabeaufforderungsfensters und dann auf „Bearbeiten", um das Untermenü zu öffnen. Wählen Sie „Markieren" und markieren Sie einen Bereich. Dann kann mit Rechtsklick auf Kopfzeile, „Bearbeiten" → „Einfügen" der markierte Text in die Zwischenablage kopiert werden, von wo er z. B. mit „Word" weiter genutzt werden kann.
- Strg-V funktioniert möglicherweise ebenfalls nicht, doch auch dafür gibt es einen Umweg. Nach Rechtsklick auf die Kopfzeile des Fensters „Eingabeaufforderung" und auf „Bearbeiten" → „Einfügen" wird der Text aus der Zwischenablage an der Position des Cursors eingefügt.
- Lange Dateipfade einzugeben ist lästig. Ziehen Sie einfach eine Datei mit der Maus aus dem Explorer-Fenster in das Fenster der Eingabeaufforderung.

Für manche Befehle reicht es nicht, als Benutzer mit Administratorrechten bei Windows angemeldet zu sein. Sie müssen schon beim Öffnen der Eingabeaufforderung darauf achten, sich „Als Administrator anzumelden".

WERKZEUGE

9.1.4 Einige Beispiele

`net user Sohn /times:Mo-Fr,17-19;Sa-So,8-22`
    Benutzer „Sohn" darf sich nur zu den angegebenen Zeiten anmelden.

`net user Sohn /times:all`
    hebt alle Zeitbeschränkungen auf.

`net user Administrator pwrt`
    ändert das Passwort des Administrators in „pwrt".

Für die drei obigen Beispiele müssen Sie die Eingabeaufforderung mit Administratorrechten gestartet haben. Mehr Infos bekommen Sie mit dem Befehl `net help user`.

`net view`
    zeigt alle im Netzwerk verfügbaren PCs der eigenen Arbeitsgruppe
    (ausführliche Anleitung siehe `https://eifert.net/project/netz-befehle-net-use/`).

`net view \\asus-pc`
    Wenn der Computer „`asus-pc`" zur eigenen Arbeitsgruppe gehört, zeigt der Befehl die vom „`asus-pc`" bereitgestellten Ressourcen, die von anderen Computern benutzt werden dürfen.

`regedit /e d:\backup\registry.reg`
    Der Befehl sichert die gesamte Registry in eine Datei `registry.reg` im Ordner `d:\backup`.

9.2 STAPELDATEIEN

Das englische Wort „Batch" bedeutet „Stapel". Die Großcomputer der 70er Jahre wurden mit Stapeln von Lochkarten gefüttert. Jede Lochkarte enthielt einen Befehl oder eine Zahl. Die Speicherung auf Lochkarten war aufwendig und fehleranfällig und wurde in den 80er Jahren durch Disketten abgelöst. Jede Lochkarte wurde durch eine Textzeile in einer Datei auf Diskette ersetzt. Seitdem bezeichnet man eine Datei, die eine Folge von Befehlen enthält, als Batch-Datei, deutsch: Stapel-Datei.

Das Betriebssystem erkennt an der Dateierweiterung, wie es eine Datei zu behandeln hat. Stapeldateien müssen einen Dateinamen haben, der mit `.BAT` oder (ungebräuchlich) mit `.CMD` endet.

9.2.1 Stapeldateien sichtbar machen

Stapeldateien zählen zu den systemkritischen Dateien und werden ebenso wie `.exe`, `.dll`, `.inf` und viele andere sogenannte „bekannte" Dateitypen in der Standardeinstellung ohne die Dateierweiterungen angezeigt. Dadurch kann man Stapeldateien weder erstellen noch bearbeiten. Andererseits kann man möglicherweise gefährliche Stapeldateien auch nicht erkennen. Wie auch immer, die Anzeige der Dateierweiterungen muss folgendermaßen eingeschaltet werden:

Starten Sie den Windows-Explorer. (Nur Windows 7: Wenn Sie die Menüzeile nicht sehen, drücken Sie auf F10.) Klicken sie auf „Extras", dann auf „Ordneroptionen" (siehe Bild). Unter „Ansicht" finden Sie die Einstellung „Dateinamenerweiterung bei bekannten Dateitypen ausblenden". Die „geschützten Systemdateien" sollten Sie bei dieser Gelegenheit auch sichtbar machen. Entfernen Sie beide Haken, dann „Übernehmen" und „OK".

Andere Möglichkeit: Nutzen Sie das Menüband vom Windows Explorer. Klicken Sie auf „Ansicht" und setzen Sie vor „Dateinamenerweiterungen" einen Haken.

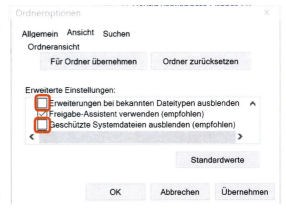

Bild 9.1: Bekannte Dateitypen sichtbar machen

WERKZEUGE

9.2.2 Eine Stapeldatei erstellen

Nun können Sie eine Stapeldatei erstellen. Sie können die Datei auf dem Desktop erstellen oder in einem anderen Ordner. Wechseln Sie in den gewünschten Ordner. Klicken Sie mit der rechten Maustaste hinein, wählen Sie „Neu" und „Textdatei". Tragen Sie den gewünschten Dateinamen ein, wobei Sie das vorgeschlagene `.TXT` durch `.BAT` ersetzen müssen. Ignorieren Sie die Warnmeldung, dass die Datei unbrauchbar wird, ändern Sie trotzdem die Dateinamenerweiterung. Nun haben Sie eine Stapeldatei, noch ohne Inhalt. Das Symbol einer Stapeldatei ist ein Zahnrad, denn Sie befinden sich gewissermaßen im „Maschinenraum" von Windows: Es gibt hier keine Assistenten oder „Sicherheitsleute", keine Fragen „Wollen Sie wirklich ...?" und kein „rückgängig machen". Arbeiten Sie sorgfältig!

Klicken Sie nun mit der rechten Maustaste auf den Dateinamen und wählen Sie „Bearbeiten". Jetzt können Sie die Befehlszeilen eingeben. Achten Sie unbedingt darauf, die letzte Befehlszeile mit „Enter" abzuschließen, sonst wird der letzte Befehl eventuell nicht ausgeführt.

Es ist empfehlenswert, jedes Batch-Programm mit dem Befehl „`Pause`" zu beenden. Dadurch schließt sich das Programmfenster am Programmende nicht, und Sie haben genügend Zeit nachzusehen, ob das Stapelprogramm wie gewünscht funktioniert hat oder ob es Fehlermeldungen gegeben hat.

9.2.3 Eine Stapeldatei benutzen

Ein Stapelprogramm wird gestartet (ausgeführt), indem man in der Eingabeaufforderung dessen Namen eingibt und Enter drückt. Dabei muss die Erweiterung (`.bat`) nicht eingetippt werden. Mit Leerzeichen abgetrennt können bis zu neun Parameter übergeben werden, auf die von der Stapeldatei unter den Variablennamen %1 bis %9 zugegriffen werden kann.

Sie können die Stapeldatei auch doppelt anklicken, um sie zu starten. Es kann auch eine Verknüpfung mit einer Stapeldatei erstellt werden.

Auf `eifert.net` unter „Hilfen" → „Software" oder unter „Hilfen" → „Datensicherung" finden Sie die Anleitung „Eingabeaufforderung öffnen" mit kommentierten Beispielen.

9.2.4 Einige spezielle Befehle für Batch-Dateien

In einer Stapeldatei können eine Vielzahl von Befehlen verwendet werden: `DIR` für die Anzeige von Dateien, `COPY` und `XCOPY` zum Kopieren, `CD` und `MD` für den Umgang mit Ordnern, `NET` für die Verwaltung von Netzwerkverbindungen, `FORMAT` und `DEL` zum Löschen von Datenträgern und Dateien und viele mehr. Darüber hinaus gibt es Befehle, die nur in Stapeldateien sinnvoll verwendet werden können.

Mit einem Befehl `IF` kann man die Ausführung von Befehlen abhängig machen von Parametern oder vom Zustand des Computers. Beispiele:

`IF NOT EXIST D:\RECHNUNG.DOC COPY C:\RECHNUNG.DOC D:\`
kopiert eine Datei `C:\RECHNUNG.DOC` nur dann nach Laufwerk `D:`, wenn es sie dort noch nicht gibt.

`IF "%DATE%" == "31.12.2020" GOTO JAHREND`
führt eine „Sprunganweisung" zur „Sprungmarke" `:JAHREND` aus, wenn das Betriebssystem als Datum den 31.12.2020 meldet. Mit derartigen Sprunganweisungen werden Programmverzweigungen realisiert.

Wenn Sie an jedem Jahresende springen wollen, müssten sie
`IF "%DATE%" == "31.12.2021" GOTO JAHREND`
`IF "%DATE%" == "31.12.2022" GOTO JAHREND`
hinzufügen usw. Alternativ können Sie mit einem einzigen Befehl auskommen:
`IF "%DATE:~-10,6%" == "31.12." GOTO JAHREND`
ignoriert die Jahreszahl und vergleicht nur Tag und Monat. Der merkwürdige Ausdruck `%DATE:~-10,6%` wird in Unterkapitel 10.2.1 „Das wichtigste über Variablen – Die Variablen DATE und TIME" erklärt.

WERKZEUGE

`ECHO Hallo`   schreibt den Text „Hallo" auf den Bildschirm. Mit dem Echo-Befehl können der Ablauf des Programms und die erreichten Ergebnisse protokolliert werden.

`PAUSE`   stoppt die Ausführung der Stapelbefehle. Sobald eine Taste gedrückt wird, geht es weiter mit dem nächsten Befehl.

`CALL`   ruft eine andere Batchdatei wie ein Unterprogramm auf und ermöglicht die Rückkehr zum aufrufenden Hauptprogramm.

Windows hält einige Variablen bereit, die in Stapeldateien verwendet werden können, z. B. die Variablen `TIME` für die aktuelle Uhrzeit (auf hundertstel Sekunden genau) und `DATE` für das aktuelle Datum.

Will man die Arbeit einer Stapeldatei protokollieren, kann man die folgenden Befehle benutzen:

```
echo Start am %date% um %time%
echo Start am %date% um %time% >c:\Users\Klaus\Desktop\Bericht.txt
rem Hier können die Befehle der Stapeldatei folgen
echo Ende am %date% um %time% >>c:\Users\Klaus\Desktop\Bericht.txt
```

Angenommen, es ist der 26.05.2020 um 16:05 Uhr, dann schreibt der erste Befehl „`Start am 26.05.2020 um 16:05:03,15`" auf den Bildschirm.

Der zweite Befehl erstellt eine Datei `Bericht.txt` auf dem Desktop des Benutzers `Klaus` und schreibt „`Start am 26.05.2020 um 16:05:03,15`" in die Datei dahinein. Eine möglicherweise vorhandene ältere Datei `Bericht.txt` wird ohne Warnung überschrieben.

Der letzte Befehl hängt einen Text „`Ende am 26.05.2020 um 16:22:05,33`" an die vorhandene Datei `Bericht.txt` hinten an.

Eine weitere nützliche Variable `USERPROFILE` zeigt einen Pfad wie z. B. `C:\Users\Klaus` für den jeweiligen Nutzer an. Damit könnte man den letztgenannten Befehl tauglich machen für Benutzer, die nicht „Klaus" heißen:

```
echo Ende am %date% um %time% >>%userprofile%\Desktop\Bericht.txt
```

Auf den nächsten Seiten werden die Befehle `XCOPY` und `ROBOCOPY` vorgestellt. In den Stapeldateien der Kapitel 10 bis 12 werden diese und weitere Befehle verwendet, die dort auch erklärt werden, insbesondere `COPY`, `ECHO`, `REM`, `SET`, `DATE`, `TIME` und andere.

Diese Stapeldateien sollten nach einigen Anpassungen unmittelbar benutzbar sein. Wenn Sie meine Programme als Muster benutzen wollen, um Ihre eigene Datensicherung zu optimieren, finden Sie einige Erläuterungen und Beispiele im Anhang dieses Buches. Die Quelltexte der im Buch verwendeten Beispiele brauchen Sie nicht abtippen, Sie finden diese auf meiner Webseite `eifert.net` bei den Infos zum Buch „Datensicherung für Home und Office".

9.2.5 Dateien und Geräte

Bis zu einem gewissen Grad behandelt das Betriebssystem einige besondere Geräte ebenso wie Dateien. Vor fünfzig Jahren, als Computer noch keine Bildschirme hatten, wurden Computer mit einer elektrischen Schreibmaschine bedient, der **CON**sole. Die Daten wurden über Lochkarten eingelesen und auf Drucker (**PRiN**ter) oder Lochkartenstanzer ausgegeben. Durch den technischen Fortschritt ist die Bedienschreibmaschine in Tastatur und Bildschirm „zerfallen", der Computer kennt beide als „CON". Zu erwähnen ist noch „NUL", der „Schredder".

Durch einfache „Umleitungen" kann man eine Bildschirmausgabe in eine Datei, auf den Drucker oder zum Schredder umleiten. Und umgekehrt: Ein Befehl, der normalerweise eine Datei erzeugt, kann stattdessen eine Bildschirmausgabe erzeugen. Und über eine sogenannte „Pipeline" kann die Ausgabe eines Befehls als Eingabe eines anderen Befehls weiterbearbeitet werden. In den Kapiteln 10 bis 12 werden Sie derartige Beispiele finden.

9.2.6 Die Variable ERRORLEVEL

Viele Programme hinterlassen beim Beenden einen Returncode, deutsch „Beendigungscode". Das Betriebssystem speichert diesen Code in einer Variable ERRORLEVEL, damit sie von nachfolgenden Programmen abgefragt werden kann. Allgemein bedeutet ein ERRORLEVEL = 0, dass bei der Ausführung des Befehls keine Fehler aufgetreten sind, jeder andere Wert signalisiert einen Fehler.

Die Befehle CD, COPY, DATE, DEL, DIR, MD, MKDIR, MOVE, RENAME, TIME, TYPE, VOL und einige andere Befehle setzen den Errorlevel = 1, wenn ein Fehler aufgetreten ist.

Die Befehle COPY, DEL, FC sowie BREAK, ECHO, FOR, IF, PAUSE, RD, REM und TITLE setzen den ERRORLEVEL nicht und verändern den von einem früher ausgeführten Befehl hinterlassenen ERRORLEVEL nicht.

Hier ein kleines Beispiel: Der Befehl CD beispielsweise meldet einen ERRORLEVEL = 1, wenn zum gewünschten Ordner nicht gewechselt werden konnte. Mit der Abfrage `IF ERRORLEVEL 1` kann abgefragt werden, ob ein Fehler aufgetreten ist.

```
cd \users\klaus
if errorlevel 1 echo Den Ordner \users\klaus gibt es nicht!
if errorlevel 1 goto Abbruch
echo Der Ordner \users\klaus ist nun der aktuelle Ordner
```

Falls es den Ordner `\users\klaus` nicht gibt, wird mit dem Echo-Befehl eine Fehlermeldung auf den Bildschirm ausgegeben und anschließend ein Sprungbefehl zur Sprungmarke „Abbruch" ausgeführt.

Werkzeuge

9.3 WinDirStat – Übersicht über die Festplattenbelegung

9.3.1 Die Eigenschaften des Programms

Es ist hilfreich zu wissen, welche Dateien besonders viel Platz auf der Festplatte oder DVD belegen. Das Programm WinDirStat ist dafür bestens geeignet. Dieses Programm steht unter der GPL-Lizenz, jeder kann es legal und kostenfrei von http://windirstat.info/ herunterladen.

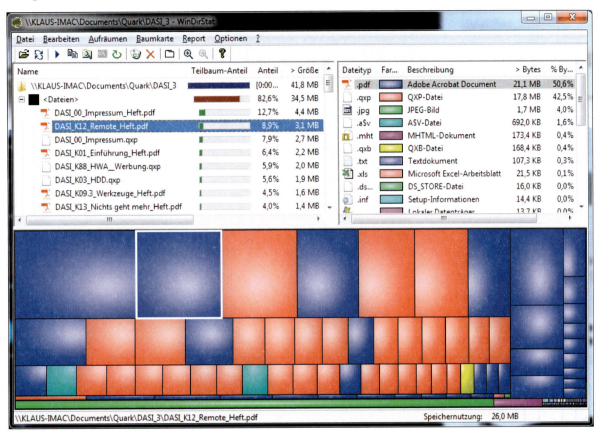

Bild 9.2: WinDirStat

Dieses Programm zeigt die Belegung in drei Fenstern an:

- links den jeweiligen Anteil der Ordner und Dateien an der Gesamtkapazität in Prozent,
- im rechten Fenster den prozentualen Anteil der Dateitypen,
- im unteren Fenster die „Baumkarte". Sie stellt jede Datei als ein Rechteck dar, dessen Fläche der Dateigröße entspricht. Eine geniale Idee! Die Rechtecke sind so angeordnet, dass Ordner wiederum Rechtecke bilden, die alle ihre Dateien und Unterordner enthalten. Die Fläche dieser Rechtecke entspricht also der Größe der Teilbäume. Beachten Sie die vielen kleinen Dateien rechts unten im Bild! Die Farbe eines Rechtecks zeigt den Typ der Datei an, wie in der Typenliste angegeben. Wenn man auf eins der Rechtecke klickt, werden Namen und Speicherort der zugehörigen Datei angezeigt.

9.3.2 Verwendung vor einer Sicherung

Die Festplatte vor einer Sicherung von Ballast zu bereinigen, ist sinnvoll. Wie aber findet man unter zehntausenden Dateien die überflüssigen, ohne viel Zeit mit der Suche zu verschwenden? Es lohnt nicht, sich um „Kleinkram" zu kümmern. WinDirStat hilft Ihnen, sich auf das Wesentliche zu konzentrieren. Finden Sie heraus, welche großen Dateien es gibt, auf welche man verzichten kann und welche es doppelt gibt. Beispielsweise kann ein Abbruch des Brennprogramms Nero eine temporäre Datei mit der Erweiterung `.nrg` hinterlassen mit der gleichen Größe wie die Kapazität des Rohlings. Eine solche Datei regelmäßig zu sichern, wäre Unfug. Klicken Sie einfach auf jede „große" Datei, dann wird ihr Dateiname und ihr Ordner angezeigt und Sie können entscheiden, ob sie gelöscht werden kann.

9.3.3 Verwendung nach einer Sicherung

Wenn die Sicherung auf eine externe Festplatte erfolgte, sollte man WinDirStat auf die externe Festplatte anwenden. Es erleichtert die Entscheidung, welche der länger zurückliegenden Sicherungen ganz oder teilweise gelöscht werden können, um Speicherplatz für die nächsten Sicherungen frei zu machen. Wenn Sie zwei Sicherungen auf das Vorhandensein identischer Dateien vergleichen wollen, ist der in diesem Kapitel unter 9.4.4. beschriebene „Total Commander" gut geeignet.

WinDirStat hilft zu entdecken, ob irgendwelche großen, nutzlosen Dateien routinemäßig gesichert werden. Diese können dann im Original und in den Kopien gelöscht werden. Falls die Datei erneut entstehen könnte, ist es ratsam, im Datensicherungsprogramm die Ausnahmeliste entsprechend anzupassen.

9.4 KOPIERPROGRAMME

Ein grundsätzlicher Hinweis: In Benutzung befindliche Dateien können nicht gesichert werden. Beenden Sie deshalb alle Anwendungen vor der Datensicherung, vor allem Datenbankprogramme. Stoppen Sie zeitweilig Ihr Antivirenprogramm, damit es nicht die Datei, die Sie gerade kopieren wollen, im gleichen Moment prüft. Dadurch wäre die Datei in Benutzung und würde nicht kopiert werden.

9.4.1 Der Windows-Explorer

Viele PC-Benutzer kennen gar kein anderes Programm, um Dateien zu kopieren. Die Bedienung ist leicht und übersichtlich, das Resultat ist anschaulich. Um beispielsweise einige Ordner einmalig auf eine externe Festplatte oder auf den USB-Memory-Stick zu kopieren, reicht der Explorer aus.

Leider hat der Explorer auch negative Eigenschaften.

- Das Kopieren lässt sich nicht automatisieren.
- Es besteht immer die Gefahr, daneben zu klicken und unbemerkt die falschen Daten zu sichern.
- Es besteht immer die Gefahr, dass Sie die Dateien versehentlich verschieben, statt sie zu kopieren.
- Wenn es im Quell- und Zielordner zwei Dateien gibt, die in Namen, Länge und Datum übereinstimmen und vielleicht Bit für Bit identisch sind, ist es Unfug, sie zu kopieren. Doch der Explorer prüft das nicht und ersetzt zeitaufwendig eine Datei durch eine identische Datei.
- Wenn man am nächsten Tag die gleichen Ordner erneut sichert, werden alle Dateien zeitaufwendig noch einmal kopiert, auch wenn seit dem Vortag nur wenige der Dateien verändert worden sind.
- Stößt der Explorer auf eine Datei, die sich nicht kopieren lässt, bricht er ab. Die verbleibenden Dateien werden nicht kopiert. Sie bekommen nicht angezeigt, welche Dateien kopiert worden sind und welche nicht. Welche Datei den Abbruch verursacht hat, erfahren Sie leider auch nicht. Sicherheitshalber sollten Sie stets überprüfen, ob die Anzahl der Dateien im Quell- und Zielordner übereinstimmt oder Sie sollten während des Kopiervorganges unablässig zusehen und auf Fehlermeldungen achten.

- Unternimmt man nach einem solchen Abbruch einen zweiten Versuch, werden auch die bereits erfolgreich kopierten Dateien noch einmal kopiert.

Für eine regelmäßige Datensicherung ist der Explorer deshalb nicht geeignet.

9.4.2 XCOPY – Das mitgelieferte Kopierprogramm

XCOPY, Abkürzung von „e**X**tended **COPY**", ist seit Jahrzehnten Bestandteil des Betriebssystems. Durch seine vielen möglichen Parameter kann es flexibel und schnell für Datensicherungen benutzt werden. Insbesondere sind damit inkrementelle und differenzielle Datensicherungen möglich, ohne ein Backup-Programm kaufen und installieren zu müssen. Das ist sehr wichtig für Benutzer, die auf ihrem (Firmen-)PC keine Administratorrechte haben oder aus anderen Gründen kein Backup-Programm installieren können.

Wenn Sie die Parameter von XCOPY kennen lernen wollen, öffnen Sie die Eingabeaufforderung und geben Sie `xcopy /?` ein. Wie bei jedem DOS-Befehl erhalten Sie eine Beschreibung der Möglichkeiten und Parameter des Befehls.

Fragezeichen und Stern in einem Dateinamen sind Platzhalter und fungieren wie Joker. Ein Fragezeichen in einem Dateinamen heißt: Hier darf ein beliebiges Zeichen stehen. Ein Stern bedeutet: An dieser Stelle dürfen eine beliebige Anzahl beliebiger Zeichen stehen.

Beispiele für diese „Platzhalter":

- `m?ster.txt`   Dateien wie `muster.txt`, `master.txt`, `mister.txt`
- `*.*`   alle Dateien
- `t*.pdf`   Alle pdf-Dateien, deren Name mit dem Buchstaben T beginnt
- `*.doc`   Dateien mit beliebigem Namen und der Erweiterung „`.doc`"
- `*.doc*`   Dateien mit beliebigem Namen und allen Erweiterungen, die mit „`.doc`" anfangen (gemeint sind `.doc` Dateien von alten Word-Versionen und `.docx` ab Word 2007)

Beispiele

Achtung: Die in den Befehlen verwendeten Ordner (`z:\2020_Dez`, `z:\incr` und `z:\diff`) müssen vor Eingabe der folgenden Befehle angelegt werden. `Z:` ist das Ziel-Laufwerk. Ersetzen Sie `Z:` durch den Buchstaben eines Laufwerks, wohin kopiert werden soll, z. B. auf einen USB-Speicherstick.

`xcopy  c:\*.doc   z:\2020_Dez\*.doc   /s`

    kopiert alle Word-Dateien von Laufwerk c: einschließlich Unterordner nach `z:\2020_Dez`.

`xcopy   c:\*.*   z:\2020_Dez\*.*   /s`

    versucht alle Dateien der Systempartition zu kopieren, scheitert aber an einer der vielen ständig benutzten Betriebssystemdateien und bricht das Kopieren ab.

`xcopy   c:\*.*   z:\2020_Dez\*.*   /s /c`

    wie davor, setzt aber trotz Fehler das Kopieren fort.

Achtung: Schließen Sie Datei- und Ordnernamen in Anführungszeichen ein, wenn sie Leerzeichen enthalten oder enthalten könnten! Im folgenden Beispiel würde XCOPY ohne die Anführungszeichen den Ordner `c:\Dokumente` in den Ordner `und` kopieren wollen.

`xcopy  "c:\Dokumente und Einstellungen\*.doc*"   z:\2020_Dez\*.doc*   /s /c` bzw.

    für Windows Vista, 7, 8 und 10   `xcopy   c:\users\*.doc*   z:\2020_Dez\*.doc*   /s /c`

    kopiert alle Word-Dateien aller Benutzer, sofern der Zugriff nicht gesperrt ist.

`xcopy   c:\*.*   z:\2020_Dez\*.*   /s /c /d:10-15-2012`

    wie davor, kopiert nur Dateien ab 15.10.2012 und neuere. Anmerkung: Mit `xcopy /?` können Sie erfahren, dass die Angabe des Datums in amerikanischer Notation MM-DD-YYYY erforderlich ist.

```
xcopy  c:\*.*   z:\incr\*.*   /s /c /m
```
kopiert nur Dateien mit Archivbit, setzt danach das Archivbit zurück (inkrementelle Sicherung).
```
xcopy  c:\*.*   z:\diff\*.*   /s /c /a
```
kopiert nur Dateien mit Archivbit, ändert das Archivbit nicht (differenzielle Sicherung).

Erläuterungen

Das Archivbit ist ursprünglich bei allen Dateien gesetzt. Wenn Sie noch nie eine Datensicherung gemacht haben, bei der das Archivbit zurückgesetzt worden ist, kopiert der vorletzte Beispielbefehl (mit dem Parameter `/m`) das gesamte Systemlaufwerk. Es entsteht also eine Vollsicherung (bei der allerdings zahlreiche in Benutzung befindliche Dateien des Betriebssystems fehlen). Für nachfolgende Datensicherungen gibt es zwei sinnvolle Möglichkeiten:

1. Jedesmal, wenn Sie den vorletzten Beispielbefehl (mit `/m`) wiederholen, werden nur diejenigen Dateien gesichert, die seit der unmittelbar vorhergehenden Sicherung geändert worden sind (eine inkrementelle Sicherung).
2. Wenn Sie für weitere Sicherungen den letzten Beispielbefehl (mit `/a`) verwenden, entsteht eine differenzielle Sicherung: Es werden alle seit der Vollsicherung geänderten Dateien erfasst.

Probleme

- Ebenso wie der Windows-Explorer vergleicht XCOPY beim Kopieren nicht, ob die zu kopierenden Dateien schon im Zielordner vorhanden sind. Selbst identische Dateien werden jedesmal aufs Neue kopiert. Aus diesem Grund ist auch XCOPY wenig geeignet, um z. B. regelmäßig einen USB-Stick auf den neuesten Stand zu bringen (es dauert zu lange). Mit ROBOCOPY geht das besser.
- Bei sehr umfangreichen Kopieraufträgen ist XCOPY unzuverlässig. XCOPY beginnt damit, eine Gesamtliste aller zu kopierenden Dateien zu erstellen. Wenn die Liste nicht in den Arbeitsspeicher passt (je nach PC-Ausstattung passiert das bei zehn- bis dreißigtausend Dateien), entsteht eine unvollständige Kopie, ohne dass ein diesbezüglicher Hinweis erfolgt.
- Mitunter tauchen unzulässige Dateinamen in Ordnern auf. Wenn XCOPY auf einen unzulässigen Dateinamen stößt, wird der Rest des Ordners oder der gesamte Rest der Festplattenpartition vermutlich nicht kopiert. Wie kommt es zu unzulässigen Dateinamen?
    - Es kann sich um Dateien oder gespeicherte Links aus dem Internet handeln, die durch die Eingangskontrolle von Windows gerutscht sind.
    - Ein defekter Dateiname kann auch im Ergebnis eines Absturzes entstehen.

XCOPY ist zu einer Zeit entstanden, als die Diskette noch ein typischer Datenträger war. Heute halte ich die Nutzung von XCOPY für anachronistisch und empfehle grundsätzlich die Nutzung von ROBOCOPY. Die Beispiele mit XCOPY sind nur zu Vergleichszwecken aufgeführt – für diejenigen Nutzer, denen XCOPY vertraut ist.

9.4.3 ROBOCOPY – Das robuste Kopierprogramm

Microsoft hat XCOPY zu ROBOCOPY weiterentwickelt. Seit Windows Vista gehört es zum Betriebssystem. Die Schalter von XCOPY funktionieren auch mit ROBOCOPY, und es sind viele weitere dazugekommen. Wenn Sie alle Parameter von ROBOCOPY kennen lernen wollen, öffnen Sie die Eingabeaufforderung, geben Sie `robocopy /?` ein und experimentieren Sie ein wenig. Sie erhalten wie bei jedem Kommandozeilenbefehl eine Beschreibung der Parameter und Möglichkeiten des Programms. Es sind sehr viele, deshalb folgen einige einführende Beispiele.

Ein Hinweis: Wenn man komplette Laufwerke sichert, erzeugt ROBOCOPY versteckte Ordner, die in der Standardeinstellung des Windows-Explorers nicht angezeigt werden. Am besten konfigurieren Sie den Windows Explorer so, dass er alle, auch die versteckten Dateien anzeigt. Es gibt dafür zwei Möglichkeiten:

- „Start" → „Systemsteuerung" → „Darstellung und Anpassung" → „Ordneroptionen" → „Ansicht". Vor „Geschützte Systemdateien ausblenden (empfohlen)" den Haken entfernen, „Übernehmen", „OK".

- Im Explorer: Register „Ansicht" → „Optionen" → „Ordner- und Suchoptionen ändern" → Register „Ansicht": Vor „Geschützte Systemdateien ausblenden (empfohlen)" den Haken entfernen. „Ausgeblendete Dateien, Ordner und Laufwerke anzeigen" markieren. „Übernehmen", „OK". Siehe Bilder 16.1 und 16.2 in Unterkapitel 16.1 „Anhang – Bedienung".

Einführende Beispiele

Zunächst eine Übersicht, wie die für XCOPY aufgeführten Beispiele sich mit ROBOCOPY realisieren lassen. Ersetzen Sie `z:` durch den Buchstaben eines Laufwerks, wohin kopiert werden soll.

1. `robocopy c:\ z:\2018_Dez\ *.doc* /s`

    kopiert alle Word-Dateien von Laufwerk c: einschließlich Unterordner nach `z:\2018_Dez\`

2. `robocopy \\10.53.212.250\TEXTE\ z:\2018_Dez\ *.doc* /s`

    holt die Word-Dateien vom PC mit der IP-Adresse 10.53.212.250 aus dem Ordner mit dem Freigabenamen TEXTE (und den Unterordnern) und kopiert sie in den Ordner `z:\2018_Dez\`

3. `robocopy c:\ z:\2018_Dez\ /s`

    versucht, alle Dateien der Systempartition zu kopieren. Macht bei Problemen mit ständig benutzten Systemdateien eine Million Versuche. Das dauert 347 Tage pro Datei. Sie haben nicht so viel Zeit?

4. `robocopy c:\ z:\2018_Dez\ /s /r:1`

    wie davor, macht bei Fehlern nach einer Wartezeit von 30 Sekunden nur eine einzige Wiederholung (`/r:1`, wobei „r" = „repeat" = Wiederholung) und setzt danach das Kopieren fort.

5. `robocopy c:\ z:\2018_Dez\ /s /r:1 /w:1`

    wie davor, aber im Fehlerfall erfolgt die Wiederholung nach 1 statt nach 30 Sekunden (`/w:1`), wobei w für wait = Warten steht. Auch `/r:0` ist möglich, dann ist `/w:1` überflüssig und kann entfallen.

6. `robocopy c:\ z:\2018_Dez\ /s /r:1 /w:1 /maxage:20081015`

    wie davor, ignoriert aber Dateien, die seit dem 15.10.2008 nicht mehr verändert worden sind.

7. `robocopy c:\ z:\2018_Dez\ /s /r:1 /w:1 /maxlad:20081015`

    wie davor, kopiert nur Dateien, die seit dem 15.10.2008 verändert oder neu erstellt wurden, zusätzlich auch Dateien beliebigen Alters, wenn sie nach dem 15.10.2008 benutzt (gelesen) worden sind.

8. `robocopy c:\ z:\2018_Dez\ /s /r:1 /w:1 /maxage:10`

    wie davor, kopiert nur Dateien, die in den letzten 10 Tagen erstellt oder verändert wurden.

9. `robocopy c:\ z:\incr\ /s /r:1 /w:1 /m`

    kopiert nur Dateien mit Archivbit, setzt nach dem Kopieren das Archivbit zurück (inkrementelle Sicherung).

10. `robocopy c:\ z:\diff\ /s /r:1 /w:1 /a`

    kopiert nur Dateien mit Archivbit, aber ändert das Archivbit nicht (differenzielle Sicherung).

WERKZEUGE

Vergleich mit dem Zielordner

Im Unterschied zu COPY und XCOPY vergleicht ROBOCOPY jede zu kopierende Datei mit dem Zielordner. Falls es im Zielordner eine identische Datei von einer früheren Sicherung gibt, wird sie nicht noch einmal kopiert. Die Zeiteinsparung ist beträchtlich, besonders wenn man Dateien über das Internet sichert.

Die Probierfunktion

Wenn Sie an die Parameter eines Befehls ein `/L` anhängen, wird die Befehlsausführung lediglich simuliert. Sie können verfolgen, was ROBOCOPY tun würde, wenn das `/L` nicht wäre. Nichts wird kopiert oder verändert. Ein Beispiel:

```
robocopy c:\users\ z:\ /s /r:1 /w:1 /maxage:3 /l
```

listet alle Dateien im Ordner `C:\users\` auf, die in den letzten drei Tagen erstellt oder verändert worden sind. Das kann hilfreich sein, wenn Sie eine Datei vermissen und sich nicht an den Speicherort erinnern. Auch `/minage` kann diesbezüglich nützlich sein. Übrigens: Um die zuletzt geänderten Dateien zu ermitteln, können Sie auch das kostenlose Programm „Last Changed Files" verwenden.

Wenn Sie an das `/l` noch ein `|more` anhängen, pausiert die Anzeige des Protokolls nach je 24 Zeilen bzw. nach so vielen Zeilen, wie ins Fenster passen, damit Sie in Ruhe das Protokoll lesen können.

Die Spiegelung

Der Parameter `/s` (**S**ubdirectories (Unterverzeichnisse) mitkopieren) funktioniert genau wie bei XCOPY. Weitaus interessanter ist aber die Möglichkeit der Spiegelung. Wenn Sie in einem ROBOCOPY-Befehl den Parameter `/s` durch `/mir` ersetzen, erzeugt das Programm eine sogenannte Spiegelung, englisch „**mir**ror". Das bedeutet:

- Bei der ersten Verwendung des Befehls wird eine vollständige Kopie erzeugt. Auch die NTFS-Zugriffsrechte werden kopiert.
- Bei folgenden Verwendungen werden nur diejenigen Dateien kopiert, die im Original zwischenzeitlich geändert oder neu erstellt worden sind.
- **Dateien, die im Original gelöscht worden sind, werden aus der Kopie ebenfalls entfernt.**

Dadurch ist die Kopie völlig identisch mit dem Original, wie ein Spiegelbild.

Purge

Die Kombination `/s /purge` funktioniert ähnlich wie `/mir` (Ausnahme: Dateizugriffsrechte werden nicht verändert). Mit `/purge` werden Dateien und Ordner aus einer vorhergehenden Sicherung herausgelöscht, wenn sie im Original nicht mehr vorhanden sind.

Die Auswahl der zu kopierenden Dateien

Es gibt zahlreiche untereinander kombinierbare Möglichkeiten, die zu kopierenden Dateien auszuwählen. In Frage kommen

- Positiv-Listen und Ausnahmelisten, z. B.
  ```
  robocopy C:\ Z:\LWC\ *.avi *.mpg *.mov /maxage:30 ...
  ```
  kopiert drei Arten Videodateien, die in den letzten 30 Tagen geändert oder neu dazugekommen sind.
- Auswahl nach Dateidatum, Dateigröße und Dateiattributen, z. B.
  ```
  robocopy C:\ Z:\LWC\ /IA:R /MAX:1048576 ...
  ```
  kopiert nur schreibgeschützte Dateien, die maximal 1 MB (2^{20} = 1048576 Byte) groß sind.

Es gibt eine große Menge von Kombinationen. Lassen Sie sich von der Hilfe zum Befehl anregen, indem Sie `robocopy /?` an der Eingabeaufforderung eingeben.

Monitoring

Sie können ROBOCOPY beauftragen, ständig aktiv zu bleiben und im Hintergrund die Veränderungen an den Dateien zu überwachen. Mit `/MOT 60` beispielsweise wird alle 60 Minuten die Kopie mit dem Original in Übereinstimmung gebracht. Im Falle eines Unglücks verlieren Sie maximal die Daten der letzten Stunde. Alternativ können Sie mit `/MON 3` den Abgleich starten, sobald beliebige 3 Dateien verändert worden sind. Beide Parameter können kombiniert werden. Mit `/MON 3 /MOT 10` beispielsweise erfolgt die Sicherung alle zehn Minuten, wenn in den verflossenen zehn Minuten mindestens eine Datei verändert worden ist. Wenn drei oder mehr Dateien verändert worden sind, erfolgt die Sicherung sofort, ohne den Ablauf der restlichen Minuten abzuwarten, und es beginnt ein neuer Zehn-Minuten-Zeitraum. Wenn es jedoch in den zehn Minuten nicht eine einzige Änderung gegeben hat, wird die Sicherung aufgeschoben, bis es die erste Änderung gibt.

Die Protokollierung

In der Standardeinstellung erzeugt ROBOCOPY ein ausführliches Protokoll und gibt es auf den Bildschirm aus. Wenn man den Parameter `/LOG:file.txt` verwendet, wird das Protokoll stattdessen in eine Datei geschrieben, auf dem Bildschirm sieht man nichts. Geben Sie statt `file.txt` den von Ihnen gewünschten Dateinamen für die Protokolldatei an. Achten Sie darauf, dass sich die Protokolldatei außerhalb des zu kopierenden Bereichs befindet. Wenn Sie den Parameter `/LOG+:file.txt` benutzen, wird das Protokoll an eine vorhandene Datei `file.txt` angehängt. Diese muss aber existieren, sonst gibt es eine Fehlermeldung.

Vor allem in der Testphase ist es nützlich, das Protokoll sofort auf dem Bildschirm zu sehen und gleichzeitig für eine anschließende Auswertung eine Datei zu erstellen. Das können Sie mit dem zusätzlichen Parameter `/TEE` erreichen. Beispiel:

```
robocopy C:\ Z:\LWC\ /mir /r:1 /w:1 /tee /log:Z:\PROT.TXT
robocopy D:\ Z:\LWD\ /mir /r:1 /w:1 /tee /log+:Z:\PROT.TXT
```

Der erste Befehl kopiert `C:` nach `Z:\LWC` bzw. aktualisiert eine dort vorhandene Kopie. Dabei wird die Protokolldatei `Z:\PROT.TXT` neu erstellt. Der zweite Befehl setzt das Protokoll fort. Durch den Parameter `/tee` erfolgt die Protokollierung gleichzeitig in die Datei und auf den Bildschirm, so dass Sie den Kopiervorgang in Echtzeit verfolgen und auch nachträglich anhand der Protokolldatei in Ruhe kontrollieren können.

Kurze Anleitung: Eine (fast) komplette Sicherung mit ROBOCOPY

Schließen Sie einen USB-Speicher an den PC an und ermitteln Sie den von Windows zugewiesenen Laufwerksbuchstaben (z. B. mit dem Windows Explorer). Nehmen wir an, es ist „`E:`".

Drücken Sie die Windows-Taste und „r". Tippen Sie „`cmd`" ein, gefolgt von „Enter", um die Eingabeaufforderung zu öffnen (siehe Kapitel 16.1). Der angesteckte USB-Speicher muss nicht leer sein.

Tippen Sie den folgenden Befehl ein (kursiv geschriebene Parameter sind optional) und drücken Sie Enter:
`robocopy c: e: /r:0 /s /xd %windir% /xf *.dll *.exe /xa:sh /maxage:365`

Dieser Befehl sichert vom Laufwerk `c:` alle Dateien, mit folgenden Ausnahmen:
`/xd %windir%` bewirkt, dass der Windows-Ordner (und alle Unterordner) nicht gesichert werden.
`/xf *.dll *.exe` schließt Programme aus (.dll und .exe sind die wichtigsten Programmdatei-Typen).
`/xa:sh` schließt versteckte und schreibgeschützte Dateien aus.
`/maxage:365` schließt alle Dateien aus, deren letzte Änderung mehr als 365 Tage zurück liegt.

Jeder dieser optionalen Parameter kann weggelassen oder an Ihre Bedürfnisse angepasst werden.

Eine ausführliche Anleitung, mehr zum Befehl robocopy und weitere Beispiele finden Sie auf `https://eifert.net` unter „Hilfen" → „Datensicherung" → „Einfache Anleitungen für Anfänger".

9.4.4 Total Commander – ideal zum Vergleichen von Ordnern

Dieses Shareware-Programm kann in einem rechten und linken Fenster zwei verschiedene Verzeichnisse (Ordner) anzeigen. Unterschiede sind leicht zu erkennen. Im Menüpunkt „Markieren" können Sie „Verzeichnisse vergleichen", welche Dateien doppelt vorhanden sind, und z. B. nach „Auswahl umkehren" ganz leicht die doppelt vorhandenen Dateien herauslöschen. Die Auswahl lässt sich auf bestimmte Dateitypen einschränken. Über „Konfigurieren" → „Ansicht" können Sie festlegen, ob Systemdateien und versteckte Dateien angezeigt werden sollen.

Es gibt wohl kaum eine schnellere und übersichtlichere Möglichkeit, den Platzbedarf von Datensicherungen zu verringern. Wenn Sie beispielsweise die Sicherungen von verschiedenen Monaten vergleichen, könnten Sie aus der jüngeren Sicherung alle Dateien herauslöschen, die seit der älteren Sicherung unverändert geblieben sind. Das macht man natürlich nicht mit allen Ordnern, sondern nur mit den größeren. Vor allem bei umfangreichen Ordnern mit Videos, Fotos und Musik kann das Verhältnis zwischen Zeitaufwand und Platzgewinn hervorragend sein.

Unter „Befehle" finden Sie „Verzeichnisse synchronisieren", wahlweise mit oder ohne Unterverzeichnisse. Sie erhalten eine Liste der Unterschiede, die Sie vor Durchführung der Synchronisation bearbeiten können. Wenn Sie nur wenige Verzeichnisse sichern wollen und den Aufwand scheuen, die Sicherung zu automatisieren, ist der Total Commander die ideale Alternative. Mit wenigen Klicks können Sie herausfinden, welche neueren Dateien in einer älteren Sicherung noch fehlen oder aktualisiert werden müssen. Die Richtungspfeile zeigen an, was Sie wohin kopieren müssen, um die Ordner in Übereinstellung zu bringen.

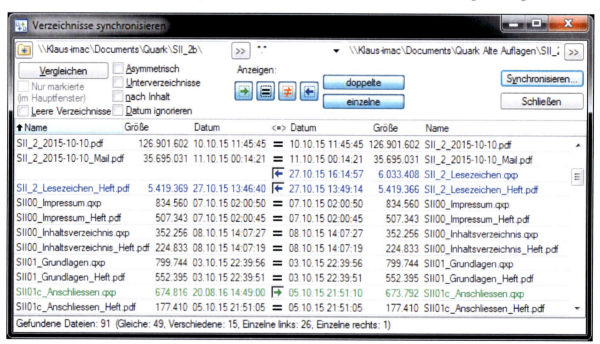

Bild 9.3: Vergleich Arbeits- und Archiv-Ordner mit drei nicht übereinstimmenden Dateien

Einmal angenommen, es ist zum Crash gekommen. Einen Teil der Dateien konnten Sie retten. Sie haben mehrere Sicherungen unterschiedlichen Alters – auf DVD, externer Festplatte oder USB-Stick. Sie wollen fehlende Dateien zurückkopieren, ohne die überlebenden, neueren Dateien versehentlich zu überschreiben. Dafür kenne ich kein besseres Programm als den Total Commander.

Übrigens kann der Total Commander auch eine Verbindung zu Ihrer Website herstellen und die Dateien und Ordner im Fenster anzeigen. Der Dateivergleich der Website mit dem Backup auf einer Festplatte ist einfach, und mit dem Texteditor des Commanders kann man kleine Änderungen direkt auf der Website ausführen.

9.5 Synchronisationsprogramme

„Synchronisation" in der EDV bedeutet, (geringfügig) unterschiedliche Datenbestände in Übereinstimmung zu bringen. Die Synchronisation kann eine einzelne Datei betreffen, wenn zum Beispiel der Terminkalender von Mobiltelefon und PC in Übereinstimmung gebracht werden muss. Oder es kann eine große Anzahl Dateien betreffen, die auf Notebook und PC identisch sein sollen.

Bei der Konzeption einer Backup-Software wird vorausgesetzt, dass die Übertragungsstrecke (Netzwerk, USB oder SATA) eine hohe Leistung hat. Außerdem wird beim klassischen Backup ohnehin jeden Tag in einen anderen Ordner oder auf ein anderes Magnetband kopiert. Darum kommt es nicht darauf an, ob ein paar Dateien mehr oder weniger kopiert werden. Doch viele private Nutzer und Inhaber kleiner Firmen verstehen nicht, wie wichtig eine regelmäßige Datensicherung ist, und den Aufwand einer Sicherung vom Großvater-Vater-Sohn-Typ wollen sie schon gar nicht treiben. Mancher Firmenchef macht einmal im Quartal ein Backup auf eine externe Festplatte und nimmt diese mit nach Hause. Doch hat ein monatealtes Backup im Katastrophenfall irgend einen Nutzen für die Weiterführung der alltäglichen Arbeit? Es kann vorteilhaft sein, eine Synchronisationssoftware „zweckentfremdet" für die Datensicherung zu verwenden, um ein externes Backup auf dem aktuellen Stand zu halten.

Eine Synchronisation geht von zwei Datenbeständen aus, die weitgehend ähnlich sind. Es wäre sinnlos, alle, auch die unveränderten Dateien zu kopieren. Außerdem muss Synchronisationssoftware oft mit relativ schmalbandigen Übertragungswegen auskommen (GSM, Bluetooth, Internet) und überprüft deshalb, welche Dateien übertragen werden müssen und welche nicht.

Moderne Programme beherrschen die „Block Level Synchronisation", bei der große Dateien abschnittsweise verglichen und abgeglichen werden. Stellen Sie sich eine große Protokoll- oder Datenbankdatei vor, zu der jeden Tag eine nur geringe Datenmenge hinzugefügt wird. Bei geeigneter Unterteilung der Datei in Blöcke muss nicht die gesamte Datei gesichert werden, sondern es werden nur die veränderten Blöcke der Datei übertragen. Ein konventionelles Backup-Programm würde stets die gesamte Datei kopieren, unabhängig davon, wie klein oder wie groß der Teil der Datei ist, der verändert worden ist.

Wenn Änderungen in beiden Datenbeständen unabhängig voneinander geschehen, müssen Dateien in beide Richtungen übertragen werden („Zwei-Richtungen-Synchronisation"). Das ist ein Problem für die Synchronisation. Zur Verdeutlichung des Problems ein Beispiel. Der Chef kopiert die aktuelle Preisliste vom Firmenserver auf sein Notebook. Während einer Zugfahrt überarbeitet er die Preise und löscht die nicht mehr lieferbaren Produkte. Seine letzte Änderung speichert er am Vormittag. Am Nachmittag findet ein Mitarbeiter einen Rechtschreibfehler und korrigiert ihn auf dem Firmenserver. Am nächsten Morgen kehrt der Chef zurück, und nun soll die Synchronisationssoftware die Datenbestände in Übereinstimmung bringen.

Wie sollte die Software in diesem „Bearbeitungskonflikt" entscheiden? Die zeitlich letzte Dateiversion behalten? Oder die Version mit der größeren Dateilänge behalten? Die einzig „vernünftige" Lösung wäre, einen Menschen entscheiden zu lassen, welche Version die „bessere" ist. Kann eine Software entscheiden, was automatisch geschehen darf und in welchen Fällen ein Mensch gefragt werden muss?

Wenn an dem einen Datenbestand (dem Backup) nicht gearbeitet wird, kann es keine Bearbeitungskonflikte geben. Bei der „1-Richtung-Synchronisation" muss die Software keine schwierigen Entscheidungen treffen und kann vollautomatisch arbeiten.

Positiv aufgefallen ist mir das Programm GoodSync, das von www.goodsync.com/de heruntergeladen werden kann. Die Basisversion ist kostenlos. Das Programm kann einen Datenbestand über ein lokales Netzwerk oder über das Internet mit einem Backupspeicher synchronisieren. Als Backup-Speicher kommt ein zweiter, eigener PC in Frage oder ein Cloud-Speicher. GoodSync kann sich automatisch bei Strato, Dropbox o. ä. anmelden, überträgt Daten verschlüsselt und kann sogar die Dateinamen verschlüsseln.

Eine aktuelle Übersicht über Software zur Dateisynchronisation finden Sie in der englischen Wikipedia: https://en.wikipedia.org/wiki/Comparison_of_file_synchronization_software
Ein halbes hundert Programme, darunter auch kostenlose, sind mit deren Eigenschaften aufgelistet.

WERKZEUGE

9.6 Die regelmässige Ausführung eines Jobs planen

Es gibt sowohl kommerzielle als auch kostenlose Programme, die man mit einigem Vorbereitungsaufwand so programmieren kann, dass anschließend die Backups automatisch erfolgen. Oft wird ein solches Programm beim Kauf einer externen Festplatte mitgeliefert. Sie werden Schritt für Schritt geführt: Auswahl von Quelle, der zu sichernden Dateien und Ziellaufwerk. Zum Schluss geben Sie an, wann und wie oft das Backup durchgeführt werden soll, und das Backup-Programm erstellt einen Auftrag für den Scheduler.

Der Zeitplaner, Aufgabenplaner oder Taskplaner, engl. „Scheduler", ist ein Dienst des Betriebssystems, um geplante Aufgaben zu einer vorbestimmten Zeit oder beim Auftreten eines Ereignisses auszuführen. Dieser Zeitplaner überprüft zu Beginn jeder Minute, ob in dieser Minute irgend ein Auftrag begonnen werden soll. Es kann eine einmalige und auch eine regelmäßige Ausführung geplant werden. Im Fenster des Zeitplaners sind alle vorhandenen Jobs aufgelistet. Hier können Sie für jeden Auftrag überprüfen, wann er zuletzt ausgeführt wurde und zu welchem Zeitpunkt die nächste Ausführung geplant ist.

Das Fenster des Zeitplaners mit der Liste der geplanten Aufträge können Sie auf eine der folgenden Arten öffnen:

- **Windows 7 und Vista:** „Start" → „Systemsteuerung" → „System und Sicherheit" → „Verwaltung" → „Aufgaben planen".
- **Windows 10:** „Start" → „Windows-Verwaltungsprogramme" → „Aufgabenplanung".
- **Jedes Windows:** Öffnen Sie die Eingabeaufforderung als Administrator und geben Sie „taskschd.msc" ein.

Erschrecken Sie nicht über die vielen „Daueraufträge" im Fenster „Aktive Aufgaben". Sie können sich mit einem Doppelklick auf eine Aufgabe informieren, was diese Aufgabe macht und wann sie ausgeführt wird.

Nun wollen wir einen neuen Datensicherungsauftrag erstellen.

- **Windows 10, 8, 7, Vista:** Um einen Datensicherungsauftrag zu erstellen, klicken Sie auf „Aktion" → „Einfache Aufgabe erstellen".

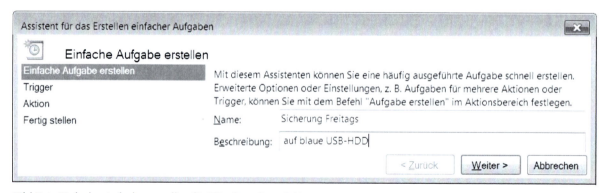

Bild 9.4: Einfache Aufgabe erstellen für Windows 7 und 10

Geben Sie dem Auftrag einen aussagekräftigen Namen und eventuell eine Beschreibung. Klicken Sie auf „Weiter" und wählen Sie im Fenster „Aufgabentrigger" einen Zeitpunkt, wann der Job ausgeführt werden soll. Beginnen Sie am besten mit einer „einmal"igen Ausführung in zehn Minuten, damit Sie beim ersten Test zusehen können. Eine Ausführung „Beim Start des Computers" scheitert manchmal aus dubiosen Gründen, doch eine Angabe der Uhrzeit funktioniert immer.

Im Fenster „Aktion" wählen Sie „Programm starten", „Weiter". „Durchsuchen" Sie den PC nach dem zu startenden Programm, in diesem Fall nach Ihrer Stapeldatei. Nach dem „Weiter" sehen Sie die Zusammenfassung. Setzen Sie einen Haken vor „Beim Klicken auf Fertigstellen die Eigenschaften für diese Aufgabe öffnen" und klicken Sie dann auf „Fertigstellen".

WERKZEUGE

Im Fenster „Eigenschaften" können Sie die vorgeschlagenen Einstellungen korrigieren und zahlreiche weitere Einstellungen vornehmen. Für den Anfang empfehle ich „Nur ausführen, wenn der Benutzer angemeldet ist". Ändern sie „Konfigurieren für" in „Windows 10", dann „OK".

Falls es bei Ihnen einen Reiter „Verlauf (deaktiviert)" gibt, sollten Sie während einer Testphase mit einem Klick auf „Verlauf für alle Aufgaben aktivieren" (am rechten Rand) sicherstellen, dass Windows den Verlauf aufzeichnet.

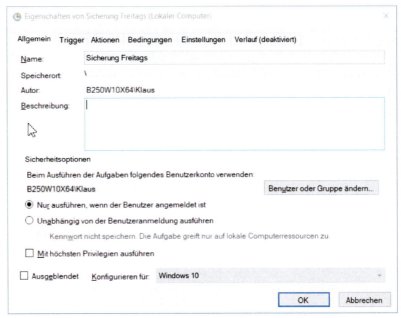

Bild 9.5: Eigenschaften von „Sicherung Freitags"

Klicken Sie für einen Test in der Kopfzeile des Fensters „Aufgabenplanung" auf „Aktion" → „Ausführen", um die Batchdatei einmalig zu starten. Klappt bisher alles?

Wenn das Programm zwar startet, aber nicht das richtige macht, könnte es an der Programmumgebung liegen. Der Aufgabenplaner benutzt `C:\Windows\System32` als Arbeitsordner, während üblicherweise der Ordner mit der Stapeldatei gleichzeitig der Arbeitsordner ist.

Klicken Sie nun am linken Rand des Fensters „Aufgabenplanung" auf „Aufgabenplanungsbibliothek". Hier sehen Sie Ihren Auftrag. Unter „Letzte Laufzeit" ist das Jahr 1999 angegeben, solange „Das Programm noch nicht ausgeführt" wurde.

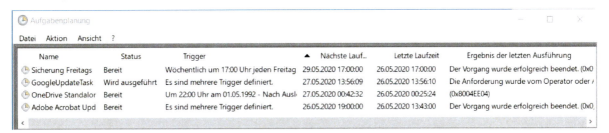

Bild 9.6: Geplante Aufgaben

Sie haben eine „einmaligen Ausführung in zehn Minuten" gewählt, damit Sie beim ersten Test zusehen können? Die zehn Minuten sind vorbei und die „Letzte Laufzeit" zeigt immer noch 1999 an? Leider wird diese Anzeige nicht automatisch aktualisiert. Sie müssen den Zeitplaner beenden und neu starten, um sehen zu können, ob der Job erfolgreich ausgeführt wurde.

Prüfen Sie nun, ob das Programm zur gewünschten Zeit bzw. nach dem Hochfahren gestartet wurde. Wenn die Tests zu Ihrer Zufriedenheit verlaufen, können Sie nun den Zeitplan und andere Parameter anpassen.

- Suchen Sie Ihren Auftrag in der „Aufgabenplanungsbibliothek".
- Klicken Sie mit der rechten Maustaste auf den Auftrag und danach mit der linken Maustaste auf „Eigenschaften". Wenn das nicht geht, klicken Sie doppelt auf den Auftrag. Sie sehen wieder die „Eigenschaften" wie in Bild 9.5.
- Wählen Sie die Registerkarte „Trigger".
    - Mit „Bearbeiten" können Sie die Startzeit ändern. Sie sollten als Startzeit eine Uhrzeit wählen, wann der PC üblicherweise eingeschaltet ist.

- Wählen Sie, ob der Job täglich, wöchentlich oder monatlich ausgeführt werden soll. Wenn Sie „wöchentlich" wählen, können Sie anschließend die gewünschten Wochentage einzeln ankreuzen.
- Unter „Erweiterte Einstellungen" können Sie ein Enddatum festlegen, an dem der Job letztmals ausgeführt werden soll. Sie können auch ein Wiederholungsintervall festlegen, z. B. acht Stunden lang (z. B. von 14 bis 22 Uhr) alle 15 Minuten.
- Der Eintrag bei „Aufgabe beenden nach" legt fest, nach welcher Zeit das Programm abgebrochen wird, gleichgültig, ob das Programm zum Ende gekommen ist oder nicht. Wenn sich ein Programm „aufhängt", das täglich neu gestartet wird, ist es nicht sinnvoll, es drei Tage „hängenzulassen".
- Auf der Registerkarte „Bedingungen" können Sie eine Leerlaufdauer eintragen, wenn Sie sich nicht gern bei der Arbeit von einem Dauerauftrag stören lassen. Der PC wartet ab dem gewünschten Startzeitpunkt so lange mit dem Programmstart, bis Sie eine Pause der vorgegebenen Mindestlänge machen.

Bitte beachten Sie: Selbst wenn der Aufgabenplaner meldet, dass der Auftrag ausgeführt worden ist, kann es sein, dass das Gewünschte nicht passiert ist. Vielleicht wurde der Auftrag zwar gestartet, ist aber noch vor oder nach dem ersten Befehl abgebrochen? Mögliche Gründe für ein Misslingen können beispielsweise fehlende Zugriffsrechte sein. Überzeugen Sie sich, das die Datensicherung bis zum Ende durchgeführt wurde, zum Beispiel anhand eines automatisch erstellten Protokolls. Mit einem Befehl wie

```
echo Programmstart um %time% Uhr >%userprofile%\desktop\Ablauf.txt
```

können Sie den Start Ihrer Batchdatei in einer Datei `Ablauf.txt` auf Ihrem Desktop dokumentieren. Fügen Sie Zeilen wie die folgende an mehreren Stellen ein, um den Ablauf des Programms zu verfolgen.

```
echo Abschnitt 1 um %time% Uhr beendet >>%userprofile%\desktop\Ablauf.txt
```

Wenn ein Auftrag nicht ausgeführt wird, kenne ich hauptsächlich zwei Ursachen:

- Das Programm ist nicht gestartet worden. Nutzen Sie das Register „Verlauf", siehe Bild 9.5. Vielleicht hilft Ihnen das Protokoll weiter.
- Wenn eine Stapeldatei zwar gestartet wird, aber scheinbar nichts macht, müssen Sie das Programm beim nächsten Start beobachten. Entfernen Sie ein eventuelles `@echo off` am Beginn der Batchdatei und fügen Sie an wichtigen Stellen sowie am Ende der Stapeldatei Zeilen mit dem Befehl „Pause" ein. Wenn die Stapeldatei das nächste Mal abgearbeitet wird, können Sie deren Arbeit Schritt für Schritt kontrollieren.

Geben Sie nicht auf, wenn es nicht gleich klappt. Der Scheduler ist ein harter Gegner ...

Werkzeuge

9.7 Einige kostenlose Backup-Programme

Der Vollständigkeit wegen hier einige kostenlose Programme. Allerdings sind die Menüs und Erläuterungen in Englisch. Wenn Sie das nicht abschreckt …

9.7.1 Clonezilla

Clonezilla kann Partitionen und komplette Systeme sichern oder auch eine vollständige Betriebssystem-Installation inklusive aller Daten von einem PC auf einen anderen kopieren.

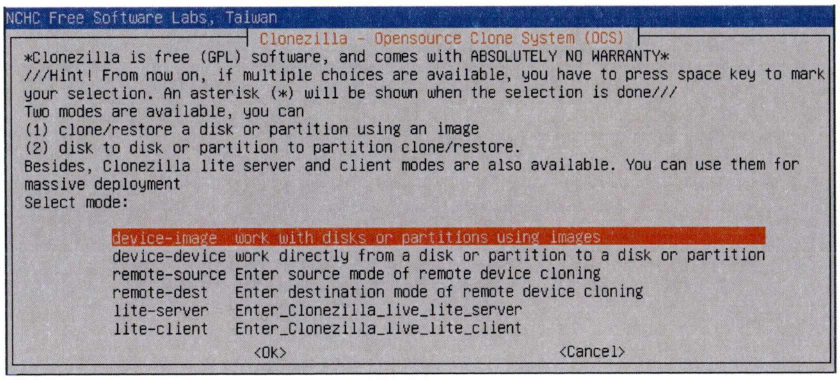

Weil Clonezilla nur die tatsächlich belegten Teile einer Partition kopiert, sind die erstellten Images kleiner als die Original-Partitionen. Clonezilla unterstützt die Linux-Dateisysteme ext2, ext3, reiserfs, xfs, jfs sowie FAT und NTFS. Images können lokal oder im Netzwerk gespeichert werden.

Beim Klonen einer Festplatte kopiert Clonezilla die Partitionen in unveränderter Größe (1:1). Wenn die Ziel-Festplatte größer ist, müssen Sie die Partitionen nachträglich mit einem Partitionsmanager vergrößern.

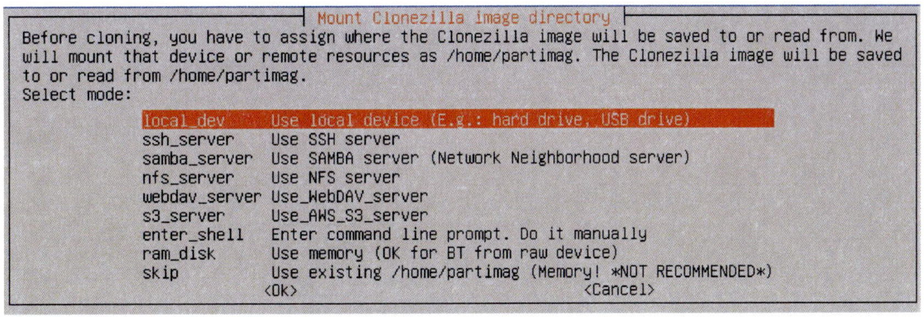

Bild 9.7: Clonezilla Hauptmenü

Bild 9.8: Clonezilla Image erstellen: Laufwerk wählen

Clonezilla ist sehr zuverlässig, falls Ihre Geduld ausreicht, um sich im Menü zurechtzufinden. Nach dem siebenten Menü ist die Tastatur konfiguriert und Sie sehen das Hauptmenü. Bild 9.8 zeigt das Menü zur Auswahl des Laufwerks.

Clonezilla können Sie auf `https://clonezilla.org/downloads.php` (stable version) finden. Sie haben die Wahl zwischen einer ZIP-Datei, die auf einen bootfähigen USB-Stick ausgepackt werden kann, oder einer ISO-Datei zur Erstellung einer bootfähigen CD.

Auf `https://www.pcwelt.de/downloads/Backup-Tool-Clonezilla-1003063.html` gibt es das Programm als ISO-Datei. Klicken Sie mit der rechten Maustaste auf die heruntergeladene Datei `clonezilla-live-(version)-i686.iso` (etwa 280 MB), um sie auf eine CD zu brennen. Booten Sie dann den PC von dieser CD.

9.7.2 Areca Backup

Mit dem kostenlosen Areca Backup können Sie vollständige oder inkrementelle Backups erstellen, auf Wunsch im ZIP-Format und verschlüsselt. Die Sicherung kann auf ein Netzlaufwerk, auf ein externes Laufwerk oder auf einem FTP-Server erfolgen. Das Programm ist optimal geeignet für die Verwendung in einer Stapeldatei.

Download: `https://www.pcwelt.de/downloads/Areca-Backup-1032124.html`

WERKZEUGE

9.7.3 DriveImage XML

Mit DriveImage XML können Sie Partitionen und logische Laufwerke als Image-Dateien sichern und wieder zurücksichern. Die Sicherung ist im laufenden Betrieb und auch über Netzwerk möglich.

Die Image-Dateien werden komprimiert und in Dateien zu je 2 GB zerlegt, wobei sich beide Einstellungen ändern lassen. Ein integrierter Browser ermöglicht es, Image-Dateien zu durchsuchen, um einzelne Dateien zu extrahieren. Auch das Klonen von Festplatten ist möglich.

Die Backupfunktionen können über Kommandozeilenparameter gesteuert werden, somit können Sicherungen automatisiert über den Windows Zeitplaner ausgeführt werden.

Drive Image XML unterstützt Festplatten mit FAT 12, 16, 32 und NTFS.

Download:

```
https://www.pcwelt.de/downloads/Partitions-Verwaltung-DriveImage-XML-1326434.html
```

Für Privatanwender ist die Software kostenlos.

9.7.4 Acronis Drive Image

Drive Image war früher einmal ein prima Programm für Images und zum Klonen. Wenn man von DVD bootet, funktioniert es immer noch einwandfrei. Doch die installierte Version wird von Jahr zu Jahr unübersichtlicher, je mehr Funktionen von Acronis eingebaut werden. In der Premium-Version sind auch eine Backup-Funktion, Backups von Mobilgeräten, ein Schutz gegen Viren, Verschlüsselungstrojaner und Krypto Mining sowie ein Schutz von Videokonferenzen enthalten.

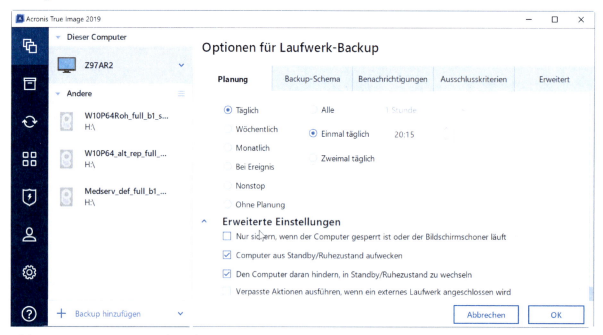

Bild 9.9: Acronis Drive Image als Backup-Programm

Im Bild 9.9 sehen Sie das Hauptmenü für das Backup. Die Einstellungsmöglichkeiten sind beachtlich. Sehr praktisch: In den „Ausschlusskriterien" findet man eine vom Programm erstellte Liste, welche Ordner nicht gesichert werden sollen. Diese Liste kann man selbst erweitern.

10 Anleitung für lokale Sicherung

10.1 Datensicherung mit ROBOCOPY

10.1.1 Die „Eigenen Dateien" sichern

Sie wollen schnell einmal Ihre Dokumente, Bilder, Videos und Musik sichern? Öffnen Sie die Eingabeaufforderung (als Normalnutzer, nicht als Administrator, sonst wird viel unnützes Zeug kopiert). Falls Sie Ihre Daten nicht auf andere Laufwerke verlagert haben, wie im Unterkapitel 7.2 empfohlen, befinden sie sich in den Unterordnern von `C:\users\<Benutzername>`. Vermutlich ist `C:` das Systemlaufwerk, `D:` das DVD-Laufwerk und der Laufwerksbuchstabe `E:` wurde für Ihren USB-Stick oder Ihre externe Festplatte vergeben. Tippen Sie den folgenden Befehl ein und drücken Sie „Enter":

```
robocopy %userprofile% e:\backup /s /r:0
```

Ersetzen Sie `e:\backup` durch Laufwerk und Ordner z. B. eines USB-Sticks, wohin dieses kleine Backup gespeichert werden soll. Und wenn Sie nur mal „unverbindlich probieren" wollen, hängen sie ein `-l` oder `-L` hinten an. Dann wird nichts kopiert – ROBOCOPY tut nur so, als ob.

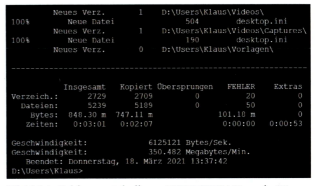

Bild 10.1: Schlussprotokoll von ROBOCOPY (Ausschnitt)

Windows ersetzt die Variable `%userprofile%` durch `C:\users\<Benutzername>` und legt auf Laufwerk `E:` einen Ordner „Backup" als Zielordner an. Dann beginnt das Kopieren. Sie können dabei zusehen und ungefähr verfolgen, welche Ordner kopiert werden.

Hinweis 1: Eine über den Bildschirm rasende Ausgabe kann man mit der Taste Pause oder mit Strg-Num anhalten, Fortsetzen ist mit beliebiger Taste möglich.

Hinweis 2: Klicken Sie (am Besten noch vor diesem Versuch) mit der rechten Maustaste auf die Titelleiste des Fensters der Eingabeaufforderung und wählen Sie „Eigenschaften" → „Layout". Ändern Sie die „Höhe" der Fensterpuffergröße auf 2000 oder mehr, damit Sie in dem langen Protokoll zurückrollen können. Vergrößern Sie die „Breite" der Fenstergröße auf etwa 120, damit lange Zeilen nicht umgebrochen werden. Nach den „OK" sind dieses und alle zukünftigen Eingabeaufforderungsfenster breiter.

Nach einigen Minuten sehen Sie ein Schlussprotokoll ähnlich wie Bild 10.1. In Bild 10.2 sehen Sie die neu angelegten Unterordner von E:\Backup.

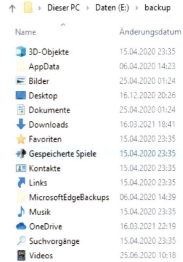

Bild 10.2: Die kopierten Ordner

10.1.2 Verbesserungen

Ordner ausschließen

Vielleicht haben Sie festgestellt, das der Ordner `AppData` viel Platz und Zeit beansprucht? Außer dem Benutzerprofil von Thunderbird (was man besser mit dem Tool `MozBackup` sichern sollte) sind dort normalerweise keine nützlichen Dateien vorhanden. Zudem erhalten Sie Meldungen wie

```
Der Prozess kann nicht auf die Datei zugreifen, da sie von einem anderen Prozess verwendet wird.
```

Löschen Sie den Ordner `E:\Backup` (oder auch nur `E:\Backup\Appdata`) für einen zweiten Versuch und wiederholen Sie den ROBOCOPY-Befehl mit einem angehängten `/XD AppData`, also

```
robocopy %userprofile% e:\backup /s /r:0 /xd appdata
```

Der Parameter `/XD` schließt komplette Ordner aus dem Backup aus, deshalb wird `AppData` nicht mitgesichert. Nach einem Leerzeichen können Sie weitere Ordner auflisten, die nicht gesichert werden sollen.

Protokoll speichern

Sie möchten das Protokoll genau untersuchen, um sicher zu sein, dass alle wichtigen Dateien gesichert worden sind? Wenn Sie `/LOG:Dateiname.txt` oder `/UNILOG:Dateiname.txt` an den ROBOCOPY-Befehl anhängen, wird das Protokoll in die angegebene Datei umgelenkt. Ich rate zu „Unilog", weil nur bei Nutzung des Unicode-Zeichensatzes eventuelle Umlaute in Dateinamen korrekt dargestellt werden.

Sie sollten zusätzlich `/np` anhängen, damit die Protokolldatei nicht mit prozentualen Fortschrittsangaben aufgebläht wird. Und wenn Sie zusätzlich `/TEE` anhängen, wird das Protokoll sowohl auf Bildschirm als auch in die Datei geschrieben. Beispiel:

```
robocopy %userprofile% e:\backup /s /r:0 /unilog:e:\Protokoll.txt /np /tee
```

Hier ist ein Ausschnitt aus der erzeugten Protokolldatei `E:\Protokoll.txt`:

```
-------------------------------------------------------------------------------
   ROBOCOPY     ::     Robustes Dateikopieren für Windows
-------------------------------------------------------------------------------

  Gestartet: Freitag, 19. März 2021 12:43:31
     Quelle : D:\Users\Klaus\
       Ziel : e:\backup\
    Dateien : *.*

 Ausgeschl. Verzeichnisse: D:\Users\Klaus\AppData
  Optionen: *.* /TEE /S /E /DCOPY:DA /COPY:DAT /PURGE /MIR /NP /R:0 /W:30
-------------------------------------------------------------------------------
    ..... Hier habe ich einen großen Abschnitt ausgelassen ....

          Neues Verz.         1     D:\Users\Klaus\Videos\
            Neue Datei              504     desktop.ini
          Neues Verz.         0     D:\Users\Klaus\Videos\AnyDesk\
          Neues Verz.         1     D:\Users\Klaus\Videos\Captures\
            Neue Datei              190     desktop.ini
          Neues Verz.         0     D:\Users\Klaus\Vorlagen\
2021/03/19 12:43:38 FEHLER 5 (0x00000005) Zielverzeichnis wird mit Zeitstempel vers
ehen e:\backup\Vorlagen\
Zugriff verweigert
-------------------------------------------------------------------------------
               Insgesamt   KopiertÜbersprungenKeine Übereinstimmung   FEHLER    Extras
   Verzeich.:       42        28          1        0                      13         0
     Dateien:       67        64          0        0                       3         0
       Bytes:   204.55 m  201.87 m        0        0                    2.67 m       0
      Zeiten:    0:00:07   0:00:06                                     0:00:00   0:00:01
Geschwindigkeit:            31793988 Bytes/Sek.
Geschwindigkeit:            1819.266 Megabytes/Min.
    Beendet: Freitag, 19. März 2021 12:43:38
```

Beachten Sie bitte: Der Speicherort für die Protokolldatei sollte außerhalb von Quell- und Zielordner liegen. Achten Sie darauf, dass Sie im gewählten Ordner Schreibrecht haben.

Unterbrechen und neu starten

Wenn Sie beim Beobachten des vorbeihuschenden Protokolls etwas Unerwünschtes sehen (z. B. dass Ordner gesichert werden, die nicht gesichert werden brauchen), können Sie jederzeit den Befehl mit der Tastenkombination Strg-c abbrechen. Wenn Sie die Cursortaste „Pfeil nach oben" drücken, wird der letzte Befehl der Eingabeaufforderung zurückgeholt (Sie können mit den Cursortasten alle früheren Befehle auswählen). Sie können den Befehl ergänzen, beispielsweise indem Sie die Liste der ausgeschlossenen Ordner ergänzen. Führen Sie dann den Befehl erneut aus. Da ROBOCOPY die im vorhergehenden Durchgang kopierten Dateien nicht erneut kopiert, wird die Abbruchstelle ganz schnell erreicht und das Kopieren wird fortgesetzt.

10.1.3 Das gesamte Systemlaufwerk sichern

Mit dem ROBOCOPY-Befehl kann man auch das gesamte Systemlaufwerk sichern, zum Beispiel:
`robocopy c:\ e:\backup_c /s /r:0 /xd c:\windows "c:\program files"`

Dieser Befehl verzichtet auf das Sichern der Ordner `c:\windows` und `c:\program files` und deren Unterordner. Auch der Ordner `"c:\program files (x86)"` für die älteren 32-Bit-Anwendungen braucht nicht gesichert werden. Erstens ist es unwahrscheinlich, dass sich irgendwelche Ihrer Daten dort befinden. Zweitens wäre das komplette Kopieren dieser Ordner eine Verschwendung von viel Backup-Speicherplatz. Beachten Sie die Anführungszeichen, die immer dann notwendig sind, wenn ein Datei- oder Ordnername Leerzeichen enthält.

Eine andere Möglichkeit, Speicherplatz auf dem Backup-Massenspeicher zu sparen, bietet der Parameter `/xf *.exe *.dll`. Damit werden die meisten ausführbaren Daten aus der Sicherung ausgeblendet. Programme zu sichern ist ohnehin sinnlos: Wenn man Windows neu installieren muss, dann müssen auch alle Anwendungen neu installiert werden, um die notwendigen Einträge für die Registry zu erstellen.

Der obige `/xd` Parameter schließt in den Windows- und Programmordnern bereits viele `*.exe` und `*.dll` Dateien aus. Ob die gleichzeitige Nutzung der `/xd` und `/xf` Parameter viel Ersparnis bringt, sollte man gegebenenfalls testen.

10.2 Das Wichtigste über Variablen

Zwei Seiten vorher wurde bereits die Variable `%userprofile%` verwendet. Was hat es damit auf sich?

DOS und Windows haben einen kleinen Spezialspeicher, den „Umgebungsspeicher", engl. „Environment", um einige wichtige Parameter in Textform bereitzuhalten. Öffnen Sie die „Eingabeaufforderung", geben Sie den Befehl `SET` ein und schauen Sie das Ergebnis an! Sie finden unter anderem den Netzwerknamen `COMPUTERNAME`, Ihren Anmeldenamen `USERNAME` und die Ordnernamen `SystemRoot`, `WINDIR` und `ProgramFiles`. Sehr nützlich ist die Variable `USERPROFILE`, die die persönlichen Datenordner anzeigt. Diese Variablen können von Programmen und auch von Stapeldateien benutzt werden. Auf der nächsten Seite werden die Variablen `DATE` und `TIME` vorgestellt, deren Wert von Windows aktuell gehalten wird.

Im Umgebungsspeicher ist etwas Platz übrig für selbstdefinierte Variablen. Mit einem Befehl `SET TEST=JA` wird eine Variable `TEST` erzeugt und sie bekommt den Wert „JA" zugewiesen. Mit `SET` können Sie das überprüfen. Mit `SET TEST=NEIN` kann man den Wert ändern. Die Variable kann man in Programmen nutzen. Bei Verwendung in einer Stapeldatei muss man die Variable mit Prozentzeichen umschließen, dann wird sie während der Ausführung des Programms durch ihren Wert ersetzt.

Wird die Variable nicht mehr benötigt, sollte sie mit `SET TEST=` aus dem Umgebungsspeicher entfernt werden, um den belegten Speicherplatz freizugeben. Achtung, sofort hinter dem Gleichheitszeichen ENTER drücken, es darf kein Leerzeichen folgen!

Ändern Sie nicht die Werte der Systemvariablen (`USERNAME`, `WINDIR` u. a.), die Folgen wären unabsehbar!

Nach einer Neuinstallation enthält die Variable COMPUTERNAME wahrscheinlich eine Zufallszahl und ist nicht besonders hilfreich. Einen unpassenden Computernamen können und sollten Sie ändern. Unter Windows 10 gehen Sie über „Einstellungen" → „System" → „Info" zu „Diesen PC umbenennen (fortgeschritten)", unter Windows 7 und bei älteren Versionen von Windows 10 kommen Sie mit der Tastenkombination Windows-Taste plus „Pause"-Taste zum Fenster „System". Bei den „Einstellungen für den Computernamen, ..." wird der aktuelle Name angezeigt. Klicken sie auf „Einstellungen ändern".

Nach „Ändern" geben Sie einen selbsterklärenden Namen ein (max. 15 Buchstaben oder Ziffern, keine Umlaute, keine Sonderzeichen außer dem Minuszeichen). Klicken Sie auf „OK". Geben Sie eine „Computerbeschreibung" ein, wenn Sie wollen. Schließen Sie alle Fenster mit „OK" und führen Sie einen Neustart aus.

Beachten Sie: Wenn andere Netzwerkgeräte vorher eine ständige Verbindung mit Ihrem PC hatten, geht diese Verbindung durch eine Namensänderung verloren und muss erneut hergestellt werden.

10.2.1 Die Variablen DATE und TIME

Machen Sie mit bei einem kleinen, ungefährlichen Versuch. Öffnen Sie die Eingabeaufforderung, indem Sie „cmd" in das Suchfeld eintippen, gefolgt von einem Druck auf die „Enter"-Taste (wie das geht, steht ausführlicher im Anhang 16.1.1). Geben Sie den folgenden Befehl ein, gefolgt von Enter:

```
time
```

Sie erhalten eine Meldung, die etwa so aussieht:

```
Aktuelle Zeit: 14:04:55,84
Geben Sie die neue Zeit ein:
```

Sie könnten jetzt die Uhrzeit korrigieren, falls sie nicht stimmt. Wenn die angezeigte Zeit korrekt ist, drücken Sie nur die Enter-Taste.

Auch das Datum können Sie abfragen. Geben Sie den folgenden Befehl ein, gefolgt von Enter:

```
date
```

Sie erhalten eine Meldung, die etwa so aussieht:

```
Aktuelles Datum: 30.12.2020
Geben Sie das neue Datum ein: (TT-MM-JJ)
```

Sie könnten jetzt das Datum eingeben, falls es nicht stimmt. Beachten Sie die vorgeschriebene Schreibweise. Wenn Sie mit dem angezeigten Datum einverstanden sind, drücken Sie nur die Enter-Taste.

Je nach Windows-Version und -Einstellungen kann die Meldung zusätzlich den Wochentag enthalten:

```
Aktuelles Datum: Sa 30.12.2020
Geben Sie das neue Datum ein: (TT-MM-JJ)
```

Kennen Sie den Befehl „echo"? Er wird hauptsächlich in Stapeldateien zur Textausgabe auf dem Bildschirm verwendet. Probieren Sie einmal:

```
echo %date%
```

Je nach Windows-Version erhalten Sie   30.12.2020
oder   Mi,30.12.2020

Merken Sie sich, welche der beiden Datumsversionen für Ihr Betriebssystem zutrifft: mit oder ohne Wochentag.

In den Beispielen auf den folgenden Seiten steht `Q:` für das Quellen-Laufwerk mit den zu sichernden Daten und `Z:` für das Ziel-Laufwerk, wohin die Daten gesichert werden sollen. Ersetzen Sie `Z:` durch den Laufwerksbuchstaben, welchen Windows dem USB-Stick oder der externen Festplatte zugewiesen hat. Wenn Sie diesen Buchstaben nicht wissen, ermitteln Sie ihn mit dem Windows Explorer. Wenn Sie Administratorrechte haben, können Sie auch den Festplattenmanager (Befehl `diskmgmt.msc` an der Eingabeaufforderung) benutzen, um die Laufwerksbuchstaben zu ermitteln.

`Q:` müssen Sie vermutlich durch `C:` oder `D:` ersetzen oder wo auch immer Sie Ihre Daten gespeichert haben. An die Vorsichtigen unter Ihnen zur Erinnerung: Wenn Sie beim ersten Versuch ein `/L` zu den Parametern des ROBOCOPY-Befehl hinzufügen, erfolgt nur eine Simulation.

Die Variable `%DATE%` enthält das aktuelle Datum. Mit dem Befehl

`md Z:\%DATE%`

kann man an jedem Tag einen Ordner erstellen, der so heißt wie das Datum. Probieren Sie es einfach einmal aus: Geben Sie den Befehl ein und überzeugen Sie sich, dass im Ziel-Laufwerk ein neuer Ordner entstanden ist. Wenn Sie anschließend den Befehl

`robocopy Q:\ Z:\%DATE%\ *.doc* /s /r:0`

eingeben und Enter drücken, werden alle Ihre Word-Dokumente in diesen neuen Tagesordner kopiert.

Ein Nachteil dieses Verfahrens: Bei einer täglichen Datensicherung würden pro Jahr 365 Tagesordner entstehen, von denen jedes viele identische Dateien enthalten würde. 365 ähnliche Kopien würden wohl kaum auf die Festplatte passen. Es wäre sinnvoller, nur einen Teil des Datums zu verwenden. Wenn man vom Datum beispielsweise nur die Nummer des Monats verwendet, erhält man jeden Monat einen neuen Ordner, insgesamt 12 Ordner pro Jahr.

Wenn das Datumsformat des PC keinen vorangestellten Wochentag aufweist, wird die Variable `%DATE:~3,2%` die ersten drei Stellen aus dem Datum ignorieren und die darauffolgenden zwei Zeichen herausschneiden: Das ist die Nummer des Monats. Falls das Datumsformat auf Ihrem PC einen vorangestellten Wochentag aufweist, müssen Sie den Parameter `%DATE:~6,2%` verwenden. Jedoch ist eine Datensicherung, die je nach Betriebssystem unterschiedlich funktioniert, äußerst unpraktisch.

Doch es gibt einen Ausweg: Wir zählen die benötigten Datumsbestandteile von hinten ab. In `%DATE:~-7,2%` bewirkt das Minuszeichen, dass von hinten abgezählt wird! Sieben Zeichen vom Ende beginnend werden zwei Zeichen herausgeschnitten, die Nummer des Monats. `%DATE:~-4,4%` oder kürzer `%DATE:~-4%` ergibt die vierstellige Jahreszahl, und `%DATE:~-10,2%` liefert den Tag des Monats. Probieren Sie mit `echo %DATE:~-7,2%` verschiedene Parameter aus!

Wenden wir das Gelernte an. Wenn Sie die folgenden beiden Befehle

`md Z:\%DATE:~-7,2%`
`robocopy Q:\ Z:\%DATE:~-7,2%\ *.doc* /s /r:0`

regelmäßig ausführen, erfolgt die Sicherung einen ganzen Monat lang in den gleichen Monatsordner, und im nächsten Monat wird ein neuer Ordner benutzt. Insgesamt entstehen zwölf Ordner. Egal, ob Sie Daten mit diesem Befehl täglich, wöchentlich oder gelegentlich sichern, in jedem Fall erfolgen alle Sicherungen in den Ordner des aktuellen Monats. Jeden Monat wird ein neuer Ordner begonnen. Allerdings wird nach einem Jahr der Monatsordner vom Vorjahr mit den Daten des aktuellen Jahres überschrieben. Wenn Sie das nicht wünschen, müssen Sie den Namen des Monatsordners aus Monats- und Jahresnummer zusammensetzen. `%DATE:~6,4%` liefert die Jahreszahl. Die Befehle

`md Z:\%DATE:~-4%-%DATE:~-7,2%`
`robocopy Q:\ Z:\%DATE:~-4%-%DATE:~-7,2%\ *.* /s /r:0`

würden am 30.12.2020 einen Ordner mit dem Namen `2020-12` erstellen. Und weil als Dateiname `*.*` angegeben ist, werden alle Dateien gesichert, nicht wie im vorhergehenden Beispiel nur die Word-Dokumente.

Datensicherung mit Nutzung der DATE-Variable

Jetzt nutzen wir die DATE-Variable für eine Datensicherung. Mit den beiden Befehlen

```
robocopy c:\ e:\backup_c\%DATE:~-7,2% /s /r:0 /xf *.exe *.dll
robocopy d:\ e:\backup_d\%DATE:~-7,2% /s /r:0 /xf *.exe *.dll
```

sichern Sie die Laufwerke `C:` und `D:` komplett, nur die Programmdateien `*.exe` und `*.dll` nicht.

Insgesamt entstehen zwölf Monatsordner. Nun müssen Sie nur noch daran denken, diese Befehle öfter einmal auszuführen. Das wäre am bequemsten, wenn Sie eine Stapeldatei mit diesen beiden Befehlen erstellen (und als dritten Befehl „pause" anhängen, damit Sie das Ergebnis der Ausführung sehen können).

10.2.2 Zugriffsrechte

Was sind Zugriffsrechte?

Die meisten Dateien auf der Festplatte sind für jedermann zugänglich, mit Ausnahme von einigen systemkritischen Dateien und Ordnern, die speziell geschützt sind. Eine weitere Ausnahme: Auf dem Windows-Systemlaufwerk gibt es einen Ordner `C:\User\` bzw. `C:\Benutzer\` und darin gibt es für jeden Benutzer einen Unterordner, auf den nur der jeweilige Benutzer Zugriff hat. Z. B. hat der Benutzer mit dem Anmeldenamen Klaus einen eigenen Ordner `C:\User\Klaus\`, der wiederum die Unterordner `C:\User\Klaus\Documents`, `C:\User\Klaus\Downloads` und andere hat. Diese eigenen Ordner sind für alle anderen Benutzer gesperrt. Beim Versuch, auf einen „fremden" Ordner zuzugreifen, sehen sie die folgende Fehlermeldung:

„Sie verfügen momentan nicht über die Berechtigung des Zugriffs auf diesen Ordner. Klicken Sie auf „Fortsetzen", um dauerhaft Zugriff auf diesen Ordner zu erhalten."

Wenn Sie auf „Fortsetzen" klicken, hängt das Ergebnis davon ab, ob Sie über Administratorrechte verfügen. Als Benutzer ohne Administratorrechte erhalten Sie das Angebot, durch Eingabe des Administratorpassworts zeitweilig zum Administrator hochgestuft zu werden. Mit den Administratorrechten wird dann der Zugriff auf den fremden Ordner eingerichtet, was durchaus eine Minute dauern kann. Wichtig: Auch ein Benutzer mit Administratorrechten bekommt erst dann Zugriff, nachdem er diesen angefordert hat!

Die Zugriffsrechte bei der Datensicherung

Daraus folgt, dass zunächst einmal kein Benutzer die Datensicherung für einen anderen Benutzer durchführen kann. Nehmen wir an, es gibt zwei Benutzer A und B. A kann die Daten von B nicht sehen und umgekehrt. Wenn nun Benutzer A die Datensicherung durchführt, sichert er die allgemein zugänglichen Dateien und auch seine eigenen Daten, doch die von B kann er nicht sehen und folglich auch nicht sichern.

Wenn anschließend Nutzer B die Datensicherung durchführt, werden seine eigenen Daten gesichert. Doch weil B die Daten von A nicht sehen kann – anders ausgedrückt: einen leeren Ordner sieht, wo sich die Daten von A befinden – kann er sie auch nicht sichern.

Gegen dieses Dilemma gibt es drei Möglichkeiten:

1. Die einfachste Lösung: Jeder Benutzer gibt demjenigen Benutzer, der die Sicherung durchführen soll, das Vollzugriffsrecht oder zumindest das Leserecht für seine Dateien.
2. Ein Benutzer mit Administratorrechten sichert die Daten und verschafft sich vorher die Zugriffsrechte.
3. Jeder Benutzer sichert nur seine eigenen Daten auf einen eigenen, persönlichen Datenträger oder in einen eigenen Bereich auf dem gemeinsamen Sicherungs-Datenträger. Darüber hinaus muss jemand die gemeinsam genutzten Dateien sichern.

ANLEITUNG LOKAL

Wie werden Zugriffsrechte vergeben?

Lokale Zugriffsrechte können Sie sowohl für Ordner als auch für Dateien vergeben. Klicken Sie im Explorer mit der rechten Maustaste auf den Ordner (bzw. die Datei). Öffnen Sie die „Eigenschaften" und wählen Sie die Registerkarte „Sicherheit". Im Bild 10.3 werden die Berechtigungen für Benutzer „Klaus" angezeigt.

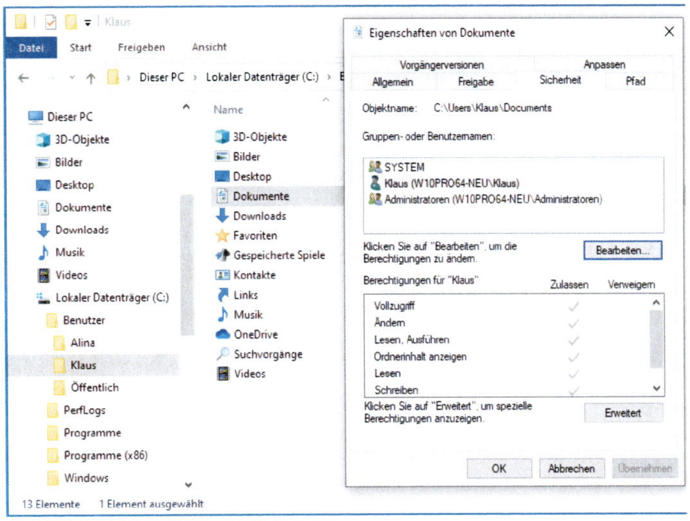

Um Rechte an einem weiteren Benutzer zu vergeben, klicken Sie auf „Bearbeiten" und im nächsten Fenster auf „Hinzufügen". Im Bild 10.4 schreiben Sie den Namen des Benutzers ein. Ein Klick auf „Namen überprüfen" und „OK" trägt den neuen Benutzer ein, zunächst nur mit minimalen Rechten, siehe Bild 10.5. Diese minimalen Rechte würden der Benutzerin „Alina" genügen, um die Daten von Benutzer „Klaus" zu sichern.

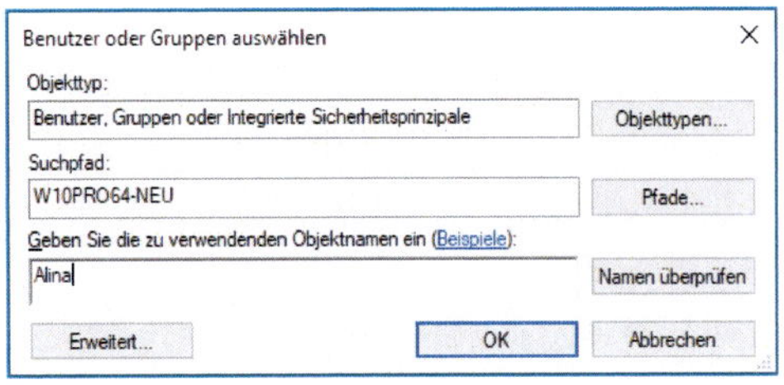

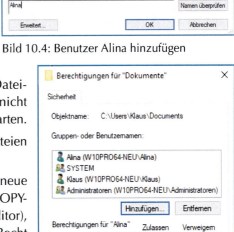

Bild 10.3: Standardrechte des Benutzers Klaus

Bild 10.4: Benutzer Alina hinzufügen

Wenn ich einen geheimen Unterordner hätte, den Alina nicht sehen darf, könnte ich in diesem für Alina das „Lesen" und das „Lesen, Ausführen" verbieten und müsste mich selbst um eine Sicherung kümmern.

Welche Rechte kann der Besitzer eines Ordners vergeben?

- **Ordnerinhalt anzeigen**: Sie bekommen Ordner und Dateinamen angezeigt, können aber den Inhalt der Dateien nicht sehen. Sie dürfen Programme, Scripte und Stapeldateien starten.

- **Lesen, Ausführen**: Zusätzlich dürfen Sie den Inhalt von Dateien und Ordnern ansehen.

- **Schreiben**: Sie dürfen Unterordner hinzufügen und neue Dateien wie in einen Briefkasten „einwerfen" (mit einem COPY-Befehl, aber nicht mit WordPad oder einem anderen Editor), aber nicht lesen, ändern oder löschen. Und ohne das Recht „Ordnerinhalt anzeigen" sehen Sie nicht, welche Dateien es im Ordner gibt.

  Im Fenster der Eingabeaufforderung können Sie mit einem CD Befehl zu dem Ordner gelangen- Um mit dem Windows Explorer zu dem Ordner hinfinden zu können, brauchen sie möglicherweise das Recht „Ordnerinhalt anzeigen" für die übergeordneten Ordner.

Bild 10.5: Minimale Rechte für Alina

- **Ändern**: erlaubt Benutzern, Dateien und Unterordner zu lesen und zu schreiben; auch das Löschen von Dateien und Ordnern ist erlaubt.

- **Vollzugriff**: wie Ändern, zusätzlich dürfen Sie Zugriffsrechte vergeben und wegnehmen.

Die Zugriffsrechte, die Sie vergeben, werden auf untergeordnete Ordner vererbt, sofern sie die Weitervererbung nicht „Verweigern".

10.3 Datensicherung (fast) ohne Protokollierung

10.3.1 Einfachste Version für einen einzelnen PC

Wenn Sie Daten häufig oder regelmäßig sichern wollen, ist es sinnvoll, für diesen Vorgang eine Stapeldatei zu verwenden. Die folgende Stapeldatei sichert ein oder zwei Laufwerke (z. B. `C:` und `D:`) auf eine externe Festplatte (z. B. `F:`). Sie ist geeignet für Nutzer, die ihre Festplatte unterteilt haben, denn dann ist `E:` für das DVD-Laufwerk reserviert und `F:` ist der erste freie Buchstabe für eine externe Festplatte.

Jeden Monat wird ein neuer Ordner für das Backup angelegt. Mit dieser Stapeldatei ist es nicht möglich, zwei oder noch mehr PCs auf eine gemeinsam genutzte Backup-Festplatte zu sichern.

Nach dem Ende der Sicherung wird der Start- und Ende-Zeitpunkt angezeigt. Daraus kann man in der Regel erkennen, ob die Sicherung zu einem normalen Ende gekommen ist.

Sie wollen diese Datei ausprobieren? Sie finden auch diese die Stapeldatei auf www.eifert.net im Begleitmaterial zum Buch „Datensicherung für Anfänger".

Alle Zeilen, die zur Stapeldatei gehören, sind blau oder rot gefärbt. Die rot gefärbten Befehle PAUSE sind sinnvoll während der Testphase, um die korrekte Ausführung der Befehle Schritt für Schritt kontrollieren zu können. Nach der Testphase sollten die roten Pause-Befehle entfernt werden, damit das Programm unbeaufsichtigt bis zum Ende durchläuft.

Zeilen, die mit REM (Remarque) beginnen, sind Kommentare, die in der Stapeldatei bleiben sollten. Kursive Textzeilen in Schwarz sind Erläuterungen, die nur hier im Buch zu finden sind. .

Sehr wichtig: Diese Stapeldatei darf keinesfalls auf der internen Festplatte des PC gespeichert werden, sondern sie muss sich auf der externen Festplatte (hier: Laufwerk `F:`) befinden!

Nehmen wir an, es wäre der 30.12.2020, 18:00 Uhr und der PC heißt ASUS-PC. Außerdem nehmen wir an, dass es zwei am 01.05.2018 durchgeführte vollständige Datensicherungen gibt, die auf verschiedene Massenspeicher erfolgten, so dass Daten vor diesem Tag nicht mehr gesichert werden brauchen.

> *Die Variable MAXAGE bekommt als Wert das Datum 01.05.2018 zugewiesen. Alle Dateien, deren letzte Änderung vor diesem Tag liegt, werden ignoriert. Gesichert werden also alle Dateien, die am oder nach dem 01.05.2018 erstellt oder geändert worden sind. Ändern Sie diesen Wert nach Ihrem Bedarf, z. B. auf das Datum der letzten gut geprüften, doppelt vorhandenen Vollsicherung.*

```
SET MAXAGE=20180501
```
> *In der Kommentarzeile (rem) wird erläutert, welchen Wert die folgenden Variablen annehmen dürfen. In diesem Beispiel sollen die Laufwerke `C:` und `D:` nach `F:` gesichert werden.*

```
rem QLWx = Quelle (ohne Doppelpunkt), ZLW=Ziel (mit Doppelpunkt)
SET QLW1=C
SET QLW2=D
SET ZLW=F:
rem Aus dem Datum werden die Variablen JAHR, MONAT und TAG ausgeschnitten
set JAHR=%date:~-4%
set MONAT=%date:~-7,2%
set TAG=%date:~-10,2%
```
> *Wäre heute der 30.12.2020, so wären die Variablen TAG=30, MONAT=12 und JAHR=2020.*

```
echo Kontrollausgabe: Es ist der %TAG%. Tag des %MONAT%. Monats im Jahr %JAHR%
```
> *Jetzt beginnt das Erstellen der Ordner und der Kopiervorgang.*

```
echo Bitte einige Minuten Geduld, waehrend die Festplatte durchsucht wird!
```
> *Der Befehl TITLE schreibt den dahinter stehenden Text in die Kopfzeile des Fensters der Eingabeaufforderung, um den Benutzer über den Programmfortschritt zu informieren.*

```
TITLE Der Monatsordner wird synchronisiert
```

Anleitung lokal

Auf dem Ziellaufwerk (der externen Festplatte) wird mit `MD` *(Make Directory) eine Ordnerstruktur angelegt, bestehend aus Jahr, Monat und dem Laufwerksbuchstaben, z. B.* `F:\2020-12\C`.
Falls es die Ordner schon gibt, sehen Sie eine Fehlermeldung – ignorieren Sie diese.

```
md %ZLW%\%JAHR%-%MONAT%
md %ZLW%\%JAHR%-%MONAT%\%QLW1%
```

Der folgende Echo-Befehl erzeugt einen Text „Start am 30.12.2020 um 18:00 Uhr".
Der Text würde normalerweise auf den Bildschirm ausgegeben, doch der Umleitungspfeil „>" leitet die Textausgabe in eine Datei um. Der vom Echo-Befehl erzeugte Text wird in eine Datei DAUER.TXT im Ordner F:\ umgeleitet.

```
echo Start am %DATE% um %TIME:~0,5% Uhr. >%ZLW%\DAUER.TXT

PAUSE
```

Jetzt folgt der Kopierbefehl. Seine vielen Parameter werden auf der nächsten Seite erklärt. Das Einsetzen der (hier angenommenen) Werte in die Variablen ergibt
   `ROBOCOPY C:\ F:\2020-12\C\ /S /FP /maxage:20180501 /XA:RSH ... usw.`

```
ROBOCOPY %QLW1%:\ %ZLW%\%JAHR%-%MONAT%\%QLW1%\ /S /FP /maxage:%MAXAGE%
/XA:RSH /XD %WINDIR% "%SystemDrive%\Program Files (x86)" "%ProgramFiles%"
RECOVER RECYCLER $Recycle.Bin "System Volume Information" /XF *.tib *.img
*.msi *.tmp *.exe *.dll *.com *.ini ntuser.* /r:0
```

Der folgende Echo-Befehl erzeugt einen Text „Ende Sicherung C: um 18:20 Uhr.
*Diese Nachricht würde normalerweise auf dem Bildschirm erscheinen. Ein einfacher Umleitungspfeil „>" würde die Nachricht in eine neue erstellte Datei schreiben. Der **doppelte** Umleitungspfeil „>>" leitet die Textausgabe in eine vorhandene Datei um, ohne diese zu überschreiben. Die Nachricht wird an die Datei DAUER.TXT im Ordner F:\2020-12\ angehängt.*

```
echo Ende Sicherung %QLW1%: um %TIME:~0,5% Uhr. >>%ZLW%\DAUER.TXT
PAUSE

rem Pruefen, ob ein zweites Laufwerk gesichert werden soll
```
Es wird geprüft, ob die Zeichenfolgen "%QLW2%x" und "x" identisch sind. Wenn ja, wurde für das zweite Laufwerk kein Wert eingetragen. In diesem Fall werden die nachfolgenden Befehle übersprungen und ab der Marke `:SICHTBAR` *wird die Programmabarbeitung fortgesetzt.*

```
if "%QLW2%x" == "x" goto SICHTBAR
```
Es ist ein weiteres Laufwerk zu sichern.
```
TITLE Die zweite Partition %QLW2%: wird gesichert
```
Ein weiterer Ordner wird angelegt, z. B. `F:\2020-12\D`
```
md %ZLW%\%JAHR%-%MONAT%\%QLW2%
```

Der zweite Kopierbefehl ist identisch mit dem ersten, es wird nur `QLW1` *durch* `QLW2` *ersetzt.*
```
ROBOCOPY %QLW2%:\ %ZLW%\%JAHR%-%MONAT%\%QLW2%\ /S /FP /maxage:%MAXAGE%
/XA:RSH /XD %WINDIR% "%SystemDrive%\Program Files (x86)" "%ProgramFiles%"
RECOVER RECYCLER $Recycle.Bin "System Volume Information" /XF *.tib *.img
*.msi *.tmp *.exe *.dll *.com *.ini /r:0
PAUSE

echo Ende Sicherung %QLW2%: um %TIME:~0,5% Uhr. >>%ZLW%\DAUER.TXT
```

Der vorangestellte Doppelpunkt macht `SICHTBAR` *zu einer „Sprungmarke", zum potenziellen Ziel eines* `GOTO`-*Befehls. Dadurch kann der zweite Kopierbefehl übersprungen werden.*
```
:SICHTBAR
```
   @echo off deaktiviert die Anzeige der Befehle, damit das Protokoll von ROBOCOPY *sichtbar bleibt.*
```
@echo off
```
Unter Umständen sind die kopierten Daten unsichtbar. Dieser Attrib-Befehl macht sie sichtbar.
```
attrib -h -s %ZLW%\*.* /s /d
```

```
rem Hier koennten Befehle folgen, die ueber das Ende der Sicherung informieren
```
Die Variablen MONAT, TAG und JAHR werden nicht mehr benötigt und werden deshalb aus dem Umgebungsspeicher gelöscht. Beachten Sie: Hinter dem Gleichheitszeichen darf nichts stehen, auch kein Leerzeichen, sonst werden die Variablen nicht gelöscht, sondern mit neuem Inhalt gefüllt.
```
set JAHR=
set MONAT=
set TAG=
:SCHLUSS
type %ZLW%\DAUER.TXT
pause
```
Die Stapeldatei ist beendet.
Die „Eingabeaufforderung" ist geöffnet und man kann die letzten Meldungen der Stapeldatei sehen.
Als letztes wird die Datei DAUER.TXT *im Ordner* %ZLW%\ *angezeigt:*
```
Start am 30.12.2020 um 18:00 Uhr.
Ende Sicherung C: um 18:20 Uhr.
Ende Sicherung D: um 18:26 Uhr.
```

In der Datei sind vier PAUSE-Befehle enthalten. Wenn Windows auf einen PAUSE-Befehl trifft, stoppt die Abarbeitung, bis Sie eine Taste drücken. Nutzen Sie diese Zwischenstopps in der Testphase, um mit dem Explorer nachzusehen, welche Ordner und Dateien erstellt worden sind und wie die Protokolldateien aussehen. Fügen Sie gegebenenfalls weitere PAUSE-Befehle an den Stellen ein, wo Sie den Programmablauf genauer untersuchen wollen. Wenn alles zu Ihrer Zufriedenheit läuft, entfernen Sie alle PAUSE-Befehle (oder schreiben Sie ein „REM " davor). Der letzte Pause-Befehl darf nicht entfernt werden, weil Sie sonst keine Rückmeldung haben, ob die Sicherung zu einem normalen Ende gekommen ist.

Übrigens: Warum werden im zweiten ROBOCOPY-Befehl, beim Sichern von Laufwerk D: die Windows- und Programmordner ausgeschlossen? D: wird doch nur für Daten genutzt? Nein, nicht immer. Mancher meiner Kunden hat auf einem Laufwerk Windows 7 und auf dem anderen Laufwerk Windows 10 installiert.

10.3.2 Einfachste Version für mehrere PC

Die soeben vorgestellte Stapeldatei ist nicht geeignet für PCs, die eine gemeinsame Backup-Festplatte nutzen sollen. Denn jeder PC hat ein Laufwerk C:, und die Sicherung jedes PC würde die Sicherung anderer PCs überschreiben. Deshalb zeige ich Ihnen die Stapeldatei von 10.3.1 noch einmal – ergänzt nur um den Computernamen. Dadurch bekommt jeder PC seinen eigenen Ordner mit eigenen Unterordnern.

Die verbesserte Stapeldatei ist universell in dem Sinne, dass diese Stapeldatei mehrere PCs nacheinander auf eine gemeinsam genutzte große Backup-Festplatte kopieren kann. Je nachdem, welche Unterschiede zwischen Ihren PCs existieren, müssen Sie wahrscheinlich für jeden PC eine individualisierte Kopie erstellen.

Was müssen Sie vor der Benutzung anpassen?

- Die Laufwerksbuchstaben: Wenn alle Ihre PCs nur Laufwerk C: und D: haben, bleibt es bei SET QLW1=C und SET QLW2=D. Wenn ein PC kein Laufwerk D: hat, funktioniert die Stapeldatei trotzdem, es wird dann nur Laufwerk C: gesichert.
- Der Laufwerksbuchstabe der Backup-Festplatte: Er ist möglicherweise an jedem PC anders. Doch Sie können mit dem Festplattenmanager auf jedem PC den gleichen Laufwerksbuchstaben für die Backup-Festplatte festlegen.
- Legen Sie mit MAXAGE fest, wie weit die Sicherung in die Vergangenheit zurückgreifen soll.

Übrigens: Die Backup-Festplatte muss nicht leer sein, vorhandener Inhalt bleibt erhalten. Die Stapeldateien in diesem Kapitel 10 löschen nichts, sie legen nur neue Ordner an, die wie das Jahr oder wie der Computer heißen. Und es wird eine Datei DAUER.TXT angelegt.

Bis zur Zeile TITLE ist diese Stapeldatei identisch mit der vorhergehenden.

Anleitung lokal

Nehmen wir an, es wäre der 30.12.2020, 18:00 Uhr und der PC heißt ASUS-PC. Außerdem nehmen wir an, dass es zwei am 01.05.2018 durchgeführte vollständige Datensicherungen gibt, die auf verschiedene Massenspeicher erfolgten, so dass Daten vor diesem Tag nicht mehr gesichert werden brauchen.

Die Variable MAXAGE bekommt als Wert das Datum 01.05.2018 zugewiesen. Alle Dateien, deren letzte Änderung vor diesem Tag liegt, werden ignoriert. Ändern Sie diesen Wert nach Ihrem Bedarf, z. B. auf das Datum der letzten gut geprüften, doppelt vorhandenen Vollsicherung.

```
SET MAXAGE=20180501
```

In der Kommentarzeile wird erläutert, welchen Wert die folgenden Variablen annehmen dürfen. In diesem Beispiel sollen die Laufwerke `C:` *und* `D:` *gesichert werden. Das Ziellaufwerk (die externe Festplatte) ist* `F:`

```
rem QLWx = Quelle (ohne Doppelpunkt), ZLW=Ziel (mit Doppelpunkt)
SET QLW1=C
SET QLW2=D
SET ZLW=F:
rem Aus dem Datum werden die Variablen JAHR, MONAT und TAG ausgeschnitten
set JAHR=%date:~-4%
set MONAT=%date:~-7,2%
set TAG=%date:~-10,2%
```

Wäre heute der 30.12.2020, so wären die Variablen TAG=30, MONAT=12 *und* JAHR=2020.

```
echo Kontrollausgabe: Es ist der %TAG%. Tag des %MONAT%. Monats im Jahr %JAHR%
```

Jetzt beginnt das Erstellen der Ordner und der Kopiervorgang.

```
echo Bitte einige Minuten Geduld, waehrend die Festplatte durchsucht wird!
```

Der Befehl TITLE *schreibt den dahinter stehenden Text in die Kopfzeile des Fensters der Eingabeaufforderung, um den Benutzer über den Programmfortschritt zu informieren.*

```
TITLE Der Monatsordner wird synchronisiert
```

Auf dem Ziellaufwerk (der externen Festplatte) wird eine Ordnerstruktur angelegt: Netzwerkname des PC, gefolgt von Jahr, Monat und dem Laufwerksbuchstaben, z. B. `F:\ASUS-PC\2020-12\C`. *Falls es die Ordner schon gibt, sehen Sie eine Fehlermeldung – ignorieren Sie diese.*

```
md %ZLW%\%COMPUTERNAME%
md %ZLW%\%COMPUTERNAME%\%JAHR%-%MONAT%
md %ZLW%\%COMPUTERNAME%\%JAHR%-%MONAT%\%QLW1%
```

Der folgende Echo-Befehl erzeugt einen Text „Start am 30.12.2020 um 18:00 Uhr". Der Text würde normalerweise auf den Bildschirm ausgegeben, doch der Umleitungspfeil „>" leitet die Textausgabe in eine Datei um. Der vom Echo-Befehl erzeugte Text wird in eine Datei DAUER.TXT im Ordner F:\ASUS-PC\ *umgeleitet.*

```
echo Start am %DATE% um %TIME:~0,5% Uhr. >%ZLW%\%COMPUTERNAME%\DAUER.TXT
PAUSE
```

Jetzt folgt der Kopierbefehl. Seine vielen Parameter werden auf der übernächsten Seite erklärt. Das Einsetzen der Werte in die Variablen ergibt

```
ROBOCOPY C:\ F:\ASUS-PC\2020-12\C\ /S /FP /maxage:20180501 ... usw.
ROBOCOPY %QLW1%:\ %ZLW%\%COMPUTERNAME%\%JAHR%-%MONAT%\%QLW1%\ /S /FP
/maxage:%MAXAGE% /XA:RSH /XD %WINDIR% "%SystemDrive%\Program Files (x86)"
"%ProgramFiles%" RECOVER RECYCLER $Recycle.Bin "System Volume Information"
/XF *.tib *.img *.msi *.tmp *.exe *.dll *.com *.ini ntuser.* /r:0
```

*Der folgende Echo-Befehl erzeugt einen Text „Ende Sicherung C: um 18:20 Uhr. Diese Nachricht würde normalerweise auf dem Bildschirm erscheinen. Ein einfacher Umleitungspfeil „>" würde die Nachricht in eine neue erstellte Datei schreiben. Der **doppelte** Umleitungspfeil „>>" leitet die Textausgabe in eine vorhandene Datei um, ohne diese zu überschreiben. Die Nachricht wird an die Datei* DAUER.TXT *im Ordner* F:\ASUS-PC\2020-12\ *angehängt.*

```
echo Ende Sicherung %QLW1%: um %TIME:~0,5% Uhr. >>%ZLW%\%COMPUTERNAME%\DAUER.TXT
PAUSE

rem Pruefen, ob ein zweites Laufwerk gesichert werden soll
```
> *Es wird geprüft, ob die Zeichenfolgen "%QLW2%x" und "x" identisch sind. Wenn ja, wurde für das zweite Laufwerk kein Wert eingetragen. In diesem Fall werden die nachfolgenden Befehle übersprungen und ab der Marke* `:SICHTBAR` *wird die Programmabarbeitung fortgesetzt.*
```
if "%QLW2%x" == "x" goto SICHTBAR
```
> *Es ist ein weiteres Laufwerk zu sichern.*
```
TITLE Die zweite Partition %QLW2%: wird gesichert
```
> *Ein weiterer Ordner wird angelegt, z. B.* `F:\ASUS-PC\2020-12\D`
```
md %ZLW%\%COMPUTERNAME%\%JAHR%-%MONAT%\%QLW2%
```
> *Der zweite Kopierbefehl ist identisch mit dem ersten, es wird nur* `QLW1` *durch* `QLW2` *ersetzt.*
```
ROBOCOPY %QLW2%:\ %ZLW%\%COMPUTERNAME%\%JAHR%-%MONAT%\%QLW2%\ /S /FP
/maxage:%MAXAGE% /XA:RSH /XD %WINDIR% "%SystemDrive%\Program Files (x86)"
"%ProgramFiles%" RECOVER RECYCLER $Recycle.Bin "System Volume Information"
/XF *.tib *.img *.msi *.tmp *.exe *.dll *.com *.ini ntuser.* /r:0
PAUSE

echo Ende Sicherung %QLW2%: um %TIME:~0,5% Uhr. >>%ZLW%\%COMPUTERNAME%\DAUER.TXT
```
> *Der vorangestellte Doppelpunkt macht* `SICHTBAR` *zu einer „Sprungmarke", zum potenziellen Ziel eines* `GOTO`*-Befehls. Dadurch kann der zweite Kopierbefehl übersprungen werden.*
```
:SICHTBAR
```
> `@echo off` *deaktiviert die Anzeige der Befehle, damit das Protokoll von* `ROBOCOPY` *sichtbar bleibt.*
```
@echo off
```
> *Unter Umständen sind die kopierten Daten unsichtbar. Dieser Attrib-Befehl macht sie sichtbar.*
```
attrib -h -s %ZLW%\%COMPUTERNAME%\*.* /s /d

rem Hier koennten Befehle folgen, die ueber das Ende der Sicherung informieren
```
> *Die Variablen MONAT, TAG und JAHR werden nicht mehr benötigt und werden deshalb aus dem Umgebungsspeicher gelöscht. Beachten Sie: Hinter dem Gleichheitszeichen darf nichts stehen, auch kein Leerzeichen, sonst werden die Variablen nicht gelöscht, sondern mit neuem Inhalt gefüllt.*
```
set JAHR=
set MONAT=
set TAG=
:SCHLUSS
type %ZLW%\%COMPUTERNAME%\DAUER.TXT
pause
```
> *Die Stapeldatei ist beendet.*
> *Die „Eingabeaufforderung" ist geöffnet und man kann die letzten Meldungen der Stapeldatei sehen. Als letztes wird die Datei* `DAUER.TXT` *im Ordner* `%ZLW%\%COMPUTERNAME%\` *angezeigt:*

```
Start am 30.12.2020 um 18:00 Uhr.
Ende Sicherung C: um 18:20 Uhr.
Ende Sicherung D: um 18:26 Uhr.
```

Von dieser Stapeldatei habe ich mehrere Kopien auf meiner externen Festplatte, für jeden PC eine andere Variante. Sie unterscheiden sich nur in einigen der ersten Zeilen, wo in Variablen die Festlegungen gespeichert sind, welche Daten gesichert werden sollen. Ich stecke die USB-Festplatte an den PC, der gesichert werden soll, und starte die zu diesem PC gehörende Stapeldatei.

Dutzende meiner Kunden benutzen ebenfalls Varianten dieser Datei.

10.4 Die Parameter des Robocopy-Befehls

Weil dieses Buch nicht 80 cm breit ist, musste ich die langen ROBOCOPY-Befehle auf je vier Zeilen verteilen. Beim Erstellen einer Stapeldatei müssen die vier Zeilen als eine Zeile eingegeben werden. (Das bedeutet: Geben Sie am Ende der Zeile hinter `/FP`, hinter `(x86)"` und hinter `Information"` ein Leerzeichen ein und schreiben Sie weiter, ohne die Enter-Taste zu drücken!)

`/S`	Der Kopierbefehl betrifft auch alle Unterordner (**S**ubdirectories).
`/FP`	Im Protokoll werden die kopierten Dateien einschließlich Ordnernamen aufgelistet.
`/maxage`	Dateien vor dem 01.05.2018 werden ignoriert.
`/XA:RSH`	Dateien mit den Attributen „**r**ead only", „**s**ystem" und „**h**idden" (versteckt) werden ignoriert.
`/XD`	Die dahinter aufgezählten Ordner werden beim Kopieren ignoriert, weil dort erfahrungsgemäß keine Benutzerdateien sind. Das betrifft eventuelle Recovery-Dateien, den Windowsordner und den bzw. die Programm-Ordner, den Papierkorb (je nach Windows-Version hat der Papierkorb verschiedene Namen), Installationsdateien und Systemdateien.

`/XF`	Alle dahinter aufgezählten Dateiarten werden ignoriert.
	    *.tib und *.img sind **Im**age-Dateien.
	    *.msi (**M**icrosoft **I**nstaller) sind Installationsdateien.
	    *.exe, *.dll, *.com und *.ini sind Programmdateien. Diese zu sichern ist unsinnig, denn im Katastrophenfall müssen ohnehin alle Programme neu installiert werden.
	    Obwohl die Datei ntuser.* die persönlichen Einstellungen (z. B. Anmeldepasswort) enthält, ist deren Sicherung sinnlos, denn sie läßt sich nicht zurückkopieren. Sie können die Liste um weitere Dateien ergänzen, die Sie nicht sichern wollen.

`/r:0`	Bei Dateien, die nicht gelesen werden können, erfolgt kein zweiter Versuch. Falls Ihre Festplatte in schlechtem Zustand ist, wäre `/w:1 /r:1` sinnvoll: Wenn sich eine Datei nicht lesen lässt, erfolgt nach einer Sekunde (w:1) eine einzige (r:1) Wiederholung. Leider dauert die Sicherung dann erheblich länger, denn Windows enthält hunderte geschützte oder ständig in Benutzung befindliche Dateien, die sich nicht lesen lassen.

Probleme mit PURGE und MIR

Der Parameter `/s` bewirkt, dass die gesamte Ordnerstruktur gesichert wird. Angenommen, Sie haben den Ordner `D:\Fotos` in `D:\Fotos2020` umbenannt, dann wird es nach der nächsten Datensicherung im Backup zwei Ordner `D:\Fotos` und `D:\Fotos2020` mit identischem Inhalt geben. Auch das Verschieben von Ordnern an eine andere Stelle hat das gleiche Ergebnis wie das Umbenennen: Verdopplung von Inhalten.

Wie kann man das vermeiden? Indem man den Parameter `/s` um `/purge` ergänzt **oder** den Parameter `/mir` verwendet. In beiden Fällen werden Dateien, die seit der vorhergehenden Datensicherung aus dem Original gelöscht worden sind, auch aus der Kopie herausgelöscht. Wenn Sie beispielsweise einen Ordner umbenannt haben, wird das Duplikat gelöscht und Sie sparen Speicherplatz.

Doch diese „Bereinigung" hat auch Nachteile. Wenn Sie versehentlich eine Datei gelöscht haben und das nicht schnell genug merken, wird die Datei während des nächsten Backups von der Backup-Festplatte gelöscht! Überlegen Sie gut, ob Sie das wollen. In den hier gezeigten Beispielen habe ich auf die Verwendung von `\purge` verzichtet.

Ein Kompromiss könnte sein, den `/purge`-Zusatz nur am letzten Tag jedes Monats zu verwenden. Denn nur die letzten Sicherungen eines jedes Monats bleiben ein Jahr lang erhalten, und nur bei diesen zwölf Sicherungen ist es wichtig, keinen Speicherplatz zu vergeuden.

10.5 Datensicherung mit ausführlichem Protokoll

Für ein zuverlässiges Backup braucht es zweierlei:

- Es muss regelmäßig und oft genug durchgeführt werden, am Besten automatisiert.
- Jemand muss regelmäßig eine kurze Kontrolle vornehmen, ob und wie das Backup gelaufen ist.
- Jemand muss hin und wieder genauer kontrollieren, ob alles noch immer so läuft wie geplant.

Man kann sich zur Kontrolle an den PC setzen und zusehen, wie die Sicherung abläuft. Doch man kann Probleme kaum so schnell erkennen und darüber hinaus ist das Zeitvergeudung. Sowohl für die kurze als auch für die ausführliche Kontrolle braucht man ein Protokoll: ein kurzes, tägliches und ein ausführliches.

Wie bisher nehmen wir an, es wäre der 30.12.2020, 18:00 Uhr und der PC heißt ASUS-PC.
Die nachfolgend vorgestellte Stapeldatei erzeugt die folgenden Protokolle:

- Auf `F:\PC-Name\Dauer.txt` wird die Startzeit und das Ende jeder Sicherungsetappe protokolliert.
- Eine Datei `DATUM.TXT` wird im Ordner `F:\ASUS-PC\2020-12\` erstellt mit der Information, wann im jeweiligen Monat die letzte Datensicherung durchgeführt wurde.
- Eine Datei `Protokoll.txt` wird im Ordner `F:\ASUS-PC` erstellt mit der Information, wann die letzte Datensicherung (gleichgültig in welchem Monat) durchgeführt wurde.
- Vier Dateien `Prot1.txt`, `Prot2.txt`, `Prot3.txt` und `Prot4.txt` im Ordner `F:\ASUS-PC` enthalten die ausführlichen Protokolle der letzten Datensicherung, in dem jede Datei und jeder Ordner dokumentiert sind.
- Eine Datei `Protokoll2020.txt` mit einem fortlaufenden Protokoll auf dem Desktop des Benutzers, der die Sicherung ausführt, enthält alle Sicherungen des Jahres (eine Zeile pro Sicherungsvorgang).

Mit diesen Protokollen ist eine Kontrolle in beliebiger Ausführlichkeit möglich.

> *Die Variable MAXAGE bekommt als Wert das Datum 01.05.2018 zugewiesen.*

```
SET MAXAGE=20180501
REM QLWx = Quelle (ohne Doppelpunkt), ZLW=Ziel (mit Doppelpunkt)
SET QLW1=C
SET QLW2=D
```

> *Bis zu vier Laufwerke könnten gesichert werden, hier werden nur zwei benötigt.*

```
SET QLW3=
SET QLW4=
SET ZLW=F:
```

> *Die eigene Variable ROBO_OPT wird in allen ROBOCOPY-Befehlen dieser Datei verwendet. Sie dient dazu, mit geringem Aufwand mit Parametern experimentieren zu können, ohne diese in allen vier ROBOCOPY-Befehlen eintragen zu müssen.*
> *In diesem Beispiel wird mit der Protokollierung experimentiert:*
> /NJS   Non Job Summary: Keine abschließende Statistik
> /NP   No Progress: Fortschrittsanzeige (in Prozent) unterdrücken

```
SET ROBO_OPT=/NJS /NP
```

> *Normalerweise wird jeder Befehl angezeigt, bevor er ausgeführt wird. `@echo off` unterdrückt diese Anzeige. Der Bildschirm wird dadurch übersichtlicher. Während der Testphase sollte hier `@echo on` stehen, um jeden Befehl sehen zu können.*

```
@echo off

@rem Datumsvariablen bereitstellen
set JAHR=%date:~-4%
set MONAT=%date:~-7,2%
set TAG=%date:~-10,2%
```

Anleitung lokal

Wäre heute der 30.12.2020, so wären die Variablen TAG=30, MONAT=12 *und* JAHR=2020.
```
echo Kontrollausgabe: Es ist der %TAG%. Tag des %MONAT%. Monats im Jahr %JAHR%
:START

echo Bitte einige Minuten Geduld, waehrend die Festplatte durchsucht wird!

TITLE Der Monatsordner wird synchronisiert
```
> *Der Anhang „2>nul" bedeutet: Ausgabekanal 2 (der nur für Fehlermeldungen reserviert ist) wird ins „elektronische Nirwana" geleitet. Konkret bedeutet es, dass eine möglicherweise zu erwartende Fehlermeldung „Unterverzeichnis bereits vorhanden" auf dem Bildschirm nicht angezeigt wird.*

```
md %ZLW%\%COMPUTERNAME% 2>nul
md %ZLW%\%COMPUTERNAME%\%JAHR%-%MONAT% 2>nul
md %ZLW%\%COMPUTERNAME%\%JAHR%-%MONAT%\%QLW1% 2>nul
echo Start am %DATE% um %TIME:~0,5% Uhr. >%ZLW%\%COMPUTERNAME%\DAUER.TXT

ROBOCOPY %QLW1%:\ %ZLW%\%COMPUTERNAME%\%JAHR%-%MONAT%\%QLW1%\ /S %ROBO_OPT%
/FP /maxage:%MAXAGE% /XA:RSH /XD %WINDIR% "%ProgramFiles%"
"%SystemDrive%\Program Files (x86)" RECYCLER $Recycle.Bin "System Volume
Information" /XF *.tib *.img *.msi *.tmp *.exe *.dll *.com *.ini ntuser.*
/w:1 /r:1 /TEE /unilog:%ZLW%\%COMPUTERNAME%\Prot1.txt
echo Ende Sicherung %QLW1%: um %TIME:~0,5% Uhr. >>%ZLW%\%COMPUTERNAME%\DAUER.TXT
PAUSE

rem Pruefen, ob ein Laufwerk Nr. 2 angegeben ist
```
> *Falls der Variablen QLW2 kein Wert zugewiesen wurde, lautet der Vergleich auf "x" == "x" und die Kopierbefehle für die Laufwerke %QLW2% bis %QLW4% werden übersprungen.*

```
if "%QLW2%x" == "x" goto SICHTBAR
```
> *Der Ordner für den zweiten Kopiervorgang wird angelegt*
```
md %ZLW%\%COMPUTERNAME%\%JAHR%-%MONAT%\%QLW2% 2>nul

ROBOCOPY %QLW2%:\ %ZLW%\%COMPUTERNAME%\%JAHR%-%MONAT%\%QLW2%\ /S %ROBO_OPT%
/FP /maxage:%MAXAGE% /XA:RSH /XD %WINDIR% "%ProgramFiles%"
"%SystemDrive%\Program Files (x86)" RECYCLER $Recycle.Bin "System Volume
Information"  /XF *.tib *.img *.msi *.tmp *.exe *.dll *.com *.ini ntuser.*
/w:1 /r:1 /TEE /unilog:%ZLW%\%COMPUTERNAME%\Prot2.txt
echo Ende Sicherung %QLW2%: um %TIME:~0,5% Uhr. >>%ZLW%\%COMPUTERNAME%\DAUER.TXT
PAUSE
```

> *Ab hier gibt es Unterschiede zur „Kurzversion" von 10.3.2. Zunächst sind zwei weitere Laufwerke zu überprüfen.*
```
rem Pruefen, ob ein Laufwerk Nr. 3 angegeben ist
```
> *Falls der Variablen QLW3 kein Wert zugewiesen wurde, lautet der Vergleich auf "x" == "x" und die Kopierbefehle für die Laufwerke %QLW3% und %QLW4% werden übersprungen.*
```
if "%QLW3%x" == "x" goto SICHTBAR
```
> *Der Ordner für den dritten Kopiervorgang wird angelegt*
```
md %ZLW%\%COMPUTERNAME%\%JAHR%-%MONAT%\%QLW3% 2>nul

ROBOCOPY %QLW3%:\ %ZLW%\%COMPUTERNAME%\%JAHR%-%MONAT%\%QLW3%\ /S %ROBO_OPT%
/FP /maxage:%MAXAGE% /XA:RSH /XD %WINDIR% "%ProgramFiles%"
"%SystemDrive%\Program Files (x86)" RECYCLER $Recycle.Bin "System Volume
Information"  /XF *.tib *.img *.msi *.tmp *.exe *.dll *.com *.ini ntuser.*
/w:1 /r:1 /TEE /unilog:%ZLW%\%COMPUTERNAME%\Prot3.txt
echo Ende Sicherung %QLW3%: um %TIME:~0,5% Uhr. >>%ZLW%\%COMPUTERNAME%\DAUER.TXT
PAUSE
```

ANLEITUNG LOKAL

```
rem Pruefen, ob ein Laufwerk Nr. 4 angegeben ist
if "%QLW4%x" == "x" goto SICHTBAR
md %ZLW%\%COMPUTERNAME%\%JAHR%-%MONAT%\%QLW4% 2>nul

ROBOCOPY %QLW4%:\ %ZLW%\%COMPUTERNAME%\%JAHR%-%MONAT%\%QLW4%\ /S %ROBO_OPT%
/FP /maxage:%MAXAGE% /XA:RSH /XD %WINDIR% "%ProgramFiles%"
"%SystemDrive%\Program Files (x86)" RECYCLER $Recycle.Bin "System Volume
Information"  /XF *.tib *.img *.msi *.tmp *.exe *.dll *.com *.ini ntuser.*
/w:1 /r:1 /TEE /unilog:%ZLW%\%COMPUTERNAME%\Prot4.txt
echo Ende Sicherung %QLW4%: um %TIME:~0,5% Uhr. >>%ZLW%\%COMPUTERNAME%\DAUER.TXT
PAUSE

:SICHTBAR
```

    Der folgende attrib-Befehl macht den versteckten Sicherungsordner sichtbar.

```
attrib -h -s %ZLW%\%COMPUTERNAME%\*.* /s /d

:PROTOKOLL
```

    Der Echo-Befehl erzeugt einen Text „Die letzte Sicherung erfolgte am 30.12.2020 um 18:00 Uhr nach F:\ASUS-PC", der normalerweise auf den Bildschirm ausgegeben würde. Der Umleitungspfeil „>" leitet die Textausgabe in eine Datei um. Der vom Echo-Befehl erzeugte Text wird in eine Datei DATUM.TXT im Ordner F:\ASUS-PC\2020-12\ umgeleitet.

```
echo Die letzte Sicherung erfolgte am %DATE% um %TIME:~0,5% Uhr nach
%ZLW%\%COMPUTERNAME% >%ZLW%\%COMPUTERNAME%\%JAHR%-%MONAT%\DATUM.TXT
```

    Der nächste Befehl (1 Zeile!) prüft zunächst, ob die Variable MAXAGE ein Datum (8-stellig) oder eine Anzahl von Tagen (maximal 5-stellig) enthält. Wenn es ein Datum ist, wird an die Datei DATUM.TXT eine zweite Zeile angefügt mit dem Inhalt
    „Die Sicherung enthält alle Daten seit dem 01.05.2018"

```
if not "%MAXAGE:~5,3%"=="" echo Die Sicherung enthält alle Daten seit dem
%MAXAGE:~6,2%.%MAXAGE:~4,2%.%MAXAGE:~0,4% >>%ZLW%\%COMPUTERNAME%\%JAHR%-
%MONAT%\DATUM.TXT
```

    *Der **doppelte** Umleitungspfeil „>>" im obigen Befehl bewirkt, dass die vorher erstellte Datei DATUM.TXT (mit der Zeile „Die letzte Sicherung erfolgte ...) nicht überschrieben wird, sondern dass die nächste Textzeile („Die Sicherung enthält ...") an die Datei angehängt wird.*

    Im Ordner F:\ASUS-PC\2020-12 wird eine Datei „Protokoll.txt" erstellt, mit einer Zeile:
    „Letzte Datensicherung von C: D: : : erfolgte 30.12.2020 18:00 Uhr nach F:\ASUS-PC\2020-12".

```
echo Letzte Datensicherung von %QLW1%: %QLW2%: %QLW3%: %QLW4%: erfolgte
%date% %time:~0,5% Uhr nach %ZLW%\%COMPUTERNAME%\%JAHR%-%MONAT%
>%ZLW%\%COMPUTERNAME%\Protokoll.txt"
```

    if not "%MAXAGE:~5,3%"=="" überprüft, ob die Variable MAXAGE ein Datum oder eine Anzahl von Tagen enthält. Wenn es ein Datum ist, wird die Datei „Protokoll.txt" um eine zweite Zeile ergänzt mit dem Inhalt:
    „Die Sicherung enthält alle Daten seit dem 01.05.2018".

```
if not "%MAXAGE:~5,3%"=="" echo Die Sicherung enthält alle Daten seit dem
%MAXAGE:~6,2%.%MAXAGE:~4,2%.%MAXAGE:~0,4% >>%ZLW%\%COMPUTERNAME%\Protokoll.txt

echo Ein Jahresprotokoll wird erstellt
```

    Der nächste Befehl (1 Zeile!) erstellt ein fortlaufendes Protokoll. Auf dem Desktop des Benutzers, der die Sicherung ausführt, wird eine Datei „Protokoll2020.txt" erstellt bzw. fortgeschrieben, mit einer Zeile pro Sicherungsvorgang. Windows ersetzt „%0" durch den Namen der Stapeldatei. Weil %USERPROFILE% den Benutzernamen enthält, welcher Leerzeichen enthalten könnte, muss jeder Dateiname, der %USERPROFILE% enthält, in Anführungszeichen eingeschlossen werden.

```
echo %0 sicherte %QLW1%: %QLW2%: %QLW3%: %QLW4%: am %date% durch %USERNAME%
nach %ZLW%\%COMPUTERNAME%\%JAHR%-%MONAT%
>>"%USERPROFILE%\desktop\Protokoll%JAHR%.txt"
```

Nun noch aufräumen:

```
TITLE Überflüssige Dateien aus der Sicherung herausloeschen
```

Größere temporäre bzw. überflüssige Dateien werden nachträglich aus der Sicherung herausgelöscht, hier als Beispiel Dateien vom Typ `.nrg` *und* `.img` *(virtuelle Dateien von Nero und CloneCD).*

```
del %ZLW%\%COMPUTERNAME%\%JAHR%-%MONAT%\TempImage.nrg /s 2>nul
del %ZLW%\%COMPUTERNAME%\%JAHR%-%MONAT%\*.img /s 2>nul

TITLE Dieses Gesamtprotokoll "Protokoll%JAHR%.txt" liegt auf Ihrem Desktop
```
Das Gesamtprotokoll wird angezeigt. Wenn es Ihnen zu lang ist, kürzen Sie es hin und wieder oder setzen Sie ein „`rem`*" vor das „*`type`*", um dessen Anzeige zu unterdrücken.*
```
type "%USERPROFILE%\desktop\Protokoll%JAHR%.txt"
if not "%MAXAGE:~5,3%"=="" echo Die Sicherung enthaelt Daten seit dem
%MAXAGE:~6,2%.%MAXAGE:~4,2%.%MAXAGE:~0,4%

rem Hier könnten Befehle folgen, die über das Ende der Sicherung informieren
set JAHR=
set MONAT=
set TAG=

:SCHLUSS
ECHO Achtung! Je nach Zugriffsrechten sind die Daten anderer Benutzer vielleicht nicht gesichert!

type %ZLW%\%COMPUTERNAME%\DAUER.TXT
```
Die Stapeldatei ist beendet.
Die „Eingabeaufforderung" ist geöffnet und man kann die letzten Meldungen der Stapeldatei sehen. Als letztes wird die Datei `DAUER.TXT` *im Ordner* `%ZLW%\%COMPUTERNAME%\` *angezeigt:*

```
Start am 30.12.2020 um 18:00 Uhr.
Ende Sicherung C: um 18:20 Uhr.
Ende Sicherung D: um 18:26 Uhr.
pause
```

Tipps für den Test

Sie brauchen die Stapeldateien nicht abtippen, Sie können diese auf `www.eifert.net` finden, im Shop bei der Beschreibung des Buches „Datensicherung für Anfänger".

Damit ein Testdurchlauf nicht zu lange dauert, ändern Sie `MAXAGE` in Zeile 2 auf einen Wert wie eine Woche oder einen Monat zurück. Die reduzierte Datenmenge sollte zum Testen ausreichen.

Sehr viele Dateien lassen sich nicht lesen, besonders in den Ordnern `C:\Program*` und `C:\USERS\DEFAULT\` und deshalb dauert die Sicherung sehr lange? Ändern Sie, zumindest für die Testphase, `/R:1 /W:1` in `/R:0` (keine wiederholten Leseversuche) und es läuft schneller. Oder tragen Sie die Pfade in die Ausschlussliste hinter `/XD` ein.

Die Sicherung hat einen Monatsordner `F:\ASUS-PC\2020-12` angelegt, aber der Ordner ist leer? Keine Panik. Microsoft hat die Unterordner versteckt. Warum? Vielleicht damit niemand am Backup herumfummelt? Machen Sie alle versteckten Ordner sichtbar (siehe Bilder 16.1 und 16.2 im Anhang). Klicken Sie im Register „Ansicht" des Windows Explorers auf „Extras" → „Optionen" → „Ordner- und Suchoptionen ändern" → Register „Ansicht" und entfernen Sie den Haken vor „Geschützte Systemdateien ausblenden (empfohlen)". Ignorieren Sie die folgende Warnung. Klicken Sie dann auf „Übernehmen" und „OK". Nun sind die Sicherungsordner sichtbar.

Anmerkung zum Verwendungszweck

Diese Stapeldatei sollte auf jedem PC ein annehmbares Ergebnis bringen. Wenn nur Laufwerk C: oder zwei Laufwerke C: und D: gesichert werden sollen und der Backup-Massenspeicher unter F: erreichbar ist, dann können Sie diese Stapeldatei unverändert von `https://eifert.net/sich10-5-bat/` nach Laufwerk F: herunterladen und sofort benutzen. Andernfalls müssen Sie `MAXAGE`, `QLW1`, `QLW2`, `QLW3`, `QLW4` und `ZLW` anpassen.

Alle Dateitypen werden gleich behandelt. Das ist nicht immer optimal. In einem nächsten Schritt sollten Sie die Stapeldatei für jeden konkreten PC optimieren. Beispielsweise ist es vermutlich unsinnig, von Ihrer Foto- und Filmsammlung jeden Monat eine neue Kopie zu erstellen. Um das zu vermeiden, könnten Sie alle Fotos (`*.jpg`) und Filme (`*.mov`, `*.avi` und andere) von der monatlichen Sicherung ausschließen und sie mit einem separaten Programm sichern, eventuell in einen Jahresordner, um Backup-Speicherplatz zu sparen.

Weitere Probleme mit PURGE und MIR

Im Abschnitt 10.4 „Die Parameter des ROBOCOPY-Befehls" wurde bereits auf Probleme mit PURGE und MIR hingewiesen. Wenn die Sicherung von mehreren Benutzern im Wechsel vorgenommen wird, sind weitere Probleme möglich.

Nehmen wir an, es gibt zwei Benutzer A und B. Benutzer A kann die Daten von B nicht sehen und umgekehrt. Wenn nun Benutzer A die Datensicherung durchführt, sichert er die allgemein zugänglichen Dateien und auch seine eigenen Daten, doch die von B kann er nicht sehen und folglich auch nicht sichern.

Wenn anschließend Nutzer B die Datensicherung durchführt, werden seine eigenen Daten gesichert. Doch weil B die Daten von A nicht sehen kann – anders ausgedrückt: einen leeren Ordner sieht, wo sich die Daten von A befinden – wird der `/purge` Parameter die Ordner von A löschen.

Was kann man dagegen tun?

- Wenn die Leserechte aller Benutzer den gleichen Bereich abdecken, gibt es keine Probleme.
- Andernfalls muss sich jeder Nutzer, der das Leserecht auf seine Dateien nicht gewährt, selbst um die Sicherung seiner Daten kümmern oder einen Administrator darum bitten.

10.6 Jahressicherung der Fotosammlung

Diese Beispieldatei sichert nur Dateien vom Typ `*.jpg` und `*.bmp` von den beiden Laufwerken `QLW1` bis `QLW2`. Die Sicherung erfolgt nach Laufwerk `F:` in einen Jahresordner ohne Unterteilung in Monate.

Die ersten Befehle sind wie in 10.3 „Datensicherung (fast ohne) Protokollierung"

```
SET MAXAGE=20180501
rem QLWx = Quelle (ohne Doppelpunkt), ZLW=Ziel (mit Doppelpunkt)
SET QLW1=C
SET QLW2=D
SET ZLW=F:
rem Aus dem Datum wird die Variable JAHR ausgeschnitten
set JAHR=%date:~-4%
```

Jetzt beginnt das Erstellen der Ordner und der Kopiervorgang.

```
echo Bitte einige Minuten Geduld, waehrend die Festplatte durchsucht wird!
TITLE Der Jahresordner wird synchronisiert
```

Auf dem Ziellaufwerk (der externen Festplatte) wird eine Ordnerstruktur angelegt: der Netzwerkname des PC, gefolgt von Jahreszahl und dem Laufwerk, z. B. `F:\ASUS-PC\FOTOS_2020\C`
Falls es die Ordner schon gibt, sehen Sie eine Fehlermeldung – ignorieren Sie diese.

```
md %ZLW%\%COMPUTERNAME%
md %ZLW%\%COMPUTERNAME%\FOTOS_%JAHR%
md %ZLW%\%COMPUTERNAME%\FOTOS_%JAHR%\%QLW1%
PAUSE
```

Jetzt folgt der Kopierbefehl. Das Einsetzen der Werte in die Variablen ergibt
`ROBOCOPY C:\ F:\ASUS-PC\FOTOS_2020\C *.jpg *.bmp /S /purge /FP` usw.

```
ROBOCOPY %QLW1%:\ %ZLW%\%COMPUTERNAME%\FOTOS_%JAHR%\%QLW1%\ *.jpg *.bmp /S
/PURGE /FP /maxage:%MAXAGE% /XA:RSH /XD RECOVER %WINDIR% %ProgramFiles%
RECYCLER $Recycle.Bin "System Volume Information" /w:1 /r:1
PAUSE

rem Pruefen, ob ein zweites Laufwerk gesichert werden soll
if "%QLW2%x" == "x" goto SICHTBAR
```

Es ist ein weiteres Laufwerk zu sichern.

```
TITLE Die zweite Partition %QLW2%: wird gesichert
```

Ein Ordner wird angelegt, z. B. `F:\ASUS-PC\FOTOS_2020\D`

```
md %ZLW%\%COMPUTERNAME%\FOTOS_%JAHR%\%QLW2%
```

Der zweite Kopierbefehl ist identisch, es wurde nur `QLW1` durch `QLW2` ersetzt.

```
ROBOCOPY %QLW2%:\ %ZLW%\%COMPUTERNAME%\FOTOS_%JAHR%\%QLW2%\ *.jpg *.bmp /S
/PURGE /FP /maxage:%MAXAGE% /XA:RSH /XD RECOVER %WINDIR% %ProgramFiles%
RECYCLER $Recycle.Bin "System Volume Information" /w:1 /r:1
PAUSE

:SICHTBAR
@echo off
attrib -h -s %ZLW%\%COMPUTERNAME%\*.* /s /d
```

Die Variable JAHR wird aus dem Umgebungsspeicher gelöscht.

```
set JAHR=

:SCHLUSS
pause
```

Die „Eingabeaufforderung" ist geöffnet und man kann die letzten Meldungen der Stapeldatei sehen.

Ergänzen Sie die Liste der zu sichernden Dateitypen (im Beispiel sind es nur `*.jpg` und `*.bmp`, violett hervorgehoben) um weitere Dateitypen, die in Ihrer Fotosammlung vorkommen.

Weil die zu sichernden Dateitypen im ROBOCOPY-Befehl ausdrücklich aufgelistet sind, konnte der Abschnitt `/XF` (die nicht zu sichernden Dateien) entfallen.

Zusammenfassung

Mit „Jahressicherung" ist gemeint: Das Programm sichert alle `*.jpg` und `*.bmp` Dateien, die auf dem Laufwerk `%QLW1%:` und gegebenenfalls auf `%QLW2%:` gespeichert sind. Es spielt keine Rolle, aus welchem Jahr Ihre Fotos sind! Und wenn Sie auf den Laufwerken `%QLW1%:` und `%QLW1%:` neue Ordner anlegen oder umbenennen oder Fotos löschen, wird der Zielordner bei der nächsten Datensicherung damit in Übereinstimmung gebracht. Übrigens befinden sich Bilder auch in den Ordnern Windows und Programme, die (überflüssigerweise) ebenfalls gesichert werden.

Sobald ein neues Jahr beginnt, wird auf dem Ziellaufwerk ein neuer Jahresordner angelegt. Der Jahresordner des Vorjahres wird nicht mehr verändert. Alle Bilder des alten Jahresordners sind auch im neuen Jahresordner enthalten. Wahrscheinlich ist es sinnvoll, den alten Jahresordner auf DVD oder Blu-ray zu brennen und vom Sicherungsmedium zu löschen.

Videos sichern

Sie können zur Liste der zu sichernden Dateitypen `*.jpg` und `*.bmp` einfach den Typ Ihrer Videodateien hinzufügen. Oder Sie sichern die Videodateien separat. Dazu benutzen Sie eine Kopie der obigen Stapeldatei und ersetzen `*.jpg` und `*.bmp` durch `*.avi`, `*.mov`, `*.mpg`, `*.mpeg*` oder was auch immer.

Ändern Sie auch den Zielordner. Achten Sie auf die Wahl der Ordnernamen. Wenn der Ordner für Fotos und der Ordner für Videodateien auf dem gleichen Laufwerk liegen, müssen sie unterschiedliche Namen haben, von denen nicht ein Name ein Teil des anderen Namens ist. Beispielsweise wäre die Paarung `2020-12\Videos` und `2020-12\FOTOS` OK, doch die Paarung `2020-12` und `2020-12\FOTOS` wäre unzulässig. Warum ist das so?

Beachten Sie, dass hier der Parameter `/PURGE` verwendet wurde. Weil Fotos und Videos relativ viel Speicherplatz beanspruchen, schien es mir besonders wichtig, die Entstehung von Duplikaten zu vermeiden. ROBOCOPY löscht wegen dem Parameter `/PURGE` auch Daten aus dem Backup heraus, die im Quellverzeichnis nicht vorhanden sind. Wenn die Stapeldatei vom Unterkapitel 10.6 einen Ordner `2020-12\FOTOS` benutzen würde, würde diese aus dem Ordner `2020-12` alle Unterordner außer `FOTOS` herauslöschen. Und eine später ausgeführte Batch vom Unterkapitel 10.3 würde zwar alle Daten des aktuellen Monats erneut kopieren, aber dabei auch den Unterordner `FOTOS` herauslöschen.

Unabhängig davon, ob Sie `PURGE` benutzen oder nicht, ist es unmöglich, Daten von `C:\` nach `C:\2020\` zu sichern: Die Sicherung würde zyklisch laufen, solange bis der Datenträger `C:` voll ist. Ein Sichern von `C:\USERS\` nach `C:\2020\USERS\` ist problemlos möglich (aber ist es sinnvoll, Original und Backup auf der gleichen Festplatte zu haben?).

11 Sichern über das Netzwerk

11.1 Netzwerk-Grundlagen

11.1.1 Die IP-Adresse – was ist das?

Damit Computer Daten austauschen können – sei es untereinander oder mit dem Internet – braucht jeder Computer eine eigene Adresse. Was sind das für Adressen, und wie lautet die Adresse Ihres Computers?

Die Adresse ist kein Text, sondern eine Zahl – das verwundert wohl niemanden. Die sogenannte „IPv4" Adresse ist 32 Bit lang. Weil eine Binärzahl aus 32 Einsen und Nullen unübersichtlich ist, gibt es mehrere Schreibweisen.

Die Adresse wird mit Punkten in vier Gruppen unterteilt. Weil jede Gruppe acht Bit umfasst, nennt man sie Oktette. Jedes der vier Oktette kann man wahlweise mit

Binär, in Oktette gruppiert	11000000.10101000.00000000.00000110
Hexadezimal	C0.A8.00.06
Dezimal	192.168.0.6

Bild 11.1: Beispiel für Schreibweisen einer 32 Bit IP-Adresse in binärer, hexadezimaler und dezimaler Darstellung

Binärzahlen schreiben oder in die hexadezimale oder dezimale Form umwandeln. Die letzte Schreibweise ist die bekannteste, sie heißt Dezimalnotation, genauer: punktierte Dezimalnotation (dotted decimal notation). Jede der vier Dezimalzahlen darf einen Wert zwischen 1 und 254 haben, die Endwerte 0 und 255 haben besondere Bedeutungen. Der Computer rechnet die Dezimalzahlen in die interne binäre Darstellung um.

Natürlich darf es jede Adresse weltweit nur einmal geben. Die IANA (**I**nternet **A**ssigned **N**umbers **A**uthority) bzw. das InterNIC (**Inter**net **N**etwork **I**nformation **C**enter) vergeben Kontingente von IP-Adressen an fünf regionale Verwalter. Der für Europa zuständige Verwalter ist die RIPE (RIPE Network Coordination Centre), welche die Nummern an die nationalen Internetprovider weiterverteilt. Jeder deutsche Internetprovider kauft ein Nummernkontingent zwecks Verteilung an seine Kunden. Jeder Provider betreibt einen „DHCP Server", der den Nummernvorrat verwaltet. Wenn Sie sich ins Internet einwählen wollen, sendet Ihr Router (bzw. der PC, wenn Sie ohne Router ins Internet gehen, z. B. über LTE oder 5G) eine Anforderung an den DHCP-Server des Providers und erhält für die Dauer der Verbindung eine zeitweilige IP-Adresse aus diesem Nummernvorrat zugeteilt. Sobald Sie die Internetverbindung trennen, wird die IP-Adresse wieder frei und kann dem nächsten Kunden zugeteilt werden.

Warum ist die Nummernvergabe so kompliziert? Wäre es nicht einfacher, wenn jeder PC eine dauerhafte Adresse bekommen könnte? Leider geht das nicht mehr, oder noch nicht. Als 1969 das TCP/IP-Protokoll eingeführt wurde, hatten die Entwickler 32 Bit für die IP-Adresse vorgesehen. Mit einer 32-Bit-Adresse sind 2 hoch 32 Adressen möglich, das sind etwas mehr als vier Milliarden Adressen. Das ist nicht wenig. Allerdings hatten die Entwickler den rasanten Aufschwung des Internets nicht vorhergesehen. Diese „Kurzsichtigkeit" sollte man ihnen nicht vorwerfen, andere Persönlichkeiten haben sich viel grandioser geirrt. Zwei Beispiele: 1977 sagte der Präsident und Gründer der Computerfirma DEC „Es gibt keinen Grund, warum jemand einen Computer zu Hause haben wollte." 1943 soll Thomas Watson, Präsident des Büromaschinenkonzerns IBM, geäußert haben: „Ich glaube, es gibt einen Weltmarkt für vielleicht fünf Computer." 1944 hatte IBM den ersten Computer „Mark 1" an die Navy übergeben. Bei einem Stückpreis von einer halben Million Dollar und 30 Tonnen Gewicht war das offensichtlich kein Kandidat für eine Massenproduktion und für den Haushalt schon gar nicht ...

Deshalb wurden in der Anfangszeit des Internet große Nummernkontingente großzügig an Firmen verteilt. Heute können diese Adressen aus rechtlichen und technischen Gründen nicht zurückgefordert werden. Die übriggebliebenen IP-Adressen reichen nicht mehr für alle Benutzer aus, deshalb werden die Adressen an die meisten Anwender nur noch dynamisch (= zeitweilig), für die Dauer der Internetverbindung vergeben.

NETZWERK

Die gegenwärtige Version des IP-Protokolls ist die vierte. Die Entwickler haben vor einigen Jahren einen neuen Standard (IP Version 6) entwickelt, um in Zukunft genügend Adressen zur Verfügung zu haben. Diesmal wollten sie sich nicht vorwerfen lassen, allzu kurzfristig gedacht zu haben. Nach dem Motto „Klotzen statt kleckern" haben sie die Adresslänge von 32 auf 128 Bit vergrößert. Ein durchschnittliches Datenpaket wird durch die längeren Adressen nur um etwa 3 % länger. Vielleicht denken Sie jetzt, „128 Bit ist ja nur das Vierfache von 32 Bit". Doch das stimmt nicht. 2 hoch 128 ergibt mehr als 300.000.000.000.000.000.000.000.000.000.000.000 mögliche Adressen.

Zum Vergleich: Die Anzahl der Sterne der Milchstraße wird auf 300.000.000.000 geschätzt, also würden 1.000.000.000.000.000.000.000.000 Adressen auf jedes Sternensystem entfallen. Ein anderer Vergleich: Das entspricht 600.000.000.000.000.000 Adressen pro Quadratmillimeter Erdoberfläche. Das wird ausreichen, damit Ihr Kühlschrank, jeder Ihrer Heizkörper und Fensterläden, die Lampen, jedes Handy und jede Mikrobe endlich eine eigene Adresse bekommen können. Sie könnten dann Ihr Haus über das Internet überwachen und steuern. Und die Besiedlung der Milchstraße scheitert nicht am Mangel an IP-Adressen.

Ein wichtiger Vorteil der neuen Adressen ist der Regionalcode. Den gegenwärtig verwendeten Adressen kann man nicht ansehen, in welchem Teil der Welt der PC steht. Dadurch passiert es ständig, dass Datenpakete von Leipzig nach Dresden einen Umweg über die USA oder über Australien machen. Die Version 6 ermöglicht es, Daten regional zu versenden.

Fast alle großen Firmen, Institutionen, Provider und Suchmaschinen arbeiten mit dem IPv6-Protokoll. Ihr PC bekommt vom Provider gleichzeitig zwei IP-Adressen: V4 und V6. Vorzugsweise wird IPv6 verwendet. Nur wenn eine Gegenstelle nicht IPv6-fähig ist, wird IPv4 verwendet. Die modernen IPv6-Datenpakete werden eingepackt, über das „alte" Internet verschickt und am Ziel wieder ausgepackt.

Auch die Betriebssysteme mussten angepasst werden, um mit den neuen Adressen zurechtzukommen.

Um eine Verbindung ins Internet herzustellen, braucht jeder PC zwei IP-Adressen:

- Eine „lokale" IP-Adresse, damit der PC mit dem Router und mit anderen Geräten (PCs, Druckern, Mobilgeräten, ...) Ihres lokalen Netzwerks kommunizieren kann. Diese lokale Adresse bekommt Ihr PC normalerweise vom Router zugeteilt.
- Eine „öffentliche" IP-Adresse, die Ihr Router automatisch von Ihrem Internet Provider erhält. Wollen Sie wissen, welche IP-Adresse Ihr Router hat? Rufen Sie die Seite `http://www.whatismyip.de` auf, um die öffentliche IP-Adresse zu erfahren.

Smartphones und andere Mobilgeräte nutzen vorzugsweise WLAN und bekommen vom Router eine lokale IP-Adresse. Wenn sie nicht im Sendebereich eines Routers sind, bekommen sie vom Mobilfunk-Provider eine öffentliche IP-Adresse zugeteilt.

11.1.2 Die lokale IP-Adresse ermitteln

Das folgende Kommando funktioniert mit jeder Windows-Version:

Öffnen Sie die Eingabeaufforderung, geben Sie den Befehl `ipconfig` ein und drücken Sie Enter. Ein Bericht wird angezeigt. Sie sehen eine Auflistung der Netzwerkkarten („Netzwerkgeräte") einschließlich der IP-Adressen. So sieht die Bildschirmausgabe aus (gekürzt):

```
C:\Users\Administrator>ipconfig
Ethernetadapter "LAN-Verbindung":
    Beschreibung. . . . . . : Realtek RTL8168 Gigabit Ethernet NIC
    IPv4-Adresse. . . . . . : 192.168.178.29
    Subnetzmaske. . . . . . : 255.255.255.0
    Standardgateway . . . . : 192.168.178.1
```

Von Interesse sind hier nur die „LAN-Verbindung" (außer alle Ihre PCs kommunizieren über WLAN, dann ist die „Drahtlos-LAN-Verbindung" von Interesse). Es werden zwei IP-Adressen angezeigt: IPv4 und IPv6. Wir benutzen nur die IPv4-Adresse (nur wenn Sie mehr als 254 PCs hätten, müssten wir IPv6 benutzen).

Wenn die IPv4-Adresse mit einer der folgenden Zahlen anfängt

- 10.
- 172.16. bis 172.31.
- 192.168.

dann befindet sich Ihr PC in einem lokalen Netz. Der Zugang zum Internet wird über einen Router hergestellt, der seine externe (öffentliche) Adresse vom Internetprovider erhält.

Wenn die IP-Adresse mit 169.254. beginnt, hat der PC weder das Internet noch einen Router gefunden. Ein Internetzugang ist über diese Netzwerkkarte nicht möglich.

Wenn die IP-Adresse mit keiner der aufgeführten Zahlenkombinationen beginnt, ist der PC ohne den Schutz eines zwischengeschalteten DSL-Routers direkt mit dem Internet verbunden, z. B. über UMTS, LTE oder 5G.

11.1.3 Die lokalen Verbindungen testen

Erstellen Sie eine Tabelle der IPv4-Adressen jedes Computers. Achten Sie dabei auf die „Subnetzmaske": Sie sollte bei allen PCs die gleiche sein, und zwar 255.255.255.0. Mit einer solchen Subnetzmaske müssen alle IPv4-Adressen in den ersten drei Oktetten **identisch** und im vierten Oktett **unterschiedlich** sein. Falls die Subnetzmaske 255.255.0.0 ist, müssen alle IPv4-Adressen in den ersten zwei Oktetten **identisch** und im dritten und vierten Oktett **unterschiedlich** sein.

Außerdem muss die IPv4-Adresse vom „Standardgateway" (das ist die IP-Adresse des Routers) bei allen PCs identisch sein.

Wenn all das der Fall ist, sollten Sie als nächsten Schritt die Verbindungen testen. Öffnen Sie an jedem PC die Eingabeaufforderung und tippen Sie den Befehl `ping 192.168.178.1` ein und drücken Sie die Enter-Taste. Wobei Sie anstelle von 192.168.178.1 die eigenen Adressen einsetzen. Versuchen Sie

- zuerst die eigene IP-Adresse „anzupingen",
- dann die IP-Adresse des Routers,
- und zuletzt die IP-Adressen aller PCs, mit denen Sie eine Verbindung benötigen werden.

Wenn alle PCs auf den Ping antworten, können Sie fortsetzen mit „Netzwerknamen der PCs ermitteln".

11.1.4 Netzwerknamen der PCs ermitteln

Damit Computer untereinander kommunizieren können, brauchen sie eindeutige Bezeichnungen. Es gibt zwei Möglichkeiten, einen Computer im Netzwerk zu finden: über seinen „Computernamen" oder über seine IP-Adresse. Die IP-Adresse wird vom Router automatisch zugewiesen und kann wechseln. Es ist übersichtlicher, einen Text-Namen (den Host-Namen bzw. NetBIOS-Namen) zu verwenden. Einen „Computernamen" hat jeder Computer bereits während der Installation bekommen, selbst wenn er (noch?) nicht zu einem Netzwerk gehört. Wobei Windows die Begriffe „Computername", „Gerätename", „Netzwerkname", „Host-Name" und „NetBIOS-Name" im munteren Wechsel als Synonyme verwendet.

NETZWERK

Den Netzwerknamen ermitteln

Wenn Sie an der Eingabeaufforderung den Befehl `ipconfig /all` eingeben und Enter drücken, erhalten Sie einen ausführlicheren Bericht, ähnlich wie der folgende:

```
Windows IP-Konfiguration
    Hostname. . . . . . . . . . . : Z97AR2
    Primäres DNS-Suffix . . . :
    Knotentyp . . . . . . . . : Broadcastadapter
Ethernetadapter "LAN-Verbindung":
    Verbindungsspezifisches DNS-Suffix:
    Beschreibung. . . . . . : Realtek RTL8168 Gigabit Ethernet NIC
    Physikalische Adresse . . : 00-71-33-45-2D-1E
    DHCP-aktiviert. . . . . . : Nein
    IPv4-Adresse. . . . . . : 192.168.178.29
    Subnetzmaske. . . . . . : 255.255.255.0
    Standardgateway . . . . : 192.168.178.1
    DNS-Server. . . . . . . : 192.168.178.1
```

Eine der ersten Zeilen darin beginnt mit „Hostname", dahinter steht der Netzwerkname Ihres PC. Ergänzen Sie Ihre Tabelle der IP-Adressen mit den Hostnamen der Computer.

Der Computername gefällt Ihnen nicht? Falls der Name aus einer Folge zufälliger Buchstaben und Ziffern besteht, sollten Sie ihn in einen leicht „merkbaren" Namen ändern.

Den PC umbenennen

Halten Sie die Windows-Taste gedrückt und drücken Sie kurz die Taste „Pause" (oberste Tastaturreihe, rechts). Falls Ihre Tastatur keine „Pause"-Taste hat, klicken Sie im Windows Explorer mit der rechten Maustaste auf „Dieser PC" und im Kontextmenü auf „Eigenschaften". Oder Sie gehen über „Einstellungen" → „System" zum Fenster „Info". Gehen Sie in der rechten Fensterhälfte ans untere Ende und klicken Sie auf „Diesen PC umbenennen (fortgeschritten). Sie gelangen zum Fenster „Systemeigenschaften" mit dem Namen von PC und Arbeitsgruppe. Klicken sie auf „Ändern".

Geben Sie einen selbsterklärenden Computernamen ein (max. 15 Buchstaben oder Ziffern, keine Umlaute, keine Sonderzeichen außer dem Minuszeichen). Klicken Sie auf „OK". Geben Sie eine „Computerbeschreibung" ein, wenn Sie wollen.

Achten sie darauf, dass bei allen Computern die „Arbeitsgruppe" übereinstimmt (üblicherweise steht dort „WORKGROUP"). Nur dann kann jeder PC seine Nachbarn problemlos finden.

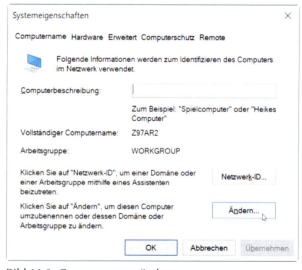

Bild 11.2: Computername ändern

Schließen Sie alle Fenster mit „OK" und führen Sie einen Neustart aus.

Beachten Sie: Wenn andere Netzwerkgeräte vorher eine (mit `net use ...` eingerichtete) permanente Verbindung mit Ihrem PC hatten, geht diese Verbindung durch eine Namensänderung verloren und muss erneut hergestellt werden.

Für dieses Kapitel nehmen wir an, dass der erste zu sichernde PC den Namen `QUELLPC1` trägt. Weitere zu sichernde PCs heißen `QUELLPC2`, `QUELLPC3` usw. Der PC, auf dem die zu sichernden Daten gespeichert werden sollen, heißt `ZIELPC`. Wenn Sie die folgenden Anleitungen nutzen wollen, müssen Sie die Namen Ihrer PCs einsetzen.

NETZWERK

11.1.5 Auf dem Ziel-PC Ordner anlegen

Es ist zwar nicht Bedingung, aber es wäre gut, auf dem Ziel-PC eine separate Partition oder eine separate Festplatte zu haben, die nur für die Sicherung von Daten anderer PCs verwendet wird.

Wenn Sie auf Laufwerk `C:` des Ziel-PC außer dem Betriebssystem auch noch die Sicherheitskopie eines oder mehrerer anderer PCs haben, könnten Sie das Betriebssystem des Ziel-PC nicht mit vernünftigem Aufwand sichern. Ein Image von `C:` würde sowohl das Betriebssystem als auch die gesicherten Daten aller anderen PCs umfassen und wäre viel zu groß.

Legen Sie auf `D:\` einen Ordner an, wohin die Daten gesichert werden sollen, der z. B. `D:\BACKUP\` heißen könnte. Es trägt zur Übersicht bei, den Namen des zu sichernden PC als Unterordnernamen zu benutzen. So ist auch beim Stress nach einem Datenverlust leicht zu ermitteln, welche Daten sich wo befinden. Sie könnten den Ordner `D:\BACKUP\QUELLPC1` nennen. Die Daten eines zweiten PC könnten unter `D:\BACKUP\QUELLPC2` gespeichert werden, ohne dass es Verwechslungen gibt, welche Daten von welchem PC stammen.

Für jede zu sichernde Partition wird es einen eigenen Unterordner geben: In den Ordner `D:\BACKUP\QUELLPC1\LWC` werden wir die Daten von Laufwerk `C:` des Quell-PC1 sichern, und nach `D:\BACKUP\QUELLPC1\LWD` die Daten von Laufwerk `D:` des Quell-PC1.

11.1.6 Einen Ordner für das Netzwerk freigeben

In der Grundeinstellung nach der Windows-Installation ist jeder PC isoliert von den anderen PCs im Netzwerk. Niemand (mit Ausnahme von gut informierten Administratoren, dazu später) kann über das Netzwerk auf einen anderen PC zugreifen. Der Besitzer des PC kann einen oder mehrere Ordner, auf die er den Zugriff über das Netzwerk gestatten möchte, ausdrücklich freigegeben. Für jeden freigegebenen Ordner muss er einen Freigabenamen vergeben, unter dem diese Ordner im Netzwerk gefunden werden können.

Freigeben mit Assistent

Wie geht das „Freigeben" vor sich? Sie können bei gedrückter Windows-Taste kurz die Taste „r" drücken und in das Ausführen-Fenster `shrpubw` eintippen. Oder Sie tippen den Befehl `shrpubw` an der Eingabeaufforderung ein. Mit diesem Programm können Sie die Freigaben im Dialog erstellen. Zuerst wählen sie mit „Durchsuchen" den Ordner aus, den Sie freigeben wollen, dann „Weiter".

Im nächsten Fenster wird Ihnen ein Freigabename vorgeschlagen, den Sie ändern dürfen. Angenommen, Sie wollen auf mehreren PCs den „Desktop" freigeben. Es könnte zur Übersichtlichkeit beitragen, wenn Sie Freigabenamen wie „Desktop_Chef" und „Desktop_Versand" verwenden. Der Freigabename darf maximal 14 Zeichen lang sein und darf weder Sonderzeichen noch Leerzeichen enthalten. Vermeiden Sie Umlaute und „ß", obwohl Windows es Ihnen erlaubt. Manche im englischsprachigen Raum entwickelte Software hat Probleme mit Sonderzeichen.

Im nächsten Fenster „Berechtigungen für freigegebene Ordner" entscheiden Sie, wer mit welchen Rechten auf die Daten zugreifen darf.

Bild 11.3: So sieht ein freigegebener Ordner in der Netzwerkumgebung von Windows aus.

Freigeben ohne Assistent

Klicken Sie mit der rechten Maustaste auf den freizugebenden Ordner und wählen Sie „Eigenschaften". Im Register „Freigabe" klicken Sie auf „Erweiterte Freigabe". Hier können Sie den vorgeschlagenen Freigabenamen belassen oder ändern.

Bild 11.4: So sieht das Icon eines DVD-Laufwerks vor und nach der Freigabe aus

Klicken Sie auf „Berechtigungen" und kontrollieren Sie, ob „Jeder" „Vollzugriff" hat oder „Nur Lesen" darf. Klicken Sie dann auf Übernehmen, OK und noch einmal auf Übernehmen und OK. Je nach Windows-Version wird der freigegebene Ordner mit einer blauen Hand oder zwei Männchen gekennzeichnet.

Vorhin wurde der Sonderfall „gut informierte Administratoren" erwähnt. Damit ist gemeint, dass Administratoren auch ohne explizite Freigabe auf alle Laufwerke zugreifen können. Der Hauptordner jedes Laufwerks ist in der Standardeinstellung bereits freigegeben, allerdings ist diese „administrative" Freigabe unsichtbar. Die Freigabenamen sind C$, D$ usw. Wenn man diese Namen kennt und Administratorrechte hat, kann man sie benutzen.

Hinweis: beim „Freigeben ohne Assistent" kann man vorhandene Freigaben entfernen. Und bei Bedarf kann man einem Ordner mehrere Freigabenamen zuordnen. Bei den Hauptordnern der Laufwerke ist das empfehlenswert, um nicht die geheimen Freigabenamen benutzen zu müssen.

11.1.7 Auf beiden bzw. allen PCs identische Benutzer einrichten

Warum ist das nötig?

Um über das Netzwerk auf einen entfernten PC zugreifen zu können, muss man von dem entfernten PC einen dortigen Benutzernamen und das zugehörige Passwort kennen. Das ist eine Sicherheitseinstellung, damit niemand unerlaubt über das Netzwerk fremde Daten lesen oder löschen kann. Sie müssen sich um zwei Arten von Zugriffsrechten kümmern:

- Sie brauchen mindestens Leserechte für jeden zu sichernden Ordner, auch für die persönlichen, auf dem Quellcomputer. Andernfalls können Sie die Daten nicht lesen, die Sie sichern wollen.
- Auf dem Ziel-PC brauchen Sie die Berechtigung, in den Zielordner zu schreiben.

Es gibt zwei Möglichkeiten:

- Sie haben Administratorrechte auf allen Ihren PCs. Dann können Sie auf allen PCs unter dem gleichen Nutzernamen arbeiten. Wenn Sie auf Ihrem Quell-PC als Benutzer „Peter" mit dem Passwort „geheimnis" angemeldet sind, sollten Sie auch auf dem Ziel-PC einen Benutzer „Peter" mit dem identischen Passwort „geheimnis" einrichten.
- Sie richten sich auf dem entfernten PC als Backup-Benutzer ein bzw. lassen sich von dessen Administrator einrichten. Sie erhalten damit einen privaten Ordner „Eigene Dateien", den Sie vermutlich nicht brauchen. Sie haben keinen Zugriff auf die „Eigenen Dateien" der anderen Benutzer. Doch nun haben die anderen Benutzer die Möglichkeit, Ordner zielgerichtet für den Backup-Benutzer freizugeben und dem Backup-Benutzer diejenigen Zugriffsrechte zu geben, die er für ein Backup braucht.

Ich brauche das nicht, ich arbeite immer als Administrator

Wenn Sie auf beiden bzw. allen PCs stets als Benutzer mit Administratorrechten arbeiten und auf allen PCs dasselbe Passwort haben, könnten Sie theoretisch auf das Einrichten von Backup-Benutzern verzichten. Allerdings ist es sehr gefährlich, das Internet mit Administratorrechten zu benutzen, und Sie sollten vorsichtshalber nur mit eingeschränkten Rechten surfen. Außerdem sollte vor allem der Administrator von Zeit zu Zeit sein Passwort wechseln, z. B. wenn ihm jemand über die Schulter geschaut hat. Deshalb ist es besser, spezielle Backup-Benutzer für die Datensicherung anzulegen. Vielleicht einen Benutzer „Sicherer" auf allen PCs? Der kann ein ausreichend komplexes Passwort bekommen, das normalerweise nie geändert werden muss.

Netzwerk

Wie richtet man einen neuen Benutzer ein?

Um Benutzerkonten einrichten und verwalten zu können, müssen Sie als Benutzer mit Administratorrechten angemeldet sein. Weiter geht es je nach Windows-Version und -Einstellungen:

- „Start" → „Systemsteuerung" → „Benutzerkonten"
- „Start" → „Einstellungen" → „Systemsteuerung" → „Benutzer und Kennwörter"

Noch einfacher geht es, wenn Sie die Eingabeaufforderung als Administrator öffnen. Mit den Befehlen

```
net user Sicherer sehrgeheim /add
net user Sicherer /expires:no
```

richten Sie einen Benutzer „Sicherer" mit dem Passwort „sehrgeheim" ein und Sie sorgen dafür, dass das Passwort nicht alle 40 Tage abläuft.

Backup-Benutzer verstecken

Früher gab es auf dem PC nur einen Benutzer und nach dem Einschalten hat er „durchgestartet". Doch seit Sie auf dem PC einen zweiten Benutzer eingerichtet haben, fragt der PC bei jedem Start nach dem Anmeldenamen. Dieses lästige Problem lässt sich lösen. Wenn das Backup fertig eingerichtet ist, braucht sich der Backup-Benutzer an den Quell-PCs nie mehr anmelden, er wird nur für den Netzwerkzugriff gebraucht. Verstecken Sie den Benutzer „Sicherer". Gehen Sie mit „regedit" zum Registry-Zweig

`[HKEY_LOCAL_MACHINE\SOFTWARE\Microsoft\Windows NT\CurrentVersion\Winlogon\]`
Mit einem Rechtsklick auf `Winlogon` und Klick auf `Neu` und `Schlüssel` erstellen Sie einen Unterschlüssel `SpecialAccounts` und mit einem Rechtsklick auf `SpecialAccounts` und Klick auf `Neu` und `Schlüssel` erstellen Sie einen weiteren Unterschlüssel `UserList`. Nach einem Klick auf `UserList` klicken Sie mit der rechten Maustaste in die rechte Fensterhälfte und erstellen über `Neu` einen `DWORD-Wert (32-Bit)`. Benennen Sie den neuen Eintrag wie das zu versteckende Benutzerkonto, dann ist der Benutzer nach dem nächsten Start unsichtbar. Falls Sie den Benutzer später wieder sichtbar machen wollen, ändern Sie den DWORD-Wert auf 00000001.

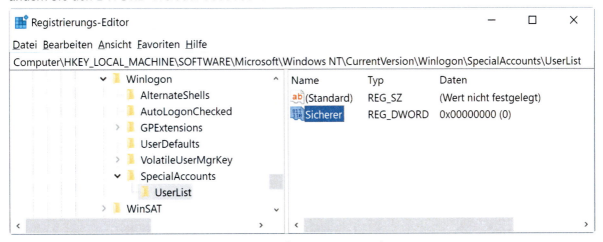

Bild 11.5: Benutzer „Sicherer" ist mit einem Eintrag in der Registry versteckt

11.1.8 Kontrolle der Freigaben mit dem Windows Explorer

Öffnen Sie den Windows Explorer. Klicken Sie in der linken Spalte auf „Netzwerk". Sie sollten alle PCs sehen, auf denen Ordner freigegeben sind, und nach Klick auf einen PC die auf dem PC freigegebenen Ordner. Falls Sie jedoch keine PCs sehen, kann das zwei Ursachen haben:

- Windows verwaltet das Netzwerk unerträglich langsam. Bei einer neu eingerichteten Freigabe kann es bis zu einer Stunde dauern, bis alle PCs der Arbeitsgruppe davon erfahren.
- Möglicherweise muss die „Unterstützung für die SMB 1.0/CIFS-Dateifreigabe" eingeschaltet werden.

Netzwerk

11.1.9 Netzwerkprotokoll SMB Version 1 aktivieren

Das Netzwerkprotokoll SMB1 wurde im Juni 2019 mit einem Update von Microsoft deaktiviert, weil es veraltet ist. Allerdings wird es von zahlreichen Geräten (z. B. von Routern wie der Fritz!Box) und von manchen Programmen noch benötigt. Wenn Sie die Netzwerkfreigaben nicht sehen, sollten bzw. müssen Sie SMB 1.0 an allen PCs mit Windows 10 folgendermaßen freischalten:

„Start" → „Einstellungen" → „Apps". Am Ende der Apps-Liste im Abschnitt „Verwandte Einstellungen" → „Programme und Features" → „Windows-Features aktivieren oder deaktivieren".

Einen Haken setzen bei „Unterstützung für die SMB 1.0/CIFS-Dateifreigabe" → „OK" → „Jetzt neu starten". Nach einem Neustart werden die Netzwerknamen angezeigt.

Auf `eifert.net` finden Sie unter „Hilfen" → „Netze" eine Übersicht „Windows-Befehle für Netzwerk an der Eingabeaufforderung" und dort unter anderem die Erklärung für das „SMB"-Problem.

11.1.10 Nutzung der Freigaben

So wie im Bild 11.6 sollte die Netzwerkumgebung aussehen. Und wenn Sie auf eine der Freigaben klicken sollten Sie den Inhalt der freigegebenen Ordner angezeigt bekommen und Sie können die Dateien benutzen.

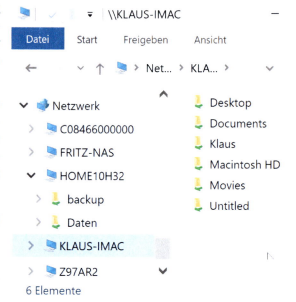

Vorausgesetzt, Sie sind an allen PCs mit demselben Benutzernamen und Passwort angemeldet, beispielsweise als Benutzer „Sicherer". Andernfalls müssen Sie beim ersten Zugriffsversuch auf einen entfernten Computer einen dort gültigen Benutzernamen mitsamt Passwort eingeben, um sich zu legitimieren.

Auch über die Eingabeaufforderung ist die Nutzung der Freigaben möglich.

`net view`
zeigt Ihnen alle verfügbaren PCs (falls die „Unterstützung für die SMB 1.0/CIFS-Dateifreigabe" eingeschaltet ist).

Bild 11.6: Anzeige der Netzwerkumgebung im Explorer mit einem Drucker, der Fritz!Box, einem Windows-PC mit zwei freigegebenen Ordnern, einem Macintosh mit sechs freigegebenen Ordnern und einem weiteren PC.

`net view \\computername`
oder
`net view \\192.168.178.29`
zeigt die verfügbaren Freigaben des PCs mit der IP-Adresse `192.168.178.29`.
Wobei es bei Verwendung der IP-Adresse auch ohne das SMB1-Protokoll funktioniert.

Die Kombination
`\\Computername\Freigabename`
kann anstelle eines Laufwerksbuchstaben verwendet werden. Beispielsweise würde
`dir \\HOME10H32\Daten`
den Ordner mit dem Freigabenamen `Daten` auf dem `HOME10H32` zeigen.

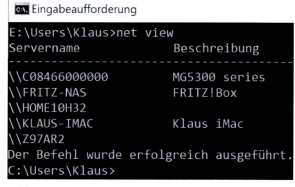

Bild 11.7: Die Netzwerkumgebung mit `net view`

`copy \\HOME10H32\Daten\*.* E:\Backup\*.*`
würde die Daten des Ordners auf den eigenen PC kopieren.

Netzwerk

11.2 Über das Netzwerk auf einen anderen PC sichern

11.2.1 Dateien versenden oder abholen?

Ab jetzt gibt es zwei leicht unterschiedliche Möglichkeiten der Fortsetzung, jede mit Vor- und Nachteilen.

1. Die Sicherung erfolgt auf Initiative des Quell-PC (manuell oder mit Zeitplaner). Der Ziel-PC bleibt passiv. Die Vorteile sind: Erstens können Sie an Stelle eines Ziel-PCs auch einen passiven Speicher wie z. B. einen NAS Netzwerkspeicher oder einen Linux-PC verwenden. Zweitens können Sie am Quell-PC den Zeitpunkt der Sicherung so festlegen, dass die Sicherung in einer Arbeitspause stattfindet, so stört Sie der Leistungsabfall des PC nicht. Sie können auch eine Sicherung „außer der Reihe" anstoßen, wenn Sie eine Arbeitsetappe abgeschlossen haben. Speichern Sie alle in Bearbeitung befindlichen Dateien, damit auch diese gesichert werden können. Durch zeitweiliges Deaktivieren von Diensten oder Programmen können auch diejenigen Dateien gesichert werden, die sonst ständig in Benutzung sind. Die Frage ist: Wie oft werden Sie daran denken, Daten zu sichern?

2. Der Ziel-PC wird aktiv und holt sich die Daten von einem oder mehreren Quell-PCs ab. Das ist besonders dann vorteilhaft, wenn Sie mehrere zu sichernde PCs haben. Sie können mit einem einzigen Auftrag nacheinander die Daten von mehreren PCs einsammeln. Sie brauchen im Aufgabenplaner nur einen Job anzulegen und zu überwachen. Sie können Energie sparen, indem Sie den Backup-PC zeitgesteuert zum Backup-Zeitpunkt starten und nach Abschluss herunterfahren. Allerdings werden Dateien, die zufällig gerade in Bearbeitung sind, nicht gesichert. Das kann dazu führen, dass häufig benutzte Dateien mehrmals hintereinander oder gar immer bei der Sicherung ausgelassen werden.

   Ein weiterer Vorteil: Auf den Quell-PCs braucht kein Datensicherungsprogramm laufen. Sie können die Daten auch von Linux- oder Macintosh-Computern einfach „einsammeln". Dazu müssen Sie auf diesen Computern nur eine Netzwerkfreigabe und Benutzer einrichten.

Für die zweite Möglichkeit können Sie einen älteren PC verwenden. Vielleicht haben Sie ein altes Notebook oder einen alten PC, der für die alltäglichen Anforderungen zu langsam ist oder den Sie nicht von Windows 7 auf Windows 10 umstellen konnten. Spendieren Sie ihm eine große Festplatte: intern, extern oder ein NAS-System. Starten Sie diesen PC mit Zeitschaltuhr und fahren Sie ihn automatisch herunter, wenn er alle Backups eingesammelt hat. Wenn Sie keinen älteren PC haben, können Sie auch einen Ihrer Arbeits-PCs als Ziel-PC verwenden, dessen Daten dann jedoch ungesichert bleiben.

11.2.2 Dateien versenden und abholen!

Ganz genial wäre es, die zweite Lösung zu automatisieren und die erste als zusätzliche Variante zu ermöglichen. Dann könnte der Backup-PC nachts alle PCs aufwecken, deren Daten sichern und alle PCs herunterfahren. Zusätzlich könnte man an jedem PC jederzeit ein außerplanmäßiges Backup starten, zum Beispiel vor großen Aufräum- oder Installationsaktionen.

Im Folgenden betrachten wir zuerst die Version 2: Der Ziel-PC sammelt die Daten ein.

11.3 Ziel-PC sammelt die Daten ein

Der Backup-PC (der Ziel-PC) veranlasst die Sicherung, während der Quell-PC oder mehrere Quell-PCs passiv bleiben. Diese Variante dürfte optimal sein, wenn Sie mehrere Computer haben, die ständig verbunden sind und meist gleichzeitig eingeschaltet sind.

Die farbig hervorgehobenen Bezeichnungen müssen Sie durch Ihre Bezeichnungen ersetzen. Nehmen wir an, der eine PC heißt `QUELLPC1` und der Backup-PC heißt `ZIELPC`.

Wie Sie auf dem ZIEL-PC Ordner anlegen und auf beiden PCs identische Benutzer einrichten, haben Sie bereits gelesen.

Netzwerk

11.3.1 Auf dem QUELLPC1 die Daten zum Lesen freigeben

Melden Sie sich auf dem `QUELLPC1` als Administrator an und öffnen Sie den Windows-Explorer.

Klicken Sie mit der linken Maustaste auf das Dreieck vor „Dieser PC". Neben einigen Ordnern sehen Sie die vorhandenen Laufwerksbuchstaben `C:`, `D:` usw.

Laufwerk C: freigeben

Klicken Sie mit der rechten Maustaste auf das Laufwerkssymbol von C: und im Kontextmenü auf „Eigenschaften" und dann auf Register „Freigabe". Es öffnet sich ein Fenster „Eigenschaften von ... C:". Ignorieren Sie eventuell vorhandene Freigaben und klicken Sie auf „Erweiterte Freigabe". Setzen Sie einen Haken vor „Diesen Ordner freigeben". Geben Sie „`PART_C`" als Freigabenamen ein und klicken Sie auf „Übernehmen".

Jetzt ist Laufwerk C: für jeden Benutzer des PC zum Lesen freigegeben. Für einen PC zu Hause ist das vermutlich in Ordnung. Für einen Firmencomputer sollten Sie die Benutzung einschränken.

Legen Sie fest, wer diese Freigabe benutzen darf. Klicken Sie auf „Berechtigungen", dann auf „Hinzufügen". Schreiben Sie in das untere

Bild 11.8: Benutzer „Sicherer" darf nur lesen

Fenster den Namen des Benutzers, der das Backup durchführen soll (z. B. „Sicherer"), dann auf „Namen überprüfen" und „OK". Jetzt sieht es aus wie Bild 11.8.: Benutzer sicherer darf nur lesen, das genügt. Klicken Sie auf „Jeder" und auf „Entfernen", dann kommt außer „Sicherer" (und Administratoren des PCs) niemand an die Daten von PART_C heran.

„Übernehmen" und danach auf „OK". Zurück im Fenster „Eigenschaften von ... C:" wird Ihnen der „Netzwerkpfad" angezeigt, über den Sie zukünftig auf die Daten zugreifen können.

Schließen Sie das Fenster „Eigenschaften von ... C:" mit „Übernehmen" und „OK".

Übrigens: Auch mit dem Kommandozeilenbefehl `net share PART_C=C:\ /grant:Sicherer,Read` hätten Sie den Ordner freigeben und Leserecht an Sicherer vergeben können.

Weitere Laufwerke freigeben

Wiederholen Sie diese Prozedur für `D:` und jedes weitere Laufwerk, das gesichert werden soll. Nennen Sie die Freigaben `PART_D` usw.

Melden Sie sich am Quell-PC als Administrator ab und mit einem nichtprivilegierten Benutzernamen wieder an.

11.3.2 Netzwerkverbindung prüfen

Klicken Sie im Windows-Explorer des Ziel-PC auf das Dreieck vor Netzwerk. Klicken Sie auf den Netzwerknamen des Quell-PC. Sie sollten die Freigaben `PART_C`, `PART_D` usw. sehen. Wenn es Ihnen gelingt, eine beliebige Datei in jedem dieser Ordner zu öffnen, ist Ihre Vorarbeit bis hier in Ordnung.

11.3.3 Den Kopier-Befehl testen

Öffnen Sie die Eingabeaufforderung auf dem Ziel-PC. Geben Sie den folgenden Befehl ein, dabei ersetzen Sie **ZIELPC** und **QUELLPC1** durch die bei Ihnen zutreffenden Bezeichnungen.

```
ROBOCOPY   \\QUELLPC1\PART_C\   D:\QUELLPC1\LWC   /S /XA:SH /W:1 /R:1
```

Dieser Befehl kopiert fast den kompletten Inhalt der Partition C: in den vorbereiteten Ordner des Ziel-PC. Der Parameter /XA:SH bedeutet, dass versteckte Dateien und Systemdateien ausgelassen werden. /W:1 /R:1 bewirken, dass bei Lesefehlern nach einer Sekunde Wartezeit ein zweiter Leseversuch erfolgt. Wenn auch dieser misslingt, wird die Datei ausgelassen und das Kopieren mit der nächsten Datei fortgesetzt.

Tipp: Für eine schnelle Übersicht ersetzen Sie /W:1 /R:1 durch /R:0 maxage:3 und dann werden nur die Dateien der letzten drei Tage kopiert und nichtkopierbare Dateien ausgelassen.

11.3.4 Eine Stapeldatei erstellen

Wenn Sie noch nicht wissen, wie man eine Stapeldatei erstellt, lesen Sie im Kapitel „Werkzeuge" den Abschnitt 9.2.2 „Eine Stapeldatei erstellen".

Erstellen Sie auf dem ZIEL-PC eine Stapeldatei BACKUP1.BAT mit dem folgenden Inhalt:
```
ROBOCOPY   \\QUELLPC1\PART_C\   D:\QUELLPC1\LWC   /S /XA:SH /W:1 /R:1
ROBOCOPY   \\QUELLPC1\PART_D\   D:\QUELLPC1\LWD   /S /XA:SH /W:1 /R:1
PAUSE
```

Wenn Sie dieses Programm ausführen, wird fast der komplette Inhalt der Partitionen C: und D: in die vorbereiteten Ordner des Ziel-PC kopiert. Versteckte, in Benutzung befindliche sowie Systemdateien werden weggelassen. Es werden nur neue(re) Dateien kopiert. Auf dem Ziel vorhandene Dateien werden durch neuere Dateiversionen überschrieben, auch wenn sie schreibgeschützt sind.

Wenn Sie einen weiteren PC sichern wollen, fügen Sie die folgenden Befehle vor dem PAUSE-Befehl ein:

```
ROBOCOPY   \\QUELLPC2\PART_C\   D:\QUELLPC2\LWC   /S /XA:SH /W:1 /R:1
ROBOCOPY   \\QUELLPC2\PART_D\   D:\QUELLPC2\LWD   /S /XA:SH /W:1 /R:1
```

Im Kapitel 10 „Anleitung für lokale Sicherung", speziell unter 10.4, sind viele Parameter beschrieben, mit denen Sie die einfachen ROBOCOPY-Befehle dieses Kapitels besser an Ihre Daten anpassen können.

11.3.5 Die Datensicherung testen

Klicken Sie mit der rechten Maustaste auf die Stapeldatei BACKUP1.BAT, dann auf „Senden an" und „Desktop (Verknüpfung erstellen)". Auf dem Desktop wird eine Verknüpfung erzeugt, um zukünftig die Datensicherung mit einem (Doppel-)Klick durchführen zu können.

Führen Sie die Sicherung einmal durch und überprüfen Sie anhand ausgewählter Dateien, ob die Sicherung in Ordnung zu sein scheint.

11.4 Testen und automatisieren

11.4.1 Den Dauerauftrag planen

Windows 7: Klicken Sie auf „Start" → „Einstellungen" → „Systemsteuerung" und doppelt auf „Geplante Tasks". Es öffnet sich ein Fenster mit einer Liste der geplanten Aufträge. Wenn Sie Ihre Stapeldatei BACKUP1.BAT in das Fenster „Geplante Tasks" ziehen und dort fallen lassen, richtet Windows einen Standard-Dauerauftrag ein: Zukünftig wird BACKUP1.BAT täglich um 9:00 Uhr ausgeführt.

Diese Uhrzeit passt Ihnen nicht oder Sie wünschen andere Änderungen? Klicken Sie mit der rechten Maustaste auf den Auftrag und danach links auf „Eigenschaften". Setzen Sie die Uhrzeit auf einen Zeitpunkt, wann Quell- und Ziel-PCs üblicherweise eingeschaltet sind.

Windows 10: „Start" → „Windows-Verwaltungsprogramme" → „Aufgabenplanung". „Einfache Aufgabe erstellen", einen Namen vergeben, „Weiter". Der Rest ist selbsterklärend.

Eine ausführliche Anleitung finden Sie im Kapitel „Werkzeuge" im Abschnitt 9.6 über den „Zeitplaner".

Ist Ihnen aufgefallen, an wie vielen Stellen dieses Buches auf Windows 7 eingegangen wird? Zum Einen hat Windows 7 immer noch einen nicht unbeträchtlichen Marktanteil. Zweitens wäre ein älterer PC mit Windows 7, für den eine Umstellung auf Windows 10 nicht sinnvoll ist, als Backup-PC bestens geeignet, eventuell nach Einbau einer großen Festplatte. Bei einem Backup über das Netzwerk ist die CPU-Leistung nebensächlich.

11.4.2 Regelmäßige Kontrolle

Vermerken Sie in Ihrem Terminkalender eine regelmäßige Überprüfung, mindestens einmal im Monat. Noch besser: Programmieren Sie Ihr Handy oder Smartphone, um jeden Monat an eine Überprüfung erinnert zu werden. Auch wenn Sie beschließen, im laufenden Monat wäre eine Datensicherung noch nicht nötig, gerät Ihnen die Datensicherung nie vollständig aus dem Fokus.

Das mindeste, was Sie überprüfen sollten: Ist die von Ihnen zuletzt geänderte Datei auf dem Ziel-PC bzw. auf dem Backup-Speichermedium angekommen? Dann wissen Sie, dass die Sicherung grundsätzlich funktioniert. Für diese Überprüfung brauchen Sie kaum mehr als eine Minute.

Hin und wieder sollten Sie etwas ausführlicher prüfen:

- Ist noch genügend Platz auf dem Sicherungsmedium? Meist ist es sinnvoll, länger zurückliegende Sicherungen „auszudünnen", beispielsweise könnte man von länger zurückliegenden Jahren die Monate 02, 04, 05, 07, 08, 10 und 11 löschen.
- Steht die Gesamtzahl der Dateien auf Quell- und Ziel-PC in einem angemessenen Verhältnis?
- Haben Sie neue Ordner angelegt, die vielleicht noch nicht gesichert werden?
- Starten Sie eine Datensicherung manuell und sehen Sie dabei zu. Werden die Dateien kopiert, die Sie zuletzt bearbeitet oder erstellt haben?

Lesen Sie im Abschnitt 11.6 weiter, wie man eine noch engmaschigere Sicherung über das Netzwerk einrichten kann.

11.4.3 Protokollversand in lokalen Netzwerk

Der Verantwortliche für das Backup sollte jeden Bericht über ein durchgeführtes Backup zu sehen bekommen. Innerhalb des eigenen Netzwerks geht das auch ohne E-Mail. Schicken Sie am Ende der Sicherungs-Stapeldatei die Protokolldateien an einen geeigneten PC, der immer eingeschaltet ist (z. B. an den Dateiserver). Benutzen Sie dazu den ROBOCOPY-Befehl.

Beim Verantwortlichen tragen Sie einen Befehl in den Autostart-Ordner ein, der ihm beim Hochfahren die Protokolldatei auf den Bildschirm anzeigt.

In manchen Fällen ist interessant, ob für den nächsten Monat noch genug Speicherplatz auf dem Zieldatenträger verfügbar ist. Mit den folgenden Befehlen kann man die aktuelle Belegung des Festplatten-Laufwerks `D:` in einer Datei speichern.

Der erste Befehl erzeugt eine Datei `FreiReport.txt` auf Laufwerk `D:` mit dem Inhalt „Speicherbedarf"
```
echo Speicherbedarf >D:\FreiReport.txt
```

Der zweite Befehl erzeugt eine Liste von irgendwelchen Dateien (es muss aber mindestens eine Datei existieren). Diese Liste bleibt unsichtbar, denn sie wird über die „Pipeline" (der senkrechte Strich, siehe 16.2.2 „Umleitungen und Verkettungen mit sort und find") an den Befehl `FIND` als Eingabe weitergereicht. Der Find-Befehl filtert alle Zeilen. Er lässt nur die Zeilen durch, welche die Zeichenfolge `"frei"` enthalten. Diese Zeile(n) werden an die Datei `FreiReport.txt` als zweite Zeile hinten angefügt.
```
dir d:\*.* | find " frei" >>D:\FreiReport.txt
```

Der dritte Befehl fügt den Text „Gebraucht werden ..." als dritte Zeile an `FreiReport.txt` an. Als Bytezahl hinter „Gebraucht werden etwa" setzen Sie einen aufgerundeten Erfahrungswert ein.

```
echo Gebraucht werden etwa  40.000.000.000 Byte fuer neuen Monat>>D:\FreiReport.txt
```

So sieht dann die erzeugte Datei `FreiReport.txt` aus:
```
 Speicherbedarf
     0 Verzeichnis(se), 53.381.357.568 Bytes frei
 Gebraucht werden etwa  40.000.000.000 Byte fuer neuen Monat
```

Mit dem folgenden Befehl verschicken Sie die Information über den freien und den benötigten Platz:

```
copy d:\FreiReport.txt \\Chef-PC\Users\Chef\Desktop\FreiReport.txt
```

11.5 Quell-PC sendet Daten

In diesem Unterkapitel betrachten wir die Variante, dass der Quell-PC die Sicherung veranlasst, während der Ziel-PC passiv bleibt. Diese Variante könnte in folgenden Fällen optimal sein:

- Sie haben zwei bis drei Computer, von denen jeder sein Backup auf einer dafür reservierten Partition eines der anderen PCs speichern soll.
- Der Quell-PC ist ein Notebook, das nur selten mit dem Netzwerk verbunden wird.
- Ihr Backup-PC sammelt regelmäßig reihum die Daten ein. Sie möchten eine zusätzliche Sicherung durchführen, beispielsweise vor der Installation eines größeren Updates.
- Der Aufwand mit einem speziellen Backup-PC ist Ihnen zu groß. Sie nutzen ein NAS-System oder Sie benutzen eine an den Router angesteckte Festplatte.

11.5.1 Auf dem Ziel-PC einen Ordner zum Schreiben freigeben

Legen Sie auf dem Ziel-PC einen Ordner an, vielleicht `D:\Backup\Quellpc1` wie in 11.1.3 „Auf dem Ziel-PC Ordner anlegen" vorgeschlagen. Klicken Sie mit der rechten Maustaste auf den Ordner `QUELLPC1` und wählen Sie „Eigenschaften". Im Register „Freigabe" klicken Sie auf „Erweiterte Freigabe". Markieren Sie „Diesen Ordner freigeben". Der Computer schlägt Ihnen als Freigabenamen `QUELLPC1` vor, das ist OK (der Freigabename darf, aber muss nicht identisch mit dem Ordnernamen sein). Achten Sie darauf, bei den „Berechtigungen" den „Vollzugriff" zu gestatten (für „Jeder" oder nur für ausgewählte Benutzer). Klicken Sie dann auf „Übernehmen", „OK" und noch einmal „Übernehmen" und „OK" und dann „Schließen".

Viel einfacher würde es mit der Eingabeaufforderung gehen:
`net share QUELLPC1 = D:\BACKUP\QUELLPC1 grant:Jeder,All`

11.5.2 Netzwerkverbindung prüfen

Klicken Sie im Windows-Explorer des Quell-PC auf das Dreieck vor Netzwerkumgebung, dann doppelt auf den Ziel-PC. Sie sollten den Ordner `QUELLPC1` sehen, siehe Bild 11.3. Wenn es Ihnen gelingt, eine beliebige Datei probeweise in diesen Ordner hineinzukopieren oder in dem Ordner einen Unterordner zu erstellen, ist Ihre Vorarbeit bis hierher in Ordnung.

11.5.3 Den Kopier-Befehl testen

Öffnen Sie die Eingabeaufforderung auf dem Quell-PC. Tippen Sie den folgenden Befehl ein, dabei ersetzen Sie ZIELPC und QUELLPC1 durch die bei Ihnen zutreffenden Bezeichnungen.
`ROBOCOPY   C:\   \\ZIELPC\QUELLPC1\LWC\   /S /XA:SH /W:1 /R:1`

Dieser Befehl kopiert fast den kompletten Inhalt der Partition C: in den Ordner des Ziel-PC, der den Freigabenamen `QUELLPC1` hat. Der Parameter `/XA:SH` bedeutet, dass versteckte Dateien sowie Systemdateien ausgelassen werden. `/W:1 /R:1` bewirken, dass bei Lesefehlern nach einer Sekunde Wartezeit ein zweiter Leseversuch erfolgt. Wenn auch dieser misslingt, wird die Datei ausgelassen und das Kopieren mit der nächsten Datei fortgesetzt.

11.5.4 Eine Stapeldatei erstellen

Wenn Sie nicht wissen, wie man eine Stapeldatei erstellt, lesen Sie 9.2.2 „Eine Stapeldatei erstellen".

Erstellen Sie auf dem `QUELLPC1` eine Stapeldatei BACKUP1.BAT mit dem folgenden Inhalt:

```
ROBOCOPY   C:\   \\ZIELPC\QUELLPC1\LWC\   /S /XA:SH /W:1 /R:1
ROBOCOPY   D:\   \\ZIELPC\QUELLPC1\LWD\   /S /XA:SH /W:1 /R:1
PAUSE
```

Wenn Sie dieses Programm ausführen, wird fast der komplette Inhalt der Partitionen `C:` und `D:` in die vorbereiteten Ordner des Ziel-PC kopiert. Versteckte, in Benutzung befindliche sowie Systemdateien werden weggelassen. Es werden nur neue(re) Dateien kopiert. Auf dem Ziel vorhandene Dateien werden durch neuere Dateiversionen überschrieben, auch wenn sie schreibgeschützt sind.

Starten Sie eine solche (oder eine verbesserte) Stapeldatei auf jedem Quell-PC, den Sie sichern wollen.

11.6 Dokumente täglich automatisch sichern

Warum?

Vermutlich ist es auch Ihnen schon passiert, dass ein Textdokument durch einen Software- oder Bedienfehler unbrauchbar geworden ist. Nun möchten Sie die vorhergehende Fassung zurückhaben. Woher nehmen?

Man könnte täglich eine Sicherung aller Textdokumente durchführen, jedesmal in einen neuen Ordner. Allerdings wächst dadurch der Speicherbedarf jeden Tag. Die Festplatte wird voll, wenn Sie nicht regelmäßig daran denken, länger zurückliegende Sicherungen zu löschen. Sich darauf zu verlassen, dass jemand regelmäßig an etwas denkt – das ist nicht akzeptabel, wenn man eine zuverlässige Datensicherung möchte.

Der Ausweg: Die „Einerziffer" des Tages wird als Ordnername für die Sicherung verwendet. Beispielsweise werden die Daten vom 01., 11., 21. und 31. Tag des Monats in einen Ordner mit dem Namen „x1" kopiert, die Daten des 02., 12. und 22. in einen Ordner mit dem Namen „x2" usw. Dadurch bleibt der Speicherplatzbedarf überschaubar, es werden nur 10 Ordner im Wechsel benötigt.

Was leistet diese Art der Datensicherung?

Angenommen, Sie haben am 15. Tag des Monats versehentlich eine wichtige Datei gelöscht oder beschädigt (zum Beispiel einen Teil des Textes herausgelöscht), und Sie stellen den Schaden erst eine Woche später fest. Kein Problem! Im Ordner „x4" finden Sie die Datei vom Vortag, in „x3" von vorgestern und im Ordner „x8" die von vor einer Woche, vom 8. Tag des Monats.

Wenn Sie die Beschädigung später als am neunten Tag feststellen, haben Sie hoffentlich noch die Datensicherungen der vorhergehenden Wochen und Monate, die nach dem Drei-Generationen-Prinzip regelmäßig durchgeführt werden. Hoffentlich.

Allerdings müssen Sie für diese tägliche Datensicherung

- jeden Tag einen neuen Zielordner anlegen,
- jeden Tag den Namen des neuen Zielordners in den Datensicherungsbefehl eintragen.

Diese tägliche Änderung manuell durchzuführen, ist natürlich absolut unakzeptabel. Wie könnte man das automatisieren? Etwa so wie in 10.2.1 „Die Variablen DATE und TIME" beschrieben.

Automatisieren

In den folgenden Beispielen steht `Q:` für das Quellen-Laufwerk mit den zu sichernden Daten und `Z:` für das Ziel-Laufwerk, wohin die Daten gesichert werden sollen. Ersetzen Sie `Z:` durch den Laufwerksbuchstaben, welchen Windows dem USB-Stick oder der externen Festplatte zugewiesen hat. Wenn Sie den Buchstaben nicht wissen, ermitteln Sie ihn mit dem Festplattenmanager (Befehl `diskmgmt.msc` in der „Eingabeaufforderung als Administrator"). `Q:` müssen Sie vermutlich durch `C:` oder `D:` ersetzen oder wo auch immer Sie Ihre Daten gespeichert haben.

Für die Automatisierung ist eine der Windows-Variablen gut geeignet. Windows stellt die Variable `%DATE%` zur Verfügung, die das aktuelle Datum in der Form `tt.mm.jjjj` enthält. Wenn man vom Datum nur die beiden Ziffern des Tages verwendet, erhält man jeden Tag einen neuen Ordner, insgesamt 31 Ordner pro Monat. Am entsprechenden Tag des nächsten Monats würden die im Vormonat gesicherten Daten überschrieben werden. Dadurch bliebe einerseits der Platzbedarf in Grenzen, andererseits kann man bis zu 31 Tage rückwärts jeden Tag rekonstruieren. Das sollte wohl für alle praktisch relevanten Fälle ausreichen.

Die letzten 31 Tage aufbewahren

Die Variable `%DATE:~-10,2%` schneidet aus dem Datum ab Position 10 von hinten die ersten zwei Zeichen heraus. Das liefert die beiden Ziffern des Tages. Wenn Sie die folgenden beiden Befehle

```
md    Z:\%DATE:~0,2%
xcopy   Q:\*.doc*   Z:\%DATE:~0,2%\*.doc*   /s
```

jeden Tag ausführen, erhalten Sie 31 Ordner für Ihre Word-Dateien.

Die letzten 10 Tage aufbewahren

Für die meisten Anwender würde es genügen, den Datenstand der letzten zehn Tage rekonstruieren zu können. Auch das ist problemlos möglich. Dafür braucht man die Einer-Ziffer des Tages. Die Variable `%DATE:~-9,1%` liefert diese eine Ziffer. Mit den folgenden Befehlen:

```
md    Z:\Tag_x%DATE:~-9,1%
xcopy   Q:\*.doc*   Z:\Tag_x%DATE:~-9,1%\*.doc*   /s
```

erfolgt die Sicherung am 01., 11., 21. und 31. Tag des Monats in den Ordner mit dem Namen „`Tag_x1`". Am 02., 12. und 22. Tag des Monats erfolgt die Sicherung in den Ordner mit dem Namen „`Tag_x2`" usw.

Hinweis: Mit dem Befehl

```
xcopy   Q:\*.*   Z:\Tag_x%DATE:~-9,1%\*.*   /s
```

sichern Sie alle Arten von Dateien und nicht nur die Word-Dokumente.

Die Ausführung

```
robocopy c:\  e:\Tag_x%date:~-9,1%\ *.doc* *.rtf /mir /maxage:10 /w:1 /r:1
```

erzeugt je nach Kalendertag auf Laufwerk `E:` die Ordner `Tag_x0` bis `Tag_x9`. Dahinein werden alle `.doc` und `.docx` sowie `.rtf` Dateien kopiert, die maximal 10 Tage alt sind. Ändern Sie die Liste der Dateitypen nach Ihren Bedürfnissen!

Falls Ihr Datumsformat den Namen des Wochentags enthält, lautet der Befehl:

```
md    Z:\Tag_x%DATE:~4,1%
xcopy   Q:\*.*   Z:\Tag_x%DATE:~4,1%\*.*   /s
```

Erstellen Sie eine Stapeldatei mit diesem Befehl als einzigen Befehl oder ergänzen Sie gegebenenfalls weitere Befehle für andere Laufwerke. Lassen Sie dieses Programm vom Aufgabenplaner täglich ausführen. Die dabei kopierte Datenmenge ist so klein, dass alle sieben Sicherungen problemlos auf Ihren kleinsten USB-Stick passen.

Hinweis: Diese Art der Sicherung kann durchaus auf eine zweite Partition der eigenen Festplatte gespeichert werden, denn sie soll den PC nicht vor einem totalen Ausfall der Festplatte schützen, sondern nur eine Historie erzeugen. Gegen die große Katastrophe brauchen Sie eine separate Sicherung auf einen anderen Datenträger.

11.7 Dokumente stündlich automatisch sichern

Dieses Kapitel baut auf dem vorhergehenden Kapitel „Dokumente täglich automatisch sichern" auf, dort ist auch die Grundidee erläutert.

Ist das nicht übertrieben?

Wenn Sie den ganzen Tag intensiv an Ihren Dokumenten arbeiten, kann eine täglich einmalige Sicherung zu wenig sein. Stellen Sie sich vor, kurz vor Feierabend geht eine Datei verloren, an der Sie den ganzen Tag immer wieder einmal gearbeitet haben. Wenn Sie nur noch die Vortagsversion haben, sind viele Stunden verloren. Oder stellen Sie sich vor, Sie haben den ganzen Tag Angebote oder Rechnungen geschrieben. Und plötzlich sind vierzig Rechnungen ins Nirwana verschwunden.

Das hier beschriebene Verfahren ermöglicht eine Sicherung mehrmals am Tag, maximal stündlich. Sie können im Aufgabenplaner eine geringere Häufigkeit programmieren, zum Beispiel alle zwei oder vier Stunden.

Diesmal verwenden wir statt `%date%` die Systemvariable `%time%`, aus der die Stunde herausgeschnitten wird. Jeder Sicherungsordner wird am nächsten Tag von der neuen Version überschrieben. Wenn Sie einen Schaden nicht innerhalb von 24 Stunden feststellen, haben Sie hoffentlich das im vorherigen Kapitel „Dokumente täglich automatisch sichern" beschriebene Backup sowie die Datensicherungen der vorhergehenden Wochen und Monate, die nach dem Drei-Generationen-Prinzip regelmäßig durchgeführt wurden.

Die Ausführung

Um die zu kopierende Datenmenge gering zu halten, werden nur Dateien kopiert, die in den letzten beiden Tagen erstellt oder verändert worden sind (maxage:2). Für den hier genannten Verwendungszweck kann man die Daten auf eine andere Partition der gleichen Festplatte kopieren, im Beispiel nach Laufwerk `E:`.

```
robocopy c:\ e:\Stunde_%time:~0,2%\ *.doc* *.rtf *.xls* /mir /maxage:2 /w:1 /r:1
```

erzeugt je nach Uhrzeit auf Laufwerk `E:` die Ordner `Stunde_00` bis `Stunde_23`. Dahinein werden alle `.doc`, `.docx`, `.rtf`, `.xls` und `.xlsx` Dateien kopiert, die maximal 2 Tage alt sind. Ändern bzw. ergänzen Sie die Liste der Dateitypen nach Ihren Bedürfnissen. Erstellen Sie eine Stapeldatei mit diesem Befehl als einzigen Befehl oder ergänzen Sie weitere Befehle für andere Laufwerke. Lassen Sie dieses Programm vom Aufgabenplaner stündlich ausführen.

Das Problem

Für Word-, Excel- und viele andere Dateien gilt: Wenn ein Programm eine Datei geöffnet hat, kann kein zweites Programm darauf zugreifen. Wenn Sie beispielsweise zum Arbeitsbeginn einen Bericht öffnen und bis zum Feierabend daran schreiben, kann die Datei tagsüber nicht gesichert werden. Je nach Zeitpunkt der Sicherung wird sie möglicherweise nie gesichert. Das gilt auch für ständig geöffnete Datenbanken, z. B. von Buchhaltungsprogrammen. In dieser Situation sehe ich vier Möglichkeiten:

- Sich anzugewöhnen, solche Dateien am Beginn einer Arbeitspause zu schließen, um eine Datensicherung manuell zu starten,
- Eine Spezialsoftware zu kaufen, welche geöffnete Dateien sichern kann,
- Die Datensicherung zu einer Tageszeit durchzuführen, bei der mit Sicherheit niemand mehr arbeitet.
- Notfalls den „Dateiversionsverlauf" des Windows Explorers zu nutzen, ist besser als gar nichts zu tun.

Netzwerk

„Dateiversionsverlauf" ganz kurz (ausführlich auf „eifert.net" → „Hilfen" → „Datensicherung")

Der Dateiversionsverlauf bewahrt frühere Versionen Ihrer Dokumente auf, aber nur von Dokumenten in den Ordnern, die zu einer Bibliothek gehören. Und wenn das Dokument gelöscht wird, verschwindet auch seine Historie. Sie benötigen dafür einen ständig angesteckten zweiten Massenspeicher (z. B. einen USB-Speicherstick). Und Sie müssen über „Start" → „Einstellungen" → „Update und Sicherheit" → „Sicherung" im Abschnitt „Mit Dateiversionsverlauf sichern" ein „Laufwerk hinzufügen" und danach unter „Weitere Optionen" die Ordner bestimmen, deren Dateiversionsverlauf gesichert werden soll, und deren Häufigkeit festlegen.

11.8 Das Monitoring

Im Unterkapitel „Werkzeuge" wurde bei der Vorstellung des Programms ROBOCOPY das „Monitoring" erwähnt. Das Programm ROBOCOPY bleibt dabei im Hintergrund aktiv und überwacht alle Änderungen im Dateisystem.

```
robocopy Quelle Ziel /mir /mot 10 /mon 3
```

kopiert alle zehn Minuten alle zwischenzeitlich veränderten Dateien. Falls jedoch vor Ablauf dieser zehn Minuten mindestens drei Dateien geändert werden, erstellt ROBOCOPY die Kopien vorzeitig und beginnt einen neuen Zehn-Minuten-Zeitraum. So wird jede neue Datei fast sofort gesichert.

```
robocopy c:\ e:\Stunde_%time:~0,2%\ *.doc* /mir /mot 10 /mon 3 /maxage:2 /w:1 /r:1
```

verwendet wie auf der vorherigehenden Seite für jede Stunde einen anderen Ordner.

Wenn nun aber der Benutzer den ganzen Tag an einem Text oder an einer Tabelle arbeitet und diese nicht ein einziges Mal speichert?

Das ist dumm, um es unverblümt zu sagen. Jeder weiß, dass Computer hin und wieder versagen, beispielsweise durch Spannungsschwankungen. Und wer wollte behaupten, noch nie einen Bedienfehler gemacht zu haben? Auch wenn Fehler selten vorkommen, ist es nicht sinnvoll, das Arbeitsergebnis mehrerer Stunden zu riskieren.

Außerdem ist der Aufwand für eine Zwischenspeicherung denkbar klein. Word, Excel und sehr viele andere Programme speichern den aktuellen Zustand, wenn Sie auf „Datei" → „Speichern" klicken oder – was noch einfacher ist – die Tastenkombination Strg-S drücken.

Einen guten Vorsatz zu fassen ist löblich, aber täglich daran zu denken ist schwer. Starten Sie die Aufgabenplanung und erstellen sie eine „einfache Aufgabe". Geben Sie ihr den Titel „Speichern-Erinnerung" mit täglicher Ausführung. Bei der Frage „Welche Aktion soll von der Aufgabe ausgeführt werden?" wählen Sie „Meldung anzeigen", Titel „Erinnerung", Meldung „Speichern mit Strg-S nicht vergessen!".

Bild 11.9: Erinnerungs-Aufgabe erstellen

Bild 11.10: So sieht das Erinnerungs-Fenster aus

Wählen Sie mehrere Zeitpunkte für die Erinnerung, über den Tag verteilt.

12 In Abwesenheit sichern

12.1 Warum ist das sinnvoll?

Es gibt zwei wichtige Gründe dafür.

Erstens beansprucht eine Datensicherung einen beträchtlichen Teil der Computerleistung. Die Komplettsicherung eines PC kann durchaus eine halbe Stunde und mehr dauern. Während einer Sicherung weiterzuarbeiten ist zwar möglich, aber nicht effektiv.

Zweitens können in Benutzung befindliche Dateien nur mit speziellen Backup-Programmen gesichert werden, wenn überhaupt. Wenn ROBOCOPY auf eine in Benutzung befindliche Datei trifft, meldet ROBOCOPY einen Fehler, macht (je nach Parametern) einen zweiten Versuch und geht weiter zur nächsten Datei. XCOPY gibt bereits nach dem ersten Fehlversuch auf. Das kann dazu führen, dass wichtige, ständig genutzte Dateien selten oder nie gesichert werden. Deshalb sollte während einer Sicherung die Arbeit mit den zu sichernden Daten eingestellt werden.

Ein Ausweg wäre, die Sicherung zu einem Zeitpunkt vorzunehmen, an dem niemand arbeitet:

1. Sie könnten jeden Tag daran denken, den Computerarbeitstag mit dem Start der Datensicherung zu beenden und dann geduldig warten, bis die Datensicherung fertig ist, damit Sie den PC endlich ausschalten können. Doch diese Variante ist in meinen Augen unbrauchbar: Jede Lösung, bei der jemand an etwas denken oder etwas berücksichtigen muss, ist potenziell unzuverlässig.
2. Sie schalten den PC an, der sofort mit der Sicherung beginnt. Sie schlagen inzwischen die Zeit mit Vorbereitungsarbeiten oder Kaffeekochen tot. Sie könnten mit Tätigkeiten beginnen, bei denen keine zu sichernden Daten entstehen, z. B. Surfen oder E-Mails bearbeiten. Allerdings ist es riskant, das Internet zu benutzen, bevor das Antivirenprogramm genug Zeit hatte, die aktuellen Virendefinitionen herunterzuladen.
3. Zu einem Zeitpunkt, bei dem mit Sicherheit alle PCs heruntergefahren sind, zum Beispiel spät am Abend oder sehr früh am Morgen, werden die PCs automatisch aufgeweckt, sichern die Daten und kehren zurück in den Ruhezustand. Diese Lösung wird auf den nächsten Seiten vorgestellt.

12.1.1 Sicherung zum Arbeitsbeginn

Betrachten wir die zweite Variante genauer.

Nach dem Einschalten des PC müssen Sie eine Minute warten, um sich als Benutzer anzumelden. Eventuell müssen Sie eine externe Festplatte anstecken und einschalten. Danach dürfen Sie dem PC den Rücken kehren, solange das Backup dauert. Diese Wartezeit scheint mir kein großes Problem zu sein.

Wenn die Sicherung mit einer Stapeldatei erfolgt, könnte diese automatisch gestartet werden. Dazu kann eine Verknüpfung in den Autostartordner gelegt werden. Wie das geht, ist in 12.5 „Stapeldatei automatisch ausführen" beschrieben.

Ein Mangel des Verfahrens: Die Datensicherung beginnt jedesmal, wenn der PC hochgefahren wird – auch wenn wegen einer Programminstallation ein Neustart nötig ist oder nach der Mittagspause. Das ist lästig. Wie kann man das vermeiden?

Wenn der Arbeitsbeginn regelmäßig ist

Angenommen, Sie beginnen die Arbeit immer zwischen 8:00 und 8:59 Uhr. Dann können Sie die Stapeldatei mit den folgenden Befehlen beginnen:

```
echo Die aktuelle Stunde ist %time:~0,2%
if not "%time:~0,2%" == "08" goto SCHLUSS

REM Hier beginnt die Datensicherung
```

Unbeaufsichtigte Sicherung

Mit diesen Befehlen wird außerhalb von 08:00 bis 08:59 die Datensicherung übersprungen. Sollten Sie doch einmal vor acht oder nach neun Uhr den PC einschalten, fällt an diesem Tag die Sicherung aus.

Angenommen, Sie arbeiten in Gleitzeit und beginnen die Arbeit immer zwischen 8:00 und 10:59 Uhr. Dann können Sie die Stapeldatei mit den folgenden Befehlen beginnen:

```
echo Die aktuelle Stunde ist %time:~0,2%
if "%time:~0,2%" == "08" goto TIME_OK
if "%time:~0,2%" == "09" goto TIME_OK
if "%time:~0,2%" == "10" goto TIME_OK
echo Die Uhrzeit liegt nicht zwischen 08:00 bis 10:59 Uhr
goto SCHLUSS

:TIME_OK
REM Hier beginnt die Datensicherung
```

Mit diesen Befehlen wird außerhalb von 08:00 bis 10:59 die Datensicherung übersprungen.

Wenn der Arbeitsbeginn unregelmäßig ist

Wie vermeidet man ein mehrmaliges Backup, wenn der Arbeitsbeginn völlig unregelmäßig ist?

Die Idee: Die Datensicherung hinterlässt bei erfolgreichem Abschluss eine Datei TAG_FERTIG mit dem Tag der letzten Sicherung. Bei jedem Start der Datensicherung wird eine Datei TAG_HEUTE mit dem aktuellen Tag erzeugt. Ein Programm „File Compare" vergleicht, ob der gespeicherte Tag gleich dem heutigen Tag ist.

```
@echo off
echo %DATE:~-10,2%>TAG_HEUTE
echo Vergleich des heutigen Datums mit dem Datum der letzten Sicherung
fc TAG_HEUTE TAG_FERTIG
if %ERRORLEVEL%==1 goto STARTE_BACKUP
echo Der Inhalt von TAG_HEUTE und TAG_FERTIG ist identisch
echo folglich wurde das Backup heute schon einmal ausgeführt
goto SCHLUSS

:STARTE_BACKUP
REM hier beginnt das eigentliche Backup

...

REM hier endet das Backup
echo %DATE:~-10,2%>TAG_FERTIG
:SCHLUSS
```

Erläuterungen

Die Variablen TAG_HEUTE und TAG_FERTIG sind je vier Byte lang: Zwei Byte für die Nummer des Tages, dahinter zwei Byte für „Enter".

Das Programm FC vergleicht den Inhalt von Dateien und zeigt die Unterschiede auf dem Bildschirm an. Für den Fall, dass gerade niemand hinschaut, speichert FC das Ergebnis des Vergleichs in einer Variable ERRORLEVEL.

Hier vergleicht FC die Dateien TAG_HEUTE und TAG_FERTIG. Wenn der Inhalt beider Dateien identisch ist, setzt FC die Variable ERRORLEVEL auf Null. Sind die Dateien verschieden, setzt FC den Wert von ERRORLEVEL gleich 1. Der Wert von ERRORLEVEL wird mit dem Verzweigungsbefehl IF ausgewertet.

Unbeaufsichtigte Sicherung

12.2 Den PC zeitgesteuert wecken

Kommen wir jetzt zu der sinnvollsten Variante: Die Sicherung wird in der Nacht durchgeführt. Sie brauchen natürlich nicht in der Nacht aufstehen, um die Datensicherung zu starten. Das Aufwecken der PCs lässt sich automatisieren. Es gibt mehrere Möglichkeiten dafür: Ein PC weckt die anderen, oder das BIOS weckt den PC oder man benutzt eine Zeitschaltuhr.

Sie sollten jetzt nicht denken „Das ist ja so aufwändig, das lohnt nicht". Erstens, weil man den Nutzen einer regelmäßig durchgeführten Datensicherung spätestens dann zu schätzen weiß, wenn man Daten verloren hat – selbst wenn man nicht zehn, sondern nur zwei PCs hat. Zweitens, weil der PC durch das nächtliche Aufwecken Zeit hat, anstehende Updates durchzuführen. Dann beginnt der nächste Morgen nicht damit, dass man Windows bei den Updates zusieht. Und drittens ... mehr dazu am Ende des Kapitels.

12.2.1 Wecken durch einen anderen PC

Haben Sie einen PC, der rund um die Uhr läuft? Der Dateiserver vielleicht? Der kann mit dem Zeitplaner ein „Aufwecksignal" an alle gewünschten PCs schicken, die daraufhin die nächtliche Sicherung starten.

Für das Aufwecken des PC über Netzwerk, engl. „**W**ake **O**n **L**AN" (WOL), muss an den PC ein spezielles Datenpaket, das „Magic Packet" gesendet werden. Dafür kann man das Programm „WOLCMD.EXE" benutzen, welches von der Webseite www.depicus.com/wake-on-lan/wake-on-lan-cmd.aspx heruntergeladen werden kann. Speichern Sie die heruntergeladene Datei WOLCMD.EXE im Ordner C:\Windows\System32. Das Programm kann als Befehl in einer Stapeldatei gestartet oder in der Testphase als Befehl in der Eingabeaufforderung verwendet werden. Ein Beispiel:

```
wolcmd 10-dd-b1-a0-b4-22 192.168.178.34 255.255.255.0
```

Der erste Parameter des WOLCMD-Befehls ist die sogenannte MAC-Adresse (**M**edia-**A**ccess-**C**ontrol-Adresse, auch „Physikalische Adresse" genannt). Jede Netzwerkkarte bekommt von ihrem Hersteller diese weltweit eindeutige 48-Bit-Adresse „eingebrannt". Durch diese „Seriennummer" lässt sich jede Netzwerkkarte eindeutig adressieren. WOLCMD akzeptiert die MAC-Adresse auch ohne Bindestriche. Als zweiter Parameter folgt die IP-Adresse des zu weckenden PC. Der dritte Parameter ist die vom DHCP-Server des Routers verwendete Netzwerkmaske.

Wie ermittelt man diese Parameter?

Wenn man Zugang zum aufzuweckenden PC hat, kann man alle drei Werte mit dem Befehl `ipconfig /all` an der Eingabeaufforderung ermitteln (siehe 11.1.2 „Netzwerknamen ermitteln" die „Physikalische Adresse").

Ist der PC weiter entfernt, kann man seine Daten über das Netzwerk ermitteln. Der DSL-Router kennt die IP-Adressen aller angeschlossenen Netzwerkgeräte. Meine Fritz! Box hat über „Heimnetz" → „Heimnetzübersicht" die nebenstehende Liste geliefert.

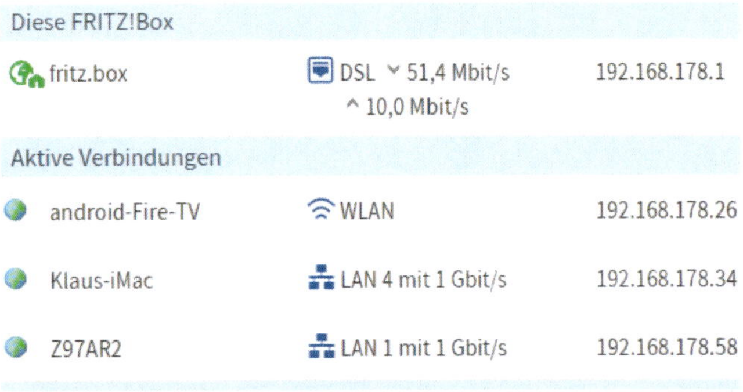

Bild 12.1: IP-Adressen in der Fritz! Box

Angenommen, ich will die MAC-Adresse des PC „Klaus-iMac" ermitteln. Dazu schicke ich einen Ping an seine IP-Adresse. Danach frage ich mit dem Befehl `arp -a` den ARP-Cache ab. ARP verwaltet die Zuordnung von MAC- zu IP-Adressen. Im Beispiel hat der PC „Klaus-iMac" die MAC-Adresse „10-dd-b1-a0-b4-22".

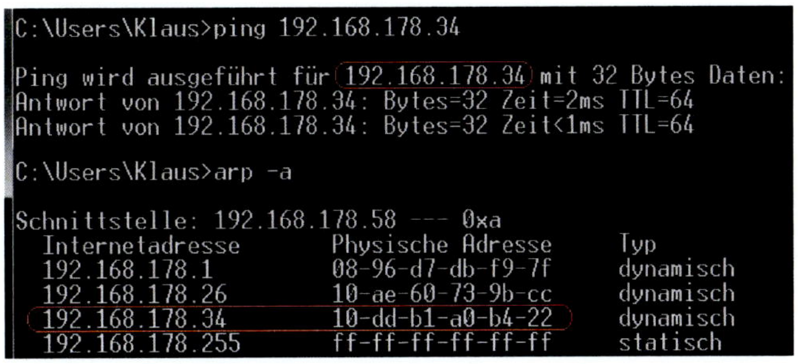

Bild 12.2: Ermittlung der MAC-Adresse

Unbeaufsichtigte Sicherung

Wenn das Aufwecken nicht funktioniert, müssen Sie sich auf den Weg zu dem widerspenstigen PC machen und diesen konfigurieren. Tun Sie folgendes:

- Als Nutzer mit Administratorenrechten anmelden. Im Gerätemanager in den Eigenschaften der Netzwerkkarte das Register „Energieverwaltung" so einstellen, dass Magic Packets erlaubt sind.
- Wenn es immer noch nicht funktioniert, suchen Sie im BIOS nach dem Power Management oder der APM-Konfiguration (**A**dvanced **P**ower **M**anagement). Dort können Sie auswählen, welche Ereignisse den PC einschalten dürfen.
- Erlauben Sie das „Wake by PCI" bzw. „Wake by PCIe" oder „Einschalten durch PCI-E". Dadurch kann der PC aufgeweckt werden, indem ihm ein anderer PC ein „Magic Packet" schickt. „Wake by Modem" ist nicht nötig. Wenn Sie diese Einstellmöglichkeiten im BIOS nicht finden, ist das Mainboard zu alt und das Aufwecken wird wohl nicht gelingen.
- Ein äußerst ungewöhnlicher Fall wäre, wenn sich der Netzwerkchip nicht auf der Hauptplatine befindet, sondern auf einer separaten Netzwerkkarte. Dann müssen Sie die Netzwerkkarte mit der Hauptplatine mit einem zweipoligen Kabel verbinden, damit das Eintreffen eines Magischen Pakets von der Netzwerkkarte an die Hauptplatine gemeldet werden kann.

Hinweis: WOL funktioniert nur, wenn der PC normal heruntergefahren worden ist, ohne ihn vom Stromnetz zu trennen. Bildschirm, Drucker, Lautsprecher usw. dürfen sie mit einer schaltbaren Steckdosenleiste ausschalten, den PC nicht. Das Aufwecken ist ohne die +5$V_{StandBy}$ Spannung des Netzteils nicht möglich.

12.2.2 Automatischer Start durch das BIOS

Sie haben keinen Server und auch keinen anderen ständig eingeschalteten PC, der in der Nacht die Stapeldatei starten könnte? Oder das Aufwecken mit einem „Magic Packet" will einfach nicht funktionieren?

- Suchen Sie im BIOS nach der APM-Konfiguration (**A**dvanced **P**ower **M**anagement). Dort können Sie auswählen, welche Ereignisse den PC einschalten dürfen.
- Erlauben bzw. aktivieren Sie das „Einschalten durch RTC" (**R**eal-**T**ime **C**lock) und geben Sie die Uhrzeit ein, zu der das BIOS den PC starten soll.

12.2.3 Starten mit Zeitschaltuhr

Haben Sie noch einen alten Laptop oder einen alten PC ungenutzt herumstehen? Den können Sie sinnvoll als PC für die Datensicherung nutzen. Dieser PC wird über eine 230 Volt Zeitschaltuhr angeschlossen. In der Nacht wird der Strom eingeschaltet, der PC fährt automatisch hoch und startet ein Backup-Programm. Die zu sichernden PCs können mit WOLCMD-Befehlen ferngesteuert hochgefahren werden. Der Sicherungs-PC sichert die Daten aller PCs, protokolliert die Datensicherung und fährt anschließend alle PCs und sich selbst herunter. Nach einer Zeit, die für die Sicherung ganz bestimmt ausreichend ist, kann die Zeitschaltuhr den Strom wieder abstellen.

Dieser Backup-PC braucht außer dem Stromanschluss nur noch einen Netzwerkanschluss und kann in irgendeiner Ecke oder in der Rumpelkammer stehen. Bildschirm, Tastatur und Maus werden nur zur Installation gebraucht. Falls Wartungsarbeiten nötig sind (z. B. ältere Sicherungen „ausdünnen", wenn die Festplatte allmählich voll wird), können diese per Remote-Steuerung erfolgen.

Bild 12.3: Handelsübliche Zeitschaltuhr

Home-Automation

Zur Fritz!Box gibt es als Zubehör eine funkgesteuerte Steckdose „FRITZ!DECT 210", die als Zeitschaltuhr benutzt werden kann, um den Sicherungs-PC ein- und auszuschalten. Diese Lösung ist flexibler, aber teurer.

BIOS-Einstellungen

Es reicht aber nicht, nur den Strom einzuschalten. Der PC fährt nur dann hoch, wenn jemand die Power-On-Taste drückt. Der PC sollte aber nach Einschalten des Stroms hochfahren, ohne dass jemand eine Taste drücken muss. Wie geht das?

Mit einer Einstellung im BIOS können Sie dieses Einschaltverhalten ändern. Sie müssen im BIOS die Einstellung finden, die „Nach Stromausfall wiederherstellen", „nächster Systemstart nach Ausfall der Stromversorgung" oder ähnlich heißt. In englischer Sprache heißt die Einstellung „AC Back" („Wechselspannung ist zurückgekehrt") und muss von „Always Off" auf „Always On" gestellt werden. Wahrscheinlich finden Sie diese Einstellung im „Advanced Power Management" oder im Abschnitt „Boot". Aktivieren Sie diese Einstellung und speichern Sie die Änderung. Anschließend fährt Windows hoch. Fahren Sie Windows herunter und trennen Sie den PC vom Stromnetz. Testen Sie nun die Einstellung: jedes Mal, wenn Sie den Strom einschalten, muss Windows automatisch starten.

12.3 Benutzeranmeldung überspringen

Auf die eine oder andere Art haben Sie den PC eingeschaltet. Windows beginnt hochzufahren und erwartet eine Benutzeranmeldung mit Passworteingabe. Wie geht es weiter?

An den „passiven" Quell-PCs braucht sich niemand anmelden, denn ein Zugriff auf die Dateien eines PCs kann unabhängig davon erfolgen, ob ein Nutzer angemeldet ist und welcher.

Der Sicherungs-PC allerdings muss eine Stapeldatei starten, um rundherum die Daten einzusammeln. Dafür gibt es zwei Möglichkeiten:

1. Sie programmieren den Aufgabenplaner, die Stapeldatei zu starten. Sie geben dabei an, dass der Auftrag auch dann gestartet werden soll, wenn kein Nutzer angemeldet ist.
2. Der PC führt die Benutzeranmeldung automatisch durch, ohne nach Benutzernamen und Passwort zu fragen. Um das einzurichten, öffnen Sie die Eingabeaufforderung. Starten Sie das Programm `netplwiz`. Es öffnet sich das Fenster „Benutzerkonten". Markieren Sie das gewünschte Konto. Deaktivieren Sie „Benutzer müssen Benutzernamen und Kennwort eingeben" und klicken Sie auf „Übernehmen". Sie müssen nun das Passwort für das Benutzerkonto zweimal eingeben. Mit „OK" werden Ihre Einstellungen gespeichert.

Für eine Firma wäre eine automatische Anmeldung des Backup-Nutzers ein Sicherheits-Albtraum: Jeder Mitarbeiter und jeder Gast könnte über diesen PC an alle Daten der Firma herankommen. Der Backup-PC müsste darum sehr gut weggeschlossen werden. Version 1 ist da sicherer.

12.4 Stapeldatei erstellen und testen: Beispiel

12.4.1 Die Stapeldatei

Die nachfolgende Stapeldatei ist ein Beispiel dafür, wie PCs aufgeweckt und Netzwerkverbindungen hergestellt werden. Das Programm befindet sich auf Laufwerk D: im Wurzelordner eines speziellen Datensicherungs-PC mit dem Namen „Sich-PC", der mit Zeitschaltuhr täglich 16:30 Uhr gestartet wird und der sich zum Ende der Sicherung selbst herunterfährt. Auf allen PCs der Firma ist ein Benutzer „Sicherer" mit dem Passwort „pw" eingerichtet.

Gesichert wird ein Ordner vom PC „Buchhalt", der dazu aufgeweckt wird. Weiterhin werden die Daten eines ständig eingeschalteten Servers „Server" gesichert.

Ein Protokoll wird in eine Datei `D:\Ablauf.txt` geschrieben.

Die Stapeldatei befindet sich auf Laufwerk `D:`. Das aktuelle Laufwerk wird auf `D:` eingestellt, damit die Stapeldatei bei Bedarf aus dem Windows-Explorer heraus mit Doppelklick gestartet werden kann.

```
D:

REM ZLW = Ziellaufwerk = D: auf Sich-PC
SET ZLW=D:

SET STARTZEIT=%TIME%
```
Gesichert werden nur Dateien, die 2016 oder später erstellt wurden.
```
SET MAXAGE=20160101
```

Die 448A5B756839 ist die MAC-Adresse des aufzuweckenden PC 192.168.2.125, siehe Kapitel 12.2.
```
echo PC 192.168.2.125 aufwecken
wolcmd 448A5B756839 192.168.2.125 255.255.255.0

echo Sicherung wurde am %DATE% um %TIME:~0,5% Uhr gestartet >D:\Ablauf.txt
echo Vorgefundene Netzwerkverbindungen %STARTZEIT:~0,8% >>D:\Ablauf.txt
```

Alle eventuell vorhandenen Netzwerkverbindungen werden als temporär deklariert (persistent:no), mit dem „net use" Befehl in der Protokolldatei „Ablauf.txt" dokumentiert und anschließend gelöscht, damit der Neuaufbau der Netzwerkverbindungen störungsfrei erfolgen kann.
```
net use /persistent:no
net use >>D:\Ablauf.txt
net use * /delete /yes
```

Möglicherweise müssen Sie hier eine Wartezeit einfügen, damit die zu sichernden PCs genug Zeit zum Aufwachen haben. Im Kapitel 16.2.4 „Trickreiche Verzögerungen" finden Sie Vorschläge. 40 Pings an den Router ergeben etwa 30 Sekunden Verzögerung:
```
ping 192.168.2.1 -n 40
```

Die benötigten Netzwerkverbindungen werden aufgebaut. Damit der Programmablauf am nächsten Morgen ausgewertet werden kann, werden die Meldungen des Befehls `net` *umgeleitet: Die normalen Meldungen (die „Erfolgsmeldungen") werden mit dem Pfeil* `1>` *(der dasselbe wie* `>` *macht) in die Dateien* `noerror1.txt` *und* `noerror2.txt` *umgeleitet. Für Fehlermeldungen gibt es einen zweiten Ausgabekanal: eventuelle Fehlermeldungen, die sonst immer zur CONsole geschickt werden, werden mit dem Umleitungspfeil* `2>` *in die Dateien* `error1.txt` *und* `error2.txt` *umgeleitet und dadurch dokumentiert.*

```
net use R: \\Server\DATA1 pw /USER:sicherer 2>d:\error1.txt 1>d:\noerror1.txt
net use S: \\Server\DATA2 pw /USER:sicherer 2>d:\error2.txt 1>d:\noerror2.txt
net use V: \\Buchhalt\Daten pw /USER:sicherer 2>d:\error2.txt 1>d:\noerror2.txt
```

Unbeaufsichtigte Sicherung

Die soeben (hoffentlich) hergestellten Netzwerkverbindungen werden protokolliert. Um das Protokoll kurz zu halten, werden alle Zeilen, welche die Worte „erfolgreich" oder „gespeichert" enthalten, herausgefiltert.

```
echo Verfuegbare Netzwerkverbindungen >>D:\Ablauf.txt
net use | find /v "erfolgreich" | find /v "gespeichert" >>D:\Ablauf.txt

rem QLWx = Quelle (ohne Doppelpunkt), ZLW=Ziel = C: (mit Doppelpunkt)
SET QLW1=R
SET QLW2=S
SET QLW3=V

TITLE Der Monatsordner %QLW1%: wird synchronisiert
  md %ZLW%\%COMPUTERNAME% 2>nul
  md %ZLW%\%COMPUTERNAME%\%MONAT%
  md %ZLW%\%COMPUTERNAME%\%MONAT%\%QLW1%
echo %TIME:~0,5% Uhr Kopiervorgang beginnt >>%ZLW%\Ablauf.txt
```

Mit /w:1 /r:1 macht ROBOCOPY viele Wiederholungen und braucht mehr Zeit, aber die Nacht ist bestimmt lang genug.

```
robocopy %QLW1%:\ %ZLW%\%COMPUTERNAME%\%MONAT%\%QLW1%\ /S /PURGE /NDL /FP /TEE
/unilog:%ZLW%\Prot1.txt /maxage:%MAXAGE% /XA:RSH /XD RECOVER %WINDIR% %ProgramFiles% RECYCLER $Recycle.Bin C:\i386 "System Volume Information" /XF *.tib
*.img *.nrg *.msi *.tmp *.exe *.dll *.com *.ini ntuser.* /w:1 /r:1

  attrib -h -s %ZLW%\%COMPUTERNAME%\%MONAT%\%QLW1%\*.* /s /d

TITLE Eine Überschrift für das Protokoll wird erstellt
```

Die vielen Leerzeichen in der Zeile „echo" rücken die Überschrift passend über die Zahlen des Protokolls

```
echo               Total     Copied    Skipped   Mismatch    FAILED    Extras
>>%ZLW%\Ablauf.txt
```

ROBOCOPY hat soeben ein langes Protokoll in die Datei D:\Prot1.txt geschrieben, das eine Zeile für jede kopierte Datei enthält und das bei Bedarf ausgewertet wird. Für einen kurzen Bericht werden daraus nur einige Zeilen gebraucht. Der Befehl „Find" bekommt die Datei `Prot1.txt` als Input, streicht einige Zeilen (die „schwind", „Robust" oder Doppelpunkt mit fünf Leerzeichen enthalten) und schreibt die restlichen Zeilen an das Ende der Datei `Ablauf.txt`:

```
find ":     " <%ZLW%\Prot1.txt | find /v "schwind" | find /v "Robust"
>>%ZLW%\Ablauf.txt

echo %TIME:~0,5% Uhr Der Monatsordner %QLW1%: wurde synchronisiert
>>%ZLW%\Ablauf.txt

echo ----------------------------------------------------------------
>>%ZLW%\Ablauf.txt
```

Hier müsste noch die Sicherung von S: folgen sowie das Protokoll dazu, etwa so:

```
robocopy %QLW2%:\ %ZLW%\%COMPUTERNAME%\%MONAT%\%QLW2%\ ...
```

und die Sicherung von V: auch noch sowie das Protokoll dazu, etwa so:

```
robocopy %QLW3%:\ %ZLW%\%COMPUTERNAME%\%MONAT%\%QLW3%\ ...
```

doch das können Sie sicher ergänzen.

Unbeaufsichtigte Sicherung

In den folgenden beiden Zeilen werden zwei Protokollzeilen erzeugt, die den freien Speicherplatz auf dem Sich-PC wiedergeben, gefolgt von meiner Schätzung für den monatlichen Bedarf. Der Wert von 32 GB ist ein Erfahrungswert aus früheren Backups.

```
dir d:\*.bat | find " frei" >>%ZLW%\Ablauf.txt
echo Fuer naechsten Monat werden etwa  32.000.000.000 Byte gebraucht
>>%ZLW%\Ablauf.txt

:SICHTBAR
  attrib -h -s %ZLW%\%COMPUTERNAME%\*.* /s /d
```

Der Server bleibt eingeschaltet, nur der Buchhaltungs-PC wird heruntergefahren.

```
echo %TIME:~0,5% Uhr PC Buchhaltung wird heruntergefahren >>%ZLW%\Ablauf.txt
echo PC 125 (Buchhaltung) herunterfahren (mit 10 Minuten Verzoegerungszeit)
shutdown -m \\192.168.2.125 /s /t 600
```

Zu den letzten Befehlen in der Stapeldatei sollte die Übermittlung der Kernaussagen des Protokolls an einen Verantwortlichen gehören, vielleicht per E-Mail. Diesen Teil habe ich in ein Unterprogramm ausgelagert:

```
call d:\ProtSenden.bat
```

Das Herunterfahren des Sicherungs-PC erfolgt über den Zeitplaner mit ausreichender Zeitverzögerung.

12.4.2 Die Protokolldatei Ablauf.txt

Diese Datei entsteht, um den gesamten Ablauf der Sicherung zu dokumentieren. Hier ist sie gekürzt.
Aus dem Bericht `Prot1.txt`, der von der Stapeldatei erzeugt wurde, wurden mit dem Befehl
```
find ":    " <%ZLW%\Prot1.txt | find /v "schwind" | find /v "Robust"
>>%ZLW%\Ablauf.txt
```
nur die Zeilen genutzt, die einen Doppelpunkt mit mindestens vier nachfolgenden Leerzeichen enthalten, und in denen die Worte „Robust" und „schwind" nicht vorkommen.

```
16:30 Uhr 29.12.2018 wurde D:\DASI_auf_Sich-PC.BAT gestartet
Vorgefundene Netzwerkverbindungen 16:30:00
Neue Verbindungen werden nicht gespeichert.   (erzeugt von: net use /persistent:no)
Es sind keine Eintraege in der Liste.         (erzeugt von: net use >>D:\\Ablauf.txt)

Verfuegbare Netzwerkverbindungen              (erzeugt von: echo Verfuegbare ...)
Status       Lokal      Remote                Netzwerk (erzeugt von: net use | find ...)
-------------------------------------------------------------------------------
OK           R:         \\Server\DATA1        Microsoft Windows Network
OK           S:         \\Server\DATA2        Microsoft Windows Network
OK           V:         \\192.168.2.125\Daten Microsoft Windows Network
16:37 Uhr Kopiervorgang beginnt               (erzeugt von: echo %TIME:~0,5% Uhr Kopiervorgang...)
             Total    Copied   Skipped   Mismatch   FAILED   Extras  (erzeugt von: echo Total)
Verzeich.:    7217     2348      4868         0        1       0    (erzeugt von: find „:   )
 Dateien:    97088        0     97088         0        0       0
16:37 Uhr Der Monatsordner R: wurde synchronisiert  (erzeugt von: echo %TIME:~0,5%)
-------------------------------------------------------------------------------
            0 Verzeichnis(se), 26.071.326.720 Bytes frei  (erzeugt von: dir d:\*.exe)
Fuer naechsten Monat werden etwa 32.000.000.000 Byte gebraucht
```

12.4.3 Die Protokolldatei Prot1.txt

Der ROBOCOPY-Befehl erzeugt wegen des Parameters /TEE /log:%ZLW%\Prot1.txt einen ausführlichen Bericht, in dem die Startparameter und alle Probleme (hier: Zugriff auf den Ordner CORDS ist misslungen) dokumentiert werden. Einen Abschlussbericht hat ROBOCOPY ebenfalls ins Protokoll geschrieben.

```
-------------------------------------------------------------------------------
    ROBOCOPY     ::     Robustes Dateikopieren für Windows
-------------------------------------------------------------------------------

  Gestartet: Thu Dec 29 16:33:52 2018
     Quelle : \\server\DATA1\
       Ziel : D:\SICH-PC\2018-12\R\
    Dateien : *.*
Optionen: /FP /NDL /TEE /S /COPY:DAT /PURGE /XA:RSH /MAXAGE:20160101 /R:1 /W:1
-------------------------------------------------------------------------------

2018/12/29 16:36:48 FEHLER 5 (0x00000005) Quellverzeichnis wird überprüft
\\server\DATA1\Nutzer\CORDS\
Zugriff verweigert
1 Sekunden wird gewartet... Wiederholung...
2018/12/29 16:36:49 FEHLER 5 (0x00000005) Quellverzeichnis wird überprüft
\\server\DATA1\Nutzer\CORDS\
Zugriff verweigert

Fehler: Die maximale Anzahl von Wiederholungsversuchen wurde überschritten.
-------------------------------------------------------------------------------

                Total     Copied    Skipped   Mismatch    FAILED    Extras
   Verzeich.:    7217      2348       4868        0          1        0
    Dateien:    97088         0      97088        0          0        0
      Bytes:  18.634 g        0    18.634 g       0          0        0
    Zeiten:   0:03:43    0:00:00                          0:00:02   0:03:41
    Beendet: Thu Dec 29 16:37:36 2018
```

12.4.4 Der Mailversand mit ProtSenden.BAT

Diese Stapeldatei wird als Unterprogramm in der Haupt-Stapeldatei mit `call d:\ProtSenden.bat` aufgerufen und soll einen Bericht an den oder die Verantwortlichen senden.

Der Bericht kann innerhalb des Firmennetzwerks mit einem einfachen copy-Befehl versandt werden. Das Programm `mailsend.exe` von `https://sourceforge.net/projects/mailsend.mirror/` nutze ich für den E-Mail-Versand.

Das folgende Unterprogramm sendet am 25. jedes Monats als Kurzbericht die Datei `D:\MailReport.txt` an mich, damit ich früh genug kontrollieren kann, ob noch genug Speicherplatz für die nächste Monatssicherung verfügbar ist. Außerdem wird ein ausführlicher Bericht an mich geschickt, der alle Protokolldateien als Anhang enthält. Damit kann ich kontrollieren, ob bei irgendeiner Datei oder einem Ordner ein Problem aufgetreten ist, und geeignete Maßnahmen treffen.

```
echo Speicherbedarf >D:\MailReport.txt
dir d:\*.exe | find " frei" >>D:\MailReport.txt
echo Gebraucht werden etwa   40.000.000.000 Byte fuer naechsten Monat
>>D:\MailReport.txt

echo Bericht am 25. jedes Monats
if not "%date:~0,2%"=="25" goto NICHT_25

mailsend.exe -to verlag@eifert.net -from klaus@eifert.net  -smtp smtp.eifert.net
-ssl -port 587 -user verlag@eifert.net -pass (passwort) -sub "Bericht von der
Datensicherung vom %date%" -attach d:\Ablauf.txt -attach d:\MailReport.txt

:NICHT_25
:SCHLUSS
```

Achtung – der Befehl besteht nur aus einer Zeile! Die Parameter haben die folgende Bedeutung:

`-to`	E-Mail-Adresse des Empfängers
`-from`	E-Mail-Adresse des Absenders
`-smtp`	Adresse des SMTP-Servers
`-ssl`	Verschlüsselt versenden
`-port`	für SMTP verwendeter Port
`-user`	Benutzername
`-pass`	Passwort
`-sub`	Betreff-Zeile
`-attach`	dahinter folgt ein Anhang

Anmerkungen:

`-help`	zeigt alle Optionen
`-example`	zeigt Beispiele
`-v`	ausführliches Protokoll

Für Absender und Empfänger darf die gleiche E-Mail-Adresse verwendet werden.

Mehr zum Programm können Sie auf `https://eifert.net/project/sendmail/` lesen.

12.5 Stapeldatei automatisch ausführen

Nachdem der PC die Benutzeranmeldung übersprungen hat, muss das Backup-Programm gestartet werden. Dafür gibt es zwei Möglichkeiten:

- Sie nutzen den Zeitplaner und starten das Backup-Programm fünf Minuten nach dem Aufwecken des PCs. Dazu muss nicht einmal ein Benutzer am PC angemeldet sein. Wenn allerdings einmal der Backup-Zeitpunkt geändert werden soll, müssen gleich mehrere Zeiten geändert werden: die Startzeit des PC an der Zeitschaltuhr und die Startzeit des Backup-Programms im Zeitplaner. Das ist etwas umständlich.
- Sie fügen die Datensicherungs-Stapeldatei zu den Autostartprogrammen hinzu. Das ist flexibler! Sie können die Zeitschaltuhr umstellen, ohne am PC etwas umprogrammieren zu müssen.

Wo ist der Autostart-Ordner?

- Unter Windows 7 klicken Sie auf „Start", dann auf „Alle Programme". Klicken Sie mit der rechten Maustaste auf „Autostart". Im Kontextmenü sehen Sie „Öffnen" und „Öffnen – Alle Benutzer". Klicken Sie auf einen der Einträge mit der linken Maustaste. Es öffnet sich ein Explorer-Fenster. Erstellen Sie hier eine Verknüpfung mit dem Datensicherungsprogramm.
- Unter Windows 10 drücken Sie die Windows-Taste und zusätzlich „r". In das Feld „Öffnen" schreiben Sie „`shell:startup`", dann „OK".

12.6 Den PC nach der Datensicherung herunterfahren

Den eigenen PC kann man mit dem Kommandozeilenbefehl `shutdown` herunterfahren oder neustarten. Die wichtigsten Parameter des Programms sind:

`-s`	Herunterfahren.
`-r`	Restart (herunterfahren und neu starten).
`-t 60`	Herunterfahren ankündigen und nach 60 Sekunden durchführen. Falls vor dem PC ein Benutzer sitzt, könnte er das Herunterfahren noch verhindern oder diese Minute nutzen, um seine Anwendung zu beenden und die Daten zu speichern.
`-f`	Erzwingt das Schließen von nicht beendeten Anwendungen (was zu Datenverlusten führen kann, wenn z. B. noch eine Word-Datei geöffnet ist).

Sie können den Befehl shutdown -s -t 60 als letzten Befehl an die Sicherungs-Stapeldatei anhängen oder ihn vom Scheduler zu einem späteren Zeitpunkt ausführen lassen, wie im Bild 12.4 gezeigt.

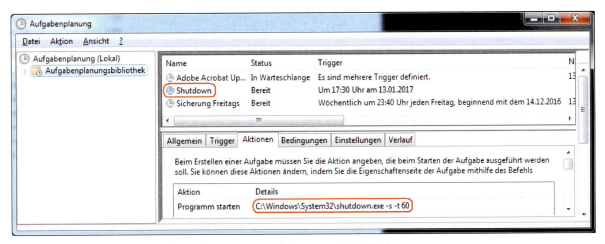

Bild 12.4: Der Task-Planer mit dem Auftrag „Herunterfahren um 17:30 Uhr"

12.7 Remote-Shutdown

Es reicht nicht, dass sich der Sicherungs-PC selbst herunterfährt. Er sollte auch alle PCs herunterfahren, die er aufgeweckt hat.

Im Prinzip ist es möglich, entfernte Computer herunterzufahren. Dafür braucht `shutdown` den Netzwerknamen des entfernten Computers:

```
shutdown -m \\Computername -s -t 60
```

Für den Computernamen des entfernten Computers ist dessen Netzwerkname oder dessen IP-Adresse einzusetzen, wobei ich die IP-Adresse bevorzuge. Eine Vorwarnzeit (hier: 60 Sekunden) ist zu empfehlen, falls am PC noch jemand arbeitet, damit der Benutzer entweder seine Arbeit speichern oder das Herunterfahren verhindern kann. Der Benutzer wird mit einer Mitteilung wie in Bild 12.5 gewarnt, wenn das Herunterfahren bevorsteht.

Bild 12.5: Warnung vor dem Shutdown

Damit es funktioniert, muss es eine Netzwerkverbindung zu dem PC geben. Wenn diese nicht schon vor der Sicherung hergestellt worden ist, geht das mit dem Befehl

```
net use \\Computername\ipc$ passwort(eines Admins) /user:(einAdmin)
```

Beim ersten Versuch werden Sie vermutlich auf ein weiteres Problem stoßen: Die voreingestellten Richtlinien des Betriebssystems verhindern das Herunterfahren von einem anderen PC aus. Wenn der Shutdown-Befehl die Fehlermeldung „Zugriff verweigert" bringt, muss mit der „**M**icrosoft **M**anagement **C**onsole" das Herunterfahren freigeschaltet werden, und zwar an jedem PC, der heruntergefahren werden soll.

1. Windows 7: „Start" → „Ausführen": mmc, Windows 10: Windows-Taste + „r", dann `mmc`
2. Im Konsolenfenster: „Datei" → „Snap-In hinzufügen/entfernen..."
3. Im Snap-In-Dialog: „Hinzufügen"
4. In der Snap-In-Liste: „Gruppenrichtlinie" bzw. „Gruppenrichtlinienobjekt" wählen → „Hinzufügen"
5. Gruppenrichtlinien-Dialog: Gruppenrichtlinienobjekt „Lokaler Computer" wählen → „Fertig stellen"
6. In der Snap-In-Liste: „Schließen"
7. Im Snap-In-Dialog: „OK"
8. MMC schließen

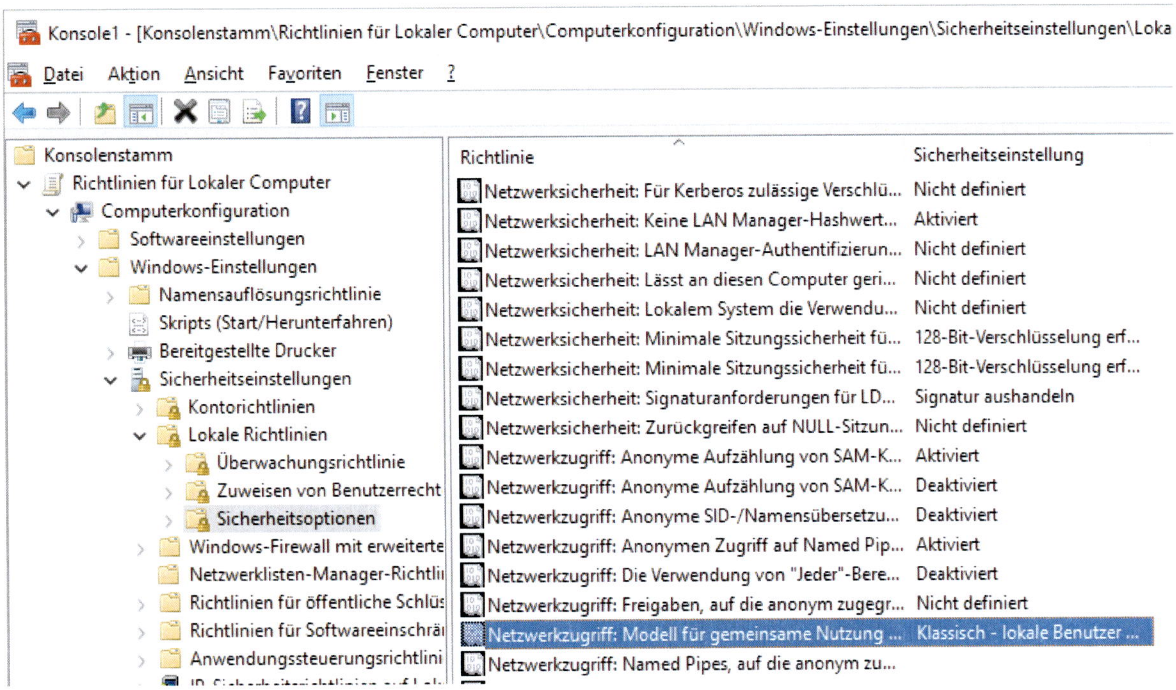

Unbeaufsichtigte Sicherung

Bild 12.6: Sicherheitsoptionen in der Microsoft Management Console

Jetzt sind die benötigten Gruppenrichtlinien verfügbar geworden. Jetzt wird die **M**icrosoft **M**anagement **C**onsole erneut gestartet, um die nötigen Werte einzutragen.

9. „Start" → „Ausführen" bzw. Windows-Taste und „r": `mmc`
10. Struktur öffnen:
11. Richtlinien für Lokaler Computer, siehe Bild 12.6.
12. „Computerkonfiguration" → „Windows-Einstellungen" → „Sicherheitseinstellungen" → „Lokale Richtlinien".
13. „Sicherheitsoptionen" markieren und im rechten Fenster folgende Option doppelklicken:
    - „Netzwerkzugriff: Modell für gemeinsame Nutzung und Sicherheitsmodell für lokale Konten"
    - Wert ändern auf „Klassisch – lokale Benutzer authentifizieren sich als sie selbst" (siehe Bild 12.6)
14. „Zuweisen von Benutzerrechten" markieren und im rechten Fenster folgende Option doppelklicken:
    - „Erzwingen Shutdown von Remotesystem"
    - Wert ändern auf „Erlauben"
15. Einstellungen speichern, Konsole beenden und PC neu starten.

Danach sollte der Shutdown-Befehl auch über das Netzwerk funktionieren.

Andere Programme

Ein weiteres Programm PSSHUTDOWN ist geeignet. Sie finden es auf
`https://technet.microsoft.com/en-us/sysinternals/psshutdown.aspx`
als Teil eines Softwarepakets „PsTools.zip". Packen Sie nicht die gesamte Programmsammlung aus, sondern nur PSSHUTDOWN.

Wenn man nur schwer schätzen kann, nach wie vielen Minuten der PC mit seiner Aufgabe fertig ist und heruntergefahren werden kann, ist das Programm „SHUTDOWN TIMER" geeignet. Das Programm kann den PC abhängig von der CPU-Auslastung und der Systemaktivität herunterfahren.

Doch um das Freischalten des Remote-Shutdowns kommen Sie nicht herum, gleichgültig welches Programm Sie verwenden.

12.8 Updates in der Nacht durchführen

Am zweiten Dienstag jedes Monats, am Patchday für Windows 7, der gleiche Ärger: Die erste Stunde des Arbeitstages nach dem Einschalten läuft Windows langsam und verlangt meist nach einem Neustart. Diesen Stress können Sie sich ersparen. Sie müssen nur einen Ihrer PCs so programmieren, dass er in der Nacht zum Dienstag aufwacht und dann alle anderen PCs hochfährt. Noch schlimmer ist es mit Windows 10, wo der Update-Zeitpunkt nicht vorhersagbar ist. Vielleicht sollte man jeden PC an jedem Arbeitstag eine Stunde vor Arbeitsbeginn starten? Dann sind zum Arbeitsbeginn die meisten Updates fertig. Und wenn die Mitarbeiter am Arbeitsplatz erscheinen, stehen die PCs schon bereit.

Und während die PCs wach sind, könnte der Administrator aus der Ferne weitere Updates, Installationen oder spezielle Datensicherungen durchführen. Dazu kann er ein Fernbedienungsprogramm nutzen, zum Beispiel den „TeamViewer" oder „AnyDesk". Dann braucht der Administrator nicht tagsüber von PC zu PC gehen und nacheinander alle Mitarbeiter auffordern, ihre Anwendungen zu schließen und eine Pause einzulegen, um Wartungsarbeiten durchführen zu können.

12.9 Sicherheitshinweis

Wenn es um die Daten einer Firma geht, sollte der Raum mit dem Sicherungs-PC nach dem Abschluss aller Tests zugeschlossen werden, oder – besser noch – zugemauert werden, damit kein Unbefugter an die Daten herankommt. Zumindest sollten Sie Tastatur und Maus abziehen und weit genug wegräumen. Denn auf diesem PC befinden sich alle Daten der Firma, unverschlüsselt und wohlgeordnet. Ein weit von den Büros entfernter Standort ist ratsam, damit bei Brand oder Überflutung der Büros wenigstens die Daten überleben.

13 Ich kann die Daten nicht mehr lesen!

13.1 Windows startet nicht mehr

Warum auch immer Windows nicht startet und wie man Windows reparieren kann, ist nicht Gegenstand dieses Buches. Wie aber rettet man in diesem Fall seine Daten? Wenn Windows den Startvorgang abbricht, können Sie mit einer Notfall-CD versuchen, an Ihre Daten heranzukommen. Falls Sie den PC zur Reparatur abgeben wollen – Vorsicht! Bei den in Elektronik-Supermärkten und im Versandhandel gekauften PCs und Notebooks wird zu Beginn der Reparatur mitunter die Festplatte gelöscht, lesen Sie das Kleingedruckte in den AGB oder fragen Sie vorher! Wenn der von Ihnen beanstandete Fehler nicht offensichtlich leicht zu reparieren ist, wird einfach der Verkaufszustand wiederhergestellt. Und wenn Windows dann normal funktioniert, bekommen Sie den Computer mit den Worten zurück: „Der Computer ist in Ordnung, wahrscheinlich haben Sie ihn nur falsch bedient".

13.1.1 Wie rette ich meine Daten?

Im Wesentlichen gibt es zwei Möglichkeiten:

- Bauen Sie die Festplatte aus und stecken Sie diese als zusätzliche Festplatte in einen zweiten Computer. Wenn Sie den Computer nicht aufschrauben wollen oder der zweite Computer ein Notebook ist, können Sie ein USB-Leergehäuse kaufen (etwa 10 €) und Ihre Festplatte dahinein stecken, um sie über USB an den zweiten Computer anzuschließen. Oder Sie kaufen einen USB-SATA-Adapter.
- Beschaffen Sie eine Notfall-CD (anderer Name: Live-CD) und starten Sie den PC von dieser CD.

Nun können Sie Ihre Daten irgendwohin kopieren oder auf DVD brennen. Beachten Sie: Manche Notfall-CDs erkennen angesteckte USB-Geräte nur dann, wenn diese vor dem Start des PC angesteckt werden.

13.1.2 Woher bekomme ich eine fertige Notfall-CD?

Wenn Sie ein gekauftes Antivirenprogramm haben, ist dessen Installations-CD oftmals als Boot-CD verwendbar. Nachfolgend finden Sie die Adressen von empfehlenswerten Rettungs-CDs und deren Besonderheiten. Sie können diese bei einem Freund herunterladen und auf CD brennen. Manchmal findet man eine Live-CD als Beilage einer Computerzeitschrift.

Insert

`https://www.inside-security.de/insert.html?tlid=`

Diese CD enthält umfangreiche Tools zur Datenrettung. Insert lässt sich auch problemlos auf einen USB-Stick installieren.

Avira AntiVir Rescue System

Das Avira AntiVir Rescue System erlaubt Ihnen, Daten zu retten und eine Überprüfung auf Virenbefall durchzuführen. Ein Browser ist enthalten, damit Sie im Internet recherchieren können. Suchen Sie nach „avira rescue system" oder gehen Sie direkt zu:

`https://www.avira.com/de/support-download-avira-antivir-rescue-system%20/`

Kaspersky Antivirus

`https://www.kaspersky.de/free-antivirus`

Suchen Sie nach „Kaspersky Free Rescue Disk". Auch mit dieser CD können Sie Viren beseitigen, Dateien kopieren und im Internet browsen.

Dr. Web Live-CD

`https://www.freedrweb.com/livecd/?lng=de&tlid=`

Die Dr. Web LiveCD ist besonders geeignet, wenn Ihr PC wegen Malware nicht starten kann. Daten können auf Wechseldatenträger kopiert werden, wobei infizierte Dateien automatisch repariert werden.

Mehr über Notfall-CDs können Sie auf `eifert.net` unter „Hilfen" → „Datensicherung" lesen.

13.1.3 Eine Notfall-CD selbst erstellen

Besitzer von Windows 10, 8, 7 und Vista können vorsorglich eine Notfall-CD erstellen. Damit können Sie eine Systemstartreparatur ausführen oder Windows auf einen früheren Status zurücksetzen. Vor allem können Sie das Eingabeaufforderungsfenster öffnen und damit Zugriff auf Ihre Daten bekommen. Mit den Befehlen COPY, XCOPY oder ROBOCOPY können Sie Daten kopieren.

Den „Reparaturdatenträger" gibt es in 32- und 64-Bit-Version. Mit einem 32-Bit-Windows können Sie nur eine 32-Bit-CD erstellen, die dann aber für jedes 32-Bit-Windows von Home bis Enterprise geeignet ist.

Windows 10:

An der Eingabeaufforderung starten Sie „recoverydrive.exe". Legen Sie einen CD- oder DVD-Rohling ein und klicken Sie auf „Datenträger erstellen". Sie können auch einen leeren USB-Stick als Ziel angeben, um diesen „Systemwiederherstellungsdatenträger" zu erstellen.

Windows 8:

Auf der (Kachel-)Startseite tippen Sie „recoverydrive.exe" in das Suchfeld. Weiter wie bei Windows 10.

Windows 7:

„Start" → „Systemsteuerung" → „System und Sicherheit" → „Sichern und Wiederherstellen". Am linken Rand „Systemreparaturdatenträger erstellen".

13.1.4 Notfall-DVD auf einen USB-Stick kopieren

Wenn Ihr PC oder Notebook kein optisches Laufwerk hat, müssen Sie die Notfall-DVD auf einen USB-Stick kopieren. Doch stellen Sie zuerst fest, ob Ihr kaputter PC imstande wäre, von einem USB-Stick zu booten. Stecken Sie irgend einen USB-Stick (nur zum Probieren) in den PC und rufen Sie beim Start das BIOS auf (meist mit der Taste „Entf" oder „F2"). Probieren Sie, ob Sie im Boot-Menü den USB-Stick (USB-HDD) an die erste Stelle bringen können.

Wenn das gelingt, können Sie beginnen, die zuvor erstellte DVD mit dem Systemreparaturdatenträger auf einen USB-Stick zu kopieren. Benutzen Sie dazu einen anderen PC, vielleicht den eines Freundes. Die Notfall-DVD wird etwa ein Gigabyte auf dem Stick belegen. Die restliche Kapazität können Sie benutzen, um Ihre geretteten Daten darauf zu kopieren.

- Legen Sie den „Systemreparaturdatenträger" in das DVD-Laufwerk. Booten Sie von dieser DVD (denn Ihr Windows ist ja defekt).
- Starten Sie die Eingabeaufforderung mit Administratorrechten (Tippen Sie „cmd" in das Feld „Zur Suche Text hier eingeben" ein und klicken Sie auf „Als Administrator ausführen").
- Im Fenster der Eingabeaufforderung geben Sie den Befehl `diskpart` ein.
- Mit dem Befehl `list disk` erhalten Sie die Liste der Datenträger. Den USB-Stick erkennen Sie an seiner Kapazität.
- Mit select disk x wählen Sie den USB-Stick aus. Statt „x" setzen Sie die Nummer des Datenträgers ein.
- Mit `list partition` kontrollieren Sie, ob Sie wirklich den USB-Stick ausgewählt haben.

- Der Befehl `clean` löscht den ausgewählten Datenträger (den USB-Stick) komplett.
- Mit `create partition primary` wird eine Partition erstellt und mit `format fs=ntfs` formatiert.
- Mit `active` wird die Partition aktiviert, mit `assign` bekommt sie (zeitweilig) einen Laufwerksbuchstaben.
- `list volume` zeigt die Laufwerksbuchstaben aller Partitionen. Der USB-Stick wird als „Wechselmed" aufgeführt. Merken Sie sich die Laufwerksbuchstaben und beenden Sie diskpart mit `exit`.
- Mit dem Befehl `xcopy q:\*.*  x:\ /s /e /f` kopieren Sie den Systemreparaturdatenträger auf den Stick. Ersetzen Sie hierbei „q" und „x" durch die Laufwerksbuchstaben der Notfall-DVD bzw. des USB-Sticks.
- Mit `exit` können Sie nun die Eingabeaufforderung schließen. Nehmen Sie die Notfall-CD und den Notfall-Stick heraus und probieren Sie, ob das Booten vom Notfall-Stick funktioniert.

Wollen Sie für den Notfall noch einige Programme auf den Stick kopieren? Vielleicht einen Dateimanager, um Ihre Daten bequem sortieren und kopieren zu können? Der „A43 Dateimanager" ist dafür geeignet. Auch der „Total Commander" ist gut geeignet.

- Portable Software finden Sie beispielsweise auf `http://www.portablefreeware.com`, `http://portableapps.com`, `http://www.mobile-usb-tools`, `http://www.portable-anwendungen.de` und `http://www.tinyapps.org`.
- Auf `http://www.pierre.orgfree.com` gibt es ein Tool „PE Shell Swapper", mit dem die Bildschirmauflösung des Notsystems eingestellt werden kann.
- Wer es ganz komfortabel mag: Auf `http://www.pegtop.net/start` finden Sie ein Programm „PStart" zum Erstellen eines Startmenüs. Kopieren Sie es auf den Stick und starten Sie das Programm. Klicken Sie mit der rechten Maustaste in das Programmfenster und wählen Sie im Kontextmenü den Eintrag „Datei hinzufügen". Tragen Sie nacheinander die Startdateien der Zusatzprogramme ein.
- Das Programm „Recuva" soll gut geeignet sein, verlorene oder versehentlich gelöschte Fotos wiederzufinden. Download ist von `https://www.ccleaner.com/recuva/download` möglich.
- Auch mit dem Programm „Windows File Recovery" (kostenlos im Microsoft Shop erhältlich) können Sie nach versehentlich gelöschten Dateien suchen.

13.2 Generelle Empfehlung

Wenn der Datenträger noch teilweise lesbar ist, sollten Sie noch vor dem ersten Reparaturversuch die lesbaren Daten sichern, denn ein Reparaturversuch könnte die Lage verschlimmern.

Wenn nur wenige Daten nicht lesbar sind: Vielleicht sind sie auf früheren Backups zu finden?

Wenn der Windows-Explorer beim Kopieren auf den ersten Fehler stößt, bricht er ab. Versuchen Sie, die Daten mit dem ROBOCOPY-Befehl zu kopieren. Wenn Sie die Schalter `/r:1 /w:1` verwenden, bricht ROBOCOPY bei defekten Dateien nicht ab, sondern macht nach einer Sekunde einen zweiten Versuch und setzt nach einer weiteren Sekunde mit der nächsten Datei fort. Mit dem Schalter `/r:0` geht das Kopieren ohne zweiten Versuch schneller voran, denn der zweite Leseversuch ist fast nie erfolgreicher als der erste.

Wenn die Lesefehler überaus zahlreich sind (öfter als alle zehn Sekunden), liegt die Festplatte im Sterben und wird möglicherweise endgültig kaputt sein, noch bevor Sie mit dem Kopieren fertig sind, denn ein Kopiervorgang verlangt Höchstleistungen – die Festplatte arbeitet ohne die kleinste Pause und wird heiß dabei. Dazu ein hypothetisches Beispiel. Eine 500-GB-Festplatte hat eine Milliarde Sektoren. Angenommen, nur ein Tausendstel davon ist defekt und Windows macht eine Sekunde lang Leseversuche an jedem defekten Sektor, so dauert das eine Million Sekunden = 12 Tage. Am sinnvollsten ist es daher, von hunderttausend Dateien, die sich auf einer durchschnittlichen Festplatte befinden, zuerst das eine Prozent der unersetzlichen Dateien zu sichern, dann die etwa zehn Prozent der wichtigen Dateien und dann den Rest, falls die Festplatte noch so lange durchhält.

13.3 Spezielle Datenträger

13.3.1 Externe Festplatten

Probieren Sie an einem anderen PC, ob die Festplatte noch reagiert. Hören Sie, ob sich die Festplatte dreht? (nicht die Festplatte hochheben und ans Ohr halten, sondern das Ohr auf die Festplatte legen!) Vielleicht ist die Elektronik im externen Gehäuse oder dessen Netzteil defekt. Bauen Sie die Festplatte aus, öffnen Sie Ihren PC und verbinden Sie die Festplatte direkt mit dem SATA-Anschluss der Hauptplatine.

Wenn der PC die Festplatte erkennt, aber nicht darauf zugreifen kann („Festplatte ist nicht formatiert"), könnte eine Datenträgerüberprüfung helfen. Rechtsklick auf das Laufwerk, Klick auf „Eigenschaften", „Tools" bzw. „Extras", „Überprüfung des Datenträgers", Haken „Dateisystemfehler automatisch korrigieren" setzen, starten.

13.3.2 USB-Speichersticks

Probieren Sie es nach einem Neustart des PC noch einmal an einem anderen USB-Steckplatz (Anschlüsse auf der Rückseite des PC) oder an einem anderen PC.

Wenn der PC vorschlägt, den Stick zu formatieren: Vorsicht! Nach dem Formatieren funktioniert der Stick vielleicht wieder, aber die Daten auf dem Stick sind dann mit absoluter Sicherheit weg.

13.3.3 SD-Karten

Als Massenspeicher für Digitalkameras oder Smartphones haben sich Speicherkarten durchgesetzt. Was tun, wenn eine Speicherkarte nicht mehr oder nur teilweise gelesen werden kann?

Kann eine Speicherkarte mit wichtigen Daten nicht gelesen werden und ist die Ursache unbekannt, dann prüfen Sie das Lesegerät erst mit einer anderen Speicherkarte, die leer ist oder auf der keine wichtigen Daten sind. Erst wenn dieser Test funktioniert, legen Sie die Speicherkarte mit den wichtigen Daten wieder ein. Vielleicht können Sie die Speicherkarte in einem anderen Computer ausprobieren. Achtung: Solange die Ursache des Problems nicht klar ist, niemals Schreibzugriffe auf die Speicherkarte durchführen, also Dateien nicht verschieben oder löschen oder gar die Speicherkarte formatieren.

Bei einem externen, per USB angeschlossenen Kartenleser ist vielleicht die USB-Verbindung nicht in Ordnung?

Vorsicht bei alten Kartenlesegeräten: Vielleicht ist nicht die Karte defekt, sondern nur der Cardreader zu alt. Ein alter Cardreader, der SD-Karten bis maximal 4 GB unterstützt, kann vielleicht die aktuellen SDHC-Karten mit Kapazitäten von 32 GB nicht lesen. Alte Cardreader, die noch für USB 1.0/1.1 gebaut wurden, erkennen keine SDHC-Speicherkarten. Für Kartenlesegeräte von Markenherstellern gibt es vielleicht ein Firmware-Update.

Moderne Digitalkameras können die Daten per USB oder Bluetooth, teils auch per WLAN übertragen. Stecken Sie die Speicherkarte zurück in die Kamera und versuchen Sie die Übertragung direkt aus der Kamera.

13.3.4 CD oder DVD

Der Abstand zweier Spuren auf einer DVD beträgt 740 nm, weniger als ein tausendstel Millimeter. Da muss die Mechanik des Laufwerks sehr genau sein. Bei Notebooks lässt die Genauigkeit durch Erschütterungen nach. Da hilft es manchmal, die DVD herauszunehmen und erneut einzulegen. Manchmal ist auch nur der Brenner überhitzt und die Mechanik hat sich durch die Hitze verformt.

Falls Ihr Brenner im Gehäuse senkrecht eingebaut ist, sollten Sie den (vorher ausgeschalteten) PC für den nächsten Versuch auf die Seite legen. Wenn das Laufwerk waagerecht liegt, gelingt die Justierung vielleicht besser. Probieren Sie mit den Laufwerken Ihrer Bekannten, ob eins davon die Scheibe lesen kann, denn bei jedem Brenner ist die Qualität der Fehlerkorrektur unterschiedlich.

Das Freeware-Programm „Unstoppable Copier" kopiert von der Scheibe alles, was sich noch lesen lässt (Download von `https://www.roadkil.net/program.php?ProgramID=29`). Sie können auch das Programm „CloneDVD" probieren (auf `https://www.elby.ch/de/download.html`). Das Programm hat einen exzellenten Fehlerkorrekturalgorithmus. Ein Hinweis zur Rechtslage: Es ist strafbar, CloneDVD zum Kopieren von kopiergeschützten Multimediascheiben zu verwenden. Ihre eigenen Dateien dürfen sie natürlich kopieren, und Sicherheitskopien von gekaufter Software dürfen Sie ebenfalls erstellen.

Oft sind die Fehler auf sichtbare Kratzer oder Flecken zurückzuführen. Ein vorsichtiges Abwischen (nicht kreisförmig, sondern von der Mitte nach außen) kann helfen. Bei schlimmen Kratzern gibt es mehrere Möglichkeiten:

- Man kann versuchen, die Scheibe zu polieren. Als Schleifmittel ist weiße Zahnpasta, Silberpolitur, Plastepolitur oder notfalls Autopolitur geeignet, die man auf ein Brillenputztuch oder ein anderes fusselfreies Tuch aufträgt.
- Tiefere Kratzer kann man versuchen aufzufüllen. Tragen Sie Autowachs oder Möbelwachs auf die ganze Scheibe auf und wischen Sie die Reste mit einem fusselfreien Tuch ab. Die Disc wird in der Zukunft wegen des Weichwachses schadensanfälliger sein.

Bei beiden Verfahren kann sich die Lesbarkeit der Daten noch weiter verschlechtern, wenn man Pech hat. Deshalb sollte man vor derartigen Reparaturversuchen so viele intakte Dateien wie möglich sichern.

Probleme mit Multisession-Discs

Im Multisession-Modus kann man in mehreren unabhängigen „Sessions" (Sitzungen) Portionen von Dateien auf dieselbe Disc schreiben. Dadurch kann man die Kapazität der CD/DVD besser ausnutzen. Im Brennprogramm müssen Sie dazu „Disc abschließen" deaktivieren und „Nur Session schließen" einstellen. Nach dem Schreiben der letzten Sitzung müssen Sie die CD/DVD „finalisieren", d. h. einen Abschlussblock schreiben.

Vor dem Finalisieren ist die CD nur in einem Brenner lesbar, nach dem Finalisieren auch in Nur-Lese-Laufwerken.

Sollte der Windows Explorer nur die letzte der gebrannten Sitzungen anzeigen, werden Sie nicht unruhig! Sie müssen die Sessions wieder zusammenführen, Nero hat dafür den Befehl „Multisession Daten-Disc fortsetzen" (im Fenster „Neue Zusammenstellung" unter „Multisession"). Sie können auch das Programm „Ultra Iso" (von `https://www.ultraiso.com/download.html`) oder „Isobuster" (von `https://www.isobuster.com/de/download.php`) verwenden, um wieder Zugriff auf ältere Sitzungen zu bekommen.

Das alles ist recht kompliziert? Stimmt. DVD-Rohlinge sind mittlerweile so billig, dass sich ein etappenweises Schreiben kaum lohnt. Und wenn Sie DVD-RAM verwenden, können Sie ohne alle Kompliziertheit Daten auf die DVD-RAM kopieren und auch wieder löschen.

13.4 Allmählich sterbende Festplatte

Wenn Ihr PC in den letzten Wochen allmählich langsamer geworden ist, liegt das vielleicht an der Festplatte. Sie finden die Ereignisanzeige bei den Windows-Verwaltungsprogrammen oder Sie geben in der Eingabeaufforderung `eventvwr.msc` ein. Lassen Sie sich „System" anzeigen.

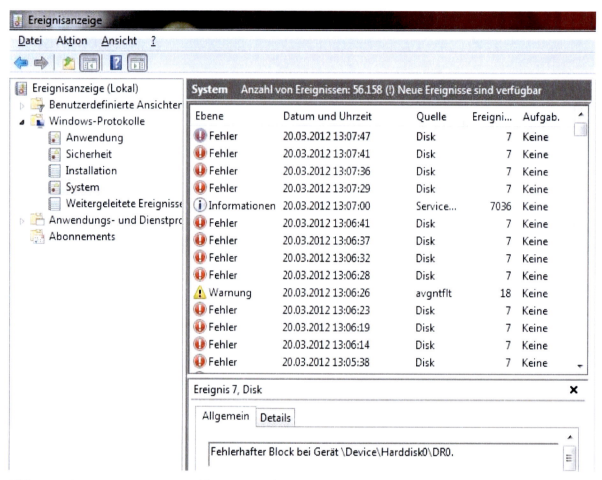

Bild 13.1: Die Ereignisanzeige zeigt schlimmste Festplattenprobleme.

Die Festplatte in diesem Beispiel liegt im Sterben. Beachten Sie die Zeitabstände zwischen zwei Fehlern. Retten Sie, was zu retten ist, mit dem Wichtigsten beginnend.

Im Bild sind die Ereignisse nach der Zeit sortiert. Wenn Sie bei Ihrer Festplatte überprüfen wollen, ob ein Hardware-Fehler vorliegt, sollten Sie die Ereignisse am besten nach der Quelle sortieren. Klicken Sie dazu in der Kopfzeile auf „Quelle". Haben Sie Geduld, die Sortierung kann länger als eine Minute dauern.

13.5 Datenrettungssoftware

13.5.1 Totalversagen der Festplatte

Was tun, wenn Sie sofort nach dem Einschalten eine Fehlermeldung sehen? Noch bevor Windows beginnt zu starten?

Vorsicht! Wenn die Festplatte einen Hardware-Schaden hat, kann man mit keiner Rettungs-Disk und keiner Datenrettungssoftware etwas ausrichten. Schlimmer noch: Ein Weiterbetrieb der Festplatte kann die Schäden sehr schnell vergrößern und eine spätere professionelle Datenrettung unmöglich machen!

Woran erkennt man, ob ein Hardwareschaden vorliegen könnte?

- Wenn die Festplatte oder der PC heruntergefallen oder heftig bewegt (gekippt) worden sind, während sich die Festplatte noch gedreht hat, ist ein Hardwareschaden wahrscheinlich.
- Nachdem Sie den Computer im Auto transportiert haben, ohne die richtige Transportlage zu beachten (eine Magnetfestplatte sollte sich beim Transport ist waagerechter Position befinden), kann das die Ursache für einen Hardwareschaden sein.
- Ungewöhnliche Geräusche vor dem Ausfall (sägend oder klickend) oder ungewöhnliche Lautstärke.
- Festplatte wird vom BIOS nicht erkannt, andere Platten und DVD-Laufwerke werden aber erkannt.
- Parameter der Platte (Typbezeichnung, Kapazität) werden im BIOS falsch angezeigt.
- Sie haben eine Diagnosesoftware des Festplattenherstellers benutzt und diese zeigt unsinnige Fehlercodes? Wahrscheinlich ist die Firmware (das BIOS der Platte) beschädigt, Datenrettungssoftware hilft hier nicht.

Bevor Sie zu radikalen Maßnahmen greifen: Öffnen Sie den PC und wackeln Sie ein wenig an beiden Enden des Datenkabels, das zur Festplatte führt, und drücken Sie es fest hinein. Das hat schon oft geholfen. Die Goldschicht auf den Kontakten ist sehr dünn und vielleicht beschädigt. Tauschen Sie versuchsweise die Datenkabel von DVD-Laufwerk und Festplatte untereinander.

Sie sind nicht sicher, ob es sich um einen mechanischen Schaden handelt? Einige professionelle Datenretter bieten eine kostenlose Fehlerdiagnose an, und einen Kostenvoranschlag bekommen Sie auch. Schicken Sie Ihre Festplatte beispielsweise an CBL Datenrettung. Sie bekommen dann einen Kostenvoranschlag über wahrscheinlich mehrere hundert Euro. Wenn Ihnen die Kosten zu hoch sind, können Sie ja die Platte zurückverlangen und die Datenrettung selbst versuchen.

Sie haben den Eindruck, dass Ihr Computer immer langsamer wird? Abstürze und Hänger nehmen zu? Dafür kann es mehrere Ursachen geben. Es könnte eine Überlastung des PC durch zu viele installierte Programme oder ein Virus sein. Es können sich aber auch Hardwareschäden an der Festplatte auf diese Art ankündigen. Prüfen Sie das Ereignisprotokoll, wenn das noch möglich ist.

13.5.2 Versehentlich gelöschte Dateien

Wenn Sie sicher sind, dass Ihre Festplatte keinen Hardwareschaden hat (**und nur dann!**), können Sie Ihr Glück mit Datenrettungssoftware versuchen. Doch beachten Sie: Sie dürfen keine Schreibvorgänge auf dem beschädigten Datenträger zulassen, solange Sie Ihre Rettungsversuche nicht beendet haben! Durch die Arbeitsweise der Microsoft-Dateisysteme ist es beinahe sicher, dass der von gerade gelöschten Dateien freigewordene Speicherplatz vorrangig überschrieben wird. Das bedeutet unter anderem:

- Wenn Sie den Fehler entdeckt haben und Windows läuft noch: Fahren Sie Windows nicht ohne Not herunter. Und wenn Sie Windows schon heruntergefahren haben: Fahren Sie Windows nicht ohne Not hoch, denn bei jedem Hoch- und Herunterfahren werden zahlreiche Protokoll- und andere Dateien erzeugt. Aber auch wenn Windows „nichts zu tun hat", führt Windows Analysen und Optimierungen durch.

- Wenn es Ihnen leicht möglich ist: Löschen Sie einige Dateien, die schon möglichst lange auf der Festplatte gespeichert sind. Sie schaffen damit einen „Sicherheitspuffer". Begründung: Je länger eine Datei schon auf der Festplatte verweilt, desto weiter vorn auf der Festplatte befindet sie sich. Wenn Windows freien Speicher braucht, beginnt die Suche am Anfang der Festplatte und der erste freie Speicherbereich wird genommen.

  Aber benutzen Sie nicht die „Datenträgerbereinigung"! Denn diese erzeugt eine große temporäre Datei beim Erstellen der Liste, welche Dateien gelöscht werden könnten.

- Führen Sie keine Internetrecherchen durch (dabei entstehen temporäre Dateien) und keine Downloads. Installieren Sie keine neue Software, auch keine Datenrettungssoftware. Aber einen USB-Stick mit portabler Datenrettungssoftware können Sie benutzen.

- Der Zielordner für wiederhergestellte Dateien muss auf einer anderen Festplatte oder einem Speicherstick liegen.

Es bleiben Ihnen also nur zwei Möglichkeiten: Benutzen Sie eine Live-CD zum Booten und eine externe Festplatte für die geretteten Dateien oder stecken Sie die Problem-Festplatte an einen anderen PC an. Achten Sie darauf, nicht versehentlich von der falschen Festplatte zu booten.

Ein Tipp: Sie sollten vor dem ersten Rettungsversuch eine Sektor-für-Sektor-Kopie der Festplatte erstellen (z. B. mit Acronis True Image ein Image oder einen Klon erstellen). Wenn der erste Rettungsversuch fehlschlägt, können Sie eine neue Kopie der defekten Festplatte erstellen und einen zweiten Rettungsversuch unternehmen.

13.6 Nichts hat geholfen

Datenrettungsfirmen können mit spezieller Software verlorene Daten wiederherstellen. Hat die Festplatte einen mechanischen Schaden, kann sie in Reinsträumen demontiert und repariert werden. Betrachten Sie die Tabelle auf Seite 34 und stellen Sie sich vor, wie filigran diese Arbeit ist!

Meist lassen sich mehr als 90 % der Daten retten. In der Regel bekommt man nach Eingang einer Anzahlung eine Liste der Dateien, die gerettet werden können, und einen Kostenvoranschlag. Nachdem man die Restsumme bezahlt hat, bekommt man die geretteten Daten. Manche Firmen bieten eine Datenrettung zu einem Festpreis an, der bei Festplatten oft zwischen 600 bis 1000 Euro liegt.

Es gibt auch Datenrettungs-„Billigangebote". Für beispielsweise 200 Euro kann man ein versehentliches Formatieren oder andere logische Fehler reparieren lassen, doch ein mechanischer Schaden wird auf jeden Fall teurer.

14 Disaster Recovery

In den bisherigen Kapiteln haben Sie zahlreiche Möglichkeiten kennengelernt, Ihre Daten mit mehr oder weniger Aufwand zu sichern – von gelegentlichen Maßnahmen bis zu stündlichen oder fast-permanenten Sicherungen. Welche der Möglichkeiten ist die passende für Sie? Wie viel Aufwand ist für Sie sinnvoll?

In diesem Kapitel geht es um **Disaster Recovery**: die Kombination von Maßnahmen, um selbst nach einer Katastrophe die Arbeitsfähigkeit schnell wiederherzustellen. Dazu gehört sowohl die Wiederherstellung von Daten als auch die Reparatur bzw. Ersatz defekter Computertechnik. Übrigens: Disaster ist die englische Schreibweise, Desaster ist laut Duden die deutsche Schreibweise.

Bei einer Katastrophenwiederherstellung oder Notfallwiederherstellung kommt es auf zwei Faktoren an:

- Wie lange darf die Wiederherstellung dauern? Die Zeit vom Eintritt des Schadens bis zur uneingeschränkten Wiederaufnahme der Geschäftsprozesse kann Wochen oder Stunden dauern. Es kann auch ein Zeitraum von Minuten oder Sekunden gefordert sein, wenn ein unterbrechungsfreier Betrieb gewünscht ist.
- Wie viele Datenverluste kann man in Kauf nehmen? Das hängt von der Organisation der Datensicherung und vor allem von deren Häufigkeit ab. Wer nur einmal im Monat Daten sichert, muss bereit sein, größere Verluste zu akzeptieren.

Sie haben einen oder einige PCs, an denen Sie intensiv arbeiten? Sie haben einen PC für die Buchhaltung und weitere PCs, mit denen Sie Angebote erstellen oder kreativ tätig sind? Und es wäre ein fürchterlicher Schlag für Sie, alle PCs durch Blitzschlag, Überschwemmung, Feuer oder Einbruch zu verlieren?

In diesem Kapitel mache ich Ihnen Vorschläge, wie Sie eine Datenkatastrophe überleben können, mit einer maximale Wiederherstellungszeit von ungefähr einem Tag, wobei Sie wahrscheinlich nicht mehr als die Daten der letzten ein bis zwei Tage verlieren. Ich gehe dabei vom nahezu schlimmsten Fall aus, dass ein Blitzschlag alle mit dem Stromnetz verbundenen Computer gleichzeitig zerstört (einschließlich der Festplatten), wobei ein Großbrand oder eine Diebesbande ebenso verlustreich sein können. Ich hoffe, dass nicht für alle Ihre Computer das gleiche Höchstmaß an Sicherheit nötig ist, denn dann können Sie das nachfolgend vorgestellte Konzept etwas „abspecken".

14.1 Konzept

Sie benötigen mindestens drei Backup-Festplatten: eine zum Klonen, eine weitere für Images, eine dritte für die tägliche Sicherung der seit dem letzten Backup geänderten Dateien.

1. Jeweils zum Jahreswechsel wird eine Komplettkopie der Arbeitsfestplatte des PC auf eine Klon-Festplatte erstellt (geklont).
2. Zur zusätzlichen Sicherheit: Jeweils zum Jahreswechsel wird von allen relevanten Partitionen der Arbeitsfestplatte ein Image auf einer Image-Festplatte erstellt und alle Images werden für mindestens zwei, besser zehn Jahre aufbewahrt.
3. Regelmäßig (täglich oder wöchentlich) werden alle seit dem letzten Jahreswechsel geänderten Dateien auf eine Backup-Festplatte oder auf einen Backup-PC gesichert.

Wie sicher ist dieses Konzept?

- Weil für den Klon und für die Images verschiedene Festplatten vorgesehen sind, besteht Sicherheit auch beim Defekt einer der Backup-Festplatten. Bei einem Defekt der Klon-Festplatte kann mit den Daten der Image-Festplatte eine neue Klon-Festplatte erstellt werden.
- Nach einem katastrophalen Datenverlust wird die Klon-Festplatte anstelle der defekten Festplatte eingebaut. Anschließend wird der Klon mit den regelmäßig gesicherten Daten aktualisiert, so dass innerhalb weniger Stunden ein funktionierendes System wiederhergestellt werden, mit dem Datenstand vom Vortag (falls die Daten täglich gesichert worden sind).

14.2 Anleitung (Übersicht)

1. Zuerst müssen Sie Informationen über die Festplatte in Ihrem PC zusammenstellen.
2. Kaufen Sie eine Klon-Festplatte, die baugleich mit der Arbeitsfestplatte oder größer ist (geringfügig größer genügt).
3. Kaufen Sie eine möglichst große Image-Festplatte, mindestens doppelt so groß wie die belegte Kapazität der Arbeitsfestplatte.
4. Kaufen Sie „Acronis True Image" oder brennen Sie die Probierversion auf eine DVD. Sie könnten auch das kostenlose „Filezilla" verwenden, siehe Unterkapitel 9.7 „Werkzeuge".
5. Klonen Sie die Festplatte – mindestens einmal im Jahr.
6. Erstellen Sie Images von allen relevanten Partitionen der Arbeitsfestplatte – mindestens einmal im Jahr.
7. Erstellen und testen Sie eine Stapeldatei für die tägliche Datensicherung oder konfigurieren Sie ein geeignetes Backup-Programm.

14.3 Informationen sammeln

Für die Planung der Datensicherungen werden Informationen über die zu sichernden Festplatten gebraucht: Wie groß sie sind, wie viele Partitionen enthalten sind und inwieweit die Partitionen mit Daten gefüllt sind. Das alles kann man mit dem Diskmanager von Microsoft ermitteln.

Starten Sie die „Datenträgerverwaltung". Es gibt zwei Möglichkeiten:

- Gehen Sie über den Start-Button zu den „Windows-Verwaltungsprogrammen" und weiter zur „Computerverwaltung". Dort finden Sie die „Datenträgerverwaltung".
- Alternativ können Sie die Datenträgerverwaltung starten, indem Sie die Tastenkombination Windows-Taste + „r" drücken und `diskmgmt.msc` eintippen, gefolgt von „Enter".

Ihre Festplatte finden Sie unter „Datenträger 0". Sollte bei Ihnen ein „Datenträger 1" vorhanden sein, gilt die nachfolgende Anleitung möglicherweise nicht für Sie.

Notieren Sie sich die Größe des Datenträgers 0 und für jede der angezeigten Partitionen des Datenträgers 0 (außer für die etwa 100 MB kleine „System-reservierte" Partition):

- Den Namen der Partition (das „Label"),
- Die Größe (Kapazität) der Partition,
- Wie viel von dieser Kapazität belegt ist.

Es ist sinnvoll, diese Daten in einer Excel-Tabelle zu erfassen. Wiederholen Sie diese Datenerfassung jedes Jahr. Mit den Zahlen des jährlichen Zuwachses können Sie planen, wann welche Festplatte ersetzt werden muss. Drucken Sie diese Daten aus, damit sie bei einem Datenunglück sofort greifbar sind. Heben Sie diese Notizen (den „Festplatten-Belegungsplan") langfristig auf (mindestens zehn Jahre).

Anmerkungen

- Bei einer Neuinstallation erhält jeder PC einen zufälligen Computernamen, den Sie in einen „sprechenden" Namen ändern sollten, um spätere Verwechslungen zu vermeiden. Unter „Einstellungen" → „System" → „Info" erfahren Sie den aktuellen „Gerätenamen", unter „Diesen PC umbenennen (fortgeschritten)" können Sie ihn „Ändern".
- Die Partitionen sollten aussagekräftige Namen haben, damit es bei der späteren Sicherung keine Verwechslungen gibt. Statt der Standardbezeichnung „Lokaler Datenträger" wären „System" oder „Win10" besser. Weitere Partitionen könnten „Daten" oder „Buchungen" oder „Rechnungen" heißen. Um einen Namen zu ändern, starten Sie einen Festplattenmanager. Klicken Sie mit der rechten Maustaste auf die Partition und wählen Sie „Eigenschaften". Tragen Sie den neuen Namen ein und klicken Sie auf „Übernehmen" und „OK".

Noch besser wäre es, wenn der (abgekürzte) Namen des PC im Partitionsnamen enthalten ist, z. B. „Buha-W10" oder „Chef-Daten" . Ein Partitionsname (Label) eines ExFAT-Dateisystems oder eines (kaum noch verwendeten) FAT32-Dateisystems darf 11 Zeichen lang sein, das Label einer NTFS-Partition darf 32 Zeichen lang sein. Aber man sollte darauf achten, dass unter allen Labels aller Festplatten keine sind, die in den ersten sechs Zeichen identisch sind, denn unter sehr widrigen Umständen stehen bei einer Datenwiederherstellung nur 8.3 Dateinamen zu Verfügung. Was ein 8.3 Dateiname ist, können Sie sich an der Eingabeaufforderung mit dem Befehl `dir /x` anzeigen lassen: alle Dateinamen, die länger als acht Zeichen sind, werden auf die ersten sechs Zeichen verkürzt, gefolgt von einer Nummer und drei Zeichen Dateierweiterung.

14.4 Materialbedarf

14.4.1 Anschaffungskosten

Kosten   Bedarf (pro PC)

70 €   Eine Klon-Festplatte für jeden zu sichernden PC, die etwas größer als die aktuelle Festplatte ist.

Kosten   Bedarf (einmalig)

40 €   Eine Festplatte für die täglichen Backups aller PCs, 500 GB sind wahrscheinlich ausreichend.

100 €   Mindestens eine große Festplatte für Images, die von allen PCs gemeinsam benutzt werden kann. **Notfalls** können auch die täglichen Backups aller PCs darauf Platz finden.

50 €   Mit der Software Acronis True Image kann man sowohl eine Festplatte klonen als auch Images erstellen. Eine Dauerlizenz (einmaliger Kauf) für einen PC kostet 50 Euro auf der Webseite von Acronis, 30 Euro bei edv-buchversand.de.

Meine Empfehlung: Kaufen Sie True Image bei Amazon, dort kostet die Webversion 34,99 Euro. Auch eine ältere Version von 2018 oder 2017 für 20 Euro reicht völlig aus.

Lassen Sie sich nicht von negativen Rezensionen erschrecken. Wenn Sie True Image nicht installieren, sondern nur von DVD booten, funktioniert es einwandfrei.

Von `www.acronis.de` können Sie eine 30-Tage-Testversion kostenlos herunterladen (die kostenlose Version finden Sie am Ende der Acronis-Webseite).

Alternativ kann man das kostenlose Programm „clonezilla" verwenden. Allerdings halte ich es angesichts der gesamten Anschaffungskosten und der Häufigkeit der Nutzung von True Image für falsch, zu einer umständlich zu bedienenden Software zu greifen.

30 €   USB-SATA-Adapter, um die Festplatten über USB an die PCs anschließen zu können.

Bild 14.1: USB-SATA-Adapter für 2,5" oder 3,25" Festplatten

Bild 14.2: USB-SATA-Adapter

14.4.2 Bauformen

Die Klon-Festplatte(n) werden im Notfall anstelle der internen Festplatten eingebaut, kaufen Sie deshalb „nackte" Platten ohne Gehäuse. Die Klon-Festplatte für ein Notebook muss also eine 2,5" Festplatte sein. Für Desktop-Geräte sollten Sie 3,5" Platten wählen (sie sind schneller und billiger als 2,5" Platten).

Um die Klon-Platte einmal im Jahr an den PC anzuschließen, brauchen Sie einen USB3-SATA-Adapter, wie in den Bildern 14.1 und 14.2. Den Adapter von Bild 14.1 gibt es auch in der Ausführung mit zwei Festplattenhalterungen. In die nachstehend empfohlenen Adapter (Preis: etwa 25 Euro) kann man wahlweise eine 3,5" oder 2,5" Festplatte einstecken.

- „Inateck USB 3.0 zu SATA Festplatten Dockingstation"
- „Sharkoon SATA QuickPort XT USB 3.0 – HDD Dockingstation".

Die Festplatte für die Images wird nur einmal im Jahr gebraucht. Kaufen Sie eine 3,5" Festplatte, da bekommen Sie mehr Kapazität pro Euro. Ob mit Gehäuse oder ohne, ist eine untergeordnete Frage.

Für die tägliche Datensicherung brauchen Sie mindestens eine Festplatte, die von allen PCs über das Netzwerk erreichbar ist. Sehr gut geeignet wäre auch ein (möglicherweise älterer) PC, der wie im Unterkapitel 11.4 „Ziel-PC holt Daten ab" als Datensicherungs-PC die Daten sichert. Weil darauf ja nur die Änderungen seit Jahresanfang gespeichert werden, braucht die Festplatte nicht allzu groß zu sein.

14.5 Für jeden PC eine Klon-Festplatte kaufen

Auf der als Klon-Festplatte bezeichneten Festplatte soll eine 1 : 1 identische Kopie der Original-Festplatte erstellt werden. Die Kopie (der Klon) wird mit dem Programm Acronis True Image erstellt.

14.5.1 Welche Kapazität sollte die Klon-Festplatte haben?

Die Klon-Festplatte muss exakt die gleiche Kapazität haben wie das Original oder geringfügig größer sein. Eine großzügig bemessene Kapazität schadet nicht, hat aber nicht den geringsten Nutzen. Es sei denn, Sie wollen nach einigen Jahren die Original-Festplatte vorsorglich ersetzen.

Wenn auf der Original-Festplatte ein beträchtlicher Teil ihrer Kapazität nicht genutzt wird, genügt möglicherweise auch eine etwas kleinere für den Klon. Das müssen Sie gegebenenfalls ausprobieren.

Die Klon-Festplatte wird nur selten benutzt: zu Beginn der Archivierung und danach nur einmal im Jahr, jeweils zum Jahreswechsel. Deshalb braucht es keine langlebige Festplatte sein, es darf auch eine gebrauchte Festplatte sein. Doch auf keinen Fall darf eine SSD verwendet werden: SSD verlieren Daten, wenn sie lange Zeit ungenutzt bleiben.

14.5.2 Dreht sich in Ihrem PC noch eine Magnet-Festplatte?

Dann sollten Sie einen SSD-Speicher geeigneter Größe kaufen, die Original-Festplatte darauf klonen und zukünftig mit der SSD-Festplatte arbeiten. Die Magnetfestplatte bauen Sie aus und benutzen diese in Zukunft anderweitig, für Images oder für die täglichen Zuwachssicherungen. Sie gewinnen einen bedeutenden Zuwachs an Arbeitsgeschwindigkeit.

14.5.3 Könnte man auf die Klon-Festplatte verzichten?

Im Prinzip ja. Doch bei einem Datenverlust handeln Sie sich die folgenden Nachteile ein:

1. Sie müssen Windows neu installieren. Doch auf welche Festplatte?

    - Wenn die Festplatte mechanisch defekt ist, müssen Sie schnell eine neue Festplatte beschaffen. Wie lange dauert das an Ihrem Wohnort? Eine Stunde oder bis zum nächsten Tag?
    - Die Festplatte ist mechanisch in Ordnung und könnte weiterverwendet werden, es ist lediglich das Betriebssystem defekt? Dann könnte man sie erneut verwenden. Ich würde jedoch die Festplatte auf keinen Fall für eine Neuinstallation verwenden, denn es sind Daten darauf, die neuer sind als das Backup von gestern (oder wann jeweils das letzte Backup erfolgte).

    In beiden Fällen brauchen Sie eine neue Festplatte. Wenn Sie vorsorglich eine Klon-Festplatte erstellt haben, können Sie diese sofort verwenden.

2. Wenn Sie Windows neu installieren müssen, wird das lange dauern. Nehmen wir an, Sie haben eine Installations-DVD griffbereit und Sie erwarten keine Probleme bei der Installation der Treiber. Die Installation einschließlich der zahlreichen Microsoft-Updates und der wichtigsten Hilfsprogramme (PDF-Reader, Drucker, Office, E-Mail-Programm ...) wird den Großteil eines Arbeitstages verschlingen.

3. Vermutlich müssen Sie ein Office-Programm (Word, Excel usw.) installieren und auch einige spezielle Programme, zum Beispiel eine Buchhaltungssoftware oder ein Warenwirtschaftssystem. Was meinen Sie, wie lange das einschließlich aller Updates dauert? Vielleicht ist es fünf oder zehn Jahre her, dass Sie ein Warenwirtschaftssystem gekauft haben, mit einer Seriennummer und einem Satz Installations-CDs. Danach haben Sie mindestens einmal pro Jahr CDs für ein Update erhalten und eingespielt. Wie wahrscheinlich ist es, dass Sie alle diese CDs finden, dass ausnahmslos alle lesbar sind und alle sich installieren lassen?

4. War der defekte PC ein Teil eines Netzwerks? Wahrscheinlich müssen mehrere Benutzerkonten angelegt und Netzwerkverbindungen hergestellt werden. Wenn der defekte PC ein Teil einer Domäne (so heißt die Verwaltungseinheit eines Microsoft-Servers) gewesen ist, gibt es weitreichende Probleme. Weil der defekte PC nicht ordnungsgemäß aus der Domäne abgemeldet werden konnte, bleibt sein Name reserviert. Der neu eingerichtete PC muss deshalb einen neuen Namen bekommen, damit er in die Domäne aufgenommen werden kann. Vermutlich müssen alle Abläufe, Programme und Dokumentationen angepasst werden, in denen der Namen des PC vorkommt.

5. Das größte und teuerste von allen Problemen hängt mit den Seriennummern zusammen. Beim Kauf jeder Software (Windows, MS Office, Buchhaltungsprogramm usw.) haben Sie eine Seriennummer („Product Key") für eine einmalige Installation bekommen und Sie haben die Software über das Internet „aktiviert".

Ich gehe davon aus, dass Sie von jedem Ihrer PCs die Seriennummern der installierten Programme kennen. Wenn Sie eine Software ein zweites Mal mit der gleichen Seriennummer wie beim ersten Mal installieren, wird der Software-Hersteller das möglicherweise für einen Betrugsversuch halten und die Aktivierung ablehnen. Wie wollen Sie beweisen, dass es sich um eine Ersatzinstallation handelt? Vielleicht müssen Sie sich an den Softwarehersteller wenden und ihm die Lage schildern, damit Sie die Software nutzen können. Ich wünsche Ihnen, dass der Hersteller eine deutsche Niederlassung hat und telefonisch erreichbar ist. Schlimmstenfalls müssen Sie die Software noch einmal kaufen.

Resümee: Wenn Sie ein geklontes System oder ein Image haben, ersparen Sie sich alle genannten Sorgen. Wobei ein Klon vorzuziehen ist: Sie sind einige Stunden früher arbeitsfähig.

Könnte man auf das Erstellen von Images verzichten?

Die Images dienen als Reserve für den Fall, dass die Klon-Festplatte bzw. die Dateien darauf einen Schaden haben. Die Images sind deshalb unverzichtbar.

14.5.4 Brauchen Sie für jedes neue Jahr eine neue Klon-Festplatte?

Eigentlich nicht. Sie machen ja jedes Jahr ein Image des PC. Und normalerweise brauchen sie ja nur die aktuellen Daten, allenfalls noch die Daten vom Jahresanfang. Falls Sie doch einmal die Daten früherer Jahre brauchen, sollten Sie die Images der zurückliegenden Jahre aufheben.

14.5.5 Könnte man Images verwenden anstelle einer Klon-Festplatte?

Im Prinzip könnte man auf die Klon-Festplatte verzichten. Bei Bedarf kann man aus einem vollständigen Image (aller Partitionen) eine Klon-Festplatte erstellen. Und wenn Sie zwei gleiche Images auf unterschiedlichen Festplatten aufbewahren, sind Sie selbst bei Ausfall einer der Festplatten auf der sicheren Seite. Allerdings sollte man folgendes beachten:

- Wenn von einem Image ein einziges Bit falsch gelesen wird, ist das gesamte Image wertlos. Leider passiert das nicht selten. In einer Imagedatei sind die Daten hochkomprimiert, ohne Redundanz. Und mit solchen Daten haben die Fehlerkorrektoralgorithmen der Festplatten größere Probleme.
- Andererseits: Wenn auf einer Klon-Festplatte ein paar Bits oder gar ein paar Sektoren defekt sind, kann man das in der Regel reparieren. Schlimmstenfalls installiert man das betroffene Programm erneut.

Für eine langfristige Speicherung sind die Daten auf einer Klon-Festplatte weitaus sicherer aufgehoben als in einer Image-Datei.

14.6 Jede Festplatte zum Jahreswechsel klonen

PC zum Booten von DVD vorbereiten

Das Programm „Acronis True Image" muss von DVD gestartet werden. Dazu müssen Sie ins BIOS gehen und die „Boot-Sequenz" ändern oder das BIOS-Bootmenü aufrufen.

Klonen durchführen

Wie es gemacht wird, konnten Sie bereits unter 5.6 im Unterkapitel „Methoden und Hilfsmittel" lesen.

Booten Sie von der Acronis-CD. Gehen Sie in das Hauptmenü („Home"). Wählen Sie „Extras und Werkzeuge" (Tools & Utilities) → „Laufwerk klonen" (Clone Disk). Nach einer Wartezeit müssen Sie zwischen automatischem oder manuellem Modus wählen.

Weil ich keinem Programm blind vertraue, bevorzuge ich den manuellen Modus: Wenn sich die Automatik irrt, würde der „Inhalt" der leeren Festplatte auf die volle Platte kopiert werden. Lieber wähle ich selbst das Quell-Laufwerk (source hard disk) und nach „Weiter" das Ziellaufwerk (target hard disk). Am unteren Rand wird die aktuelle Belegung der Festplatten angezeigt.

Wenn Acronis die neue Festplatte nicht findet, muss sie möglicherweise „initialisiert" werden. Falls das nicht automatisch geschieht, gehen Sie im Acronis-Hauptmenü auf „Extras und Werkzeuge" → „Neues Laufwerk hinzufügen". Markieren Sie die neue Festplatte, „Weiter".

Nach der Wahl des Ziellaufwerks können Sie wählen zwischen „identisch kopieren", „proportional anpassen" oder „manuell". Alles andere als „identisch kopieren" (As is) wäre sinnlos. Ein Teil der Klon-Platte bleibt dabei ungenutzt, was ein später eventuell nötiges „Zurückklonen" erleichtert.

Zur Kontrolle wird die Belegung der Ziel-Festplatte vor und nach dem Kopieren gezeigt. Wenn alles richtig ist, klicken Sie auf „Ausführen" (Proceed). Wenn Ihr Computer weniger als 5000 Euro gekostet hat, sollten Sie die geschätzte Restzeit mindestens vervierfachen, um eine realistische Wartezeit zu erhalten.

Wenn die Quell-Festplatte eine MBR-Partitionstabelle hat und die Ziel-Festplatte kleiner als 2047 GB ist, behält das Programm diese Partitionstabelle bei: „disk's layout will remain MBR", andernfalls wird auf GPT-Partitionstabelle (GUID Partition Table) umgestellt. Beachten Sie, dass der PC ein UEFI-BIOS haben muss, um große Festplatten verwalten zu können. Mehr dazu siehe Kapitel 7.

Sie können wählen, ob der Computer zum Abschluss heruntergefahren (shut down) oder neu gestartet werden soll. Ich empfehle, den Computer keinesfalls automatisch neu zu starten. Fahren Sie den Computer herunter und entfernen Sie eine der beiden identischen Festplatten. Erst danach dürfen Sie den Computer starten.

Warum? Angenommen, Sie haben auf der Festplatte zwei Partitionen: eine Systempartition `C:` und eine Datenpartition `D:`. Wenn Windows beim Start zwei Festplatten findet, werden die beiden Systempartitionen als `C:` und `D:` einsortiert und die beiden Datenpartitionen als `E:` und `F:`. Windows könnte inkorrekte Registryeinträge entdecken, eine automatische Reparatur versuchen und dabei Schaden nehmen.

Kontrolle

Wenn Sie den PC problemlos öffnen können, sollten Sie probeweise die eingebaute Festplatte durch die frisch geklonte Festplatte ersetzen. Booten Sie den PC und überzeugen Sie sich, dass die Klon-Festplatte funktioniert.

Wenn Sie den PC nicht öffnen können oder wollen, sollten sie auf eine Kontrolle verzichten. Sie könnten zwar die geklonte Festplatte mit einem USB-SATA-Adapter an einen USB-3.x- Anschluss stecken und das Betriebssystem über USB booten. Dabei sollten Sie beachten, dass die interne Festplatte noch angeschlossen ist: das Betriebssystem der eingebauten Festplatte ist vermutlich als Laufwerk D: verfügbar und es könnte zu den vorstehend beschriebenen Problemen kommen. Seien Sie zufrieden, wenn Windows von der geklonten Festplatte startet und fahren Sie Windows gleich wieder herunter. Vom Testen irgendwelcher Anwendungen rate ich ab. Auf gar keinen Fall sollten Sie Installationen und Deinstallationen vornehmen, weil dabei ein Betriebssystem das andere versehentlich verändern könnte.

14.7 Image erstellen mit Acronis True Image

Wann?

Vor oder nach dem Erstellen der Klon-Festplatte, ohne in der Zwischenzeit an der Originalfestplatte etwas zu ändern. Dadurch haben Sie eine Sicherheitsreserve für den Klon.

Diese doppelte Sicherheit ermöglicht es, bei den nachfolgenden täglichen Datensicherungen nur die Veränderungen seit dem Zeitpunkt des Klonens zu sichern.

Wie oft?

Einmal im Jahr sollte genug sein. Wenn allerdings die Menge der täglich zu sichernden Dateien zu sehr anwächst, sollte man überlegen, das Erstellen eines Images halb- oder vierteljährlich durchzuführen. Sie müssen dann aber auch das Klonen mit der gleichen Häufigkeit durchführen, um sich mit doppelter Sicherheit auf die neue Basisversion verlassen zu können.

Ausführung

Wie es gemacht wird, konnten Sie bereits unter 5.4.4 im Kapitel „Methoden und Hilfsmittel" lesen.

Installieren Sie Acronis True Image nicht, sondern booten Sie stets von der DVD! Auch auf den PCs, auf denen True Image installiert ist.

Booten Sie von der Acronis-DVD. Im Auswahlmenü wählen Sie „Acronis True Image", um ins Hauptmenü („Home") zu kommen.

What would you like to do? (Was wollen Sie tun)? Wählen Sie „Backup" auf der linken Seite.

Im nächsten Menü wählen Sie den oberen Menüpunkt „Disk and Partition Backup" (engl.: „My Disks"), um komplette Partitionen als Image zu sichern.

Nach der Wahl von „My Disks" werden im rechten Fenster des „Backup Wizard" die Partitionen der Festplatten aufgelistet. Wählen Sie die zu sichernden Partitionen aus. Ist eine kleine Startpartition von etwa 100 MB dabei, die als „Primär, Active" oder „System-reserviert" gekennzeichnet ist, sollte diese auf jeden Fall ein Teil der Sicherung werden. Partitionen, die **ganz bestimmt** keine wichtigen Daten enthalten, könnten Sie weglassen. „Recovery Partitionen" brauchen Sie nicht zu sichern.

Beachten Sie die Warnung „Local volume letters may be different from those in Windows" (Die Laufwerksbuchstaben können andere sein als unter Windows). Orientieren Sie sich keinesfalls an den Laufwerksbuchstaben, sondern an Größe und Bezeichnung (Label) der Partitionen.

Back up sector-by-sector (requires more storage space): Nein → „Next".

Im Fenster „Target backup archive" müssen Sie mit „Browse" das Laufwerk und die Partition auswählen, wohin das Image gespeichert werden soll. Legen Sie dann den „Filename" fest. Empfehlung: Beginnen Sie den Namen mit „Datum-Computername", z. B. 2020-12-30-Notebook. Beim Datum ist die Reihenfolge jjjj-mm-tt zu empfehlen, denn wenn Sie mehrere Backups erstellt haben, wird die Anzeige der Backup-Dateien automatisch chronologisch sortiert.

Anschließend wählen Sie „Create new backup archive" (neues Backup erstellen). Nach „Next" wird eine Zusammenfassung (Summary) angezeigt. Nach einer sorgfältigen Überprüfung: „Proceed" (Ausführen).

Im Fenster „Operating Progress" wird der Fortschritt und die geschätzte Restzeit (Time left) angezeigt. In der ersten Minute ist die geschätzte Zeit sehr hoch, danach wird die Schätzung einigermaßen realistisch (mit einer optimistischen Tendenz). Auf jeden Fall sollten Sie die Restzeit-Prognose im Auge behalten. Wenn sich die Prognose der Restzeit plötzlich verdreifacht und dann allmählich wieder sinkt, ist das ein fast sicherer Hinweis auf schwache Bereiche der Festplatte. In diesem Fall sollten Sie vielleicht vorsorglich die Arbeits-Festplatte mit der Klon-Festplatte tauschen.

14.8 Die tägliche Zuwachs-Sicherung

14.8.1 Welche Programme sind dafür geeignet?

Es gibt mehrere Möglichkeiten, täglich Daten zu sichern. Suchen Sie sich eine davon aus. Sorgen Sie unbedingt dafür, dass ein Protokoll automatisch erzeugt wird. Sonst merken Sie nicht, wenn das Backup – vielleicht schon seit Monaten – nicht mehr funktioniert.

Lokale Sicherung

Mit einem Programm wie in den Unterkapiteln 10.3 oder 10.5 können Sie die Daten eines PC auf eine externe Festplatte sichern. Unter 11.5.2 wird beschrieben, wie Sie die Sicherung täglich automatisch starten können.

Daten über Netzwerk sichern

Im Kapitel 11 haben Sie die Anleitung, Daten auf einen anderen PC zu kopieren. Rechner A könnte sein Backup nach Rechner B kopieren: auf eine freie Partition oder auf dessen externe Festplatte.

Backup-PC

Verwenden Sie einen älteren PC, den Sie eventuell mit einer größeren Festplatte ausstatten, als Backup-PC. Notfalls können Sie auch einen Ihrer Arbeits-PCs verwenden. Starten Sie diesen PC nachts (12.2: „Den PC zeitgesteuert wecken"). Beginnen Sie die Sicherung damit, einen Weckbefehl `wolcmd` (siehe 12.4.1) an alle PCs zu senden. Fügen Sie eine Pause ein (siehe 16.2.4), damit alle PCs genug Zeit zum Aufwachen und Hochfahren haben. Kopieren Sie mit ROBOCOPY-Befehlen wie im Unterkapitel 11.3.3 die Daten auf den Backup-PC. Zum Schluss schicken Sie Shutdown-Befehle an alle PCs, siehe Unterkapitel 12.7 und 12.6.

Backup-Programme

Viele Backup-Programme sind möglich, soweit sie imstande sind, nur Dateien ab einem bestimmten Datum zu sichern. Unter dieser Voraussetzung kommt auch eine Sicherung in eine Cloud in Frage, wenn Sie keine Datenschutz-Bedenken haben.

14.8.2 Sie brauchen zwei Zuwachs-Sicherungen!

Wenn die Festplatte mit der Tagessicherung kaputt geht, haben Sie nur noch den Datenstand vom letzten Jahresende. Sie müssen also mindestens zwei Sicherungen haben, die am Besten mit zwei unterschiedlichen Verfahren erstellt werden. Notfalls kann man auf zwei externe Festplatten im Wechsel sichern. Wenn aber eine davon kaputt geht? Angenommen Sie sichern Montags auf Platte EXTERN1 und an allen anderen Tagen auf Festplatte EXTERN2. Geht EXTERN1 am Freitag kaputt, sind die Daten von Dienstag bis Freitag verloren.

Finden Sie einen für Ihre Ansprüche geeigneten Kompromiss. Vielleicht können Sie in eine Cloud sichern, falls die Datenmenge nicht zu groß ist. Oder auf einem Arbeits-PC finden Sie Platz für die Sicherung der anderen PCs. Oder Sie stecken eine Backup-Festplatte an den DSL-Router. Auf den ersten Blick scheint es ziemlich unwahrscheinlich, dass ein PC seine Daten verliert und gleichzeitig die Backup-Festplatte defekt ist. Doch ich denke an Verschlüsselungstrojaner, Blitzschläge in die Stromversorgung und größere Brände.

Vermeiden Sie dabei Abhängigkeiten, soweit möglich. Angenommen, Sie haben zwei externe Festplatten für die Tagessicherung an einen PC angesteckt. Wird dieser PC von einem Trojaner befallen, verschlüsselt dieser beide Backups. Sicherer wäre es, die externen Festplatten an unterschiedlichen PCs zu betreiben und die Festplatten nach jeder Sicherung auszuwerfen.

14.9 Modifikationen

14.9.1 Klonen zum Jahreswechsel

Für das Klonen und das gleichzeitige Erstellen von Images habe ich „zum Jahreswechsel" empfohlen. Wenn die täglich zu sichernde Datenmenge zu groß wird oder die Sicherung zu lange dauert, können Klon und Image auch halb- oder vierteljährlich aktualisiert werden. Und wenn die Datenmenge geringer ist, braucht man nicht jedes Jahr zu klonen.

Nach jeder Jahressicherung (beziehungsweise wenn Sie die Festplatte geklont und ein Image erstellt haben) ändern Sie das Datum der Zuwachssicherungen, ab wann die Änderungen gesichert werden müssen. Wenn Sie eine Datensicherung wie im Unterkapitel 10.3 und 10.5 verwenden, müssen Sie in der Zeile mit „`MAXAGE=`" das Datum ändern.

14.9.2 Die tägliche differenzielle Sicherung

Diese Sicherung sollten Sie automatisieren. Und wenn Ihnen das gelungen ist, spielt es – vom Aufwand her gesehen – keine Rolle mehr, ob diese Sicherung täglich oder wöchentlich durchgeführt wird: Sie erfolgt ja automatisch, außer wenn man die Backup-Datenträger regelmäßig wechseln muss. Auch der Bedarf an Speicherplatz auf dem Backup-Medium hängt nicht von der Häufigkeit der Sicherung ab.

Disaster Recovery

14.10 Den Server sichern

Wenn im Unternehmen mehrere Personen mit dem gleichen Datenbestand arbeiten, ist es sinnvoll, diesen auf einen zentralen Speicher auszulagern: einen NAS-Speicher oder einen Server. Wobei NAS-Speicher einen so geringen Datendurchsatz haben, dass sie für Unternehmen kaum in Betracht kommen.

Wenn Sie ganz konsequent alle Daten eines Arbeitsplatz-PCs auf den Server verlagern, brauchen Sie an diesem PC keine Datensicherung mehr durchzuführen, außer vielleicht hin und wieder ein Image des Betriebssystems. Bei Windows-Problemen können Sie Windows von einem Image wiederherstellen, neu installieren oder den PC durch einen Reserve-PC ersetzen.

14.10.1 Welches Server-Betriebssystem können Sie nutzen?

Um Dateien auf einem zentralen Computer zu speichern, kommen vor allem die Betriebssysteme Linux, Windows Professional und Windows Server infrage. Linux als Dateiserver ist ein hervorragendes Betriebssystem, erfordert aber einen Fachmann, der sich mit Linux und Netzwerken auskennt. Weil diese Fachleute selten sind, werde ich mich hier nicht dazu äußern.

Windows Professional

Es ist wenig bekannt, dass Windows 10 Professional und Windows 7 Professional als Server für kleine Netze geeignet sind. Gehen Sie über „Einstellungen" → „System" → „Info" → „Erweiterte Systemeinstellungen" zum Reiter „Erweitert". Klicken Sie im Bereich „Leistung" auf „Einstellungen". Unter dem Reiter „Erweitert" können Sie die Priorität festlegen: „Programme" für einen Arbeitsplatz-PC oder „Hintergrunddienste", wenn der PC hauptsächlich als Server dient.

Ein Windows Professional Server kann sich mit maximal 20 Computern und andere Netzwerkgeräten verbinden. Wenn man mit mehreren Servern arbeitet, können mehr als 20 Computer vernetzt werden.

Wenn die allermeisten Nutzer immer den gleichen, „ihren" Computer benutzen, braucht jeder Benutzer nur einmal eingerichtet werden, nur auf „seinem" Computer, und der Aufwand hält sich in Grenzen. Nur für den Administrator und für jeden anderen Nutzer, der im Wechsel an verschiedenen Computern arbeitet, ist ein erhöhter Aufwand nötig.

Windows Server

„Windows Server" ist ein Betriebssystem mit einem ähnlichen Systemkern wie Windows Professional, ergänzt um zahlreiche Zusatzfunktionen: Webserver, FTP-Server, DNS- und DHCP-Server, Benutzer- und Geräteverwaltung und anderes. Die wichtigste Besonderheit des Servers ist die Verwaltung der Benutzer und ihrer Berechtigungen: Sie erfolgt zentral über ein „Active Directory". So heißt die verteilte Datenbank, welche die Kennwörter und Berechtigungen aller Benutzer zentral verwaltet. Verteilt bedeutet: Die Server an allen Standorten benutzen die gleichen Daten und tauschen sich ständig über Veränderungen aus (neu hinzugekommene oder gelöschte Benutzer, geänderte Passwörter usw.) Der Vorteil dabei: Ein Benutzername gilt für das ganze Unternehmen, an allen Standorten. Mehr noch: Auch das Aussehen des Desktops und andere Windows-Einstellungen sowie die Zugriffsrechte werden zentral gespeichert. Man kann sich an jedem PC an jedem Standort des Unternehmens mit seinem Benutzernamen anmelden und findet überall seinen gewohnten Desktop vor, einschließlich seiner Dokumente und E-Mails. Allerdings ist der Aufwand enorm, ein Active Directory zu betreiben. Große Unternehmen betreiben deshalb an jedem nicht-winzigen Standort mehrere Server: Einen, der sich ausschließlich mit der Verwaltung des Active Directory beschäftigt, und weitere Server, auf welchen die Dateien liegen, sowie gegebenenfalls Webserver, FTP-Server, DNS-Server und weitere.

Auch wenn man Erfahrungen mit der Vernetzung von PCs hat: Ein Active Directory zu installieren ist nicht einfach. Ohne einen Experten (Stundensatz zwischen 80 und 150 Euro) wird es kaum gehen. Selbst wenn Sie einen Microsoft-Basislehrgang „Active Directory" (zwei Tage für 1000 Euro) absolvieren, werden Sie kaum ohne Experten auskommen.

14.10.2 Datensicherung des Servers

Der Ausfall eines Servers zählt zu den größeren Katastrophen. Erstens, weil alle Computer in der Firma nur noch eingeschränkt oder gar nicht arbeiten können. Zweitens, weil die Reparatur oder Neuinstallation eines Servers schwierig ist, spezielle Kenntnisse erfordert und auf jeden Fall lange dauert – kaum weniger als einen Tag. Allein das Zurückkopieren eines Backups auf den Server kann viele Stunden dauern.

Große Firmen installieren ausfallsichere Systeme (mit gespiegelten oder virtuellen Servern) oder gespiegelte Rechenzentren. Eine mittelständische Firma kann sich das nicht leisten.

Die Server benutzen oft ein RAID-System. Das schützt hervorragend vor einem Festplattenausfall, nützt aber nichts bei einem Serverausfall oder bei einer Ransomware-Angriff. Das Problem dabei: Mit handelsüblicher Software können Sie ein RAID-System nicht Klonen und auch kein Image erstellen.

Empfehlung für die Server-Konfiguration

Ebenso wie bei einem Arbeitsplatz-PC sollten Sie Daten und Betriebssystem trennen! Und zwar nicht als zwei Partitionen auf einer Festplatte (oder einem RAID-System), sondern auf getrennten Festplatten! Verwenden Sie für das Betriebssystem eine SSD. Wenn Sie darauf verzichten, das Betriebssystem zu spiegeln, können Sie von Zeit zu Zeit ein Image oder einen Klon des Betriebssystems erstellen und dann innerhalb einer Stunde den Server erneut in Betrieb nehmen.

Für die Daten verwenden Sie eine zweite Festplatte oder ein RAID-System und davon machen Sie regelmäßige Backups.

Die Hauptplatine des Servers sollten Sie zweimal kaufen. Die zweite dient als Reserve und kann im Alltag in einem Arbeitsplatzrechner verwendet werden. Wenn der Hauptserver defekt ist, brauchen Sie nur dessen Festplatten in den Ersatz-Server stecken sowie die Netzwerkkabel umstecken. Weil die Hauptplatinen identisch sind, sollte Windows ohne Treiberanpassung (mit Ausnahme von Grafikkarte und sekundärer Komponenten) auf Anhieb funktionieren, und Sie können weiterarbeiten.

14.10.3 Ausfall mehrerer Server

In einer Firma mit zehn Servern an vier Standorten führte ein nächtlicher Ausfall der Klimaanlage im Serverraum zum Festplattensterben. Ich konnte bei den Reparaturen und der Datenrettung helfen und wurde danach beauftragt, für eine automatische, umfassende, robuste Datensicherung aller PCs und Server zu sorgen und Lösungen für Notfälle vorzubereiten.

Meine Konzeption: Der Serverraum bekam eine zweite Klimaanlage für Notfälle und eine ausreichende Notstromversorgung. Von allen PCs und servern wurde ein Image erstellt sowie eine Dokumentation (was ist installiert und wie konfiguriert). Da die Firma ihre Server ohne Active Directory verwaltete, wären auch die Server relativ leicht zu ersetzen gewesen. Alle PCs und Server sicherten in der Nacht die Daten mit ROBOCOPY und meldeten die Durchführung automatisch auf den Bildschirm der Verantwortlichen. Damit wäre eine maximale Reparaturzeit von vier Stunden erreichbar gewesen.

Für den Server der Produktionsabteilung galten viel schärfere Anforderungen. Der Auftraggeber hatte es so formuliert: „Ganz egal, was im Serverraum passiert: Ein Brand, ein Blitzschlag, die Fehlbedienung eines Technikers oder wenn jemand eine Handgranate hineinwirft: Der Produktionsserver darf unter keinen Umständen länger als 15 Minuten ausfallen, auch wenn es Mitternacht und kein Techniker in der Nähe ist!"

Das Problem ist nicht mit einem Reserve-Server zu lösen, den man bei Bedarf hochfährt. Es kann Stunden dauern, die Daten vom letzten Backup auf den Ersatz-Server zu kopieren!

Meine Lösung: Ich installierte einen Backup-Server, räumlich weit entfernt vom Serverraum, der von allen PCs des Standorts nachts die Daten einsammelte, wie in 11.3 „Ziel-PC sammelt Daten ein" beschrieben. Von den PCs in der Produktion wurden die Daten jede Stunde gesichert, wie in 11.7 „Dokumente stündlich automatisch sichern" dargelegt.

Darüber hinaus erfolgte eine Datensicherung außer in einen „Stundenordner" in einen weiteren, speziellen Ordner „Aktuell", der alle fünf Minuten auf den aktuellen Stand gebracht wurde, wie in 11.8 „Monitoring" beschrieben. Dieser Ordner war im Netzwerk freigegeben. Die PCs in der Produktion prüften beim Hochfahren mit einer „IF EXIST" Abfrage, ob der Hauptserver zur Verfügung stand. Wenn nicht, erfolgte eine Warnung („Wollen Sie wirklich den Reserveserver verwenden?") und dann wurden die alternativen Netzwerkverbindungen zum Backup-Server hergestellt.

Das ergab eine Ausfallzeit bei einem Versagen des Hauptservers von unter zehn Minuten: Man musste nur das Netzwerkkabel herausziehen, das zum Serverraum führte, und alle Produktions-PCs neu booten.

14.11 Schutz vor den grossen Katastrophen

Mit den „Großen" Katastrophen sind Ereignisse gemeint, bei denen zwei oder mehrere Festplatten gleichzeitig verloren gehen könnten: Durch Feuer, Diebstahl, Überschwemmung, Blitzschlag, Verschlüsselungstrojaner, und ...

Meine Nachbarin wurde einmal von einem Kugelblitz besucht. Er verschwand in der Steckdose. In allen acht Wohnungen des Hauses war der Fernseher kaputt und die meisten elektronischen Geräte auch, selbst solche Geräte, die an einer ausgeschalteten Steckdosenleiste steckten (denn der Überspannungsstoß kam auch durch den Schutzleiter, der von keinem Schalter unterbrochen wird). Mein PC war gerade mit der täglichen Datensicherung beschäftigt: Der PC war kaputt einschließlich Festplatte und die angesteckte Backup-Festplatte war auch hinüber. Zum Glück hatte ich, sensibilisiert durch frühere Blitzschlag-Erlebnisse einiger Kunden, ein zweites Backup im Regal.

Bewahren Sie die Klon-Festplatten und die Festplatten mit den Images weit entfernt von den PCs auf, an zwei verschiedenen Orten! Dachboden, Keller, beim Chef zu Hause, bei Verwandten. Das sollte kein Problem sein, denn diese Festplatten werden nur einmal im Jahr benötigt.

Falls Sie für die täglichen Backups einen separaten Sicherungs-PC einsetzen: Positionieren Sie ihn ebenfalls weit weg von den anderen PCs! Er kann bei Bedarf ferngedient werden.

Falls Sie das tägliche Backup auf externe Festplatten speichern: Beenden Sie die Backup-Stapeldatei mit dem Befehl, den Datenträger auszuwerfen! Dann können Schadprogramme erst wieder zugreifen, nachdem Sie den USB-Stecker herausgezogen und erneut eingesteckt haben. Nachteil: Wenn Sie das Aus- und Einstöpseln vergessen, fällt die nächste Datensicherung aus.

Benutzen Sie für die tägliche Sicherung zwei oder mehrere Datenträger im Wechsel! Beispiele: Eine Festplatte nur an geraden Tagen oder nur montags.

14.12 Geschäftsunterlagen revisionssicher archivieren

Für Geschäftsunterlagen, vor allem für Buchhaltungsunterlagen gibt es gesetzliche Vorschriften, die beachtet werden müssen, z. B. die Grundsätze ordnungsmäßiger Buchführung und das Handelsgesetzbuch. Ein wichtiger Punkt ist die Fälschungssicherheit: Rechnungen und andere Unterlagen dürfen nicht nachträglich verändert werden können. Zu beachten sind die Aufbewahrungsfristen von zehn und mehr Jahren für steuerlich relevante und zahlreiche andere Dokumente. Falls durch irgendwelche Umstellungen (neues Betriebssystem, neuer PC, neue Buchhaltungs-Software) alte Daten nicht mehr verfügbar sind, sollte man zumindest ein letztes Image oder einen letzten Klon erstellen und diesen aufheben.

Werfen Sie den PC nicht weg, auf dem dieser letzte Klon lauffähig ist. Noch viel besser wäre es, den PC zu virtualisieren und ihn als virtuelle Maschine bereitzuhalten. Wie das geht, ist auf `https://eifert.net` unter „Software" → „Virtuelle Maschinen mit VMware" beschrieben. Falls das Finanzamt danach fragt, kann man den alten PC auf diese Weise auf einem anderen PC zum Laufen bringen, ohne dass Sie alte PCs zehn Jahre lang aufheben müssen.

15 Ich glaubte, ich hätte ein Backup …

In den vielen Jahren meiner Berufstätigkeit habe ich hunderte Menschen erlebt, die wichtige Daten verloren haben. Warum Daten verloren gehen, will ich hier nicht betrachten – Datenverlust gehört zum alltäglichen Risiko. Neun von zehn Benutzern hatten ihre Daten noch nie gesichert. Und bei allem Mitgefühl kann ich nur verzweifelt den Kopf schütteln, wenn ich an den Optimismus und die Technikgläubigkeit mancher Menschen denke, die jahrelang weder ein Backup gemacht noch ihre Arbeit gedruckt haben – und dann alles verloren haben. Ich denke an den Sternekoch, der drei Jahre an einem Rezeptbuch gearbeitet hatte. An den Professor für Physik, der jahrelang an einem Lehrbuch geschrieben hatte. An den Zahnarzt, der mit seiner Dissertation fast fertig war.

Wie verzweifelt ist wohl ein Student, der die Vorlesungsmitschriften und Fotos eines Semesters verloren hat? Die Mitschriften kann er von seinen Kameraden kopieren. Und viele seiner Fotos hat er vermutlich mit Freunden geteilt und kann sie zurückholen. Doch wer kurz vor dem letzten Abgabetermin seine Abschlussarbeit verliert und diese noch nie ausgedruckt hat, ist in einer bösen Lage.

Und dann gibt es noch die Benutzer, die lobenswerterweise daran gedacht haben, Backups zu machen. Denen es aber aus verschiedensten Gründen nichts genutzt hat.

Was nützt ein Backup, das eine Woche oder einige Monate alt ist? Alte Dokumente und Fotos gut gesichert zu wissen, ist beruhigend. Aber wie wirkt sich das Fehlen aller aktuellen Geschäftsdaten aus? Vor allem als Firmenchef sollte man einmal darüber nachgedacht haben, ob das Tagesgeschäft ohne aktuelle Daten überhaupt weitergeführt werden kann. Ich denke dabei an eine Vertriebsfirma, die mit jedem Kunden für jedes Erzeugnis einen individuellen Preis ausgehandelt hatte, und nun waren alle Bestellungen und alle Preise verloren. Ich erinnere mich an ein Reisebüro, das eine Woche lang nicht wusste, ob jeder der in die Busse und Flugzeuge einsteigenden Reisenden schon bezahlt hatte.

Ich erinnere mich an einen Firmenchef, der seine Daten regelmäßig sicherte: Von der Festplatte C: nach Festplatte D:. Doch bis seine Festplatte kreischend zum Stillstand kam, wusste er nicht, dass C: und D: zwei Partitionen seiner einzigen Festplatte waren.

Generell haben manche Nutzer keine Ahnung, wo ihre Daten sind. Die einen sichern nur den Desktop, die anderen nur die „Eigenen Dateien". Selbst wenn man beides sichert, ist das mitunter nicht genug: Viele wichtige Programme richten irgendwo einen eigenen Datenordner ein. Wo, beispielsweise, sind die Favoriten des Firefox-Browsers und die Kontaktadressen von E-Mail und Skype zu finden? Buchhaltungs- und Warenwirtschaftsprogramme nutzen nie die „Eigenen Dateien".

Vielen Nutzern ist der Unterschied zwischen einem Ordner und einem Link auf den Ordner unbekannt. Mehrmals drückten mir Kunden einen Speicherstick in die Hand mit den Worten, das sei das Backup. Doch dann stellte sich heraus: Statt der Dateien waren nur die Links zu den Dateien gesichert worden, und die „eigentlichen" Dateien fehlten im Backup.

Ich erinnere mich an die junge Frau, die drei Jahre ihres Studentenlebens verloren hatte. Als sie ihre Daten nicht mehr lesen konnte, steckte sie ihre Backup-Festplatte an. Wenige Minuten später hatte der Erpresser-Trojaner auch das Backup unbrauchbar gemacht. Ich werde nicht vergessen, wie sie zum Weinen nach draußen ging. Weder das Zahlen des Lösegelds an den Erpresser noch unsere zweitägigen Bemühungen (die wir ihr mangels Erfolg nicht berechnet haben) brachten ihr die Daten zurück.

Wie wichtig sind Ihnen E-Mails? Mein Archiv reicht mehr als zehn Jahre zurück. Sichern Sie ausgewählte alte E-Mails? Einige Kunden waren fest überzeugt, dass alle E-Mails auf dem Server des Providers sicher seien. Doch auch wenn der Freund behauptet, das es bestens funktioniert: das hängt vom Provider ab und von den Einstellungen. Häufig ist eine Aufbewahrungszeit von drei Monaten vorgesehen, doch nicht immer ist das die Standardeinstellung.

Glauben versetzt Berge?

Die Idee vom papierlosen Büro finde ich prima – doch nur, wenn man auf alle denkbaren und vor allem auf die undenkbaren Datenunfälle vorbereitet ist. Zumindest sollte man alle Rechnungen ausdrucken, denn das Finanzamt ist nicht mildtätig, wenn es um die Schätzung des Einkommens geht.

Viele Datensicherungskonzepte sind an simplen Denkfehlern gescheitert. Ein „Brainstorming" mit Familie, Freunden oder Mitarbeitern deckt vielleicht Probleme auf. Bei allem Verständnis für Sparsamkeit sollten Sie das Konzept abschließend mit einem Profi beraten. Datenverlust ist **viel** teurer!

Backups, die nicht mindestens einmal in einem Test erfolgreich wiederhergestellt wurden, verdienen den Namen „Backup" nicht.

Eine besonders üble Panne ist mehreren Geschäftskunden passiert, die sorgfältig und regelmäßig ihre Daten gesichert haben. Doch dann stellte sich heraus: Alle unwichtigen Dateien sind hervorragend gesichert worden – aber die wichtigsten Daten fehlten. Wie kann so etwas geschehen?

Datenbanken sind für die Speicherung großer, strukturierter Datenmengen optimal geeignet. Benutzen Sie ein Datenbankprogramm für betriebswirtschaftliche Prozesse oder die Fakturierung? Buchhaltungs- und Lohnsteuerprogramme benutzen Datenbanken. Auch Programme für die private Steuererklärung arbeiten teilweise mit Datenbanken. Jedoch startet das Datenbankprogramm meist als Systemdienst beim Hochfahren des Computers und wird erst beim Herunterfahren des Betriebssystems beendet. Und das Datenbankprogramm hält die Datenbankdateien ständig geöffnet! Das bedeutet: Jeder Versuch, diese Dateien zu sichern, wird scheitern.

Um eine Datenbank trotzdem sichern zu können, gibt es mehrere Möglichkeiten:

- Notfalls starten Sie den PC im abgesicherten Modus. Dabei werden nur die unverzichtbaren Dienste gestartet, die Datenbankdienste starten nicht. Nun können Sie entweder die reguläre Datensicherung durchführen oder von den Datenbankdateien eine Kopie erzeugen, die dann bei der nächsten planmäßigen Datensicherung mitgesichert wird.
- Besser ist es, herauszufinden, welcher der Dienste die Datenbankdateien blockiert. Der Befehl `services.msc` in der Eingabeaufforderung listet alle gestarteten Dienste auf. Wenn Sie einen Verdacht haben, welcher Dienst die Daten blockiert, können Sie diesen Dienst mit dem Befehl `net stop (Dienstname)` stoppen, die Datensicherung durchführen und nach der Sicherung mit `net start (Dienstname)` den Dienst erneut starten.
- Die beste Lösung: Jedes Datenbankprogramm hat eine Funktion zum Sichern und Rücksichern der Daten. Benutzen Sie diese Sicherung regelmäßig und speichern Sie diese Sicherungsdateien in einem Ordner, der anschließend von der täglichen Datensicherung mitgesichert wird.

Wenn Sie die Datensicherung mit ROBOCOPY durchführen, sollten Sie ein Protokoll erstellen lassen, in dem alle Dateien aufgelistet werden, die aus irgendwelchen Gründen nicht gesichert werden konnten. Überprüfen Sie dieses Protokoll von Zeit zu Zeit und erkennen Sie dadurch andauernde Probleme!

16 Anhang

16.1 Bedienung

16.1.1 Eingabeaufforderung

Was die Eingabeaufforderung ist und warum sie wichtig ist, wurde im Kapitel 9. „Werkzeuge" erklärt.

Eingabeaufforderung öffnen

Sie benötigen das Fenster der Eingabeaufforderung, um Kommandozeilenbefehle einzugeben. Am schnellsten geht es mit der Tastenkombination Windows-Taste und „r", dann „cmd" und „Enter".

Windows 7 und Vista: Unter „Start" → „Alle Programme" → „Zubehör" finden Sie das Programm „Eingabeaufforderung". Es öffnet sich ein schwarzes Fenster mit einem blinkenden Kursor, der auf das Eingeben eines Kommandozeilenbefehls wartet.

Wenn Sie auf die „Eingabeaufforderung" mit der rechten Taste klicken, können Sie im Kontextmenü wählen „Als Administrator ausführen", denn für viele Aktionen brauchen Sie Administratorrechte.

Windows 7 und Vista: Klicken Sie auf „Start". Klicken Sie in das Feld mit dem blassen Text „Suche starten" bzw. „Programme/Dateien durchsuchen" und tippen Sie „cmd" als das auszuführende Programm ein, gefolgt von „Enter".

Windows 10: Bewegen Sie den Mauszeiger in die linke untere Ecke und klicken Sie mit der rechten Maustaste auf das Windows-Symbol. Es öffnet sich das Kontextmenü mit „Eingabeaufforderung" und „Eingabeaufforderung (Administrator)".

Windows 10 seit dem Fall Creators Update (Oktober 2018): Die Eingabeaufforderung ist aus der Zubehörgruppe und aus dem Start-Kontextmenü verschwunden. Als Ersatz können Sie die „Windows PowerShell" benutzen, die allerdings sehr lange für den Start braucht. Schneller geht es, wenn Sie mit der rechten Maustaste auf das Windows-Symbol klicken, „Ausführen" wählen und „cmd" eingeben.

Verknüpfung zur Eingabeaufforderung erstellen

So legen Sie ein Desktop-Symbol für die Eingabeaufforderung an, wenn Sie diese oft brauchen:

Klicken Sie mit der rechten Maustaste auf den Desktop, wählen Sie „Neu" und „Verknüpfung". In das Feld „… Speicherort des Elements …" tippen Sie „cmd" ein, „Weiter". Geben Sie der neuen Verknüpfung einen Namen, z. B. „CMD", dann „Fertigstellen". Nunmehr können Sie mit einem Doppelklick auf das neue Symbol die Eingabeaufforderung starten.

Klicken Sie mit der rechten Maustaste auf die neue Verknüpfung, dann auf „Eigenschaften" und „Erweitert". Setzen Sie einen Haken vor „Als Administrator ausführen", dann zweimal „OK".

Tipps

Falls das Fenster der Eingabeaufforderung nicht breit genug ist, können Sie mit der rechten Maustaste auf die Titelleiste klicken und „Eigenschaften" wählen. Auf der Registerkarte „Layout" können Sie die „Fenstergröße" erhöhen.

Wenn man das Eingabefenster nicht mehr braucht, kann man den Befehl „exit" eintippen oder das Fenster mit einem Klick auf das Kreuz in der rechten oberen Ecke schließen.

16.1.2 Dateinamenerweiterungen sichtbar machen

Fast jeder Dateiname endet mit einem Punkt und drei Zeichen dahinter, welche die Art der Datei kennzeichnen, z. B. `.pdf` für PDF-Dateien oder `.xls` oder `.xlsx` für Excel-Tabellen. Standardmäßig werden diese Dateinamenerweiterungen nicht angezeigt. Zur Sicherheit (um Schädlinge besser erkennen zu können) sollten sie sichtbar sein, und für einige Anwendungen (vor allem für die Eingabeaufforderung) müssen sie zwingend sichtbar sein.

Windows 8 und 10: Explorer starten. Auf „Ansicht" klicken. Haken setzen bei „Dateinamenerweiterungen".

Windows 7, Vista: Explorer starten. Taste „Alt" drücken, es wird eine Menüzeile eingeblendet. „Extras" → „Ordneroptionen" → „Ansicht". Vor „Erweiterungen bei bekannten Dateitypen ausblenden" den Haken entfernen. „Übernehmen", „OK".

16.1.3 Versteckte Dateien sichtbar machen

Sie wollen beim Aufräumen alle Dateien sehen, auch die versteckten? Die von ROBOCOPY erstellte Kopie ist nicht sichtbar? Auch das wird in der Explorer-Ansicht eingestellt:

Register „Ansicht": „Optionen" → „Ordner- und Suchoptionen ändern" → „Ansicht".

- Haken vor „Geschützte Systemdateien ausblenden" entfernen,
- Haken vor „Inhalte von Systemordnern anzeigen" setzen,
- Punkt setzen vor „Alle Dateien und Ordner anzeigen" bzw. „Ausgeblendete Dateien, Ordner und Laufwerke anzeigen".
- „Vorherige Ordnerfenster bei der Anmeldung wiederherstellen" lassen mag recht praktisch sein.

Zum Speichern auf „Übernehmen" und auf „OK" klicken.

Bild 16.1: Der Weg zu den „Ordner- und Suchoptionen"

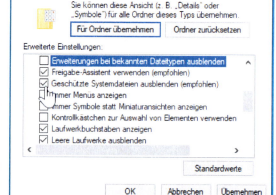

Bild 16.2: Systemordner u. a. anzeigen lassen

16.1.4 Disk Manager

Mit dem Diskmanager kann man die Festplatte in Partitionen unterteilen und ab Windows Vista auch die Größe vorhandener Partitionen ändern.

Es gibt mehrere Möglichkeiten, den Diskmanager zu starten, je nach Betriebssystem und Einstellungen. Suchen Sie heraus, was bei Ihnen passt.

- **Jede Windows-Version:** Öffnen Sie die „Eingabeaufforderung" und geben Sie den Befehl „`diskmgmt.msc`" ein, gefolgt von Enter.
- **Windows 7**, klassische Ansicht: „Start" → „Einstellungen" → „Systemsteuerung" → „Verwaltung" → „Computerverwaltung" → „Datenträgerverwaltung".
- **Windows 7**, Kategorieansicht: „Start" → „Systemsteuerung" → „System und Sicherheit" → „Verwaltung" → „Festplattenpartitionen erstellen und formatieren".
- **Windows 10:** Bewegen Sie den Mauszeiger in die linke untere Ecke und klicken Sie mit der rechten Maustaste auf das Windows-Symbol. Es öffnet sich das Kontextmenü mit „Datenträgerverwaltung".

16.2 Stapeldateien

Eine Stapeldatei, engl. Batch-Datei, ist eine Liste von Kommandozeilenbefehlen. Das Abarbeiten einer solchen Liste von Befehlen vereinfacht und beschleunigt die Bedienung, eliminiert Tippfehler und andere Fehlbedienungen und ermöglicht die Automatisierung wiederkehrender Aufgaben.

Sie können die einzelnen Befehle, aus denen die Stapeldatei zusammengestellt werden soll, vorher an der Eingabeaufforderung testen. Beachten Sie dabei 9.1.3 „Hinweise für das Eintippen von Kommandozeilenbefehlen".

Wenn Sie eine vorhandene Stapeldatei ausprobieren wollen, fügen Sie an geeigneten Stellen „Pause"-Befehle ein, dann können Sie die Arbeit der Datei Schritt für Schritt verfolgen.

16.2.1 Wichtige Befehle

Einige Befehle, z. B. COPY, XCOPY, ROBOCOPY, ECHO, TITLE, REM, SET, DATE und TIME wurden in den Stapeldateien der Kapiteln 10 bis 12 verwendet und dort bereits kurz erklärt. Wenn Sie in der Eingabeaufforderung `help` eingeben, wird eine Liste aller Befehle ausgegeben. Eine Kurzanleitung zu jedem Befehl und weitere Erläuterungen erhalten Sie, wenn Sie hinter dem Befehl „ /?" oder „ /help" (z. B. „dir /?") eintippen. Hier folgen einige wichtige Befehle. Eine recht umfangreiche Dokumentation finden Sie auf `https://de.wikibooks.org/wiki/Batch-Programmierung:_Batch-Befehle` oder Sie lassen Google nach „batch-befehle" suchen, da finden Sie ebendiese Quelle auf einem vorderen Platz.

Protokollierung

Die Kopfzeile des Fensters der Eingabeaufforderung ist mit `C:\Windows\system32\cmd.exe` betitelt. Mit dem Befehl „Title" können Sie die Kopfzeile ändern. Wenn Sie ein paar Befehle wie

`title Start der Monatssicherung um %time:~0,8% Uhr`

in die Stapeldatei einbauen, sehen Sie in der Kopfzeile, wie weit die Ausführung des Programms ist.

`cls`   löscht den Bildschirm.

Mit den folgenden beiden Befehlen können Sie Kommentare in die Bildschirmanzeige einfügen und Abschnitte durch Leerzeilen trennen.

`ECHO Protokoll wird erstellt`   schreibt die Zeile „Protokoll wird erstellt" auf den Bildschirm.
`ECHO.`   erzeugt eine Leerzeile auf den Bildschirm. Beachten Sie: Der Punkt folgt ohne Lücke hinter dem `echo`.

Wenn Sie im Fenster der Eingabeaufforderung einen Befehl eintippen, erscheint dieser Zeichen für Zeichen auf dem Bildschirm. Nachdem Sie Enter gedrückt haben, erscheinen die Meldungen des gestarteten Befehls auf dem Bildschirm. Wenn die Befehlseingabe nicht über Tastatur, sondern über eine Stapeldatei erfolgt, folgen auf dem Bildschirm ebenfalls Befehlseingabe und Befehlsmeldungen im Wechsel.

Wenn eine Stapeldatei oft genutzt wird, ist es überflüssig, die jedesmal gleichen Befehle anzeigen zu lassen. `ECHO OFF` oder `@ECHO OFF` schalten die Protokollierung der nachfolgenden Befehle ab, nur noch die Meldungen der Befehle erscheinen auf dem Bildschirm. Mit dem Befehl `ECHO ON` wird die Anzeige der nachfolgenden Befehle wieder eingeschaltet, z. B. wenn Sie in einem Teil der Batchdatei nach einem Fehler suchen wollen.

Anhang Batch

Anzeige

`dir` zeigt die vorhandenen Dateien im aktuellen Verzeichnis an, einschließlich Dateilänge sowie Datum und Zeit der Erstellung bzw. der letzten Veränderung der Datei.

Zur Erinnerung: „Ordner" und „Verzeichnis" sind Synonyme. Windows verwendet den Begriff „Ordner", während das uralte Betriebssystem DOS und sein Nachfolger, die Kommandozeilenbefehle, den Begriff „Verzeichnis" verwendet.

`dir *.txt /p /s /on` zeigt alle Dateien vom Dateityp `.txt` an. Im Suchmuster steht der Stern für eine beliebige Anzahl beliebiger Zeichen. `/p` hält die Ausgabe an, wenn der Bildschirm voll ist. Das `/s` bedeutet: auch die Unterverzeichnisse (**S**ubdirectories) sollen durchsucht werden. `/o` bedeutet: Ausgabe soll sortiert erfolgen, der Buchstabe dahinter (das `n`) ist das Sortierkriterium: alphabetisch nach **N**amen.

Kopieren

`COPY` erzeugt Kopien von Dateien. Als erster Parameter ist der Name der Quelle anzugeben, als zweiter Parameter ein Name für das Duplikat (das Ziel). `COPY LOGBUCH.TXT LOG_ALT.TXT` erzeugt von der Datei mit dem Namen `LOGBUCH.TXT` eine Kopie mit dem Namen `LOG_ALT.TXT`.

Quelle bzw. Ziel können auch Tastatur, Bildschirm oder anderes sein. `COPY CON VERSUCH.BAT` wartet auf eine Texteingabe von CONsole (= Tastatur) und erzeugt eine Datei `VERSUCH`. Die Texteingabe wird mit Funktionstaste F6 und darauffolgendem ENTER beendet.

`COPY VERSUCH.TXT CON` sendet die Datei `VERSUCH.TXT` zur CONsole (= Bildschirm). Das geht auch kürzer mit dem Befehl `TYPE VERSUCH.TXT`.

Mit COPY kann man auch Dateien zusammenfügen. `COPY DAT1.TXT+DAT2.TXT` hängt Datei `DAT2.TXT` an die Datei `DAT1.TXT` hinten an.

Löschen

`DEL DAT2` löscht die angegebene Datei `DAT2` im aktuellen Verzeichnis. `DEL *.TMP` löscht temporäre Dateien. Angesichts der Zerstörungskraft des Befehls zwei Empfehlungen:

- Angenommen, Sie wollen im Verzeichnis `Dokumente\` alle Word-Dokumente löschen.
  - Nehmen wir einmal an, das aktuelle Verzeichnis ist `C:\users\Klaus\`. Die Befehlsfolge `cd \Dokumente`, gefolgt von `del *.doc`, ist ungünstig: Falls der `cd`-Befehl nicht korrekt ausgeführt werden kann (z. B. weil das Verzeichnis intern die englische Bezeichnung `documents` trägt), wird der Löschbefehl im falschen Verzeichnis ausgeführt.
  - Der Befehl `del Documents\*.doc` oder `del C:\users\Klaus\Documents\*.doc` ist besser: Er wird entweder im richtigen Verzeichnis oder gar nicht ausgeführt.
- Beachten Sie: Die Befehle `dir` und `del` haben eine ähnliche Syntax. Tippen Sie erst `dir ...` ein. Wenn dabei genau die Dateien angezeigt werden, die Sie löschen wollen, tippen Sie die drei Buchstaben „del" und drücken Sie Funktionstaste F3. Windows übernimmt den Rest der vorhergehenden Befehlszeile.

Datei bearbeiten

Zum Ändern von Textdateien benötigt man einen Texteditor. Sie können das Programm `NOTEPAD` an der Befehlszeile verwenden. In der Zubehörgruppe gibt es Notepad und Wordpad, auch Word und andere Programme beherrschen den reinen Textmodus. Allerdings sollten Sie Umlaute vermeiden.

`NOTEPAD VERSUCH.TXT` ermöglicht das Ändern der Datei `VERSUCH.TXT`.

Verzeichnisse

Der Befehl **C**hange **D**irectory (CD, selten auch CHDIR) ohne Parameter dahinter zeigt, welches das jeweils aktuelle Verzeichnis ist.

`cd ..` (Leerzeichen und zwei Punkte) wechselt vom aktuellen Verzeichnis zum übergeordneten Verzeichnis.

`cd \` macht das Hauptverzeichnis (das Wurzelverzeichnis, den Stammordner) zum aktuellen Verzeichnis.

Mit dem Befehlen `md` (**M**ake **D**irectory) und `rd` (**R**emove **D**irectory) kann man Verzeichnisse erzeugen und löschen. Ein nicht mehr benötigtes Unterverzeichnis kann nur dann mit `RD NAME` gelöscht werden, wenn es keine Dateien oder Unterverzeichnisse mehr enthält.

Der Befehl `tree` zeigt die Baumstruktur ab dem aktuellen Verzeichnis als Blockgrafik. Als Parameter kann ein Verzeichnis angegeben werden, z. B. zeigt `tree C:\Windows\` alle Unterverzeichnisse des Windows-Verzeichnisses.

`COPY VERSUCH.TXT \VERSUCH.TXT` kopiert die Datei `VERSUCH.TXT` aus dem aktuellen Verzeichnis in das Wurzelverzeichnis des Datenträgers.

Prägen Sie sich bitte ein:
CD, MD, RD manipulieren NUR Verzeichnisse, aber keine Dateien.
COPY, TYPE, DEL, NOTEPAD bearbeiten NUR Dateien, keine Verzeichnisse.
DIR zeigt sowohl Verzeichnisse, markiert mit <DIR>, als auch Dateien.

16.2.2 Umleitungen und Verkettungen mit sort und find

`sort` sortiert eine Anzahl von Zeilen. Das Programm `sort` erwartet die Eingabe zu sortierender Zeilen von der Tastatur. Wird die Eingabe mit „Enter, Funktionstaste F6, Enter" beendet, erscheinen die Zeilen sortiert auf dem Bildschirm. Die Eingabe einer Liste über Tastatur, nur um sie sortiert auf dem Bildschirm sehen zu können, scheint etwas sinnlos zu sein? Stimmt.

`sort <tab.txt` leitet die Eingabe für das Programm `sort` um: Statt von der Tastatur erhält das Programm die zu sortierenden Zeilen aus der (vorher erstellten) Datei `tab.txt`, die Ausgabe erfolgt auf Bildschirm.

`sort <tab.txt >prn` leitet außerdem die Ausgabe um: Statt zum Bildschirm werden die sortierten Zeilen zum Drucker geleitet (das funktioniert allerdings mit den meisten modernen Druckern nicht mehr).

`sort <tab.txt >liste.txt` erzeugt eine Datei `liste.txt` (sollte es vorher eine Datei `liste.txt` gegeben haben, wird diese gelöscht!) und leitet die Ausgabe statt zum Bildschirm in die Datei `liste.txt`.

`sort <tab2.txt >>liste.txt` hängt die zweite sortierte Tabelle an die Datei `liste.txt` hinten an.

Verkettungen

Dafür benötigen Sie einen speziellen senkrechten Strich. Wenn Sie bei gedrückter Taste AltGr auf die Taste „<" drücken, erzeugen Sie diesen senkrechten Strich, der die Ausgabe eines Befehls als Eingabe des nächsten Befehls weiterleitet. Diese Art der Befehlsverkettung wird „Pipeline" genannt. Hier ein Beispiel, wie das funktioniert: Die Ausgabe des Befehls DIR wird über eine sogenannte „Pipeline" zum Kommando SORT weitergeleitet.

`dir | sort`   Sortiert die Ausgabe des DIR-Befehls.

Wenn es die Befehlsverkettung nicht gäbe, könnte man das mit den folgenden drei Befehlen erreichen:

`dir >inhalt.txt`   schreibt das Verzeichnis in die (neu angelegte) Hilfsdatei `inhalt.txt`
`sort <inhalt.txt`   gibt das Inhaltsverzeichnis sortiert auf den Bildschirm aus
`del inhalt.txt`   löscht die nicht mehr benötigte Hilfsdatei `inhalt.txt`

Wenn die Ausgabe mehr Zeilen umfasst, als ins Fenster passen, hilft der Befehl `more` weiter. Der Befehl hält die Bildschirmausgabe an, wenn der Bildschirm bzw. das Fenster gefüllt ist. Mit einer beliebigen Taste wird die Ausgabe fortgesetzt. Der Befehl wird häufig mit anderen Befehlen verkettet:

`dir | sort | more`   zeigt das sortierte Verzeichnis seitenweise an.

`tree C:\Users\ | more`   hält die Bildschirmanzeige jedesmal an, wenn der Bildschirm voll ist.

Die Verwendung von `more` ist auch mit einer Eingabeumleitung möglich:
`more < liste.txt` gibt die Datei `liste.txt` seitenweise auf den Bildschirm aus. Doch Achtung: Die Zeichen `<` und `>` nicht verwechseln, denn `more >liste.txt` würde die Datei `liste.txt` löschen!

`type liste.txt | more`   hat die gleiche Wirkung: Seitenweise Ausgabe der Datei auf dem Bildschirm.

Die Befehlsverkettung ist nützlich, wenn ein Programm eine vorhersehbare Eingabe erwartet. Beispielsweise gibt der Befehl `time` die Uhrzeit aus und wartet dann entweder auf die Eingabe der korrekten Uhrzeit oder auf das Drücken der Enter-Taste. Sie wollen die Uhrzeit sehen, ohne die Enter-Taste drücken zu müssen? Der Befehl `echo.` erzeugt eine Leerzeile. Diese wird über die Pipeline an den time-Befehl weitergereicht, der sie als Drücken der Enter-Taste interpretiert.

`echo.	time`	Zeigt die Zeit an, ohne auf Bestätigung zu warten.
`echo %time%`	wäre eine einfachere Lösung dafür.
`echo j	chkdsk c: /f`	Bevor Laufwerk `c:` geprüft wird, fordert Windows eine Erlaubnis („j"), dass `chkdsk` nach dem nächsten Start durchgeführt werden darf.

find

FIND untersucht die Zeilen einer Datei, ob darin eine Muster-Zeichenkette enthalten ist. Die Zeilen, die an irgendeiner Stelle das Muster enthalten, werden „durchgelassen" oder, wenn der Parameter /v angegeben ist, verworfen. Interessante Parameter von FIND: `/c` zählt Zeilen, `/n` nummeriert Zeilen, `/v` sucht Zeilen heraus, welche die Zeichenkette NICHT enthalten.

Ein Beispiel:
`dir | find /v "frei"`
listet das Inhaltsverzeichnis des aktuellen Verzeichnisses auf und unterdrückt bei der Ausgabe alle Zeilen, in denen die Zeichenfolge `"frei"` enthalten ist. Das reduziert die Ausgabe auf das Wesentliche.

Achtung, Groß-/Kleinschreibung im Suchtext wird nicht ignoriert! Außer wenn Sie `/i` angeben.

Weitere Beispiele:

`FIND "und" TEXT1`   zeigt alle Zeilen in der Datei TEXT1, welche die Zeichenfolge "und" enthalten.
`FIND /n "DIR" DOS1.TXT` listet die Zeilen (nummeriert) von DOS1.TXT, die "DIR" enthalten.
`FIND /v "privat" TELEFONE.TXT | find /v "Privat" | SORT >TEST.TXT`

erzeugt aus der Datei `TELEFONE.TXT` eine sortierte Datei und lässt alle Zeilen weg, die das Wort "Privat" oder "privat" enthalten.

`DIR | FIND "16.05.20" | SORT`   gibt ein sortiertes Verzeichnis aller am 16. Mai 2020 entstandenen Dateien aus.

Netzwerk

`net help`	zeigt die Liste aller net-Befehle. Davon gibt es eine große Zahl. Hilfe zu jedem der einzelnen Befehle können Sie auf zwei Wegen erhalten, hier am Beispiel des `share` Befehls, der zum Freigeben von Ressourcen dient:
`net share`	Verzeichnisfreigabe, siehe 11.1.3 und 11.3.1.
`net share /?`	kurze Hilfe zum Befehl net share
`net help share`	ausführliche Hilfe zum Befehl net share

Oft gebraucht werden:
- `net view` zeigt die Namen der im Netzwerk verfügbaren PCs.
- `net view \\PC_NAME` zeigt, welche Freigaben am Computer PC_NAME verfügbar sind.
- `net use` zeigt die bestehenden Laufwerksverbindungen.

Anhang Batch

16.2.3 Spezielle Befehle für Stapeldateien

Befehle, die nur in Batch- Dateien verwendet werden:

`PAUSE`	hält die Ausführung an bis zur Betätigung einer Taste
`:TEST`	Marke als Ziel einer Sprunganweisung
`GOTO TEST`	Sprunganweisung zur Marke TEST
`IF EXIST X`	prüft, ob eine Datei X vorhanden ist
`IF "%3"==""`	prüft, ob ein Parameter 3 eingegeben wurde
`FOR`	bewirkt die Anwendung eines Befehls auf mehrere Dateien
`CALL`	ruft eine andere Batchdatei auf und erwartet Rückkehr zum Hauptprogramm

16.2.4 Trickreiche Befehlskombinationen

Verzögerungen

Sie brauchen eine Verzögerung zwischen zwei Befehlen? Ein Beispiel: Ihre Stapeldatei hat einen Weckbefehl an einen PC geschickt und muss eine Weile mit dem nächsten Befehl warten, bis dieser PC hochgefahren ist. Probieren Sie den folgenden Befehl aus:

```
dir c:\*.* /s >nul
```

erzeugt eine komplette Liste aller Dateien auf Laufwerk `C:` und schickt diese in die Pseudodatei „nul", in das elektronische „Nirwana". Sie sehen davon nichts und die Ausführung dauert eine Weile. Wollen Sie messen, wie lange die Ausführung dauert? Verwenden Sie die folgenden Befehle für eine kleine Stapeldatei:

```
echo Startzeit %time% > DAUER.TXT
dir c:\*.* /s >nul
echo Endzeit %time% >> DAUER.TXT
type DAUER.TXT
PAUSE
```

Obige Befehlsfolge schreibt Beginn und Ende der Wartezeit in die Protokolldatei `DAUER.TXT` und zeigt diese an.

Auch mit dem Befehl ping kann man eine Verzögerung programmieren. Angenommen, Ihr Router hat die Adresse 192.168.178.1, dann können Sie mit dem Befehl
```
ping 192.168.178.1 -n 10
```
zehn Pings an den Router schicken, was etwa zehn Sekunden dauert.

Wenn Sie die IP-Adresse des Routers nicht kennen, können Sie den eigenen PC anpingen. Der Befehl
```
ping 172.0.0.1 -n 60
```
dauert etwa eine Minute. Die Adresse 172.0.0.1 bekommt jeder PC als eigene IP-Adresse zugewiesen und kann für Tests oder wie hier verwendet werden.

Anhang Batch

Parameterübergabe

Zur Übergabe von Parametern aus der Kommandozeile können die Variablen %1 bis %9 verwendet werden. Ein Beispiel: Mit den folgenden drei Zeilen erzeugen Sie eine Datei DS.BAT:

```
copy con DS.BAT
dir %1 %2 %3 %4 %5 | find /v "<DIR>" | find /v "Verzeichnis" | sort | more
^Z (ENTER)
```

Die Tastenkombination `^Z` (auf der Tastatur Strg-z eintippen, gefolgt von ENTER) schließt die Befehlseingabe ab. Es wurde damit ein neuer Befehl `DS` erzeugt, der als Ersatz für den Befehl `DIR` verwendet werden kann. Er gibt ein sortiertes Inhaltsverzeichnis seitenweise auf den Bildschirm aus, wobei die beiden Zeilen mit "<DIR>" und die Zeile "Verzeichnis" weggelassen werden. Bis zu fünf Parameter des DIR-Befehls können übergeben werden, z. B. `ds *.pdf /s /ar` listet alle schreibgeschützten pdf-Dateien auf.

Eingabeaufforderung als Administrator öffnen und benutzen

Für manche Aufgaben reicht es nicht, Benutzer mit Administratorrechten zu sein: Windows verlangt lästige Bestätigungen. Doch auf jedem PC gibt es einen Benutzer „Administrator" mit mehr Rechten, allerdings ist er standardmäßig deaktiviert und ohne Passwort. Als Nutzer mit Administratorrechten können Sie ihn folgendermaßen aktivieren. Öffnen Sie die Eingabeaufforderung „als Administrator".

`net user Administrator /active:yes`	aktiviert das versteckte Administratorkonto
`net user Administrator a`	gibt dem Administrator das Passwort „a"
`runas /user:Administrator cmd`	fragt nach dem Passwort des Administrators und öffnet dann die Eingabeaufforderung.
`runas /user:Administrator "cmd /k test.bat"`	fragt nach dem Passwort des Administrators und startet die Batchdatei `test.bat`

Führen Sie einen Rechtsklick auf eine freie Stelle des Desktops aus und klicken Sie auf „Verknüpfung erstellen". Tragen Sie den Befehl ein und geben Sie der Verknüpfung im nächsten Fenster einen Namen. In Zukunft können Sie mit einem Doppelklick die Eingabeaufforderung als Administrator öffnen und eine Stapeldatei (im Bild: `hotspot2.bat`) ausführen.

Bild 16.3: Batch-Datei mit Administratorrechten ausführen

Verteilen einer großen Datenmenge auf mehrere USB-Sticks o. ä. Datenträger

Es kommt häufig vor, dass man eine Datenmenge auf einen USB-Stick oder eine DVD-RAM kopieren muss, aber es passen nicht alle Daten darauf. Man könnte die Daten auf mehrere Datenträger verteilen, aber wie macht man das, wenn es eine sehr große Anzahl Dateien ist? Nach Augenmaß? Mit der folgenden Methode kann man unter Verwendung von XCOPY größere Dateienmengen auf mehrere DVD-RAM, USB-Sticks oder andere Datenträger aufteilen, die nicht groß genug für alle Dateien sind.

`attrib +a Q:*.* /S`	setzt bei allen Dateien das Archivbit, auch in allen Unterverzeichnissen
`xcopy Q:*.* Z: /M /S`	wenn ein Datenträger voll ist, den nächsten Datenträger einlegen und diesen XCOPY-Befehl wiederholen. Probieren Sie Funktionstaste „F3"!

Erläuterung:
- `/S` bedeutet: einschließlich Unterverzeichnisse.
- `/M` bewirkt, dass nur Dateien mit Archivbit kopiert werden. Nach dem Kopiervorgang wird das Archivbit zurückgesetzt.
- `Q:` steht für Quelle (das Laufwerk mit den Originaldaten).
- `Z:` steht für den Laufwerksbuchstaben des Ziel-Laufwerks.

Sollen nur die seit der letzten Komplettsicherung geänderten Dateien gesichert werden, ist der obige XCOPY-Befehl (mehrfach) zu verwenden, OHNE vorher den ATTRIB-Befehl auszuführen!

16.2.5 Verzweigungen

Der IF-Befehl ermöglicht eine einfache Verzweigung und wird oft zusammen mit dem GOTO-Befehl eingesetzt. Mit IF ist sowohl die Prüfung auf eine Gleichheit als auch auf die Existenz einer Datei möglich.

Beispiel 1:

Am Beginn einer Batchdatei möchten Sie eine Datei löschen, von der Sie nicht wissen, ob sie existiert.

`del D:\temp.log` würde eine – möglicherweise irritierende – Fehlermeldung erzeugen, wenn es die Datei nicht gibt. Mit einer IF-Abfrage vermeiden Sie eine Fehlermeldung:

```
if exist D:\temp.log del D:\temp.log
```

Beispiel 2:

Sie wollen dieselbe Stapeldatei für das Sichern aller Excel-Dateien sowohl für das Notebook als auch für den Desktop-PC verwenden. Vom Notebook soll C: gesichert werden, vom Desktop C: und D:.

```
IF "%COMPUTERNAME%" == "NOTEBOOK" GOTO NB
  echo Es ist nicht der Computer mit dem Namen „Notebook"
  rem Notebook hat kein Laufwerk d:, nur der Hauptcomputer hat d:
  xcopy D:\*.xls* f:\%COMPUTERNAME%\LW_D\ /s

:NB

rem Laufwerk C: wird bei allen Computern gesichert
xcopy C:\*.xls* f:\%COMPUTERNAME%\LW_C\ /s
```

Beispiel 3:

Sie wollen täglich einen Bericht per E-Mail mit einigen COPY-Befehlen versenden. Am ersten Tag jedes Monats sollen andere Berichte gesendet werden als an den restlichen Tagen.

```
if "%date:~0,2%"=="01" (
    echo Ausführlicher Bericht am 01. jedes Monats
    copy ... Ausführlicher Bericht an Administrator
    copy ... Kurzbericht an Chef
) else (
    echo an allen anderen Tagen des Monats nur Kurzbericht an Administrator
    copy ... Kurzbericht an Administrator
)
```

Wie am Beispiel 3 zu sehen ist, kann man mehrere Befehlszeilen mit Klammern zu einem Befehl zusammenfassen. Die Befehle in der Klammer habe ich zur größeren Übersichtlichkeit mit Leerzeichen eingerückt. Achtung: Zwischen Bedingung und der öffnenden Klammer muss mindestens ein Leerzeichen sein.
Also nicht `IF bedingung(`
sondern `IF bedingung (`

Setzen Sie Variablen des Vergleiches immer in Anführungszeichen, sonst meldet `if` einen Syntaxfehler.

```
IF %Umgebungsvariable% == Prüfwert     ... ist falsch,
IF "%Umgebungsvariable%" == "Prüfwert" ... ist richtig.
```

Statt der doppelten Gleichheitszeichen kann man auch `LSS` (kleiner als) oder `GTR` (größer als) einsetzen oder mit einem vorangestellten `NOT` die Bedingung umkehren.

Wie beim find-Befehl bewirkt der Zusatz `/i` im if-Befehl, dass der Unterschied zwischen Groß- und Kleinbuchstaben in den zu vergleichenden Zeichenfolgen ignoriert wird.

16.2.6 Testen von Stapeldateien und Fehlersuche

Es ist selbst bei relativ kurzen Stapeldateien nicht immer einfach zu erkennen, was die Datei tut und wie. Mit Kommentaren zu sparen, ist sehr unklug. Wie bei jeder Programmierungstätigkeit lohnen sich Gedanken, wie das Programm übersichtlich gestaltet werden kann – auch dann, wenn Sie der einzige Nutzer sind. Wenn Sie Ihr Stapelprogramm nach einem halben Jahr modifizieren müssen, werden Sie sich über jeden Kommentar in Ihrem Programm freuen! Und wenn Sie Hilfsbefehle zum Testen des Programms und zum Protokollieren eingebaut haben, entfernen Sie diese nicht nach der Testphase, um das Programm schneller oder kürzer zu machen! Vielleicht müssen Sie das Programm nach Änderungen erneut testen. Schreiben Sie ein REM davor. Entfernen Sie nur die Pause-Befehle.

- Sie dürfen jedem Befehl eine beliebige Anzahl von Leerzeichen voranstellen, und wo zwischen den Parametern eines Befehls ein Leerzeichen steht, dürfen es auch mehrere sein. Benutzen Sie Leerzeichen ausgiebig zum Einrücken! Auch leere Zeilen sind möglich.
- Leiten Sie uninteressante Ausgaben nach `>nul` um. Uninteressante Fehlermeldungen können Sie mit der Umleitung `2>nul` ins Nirwana schicken.
- Nicht mit ECHO- und REM- Befehlen sowie Leerzeilen sparen.
- Bedienerfehler und Systemfehler abfangen, damit es für den Nutzer unmöglich ist, Fehler zu machen (diese begehrte Qualität wird als IDIOTENSICHER bezeichnet). Manche Batch-Dateien werden nur sehr selten bzw. von nicht unterwiesenen Anwendern benutzt! Wird das Programm wegen eines Bediener- oder anderen Fehlers abgebrochen, sollten Sie den Bediener mit einigen echo-Befehlen über den Grund des Abbruchs informieren, damit er beim nächsten Versuch die richtigen Parameter eingibt.
- Wenn Sie das ASCII-Zeichen 0x07 in einen Echo-Befehl einfügen, erzeugt es einen kurzen Piepton. Probieren Sie es aus: Schalten Sie den numerischen Block auf Ziffern. Tippen Sie an der Eingabeaufforderung `echo` gefolgt von einem Leerzeichen. Halten Sie die Alt-Taste gedrückt, tippen Sie nacheinander die Ziffern 07 auf dem numerischen Block und lassen Sie die Alt-Taste wieder los. Zunächst erscheint ^G. Wenn Sie Enter drücken, hören Sie den Piep (falls Ihr PC einen Pieper hat). Sie können den Piepton in eine Textzeile einbauen, die Sie mit dem echo-Befehl auf den Bildschirm bringen. Nutzen Sie den Piepton, wenn Sie darauf aufmerksam machen wollen, dass der Programmablauf eine Eingabe erfordert oder dass das Programm beendet ist.
- Mit dem Befehl `color` können Sie dem Fenster eine andere Farbe geben. Sie können mit der Farbe signalisieren, welcher Teil der Stapeldatei gerade abgearbeitet wird. Probieren Sie `color 2f` oder `color 1e`. Die Standardfarbe stellen Sie mit dem Befehl `color` ohne Parameter wieder her. Die erste Hexadezimalziffer definiert die Hintergrundfarbe, die zweite Ziffer legt die Schriftfarbe fest.
- Wenn Ihr Programm beim Test nicht wie gewünscht funktioniert, können Sie es mit Strg-C oder Strg-Pause abbrechen.

Die erste Maßnahme vor dem Testen und bei fast allen Problemen: Fügen Sie Zeilen mit dem Befehl `Pause` ein, um die Ausführung der Befehle Schritt für Schritt verfolgen zu können. Wenn die Stapeldatei mehrere Pause-Befehle enthält, können Sie die Übersichtlichkeit erhöhen, indem Sie jedem Pause-Befehl einen Echo-Befehl mit Erläuterungen voransetzen. Möglicherweise sollten Sie vor einer zu untersuchenden Befehlsfolge einen Befehl „echo on" einfügen und dahinter „echo off".

ANHANG BATCH

Nachfolgend einige typische Fragestellungen.

Aktuelles Laufwerk und aktuelles Verzeichnis überprüfen

- Mit `dir *.bat` überprüfen Sie Laufwerk und Verzeichnis.
- Der Befehl `cd` ohne Parameter dahinter zeigt das aktuelle Verzeichnis.

Ist noch genug Platz für die Daten?

- `chkdsk c:` zeigt nach einigen überflüssigen Infos den freien Speicherplatz auf Laufwerk `c:` an. Die Befehlskette `chkdsk c: | find "frei"` reduziert die Info auf nur eine Zeile.

Sind die benötigten Netzwerkverbindungen verfügbar?

- `net use` zeigt die bestehenden Netzwerksverbindungen.

Hinweis

Vermeiden Sie lange Sprungmarken und lange Variablennamen. Bei manchen Windows-Installationen werden von langen Namen nur die ersten acht Zeichen unterschieden.

`:END` als Sprungmarke funktioniert nicht, `:ENDE` funktioniert. Vielleicht gibt es weitere von Windows reservierte Bezeichnungen, deren Verwendung zu Fehlern führen kann.

Unter `https://de.wikibooks.org/wiki/Batch-Programmierung:_Wichtige_DOS-Kommandos` werden die meisten Kommandozeilenbefehle ausführlich erläutert. Auf `eifert.net` unter „Hilfen" → „Datensicherung" finden Sie weitere Beispiele.

16.2.7 Windows PowerShell

Im Start-Kontextmenü von Windows 10 finden Sie die „Windows PowerShell". Startet man das Programm, öffnet sich ein Fenster ähnlich der Eingabeaufforderung. Befehle, die an der Eingabeaufforderung möglich sind, funktionieren im Fenster der PowerShell ebenso, bis auf kleine Änderungen. Es gibt viele neue Befehle, die den Unix-Befehlen ähnlich sind. PowerShell arbeitet mit Pipes und Filtern und ist objektorientiert. Eine PowerShell-Batchdatei hat die Dateiendung `.ps1`.

Für die Microsoft PowerShell muss das .NET Framework installiert sein. Weil die klassischen Stapeldateien nach wie vor ohne das .NET Framework funktionieren, sind sie schneller. Dadurch bleiben Stapeldateien weiterhin für viele Aufgaben die nützlichere Lösung, weil sie weniger Systemressourcen benötigen und schneller starten.

Anhang 3

16.3 Liste der Abbildungen

1 Einführung

Bild 1.1: Aktion auswählen 16
Bild 1.2: Neuen Ordner für Backup anlegen 16
Bild 1.3: Der neue Backup-Ordner ist noch leer 16
Bild 1.4: Die wichtigsten Ordner sind markiert und das Kontextmenü ist geöffnet 17
Bild 1.5: Kontextmenü des Backup-Ordners 17
Bild 1.6: Fortschrittsanzeige 17
Bild 1.7: USB-Speicher auswerfen 18

3 Die Festplatte

Bild 3.1: 3,5-Zoll-Festplatte von unten 33
Bild 3.2: Festplatte von innen 33
Bild 3.3: Abmessungen von Atom- bis Haardurchmesser 34

5 Methoden und Hilfsmittel

Bild 5.1: Datenmenge bei Inkrementeller Sicherung 54
Bild 5.2: Datenmenge bei Differenzieller Sicherung 54
Bild 5.3: Acronis True Image Hauptmenü 62
Bild 5.4: Image: Auswahl Quelle 63
Bild 5.5: Neues Backup oder vorhandenes Image updaten 63
Bild 5.6: Ordner für Image auswählen 63
Bild 5.7: Image: Neu oder nur Update eines älteren Images ...64
Bild 5.8: Zusammenfassung der Planung 64
Bild 5.9: Fortschrittsanzeige und Zeitprognose 64
Bild 5.10: Erfolgsmeldung 65
Bild 5.12: Menü Klonen 67
Bild 5.13: Klonen: Auswahl Quelle 67
Bild 5.14: Klonen: Auswahl Ziel 68
Bild 5.15: Klonen: Warnung 68
Bild 5.16: Anpassung der Partitionsgrößen 68
Bild 5.17: Vorschau der Planung 68
Bild 5.18: Fortschrittsabzeige 68

6 Welche Strategie schützt vor welchen Risiken?

Bild 6.1: Sektormarkierungen auf einer DVD-RAM 77

7 Mehr Übersicht durch Partitionen

Bild 7.1: Festplattenmanager DISKMGMT.MSC 82
Bild 7.2: Festplattenmanager ab Windows 7, Menü „Volume verkleinern" 89
Bild 7.3: Paragon Partition Manager, Menü „Partition verschieben". 90

8 Daten ordnen

Bild 8.1: Eigenschaften der Bibliothek „Dokumente" 95
Bild 8.2: Ordner „hinzufügen" 95
Bild 8.3: Neuer Ordner D:\Klaus\Dokumente 95
Bild 8.4: Standardspeicherorte ändern 96
Bild 8.5: Standardspeicherorte ändern 96

9 Werkzeuge

Bild 9.1: Bekannte Dateitypen sichtbar machen 103
Bild 9.2: WinDirStat 107
Bild 9.3: Vergleich Arbeits- und Archiv-Ordner mit drei nicht übereinstimmenden Dateien 114
Bild 9.4: Einfache Aufgabe erstellen für Windows 7 und 10 116
Bild 9.5: Eigenschaften von „Sicherung Freitags" 117
Bild 9.6: Geplante Aufgaben 117
Bild 9.7: Clonezilla Hauptmenü 119
Bild 9.8: Clonezilla Image erstellen: Laufwerk wählen 119
Bild 9.9: Acronis Drive Image als Backup-Programm 120

10 Anleitung für lokale Sicherung

Bild 10.1: Schlussprotokoll von ROBOCOPY (Ausschnitt) 121
Bild 10.2: Die kopierten Ordner 121
Bild 10.3: Standardrechte des Benutzers Klaus 127
Bild 10.4: Benutzer Alina hinzufügen 127
Bild 10.5: Minimale Rechte für Alina 127

11 Sichern über das Netzwerk

Bild 11.1: Beispiel für Schreibweisen einer 32 Bit IP-Adresse 141
Bild 11.2: Computername ändern 144
Bild 11.3: So sieht ein freigegebener Ordner in der Netzwerkumgebung von Windows aus. . . .145
Bild 11.4: So sieht das Icon eines DVD-Laufwerks vor und nach der Freigabe aus 145
Bild 11.5: Benutzer „Sicherer" ist mit einem Eintrag in der Registry versteckt 147
Bild 11.6: Anzeige der Netzwerkumgebung im Explorer .148
Bild 11.7: Die Netzwerkumgebung mit net view 148
Bild 11.8: Benutzer „Sicherer" darf nur lesen 150
Bild 11.9: Erinnerungs-Aufgabe erstellen 158
Bild 11.10: So sieht das Erinnerungs-Fenster aus 158

12 In Abwesenheit sichern

Bild 12.1: IP-Adressen in der Fritz! Box 161
Bild 12.2: Ermittlung der MAC-Adresse 161
Bild 12.3: Handelsübliche Zeitschaltuhr 162
Bild 12.4: Der Task-Planer mit dem Auftrag „Herunterfahren um 17:30 Uhr" 169
Bild 12.5: Warnung vor dem Shutdown 170
Bild 12.6: Sicherheitsoptionen in der Microsoft Management Console 171

13 Ich kann die Daten nicht mehr lesen!

Bild 13.1: Die Ereignisanzeige zeigt schlimmste Festplattenprobleme. 178

14 Disaster Recovery

Bild 14.1: USB-SATA-Adapter für 2,5" oder 3,25" Festplatten 183
Bild 14.2: USB-SATA-Adapter 183

16 Anhang

Bild 16.1: Der Weg zu den „Ordner- und Suchoptionen" 196
Bild 16.2: Systemordner u. a. anzeigen lassen 196
Bild 16.3: Batch-Datei mit Administratorrechten ausführen 202

16.4 Index

A

Acronis True Image 62
Anleitung: Alle Treiber sichern 98
Anleitung: Autostart-Ordner 169
Anleitung: Dateien sichtbar machen 103
Anleitung: Dateierweiterung sichtbar machen 103
Anleitung: Dateinamenerweiterungen sichtbar machen 194
Anleitung: Datensicherung auf DVD 18
Anleitung: Datensicherung mit Explorer 15
Anleitung: Datensicherung mit Windows-Bordmitteln 19
Anleitung: Disk Manager 88
Anleitung: DVD brennen 18
Anleitung: Energiesparplan ändern 36
Anleitung: Ereignisanzeige 178
Anleitung: Festplatte klonen 67
Anleitung: Image erstellen 62
Anleitung: Job planen 116
Anleitung: Notfall-CD selbst erstellen 174
Anleitung: Notfall-USB-Stick 174
Anleitung: Paragon Partition Manager 90
Anleitung: Remote-Shutdown 170
Anleitung: Sichern mit Windows-Explorer 108
Anleitung: Sichern mit XCOPY 109
Anleitung: Verknüpfung zur Eingabeaufforderung 193
Anleitung: Versteckte Dateien sichtbar machen 194
AnyDesk 172
Archivbit 53, 110, 200
Archivierung 12
Archivpartition 87
attrib 200
Aufgabenplaner 116
Aufräumen 91

B

Basisdatenträger 83
Batch-Datei 103, 195
Bearbeitungskonflikt 115
Benutzer einrichten 146
Benutzer verstecken 147

Index

Bibliotheken 94
Block Level Synchronisation 115

C

call 105, 199
cd 196
chkdsk 71
Cloud 47
Codec 80
CONsole 106

D

date 124
Datensicherung 23
Datendiebstahl 51
Datenpartition 86
Datenrettung 14, 179
Datenrettungsprogramm 72
Datenschutz 50
Datensicherung 12
Datenträgerüberprüfung 84
Datenträgerverwaltung 82
Dauerauftrag 152
Deduplizierung 58
del 196
Differenzielle Sicherung 54, 110
Disaster Recovery 181
Disk Image 23
Diskmanager 82, 88, 194
diskmgmt.msc 82
Drei-Generationen-Sicherung 57
Drive Duplexing 30
Drive Mirroring 30
DVD-RAM 77
DVDESASTER 76
Dynamische Datenträger 83

E

echo 105, 195
Eigene Dateien 94
Eingabeaufforderung 193
Environment 123

ERRORLEVEL 160
Erschütterungssensor 40
Erweiterte Partition 81

F

Fall-Sensor 40
FAT (File Allocation Table) 71
fc 160
Festplatte 33
Festplatte „sicher entfernen" 42
Fragmentierung 83
Freigabename 145

G

goodsync.com 115
Großvater-Vater-Sohn-Sicherung 57
Gruppenrichtlinie 171
GUID Partition Table (GPT) 83

H

HAMR (Heat Assistant Magnetic Recording) 77
HDD 33
Headcrash 34
Hostname 144
Hot Fix 31

I

Identitätsdiebstahl 51
if exist 199
Image 24, 59
Image-Programm 23
Inkrementelle Sicherung 54, 110
IP-Adresse 141
ipconfig 142

J

Jahressicherung 139

K

Kommandozeilenbefehl 101

Index

L

Langzeit-Archivierung 73
Last Changed Files 112
lastchangedfiles 98
LicenseCrawler.exe 97
Live-CD 173
Lizenzschlüssel 97
Logisches Laufwerk 81
Lokale IP-Adresse 142
Löschen 100

M

M-Disk 78
MAC-Adresse 161
Magic Packet 161
Magneto-Optische Laufwerke 77
Malware 99
Master Boot Record 81
more 112, 197
Multisession-Disk 177

N

NAS (Network Attached Storage) 45
net use 164
net view 103, 198
Netzwerkumgebung 150
Neuinstallation 22, 99
NOTEPAD.EXE 196
Notfall-CD 173

O

Öffentliche IP-Adresse 142
Online-Backup 47

P

Papierkorb 72
Partitionierung 81
Partitionsmanager 82
Partitionstabelle 81
Patchday 172
Physikalisches Laufwerk 82

ping 161, 199
Platzhalter 109
Portable Software 175
Primäre Partition 81
Product Key 97
PSSHUTDOWN 171

R

RAID 29
Read Only 53
Recovery 24
Recovery-Disk 66
recoverydrive.exe 174
Restore 12
ROBOCOPY 111
RoHS-Verordnung 27

S

Safety 12
Scheduler 116
Schreibcache 71
SecurDisk 76
Security 12
shutdown 169
shutdown-Befehl 42
SMART 38
sort 197
Spiegelung 30
Spiegelung (von Dateien) 112
Sprunganweisung 104
Sprungmarke 104
SSD 34
Stammordner 197
Stapeldatei 103
Synchronisation (Datei) 115
Synchronisation (Verzeichnisse) 114
Systempartition 86
Systemreparaturdatenträger 174
Systemsicherung 23
Systemvariable 123

INDEX

T

Taskplaner 116
TeamViewer 172
Teilsicherung 53
time 124, 157
title 131, 195
Total Commander 114
tree 197

U

UEFI-BIOS 83
Umgebungsspeicher 123
Upstream 47
USV (Unterbrechungsfreie Stromversorgung) 29

V

Vollsicherung 53

W

Wake by PCIe 162
Wake On LAN 161
Wear Leveling 75
Web-Backup 47
Windows Recovery Environment 67
WOLCMD.EXE 161
Wurzelverzeichnis 197

X

XCOPY 109

Z

Zeitplaner 116
Zuwachssicherung 53
Zwei-Richtungen-Synchronisation 115

Verlagsprogramm

BEZUGSMÖGLICHKEITEN

Für alle Bücher gibt es drei Bezugsmöglichkeiten:

- Bestellung bei Amazon. Wenn es nicht Ihre erste Bestellung bei Amazon ist, kommt das Buch nach etwa zwei Arbeitstagen bei Ihnen an, bei einer Expressbestellung (gegen Aufpreis) meist schon am nächsten Tag.
- Bestellung im örtlichen Buchhandel. Die Buchhandlung hat das Buch nicht vorrätig und bestellt über ihren Großhändler bei mir. Es dauert meist vier Arbeitstage, bis das Buch in der Buchhandlung für Sie bereit liegt.
- Direkt bei mir ist mir am liebsten. Sie bekommen garantiert die neueste Version, während Amazon noch die Restexemplare der Vorgängerversion ausliefert. Von den eingesparten Provisionszahlungen an Amazon (1/4 des Buchpreises) kann ich einige Beigaben günstig anbieten.

  Wenn Ihre Bestellung bis 15 Uhr eintrifft, erreicht Ihr Buch noch am gleichen Abend das Brief- und Paketzentrum Leipzig und trifft mit etwas Glück am nächsten Vormittag bei Ihnen ein. Rechnung liegt bei, Sie überweisen den Betrag nach Erhalt des Buches. Bestellen Sie in meinem Webshop unter `www.eifert.net` oder formlos über `verlag@eifert.net`. Ich gebe Ihre Adresse nicht weiter und belästige Sie nicht mit Werbung.

Gleichgültig auf welchem Weg Sie bestellen, es werden innerhalb Europas keine Versandkosten berechnet. Aufgrund der Buchpreisbindung zahlen Sie überall den gleichen Preis.

BEILAGEN

Zu jedem Buch, welches Sie bei mir direkt bestellen, können Sie eine der folgenden Beilagen erhalten:

- Computerwissen für Kids": Einführung für Kinder (etwa ab der 3. Klasse).
- Kleines Fachwortbuch: Es enthält die Fachworterklärungen aus allen meinen Büchern. Es dürfte recht praktisch sein, diese Broschüre beim Lesen eines meiner Bücher daneben zu legen.
- Software-DVD: Einige Programme, die in meinen Büchern empfohlen oder erklärt werden.

SONDERWÜNSCHE

Jedes meiner Bücher können Sie auch als Ringbuch bekommen (Bindung wie bei einem Wandkalender). Das ist recht praktisch, wenn man das Buch unterwegs liest oder wenn man neben dem PC nur wenig Platz auf dem Tisch hat. Einen Aufpreis kostet die Ausführung als Ringbindung nicht. Bestellung ist nur über `verlag@eifert.net` oder über meine Homepage `www.eifert.net` möglich.

BESTELLUNGEN VON SCHULEN

Schulen und andere Bildungseinrichtungen können Bücher ohne Aufpreis mit selbstgestaltetem Cover bestellen. Bei kleineren Stückzahlen (Klassensatz) ist nur die Ausführung als Ringbuch möglich. Es sind auch inhaltliche Ergänzungen möglich, z. B. das Einfügen von Kapiteln aus anderen Büchern.

VERLAGSPROGRAMM

1. Auflage: Januar 2011, 2. Auflage: Juli 2013, 3. Auflage: April 2015,
4. Auflage: Nov. 2016, überarbeitet: Juni 17, Dez. 17 und Nov. 2018
5. Auflage: Dez. 2019, überarbeitet Okt. 2020,
6. Auflage: Febr. 2021, überarbeitet Mai 2021

ISBN 978-3-00-032596-0   Preis: 29,00 Euro
304 Seiten, 126 Abbildungen, 57 Tabellen

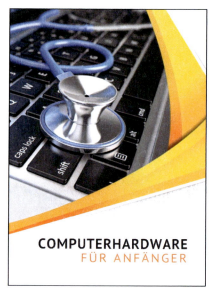

Rezensionen

ekz (die Einkaufszentrale und Informationsdienst der öffentlichen Bibliotheken): „Das großformatige Buch bietet solides Grundlagenwissen zur Computerhardware. Gut verständlich geschrieben, ohne Fachchinesisch und nur einige technische Kenntnisse voraussetzend werden schwerpunktmäßig die Bestandteile und Funktionen von Zentraleinheit, Speichern, Ausgabegeräten, Eingabegeräten, Gehäuse, Netzwerkkomponenten und die Besonderheiten von Notebooks behandelt. Abschließend geht es um Tipps zum PC-Kauf, Hinweise zur Fehlersuche, die Ursachen von Alterung und Verschleiß bei Hardwarekomponenten sowie Reparatur-/Tuningmaßnahmen bei PC und Notebook. Mit aussagekräftigen Farbfotos, Fachworterklärungen, Tabellen und weiterführenden Internetquellen. Fazit: ausgezeichnete Grundlage in Vergleich zu relativ kurzlebigen Reparaturratgebern."

Amazon-Kunde, 15. August 2017, „Sehr gut verständlich und angenehm geschrieben": „Man bekommt direkt Lust auf mehr. Belege gerade einen Hardware-Grundkurs und finde das Buch sollte glatt als Klassensatz an alle Kursteilnehmer gehen. Danke!

Henry Winterfeld, 1. August 2017, „Kein Buch mit 7 Siegeln": „Neben Aufbau und Funktion der einzelnen Hardware Komponenten erklärt Klaus Eifert auch vormals kryptische Fachbegriffe in leicht verständlicher Weise. Er vermittelt Kenntnisse zu Pflege, Reinigung und Aufrüstung eines PC und versetzt Anfänger in die Lage, Kleinreparaturen durchzuführen. Dank dieses anschaulichen Ratgebers fühle ich mich viel sicherer im Umgang mit dem PC - schade nur, dass ich erst so spät auf dieses Buch aufmerksam wurde."

Meyer06, 9. August 2015: „Wer über das Innenleben seines PC etwas mehr verstehen möchte, sollte dieses Buch lesen. Es ist einfach und verständlich geschrieben; total gut für ahnungslose PC-Nutzer. Das Buch ist gleichzeitig ein Nachschlagewerk, wenn der PC mal wieder zickt."

Marion, 25. Mai 2014: „Obwohl ich mich beim Computer recht gut auskenne (glaubte ich zumindest), kaufte ich voriges Jahr dieses Buch. Klaus Eifert hat dieses Buch verständlich für jedermann geschrieben. Ich war ausserdem überrascht, dass ich sehr wenig über die Hardware Bescheid wusste. Jedenfalls kann ich es nur weiterempfehlen. Nun werde ich auch noch die anderen Bücher von Klaus Eifert kaufen."

Lutz Rolf Willi, 18. Januar 2013: „Klaus Eifert hat es hervorragend verstanden einem Halblaien (70 Jahre alt!!) es verständlich rüber zu bringen. Für jeden Computerfreak ein Muss! Sehr ausführlich geschrieben und auch vieles dabei, was man wissen sollte, um die Funktion zu verstehen. Sollte als Schulbuch eingeführt werden!"

Acurio, 1. Januar 2012: „Jeder der sich etwas näher mit seinem Rechner beschäftigen und erfahren möchte, was der da eigentlich so treibt, während man damit arbeitet, muss sich dieses Buch anschaffen. Ich habe lange nach einem guten, leicht verständlichen, aber trotzdem (für Anfänger) sehr detaillierten Buch gesucht, welches sich vorrangig mit der Hardware beschäftigt und von allen, die ich kenne, ist das mit Abstand das beste."

Dr. Hans-Joachim Niemann, 27. Juni 2011: „Für einen Laien ... ist es nicht einfach, auf Hardware-Fehler zu reagieren. Das ganze PC-Ding weggeben? Einen neuen kaufen und in Kauf nehmen, dass kein Programm mehr so läuft wie es früher mal lief? Und dann die ganze Aufspielerei von Dutzenden neuer und alter, vielleicht veralteter Programme, die man aber nicht missen möchte? Vielleicht ist es nur eine Winzigkeit, die ich selber hätte beheben können? Daher: Man sollte schon etwas wissen über dieses Gerät, mit dem man täglich arbeitet. Dieses Buch ist dafür bestens geeignet und geradezu gold- bzw. geldwert. Ganz leicht sind nun die einzelnen Teile des PC zu verstehen. Ganz klar nun die oft gehörten, nie ganz verstandenen Fachausdrücke. ... Dank an den Autor, auch für seine vorbildlich klare und sachliche Schreibweise."

Verlagsprogramm

1. Auflage: Mai 2016, überarbeitet im August 2016
2. Auflage: Februar 2018, überarbeitet Oktober 2018
3. Auflage: Sept. 2019, überarbeitet im Nov. 2020 und Febr. 2021

ISBN 978-3-9814657-2-7   Preis: 27,00 Euro
204 Seiten, 110 Abbildungen, 43 Tabellen

Dieses Buch soll Ihnen Mut machen, Ihren Computer zu reparieren, aufzurüsten und die Komponenten eines Computers auszuwählen, den Sie anschließend selbst zusammenschrauben.

Sie haben sich bisher noch nicht getraut, an Ihrem Computer herumzuschrauben? Wenn Sie sich trauen, aus fünfzig Teilen nach Anleitung eine Schrankwand zu montieren, schaffen Sie das auch mit einem PC. Wobei ein PC viel einfacher ist: Er besteht nur aus einem Dutzend Komponenten.

Rezensionen

ekz - Informationsdienst: „Anknüpfend an „Computerhardware für Anfänger" wendet sich der EDV-Spezialist an fortgeschrittenere PC-Nutzer und vermittelt, wie man PCs/Notebooks selbst repariert oder aufrüstet, geeignete Komponenten auswählt und den eigenen Wunsch-PC zusammenbaut. In der 1. Hälfte wird weniger bekanntes Detailwissen zu den einzelnen Bauteilen wie Zentraleinheit, Kühlung, RAM, Massenspeicher und Netzteil behandelt. Anschließend wird die Auswahl der Komponenten für einen PC der gehobenen Mittelklasse und die Montage erklärt. Separate Kapitel gehen auf die Reparatur/Reinigung eines Notebooks und die systematische Fehlersuche bei Soft- und Hardwareproblemen ein. Thematisch anspruchsvoller als der Anfängerband, aber ebenso anschaulich und gut nachvollziehbar mit zahlreichen Farbfotos, Warnhinweisen bei kritischen Arbeitsschritten, konkreten Produktvorschlägen, geldwerten Praxistipps, ausführlichem Fachwort-Glossar, weiterführenden Links und Quellenangaben."

Superstaticus: „Ich habe immer wieder die einschlägigen Buchangebote des Marktes durchstöbert und einige Bücher zum Thema gefunden. Leider versprechen die meisten Bücher zu viel. Selbst Bücher mit dem Hinweis „gute Selbstbauanleitung" scheitern am Thema, weil diese häufig die Kompetenz vermissen lassen und/oder es an der Systematik oder der treffenden Beschreibung von Bauteilen mangelt. Ganz arg wird es wenn die „aktuelle Auflage" gar schon 2 Jahre alt ist. Vielen Autoren geht bei der Aktualität die Puste aus. Genau an diesem Punkt gewinnt dieses Buch. ... Dem Autor sei Dank!"

Inhaltsübersicht des Buches „Computerhardware für Fortgeschrittene"

1. Zentraleinheit: BIOS, BIOS-Update, Dual-BIOS, Bussysteme, Energiesparfunktionen, USB.
2. Kühlung: CPU-Kühler, Materialien, Wärmeleitpaste und Alternativen, leise und lautlose PC.
3. RAM: Grundwissen, Timing, Speicherfehler, DDR4.
4. Massenspeicher: Firmware, Datenrettung, Fehlerkorrektur, Flash-Speicher, SSD.
5. Optische Massenspeicher: Red Book und Yellow Book. Justierung, Codierung, Fehlerkorrektur.
6. Netzteil: Wirkungsgrad, Power Factor Correction, Standby, Schutzschaltungen, Kabelmanagement.
7. Wunsch-PC zusammenstellen: Kriterien, Marktführer, Umwelt. Konkrete Empfehlungen.
8. Den Wunsch-PC montieren oder aufrüsten: Hinweise, Sicherheit, Material und Werkzeuge.
9. Gehäuse: Öffnen, Montieren, Frontblende befestigen.
10. Hauptplatine, CPU und RAM einbauen: CPU einsetzen, Kühler montieren, Abschlusskontrolle.
11. RAM bestücken: Typ auswählen, Bestücken, Nachrüsten.
12. Mainboard Connectors: Vorstellung aller Steckverbindungen.
13. Rund ums Netzteil: Prüfen, ATX12V und EPS12V, AUX, Zusatzstrom für Grafikkarten, Luftführung.
14. Hauptplatine einbauen: Abstandsbolzen, rückwärtige Blende, Einbau.
15. Montage Massenspeicher: Festplatten, S-ATA, M.2, P-ATA, DVD, Notfall.
16. Notebook reinigen und reparieren: Pflege, Komponenten wechseln, Wasser im Notebook.
17. Systematische Fehlersuche: Startprobleme, Abstürze, Einfrieren, PC zu langsam, Netzwerk, Notebooks.
18. Allerlei auswechseln: Mainboard, Batterie, Grafikkarte, Festplatte.
19. Anhang: Übersicht Datenübertragungsraten, Verzeichnis der Fachwörter, Tabellen und Bilder, Index.

Verlagsprogramm

1. Auflage im Juli 2012,   überarbeitet im September 2012
2. Auflage im März 2015,
3. Auflage im April 2017, überarbeitet im Juni 2018
4. Auflage im Juli 2019,   überarbeitet im Oktober 2020

ISBN 978-3-9814657-1-6   Preis: 26,00 Euro
286 Seiten, 94 Abbildungen

Rezension des ekz - Informationsdienstes

Die ekz ist die Einkaufszentrale der öffentlichen Bibliotheken im deutschsprachigen Raum und gibt Rezensionen und Empfehlungen zum Bestandsaufbau heraus.

„Der Autor … wendet sich an den Normalbenutzer, der seinen PC ganz einfach zum Arbeiten oder für sein Hobby einsetzen will. Auf Hintergrundwissen und Fachterminologie wird weitestgehend verzichtet; englische Fachwörter werden erklärt und möglichst durch deutschsprachige Begriffe ersetzt. Eine Einführung in das Programmieren im klassischen Sinn ist das Buch nicht. … Hier finden sich auch Hinweise, dass der Leser sorgfältig prüfen sollte, ob er jeder neuen Version auch folgen muss. Inhaltliche Schwerpunkte liegen u.a. bei Dateien und Dateisystemen, bei der Systemregistrierung, bei Treibern, beim Installieren von Anwendungsprogrammen und bei der Wartung und Fehlersuche. Hinweise auf nützliche Freeware. Viele Tabellen und Praxistipps, locker geschrieben, gut nachvollziehbar."

Aus den Rezensionen bei Amazon

UncleBens schreibt: „Ich habe das Buch in meiner Begeisterung über „Computerhardware für Anfänger" … gekauft und wurde dabei auch nicht enttäuscht. „Software-Grundlagen" ist ein wirklich gutes Buch zum Einstieg in die Thematik der Software. Der Inhalt wird gut erklärt und ist somit für jeden leicht zu verstehen. Es beinhaltet zudem eine Menge Tipps und Tricks im Umgang mit dem PC und lässt sich auf Grund der Fülle an Informationen auch als Nachschlagewerk verwenden. Ein Buch von Klaus Eifert würde ich jeder Zeit wieder kaufen."

AfricanQueen meint: „Seit vielen Jahren wieder einmal ein Computerfachbuch, welches so spannend – und dazu auch noch leicht und einfach zu lesen – ist, daß ich es von Anfang bis Ende in einem Zug durchgelesen habe. … Viele Tipps, wie man mit dem Computer besser umgehen kann, werden so nebenbei eingestreut. … Schade, daß ich „nur" maximal fünf Sterne vergeben kann, das Buch hätte mehr verdient."

Wolfgang Hernach schreibt: „Kann dieses Buch einfach nur jedem PC-User, welcher einfach verstehen will was da im Hintergrund so passiert, nur empfehlen! Gut, einfach, übersichtlich und nachvollziehbare Lektüre!"

Sandra Milbradt schreibt: „Ich fand das Buch schon in der 1. Auflage so toll und einfach geschrieben, so daß es auch Laien verstehen, daß ich das Buch unbedingt besitzen musste. Und was soll ich sagen… Die 2. Auflage ist sogar besser geworden, da sich ja die Technik laufend weiterentwickelt. Das Gute an dem Buch ist auch, das sich Bilder zum besserem Verständnis darin befinden :-)"

Inhaltsübersicht des Buches „Software-Grundlagen"

1. Einleitung: Grundlagenwissen, Hardware-Grundkenntnisse, Software-Grundkenntnisse
2. Programmiersprachen: Was bedeutet „Programmieren"? Assembler- und Hochsprachen
3. Massenspeicher: Cloud, Unterteilung der Festplatte, Partitionen. 4. Dateien und Dateisysteme.
5. Das Betriebssystem: Fachbegriffe, Treiber und Dienste, Updates. 6. Die Systemregistrierung
7. Anwendungsprogramme installieren: Programminstallation, Programmbibliotheken, Programme entfernen, Windows muss neu installiert werden, mehrere Installationen auf einem PC, virtueller PC.
8. Wartung und Fehlersuche: Wartung, Datensicherung, Fehlersuche. 9. Softwarefehler
10. Anleitung zur Neuinstallation: Das Betriebssystem installieren, Windows verbessern und optimieren,
11. Daten optimieren, Eigene Dateien verlagern, Explorer optimieren.
12. Windows optimieren, 13. Anwendungen optimieren.
14. E-Mail installieren und konfigurieren, Postfach mieten und einrichten, Virenschutz.
15. Anhang: Zahlensysteme, Fachwörterbuch, Index. 16. Besonderheiten von Windows 8 und 10.

VERLAGSPROGRAMM

1. Auflage im Dezember 2014, 2. Auflage im September 2015, 3. Auflage im Dezember 2017, 4. Auflage im September 2019, überarbeitet im Mai 2020 und Februar 2021

ISBN 978-3-9814657-3-0   Preis: 23 Euro
290 Seiten, 59 Abbildungen, 17 Tabellen, Softcover

Im Internet werden wir mit Spam belästigt und mit Werbelügen eingedeckt, von Phishern ausgetrickst und von Geheimdiensten ausspioniert. Viren und Trojaner greifen unsere Internetgeräte an, ruinieren das Betriebssystem und zerstören unsere Daten. Abmahnanwälte und betrügerische Webshops wollen an unser Geld, und kriminelle „Hacker" scheffeln Millionen. Doch Sie sind dieser Heerschar von Betrügern nicht hilflos ausgeliefert. Dieses Buch wird Ihnen die Gefahren und die Gegenmittel in leichtverständlicher Sprache erklären. Jeder kann es verstehen.

Und wenn Ihnen die Art der Bedrohung klar geworden ist, werden Ihnen auch die Abwehrmaßnahmen einleuchten. Einige davon sind simpel und trotzdem hochwirksam.

Im Buch werden die folgenden Themen behandelt:

Um sich schützen zu können, muss man wissen, wie das Internet funktioniert.
1. Grundlagen des Internets und wie die Internet-Anwendungen funktionieren
2. HTML, Webseiten und Suchmaschinen
3. Verschlüsselung, Zertifikate, digitaler Fingerabdruck und die Cloud
4. Alles über E-Mail sowie Anleitungen zum Einrichten und Benutzen

Welche Gefahren es gibt und wie Sie sich schützen können
5. Wie Viren, Trojaner und andere Malware funktionieren
6. Auf welchem Wege Ihr PC angreifbar ist
7. Big Brother: Nackt im Internet
8. Antivirenprogramme, Firewalls, Updates, sichere Passwörter
9. Vorsichtsmaßnahmen

Der PC ist befallen - was nun?
10. Ist der PC befallen? Wie rette ich meine Daten?
11. PC neu installieren und Daten säubern

Aus den Rezensionen

„**Fam. Haas**", 9.10.2016: „Ich bin sowas von begeistert und komme erst heute zum Schreiben dieser Mail, da mich die Neugier einfach dazu gezwungen hat, alle drei Bücher erst einmal grob zu überfliegen und mir ein erstes Bild vom Inhalt zu machen. Die Darstellung einerseits und die Praxisbezogenheit andererseits sind beispiellos und unterscheiden sich um Welten von anderen Computerbüchern."

„**U. Peters**", 01.08.2017 „Das Internet ist für uns alle Neuland" … und dieses Buch von Klaus Eifert ist quasi eine Landkarte bzw. ein Kompass. Der Autor hat ein Talent dafür, Fachbegriffe verständlich zu erklären. Er erläutert, wie das Internet funktioniert, welche Gefahren es birgt, wie der PC geschützt werden kann und was im Falle eines befallenen PCs zu tun ist. Dieses Buch ist sowohl für Anfänger als auch für Fortgeschrittene empfehlenswert."

Warnung!

Es könnte sein, dass Sie nach dem Lesen dieses Buches ein wenig paranoid reagieren, wenn Sie an Ihren Computer denken. Das tut mir leid. Doch Angriffe auf PCs und Bankkonten sind alltäglich und die Augen zu verschließen ist keine geeignete Strategie. Viele Vorsichtsmaßnahmen kosten weder Zeit noch Geld – man muss sie nur kennen.

Vorschläge und Hinweise

Ich bin Ihnen **außerordentlich** dankbar, wenn Sie mir schreiben, was Sie nur mit Mühe oder gar nicht verstanden haben. Wie soll ich das Buch verbessern, wenn ich nicht weiß, wo die Probleme sind? Vielleicht habe ich die gewünschte Info schon niedergeschrieben, dann kann ich sie Ihnen zuschicken. Wenn Sie die „Problemstelle" genau genug angeben, kann ich wahrscheinlich Ihre Frage beantworten. Trauen Sie sich!

Schauen Sie doch auf `www.eifert.net` vorbei, speziell im Bereich „Hilfen", wo ich von Zeit zu Zeit Anleitungen und Tipps veröffentliche, für die ich (noch) keinen Platz in einem Buch gefunden habe. Und am Ende jeder Webseite gibt es ein Kommentarfeld. Schreiben Sie Ihre Anregungen einfach dort hinein!

Kostenlose Beratung

Um dieses und meine anderen Bücher zu verbessern, bin ich auf Ihre Mithilfe angewiesen. Wenn Sie an meinen Büchern kräftig herummäkeln (was ist schwer verständlich, welche Themen vermissen Sie, was könnte gekürzt werden), erwerben Sie ein Anrecht auf eine kostenlose Beratung per Telefon oder E-Mail.

Sie erreichen mich über `service@eifert.net` und über Telefon `0049 341 910 377 41`. Die beste Zeit zum Anrufen: 19:00 bis 22:00. Wenn Sie Ihren Anruf per E-Mail ankündigen und dabei Ihr Problem benennen, werde ich Ihnen besser helfen können.

Sie können mir Ihre Frage natürlich auch mit der Post senden. Sie erhalten garantiert eine Antwort.

Bitte geben Sie an, welche Auflage Sie gekauft haben (siehe Seite 1), z. B.: „Sicherheit, 4. Auflage vom Febr. 2021". Wahrscheinlich ist es wichtig zu wissen, welches Betriebssystem auf Ihrem PC installiert ist.

Wenn ich Ihnen einen Tipp gegeben habe oder einen Ratschlag für eine Fehlersuche, erwarte ich eine kurze Antwort: Waren meine Spekulationen über die Fehlerursache zutreffend? Denn ich biete Ihnen die Beratung nicht aus Langeweile an, sondern damit auch ich daraus lernen kann!

Probelesen

Ich versuche, meine Bücher so zu schreiben, dass sie auch für Computerlaien verständlich sind. Doch es fällt mir extrem schwer einzuschätzen, wie ausführlich meine Beschreibungen sein müssen. Ich bin sehr dankbar für jeden Verbesserungsvorschlag, um die nächsten Auflagen meiner Bücher verbessern zu können.

Haben Sie Interesse, an der nächsten Auflage dieses (oder eines anderen) Buches mitzuwirken? Schreiben Sie mir!

Besonders interessieren mich die Antworten auf folgende Fragen:

- Welche Erklärungen haben Sie nicht verstanden oder leuchten Ihnen nicht ein (Seite angeben)?
- Welche Kapitel sollten gekürzt werden, weil sie Unverständliches, Uninteressantes oder Veraltetes enthalten?
- Welche Kapitel sollten ausgebaut werden? Welche Themen oder Anleitungen haben Sie vermisst?
- Welche Begriffe vermissen Sie im Fachwortverzeichnis? Welche Begriffe sind unzureichend erklärt?

Als Dank bekommen Sie die überarbeitete Auflage des Buches, an dem Sie mitgewirkt haben, kostenlos als PDF. Sie können auch zukünftige Auflagen meiner Bücher als PDF zum „Probelesen" anfordern.

Seien Sie mutig! Sie helfen mir, sich selbst und zukünftigen Lesern!

Klaus Eifert